【魏】王弼【晋】韩康伯 注【唐】孔颖达 正义

周易正义

中国致公出版社

图书在版编目(CIP)数据

周易正义/王弼,孔颖达编著.一北京:中国致公出版社,2009.1(2018.10 重印)
1SBN 978—7—80179—767—4

Ⅰ.周… Ⅱ.① 王… ② 孔…Ⅲ.周易—注释 Ⅳ.B221.2

中国版本图书馆 CIP 数据核字(2008)第 190800 号

周 易 正 义

编 著 者:魏·王弼 晋·韩康伯 注 唐·孔颖达 正义
责任编辑:杜永明

出版发行:中国致公出版社
(北京市西城区德胜门东滨河路 11 号西门 电话 010—66168543 邮编 100120)
经 销:全国新华书店
印 刷:北京时捷印刷有限公司

开 本:710×1000 1/16 开
印 张:21.25
字 数:450 千字
版 次:2009 年 1 月第 1 版 2018 年 10 月第 7 次印刷

ISBN978—7—80179—767—4 定价:38.00 元

出版说明

位居《五经正义》之首的《周易正义》，系唐代国子监祭酒孔颖达奉诏，在魏王弼、晋韩康伯注解《周易》的基础上编撰而成。传世版本甚多，名称各异，如《周易注疏》、《周易兼义》等。据孔颖达自序及《旧唐书》、《新唐书》的记载，《周易正义》应是最初书名。

魏王弼所注《周易》，注释了上下经、《彖传》、《象传》、《文言传》，晋韩康伯注释了《系辞传》、《说卦传》、《序卦传》、《杂卦传》，由此而形成《周易》的经典性注解。唐孔颖达等人则将王、韩所注合并，又对经文、传文、注文加以疏解，于唐永徽四年（公元 653 年）完成这部规模宏大的《周易正义》。于是，本来权威的王、韩注解，再经孔颖达等众饱学之士深入阐释，加之朝廷大力支持和推广，使《周易正义》成了唐代以来科举取士的标准用书，并长期立于官学的经文科目。《周易正义》因此也是易学史上除《经》、《传》之外最重要的典籍。

而今出版的这个简体横排本，是以中华书局影印《宋本周易注疏》（以下简称影印本）为底本。此版本为南宋两浙东路茶盐司刻宋元递修本，全书十三卷。“此注疏本也。经下列注，注后疏，自释经，疏释经后，疏复释注。其文通达晓畅，井条不紊，非仲达不能为也。”

我们仍依影印本的编次，全书分十三卷，文字予以简体横排处理。在重新整理、校核的过程中，我们遵循了如下原则：

1. 编排。在编次与排版上，北大版（北京大学出版社 1999 年《十三经注疏》版）分上下经，一注一疏一正义，繁体竖排，这样有其合理性。可是，我们依然按照中华书局影印本的编次，不分上下经，且一章一疏一正义，简体横排。这样，既便于当今读者完整理解、轻松阅读，也保持了宋版的原貌。

2. 汉字简化。以国家文字工作委员会发布的《文字使用规范条例》、《简化字总表》为基准，以《辞海》、《汉语大字典》为依据，未尽之处，仍依古籍整理通例处理。

3. 古版混刻字。如己已巳、戊戍戎、日曰等，一律改为规范字。

4. 通假字。除含义相当确定而改正外，一般保留繁体时的原貌。

5.错别字。以影印本为主,杂以北大版等数个版本进行互对,对上述版本中存在的错别字进行了详尽的核校和审慎的修改,尽可能更正以上诸版本中的疏忽之处。

6.标点符号。在参考古今研究成果包括北大版的基础上,对于明显不符合标点使用规范和使用习惯、疏漏、疏忽的地方,予以进一步的修正。

《周易》思想深邃,"弥纶天地之道",旁涉古今万事万理,因此,虽然名之为"易",其实不易。个中感悟和体会,只有自己深入其中,才能品味得到。

借此出版之机,愿"易"己之理解与同仁共享。交流之乐大矣哉,望读者同仁不吝赐教。

吉林大学　易学斋

2007 年岁末

五經正義周易尚書毛詩礼記春秋左氏傳也皆孔潁達與諸儒撰定者其文辭義兼優與它經殊勝號爲義疏凡一百七十卷詔改爲正義

正義皆敷演本注令其曉暢通達或有譏其絕無異同者非孔公本旨也　異同之說始於唐中葉而盧陵歐陽氏較多改駁至南渡後而先儒傳疏盡爲削除而宋注始大行矣

此古注疏原本也蒙古刊本割截可恨明興諸監本皆因之而始失其舊予所習周易一書已與俗本縣絕它可知矣古書爲劣儒庸奴竄改每思扼捥而於六經尤爲可深惜云

常熟錢求赤所藏鈔本周易注疏十三卷後附略例一卷音義一卷前有五經正義表四葉每葉十八行行十七字表後半葉有朱筆題識凡三條其弟二條書于上方全書俱用朱筆句讀點勘每卷首有彭城天啓甲子匪庵求赤氏錢孫保印凡五印卷尾有錢孫保一名容保一印按孫保字求赤爲人方嚴抗特有勤讀書有父風父謙貞字履之少孤嗜學闇懷古堂以奉母工詩能度曲尤善書法詳見常熟縣志蘇州府志及馮班譔傳嘉慶十五年秋日陳鱣記

五經不易言尤難言者周易漢唐諸儒去聖未遠故其注釋猶得聖賢微義至于宋儒議論紛紜而穿鑿者多矣余自髫齡習易迄今皓首終身詳讀玩味未能稍窺門閥信乎易理難窮也百家解詁靡有不覽其中能闡發奧旨者莫善于仲達是書但惜無佳本爲可憾耳甲辰春偶憩玉峰傳是樓中檢得匯菴錢子影宋鈔本見楮墨精美如獲拱璧因携以歸反覆較勘得正南北監本之誤已詳載于日知録中按宋史藝文志及家藏書目皆載十三卷今之刊本改爲九卷覩此猶得見古人真面目矣聊識數語以歸之甲辰秋仲八日亭林老人記

亭林先生此識佀非其手筆文集中亦不載入即日知録中未曾勘正及此既避諱書校作較而不避檢之作簡所云偶憩傳是樓中檢得而茲無徐氏收藏印記甲辰爲康熙三年攷亭林生于明萬歴四十一年癸丑計是時年五十二不合云迄今皓首且未必遽自偁曰老人又按日知録有剥孔氏正義而此云闡發奧旨莫如仲達種種疑竇因鈔本所有姑附存焉鱣記

此古注疏本也經下列注注後疏自釋經疏釋經
後疏復釋注其文通達曉暢井條不紊非仲達不
能爲也不知何年腐儒割裂疏文逐句逐行列於
經注之下同一節之侏儒類既截之鶴頸可爲深
嘆予所獲單疏本一注疏合刻一又單注本二皆
宋刻最精好完善者真天下之至寶也家貧古書
書盡鬻於人惟留此鈔本惜之不啻如寶玉大弓
後有識者當知吾言之不誣庚戌十二月甲午日
記

錢求赤此記亦用朱筆在第十三卷後庚戌爲
康熙九年求赤生于明天啓四年甲子則其時
年四十七矣是書記但偁爲鈔本而後有亭林
跋則偁爲影宋鈔今以續所得宋刻本較之凡
宋本避諱字是本惟避玄鏡字而不避敬弘恒
貞等字宋本注小字雙行是本注作中等字單
行宋本經文大字與注疏小字俱頂格相連每
節不提行是本每節次行俱低一格次節提行
又以山井鼎七經孟子考文所引宋本較之如乾
卦初九疏他皆放此是本作做此所以重錢是
本作重體故交其錢是本作其體下方朱筆校
云二體字宋作錢九二疏且大人之文是本作
之云是上下兩體是本無是字二爲大夫是本
作大人故但自明當爻之理是本作之地九三

疏居上體之下者是本作下有常若屬也是本作當若王以九三與上九相拉是本作正以九四疏猶豫持疑是本作遲疑九五注非飛如何是本作而何上九疏亢陽之至天而極盛是本作大而純陽進極是本作雖極象傳疏此明乘駕六龍是本作此名或難具解是之作其解文言傳疏亦於文下言之是本作有之潛隱避世心守道是本作隱潛避世心志守道而柱避潤是本作而礎柱潤若礎石引針是本作若礎感應之事廣是本作感應之事應故云天下治是本治下有也字初末雖無正位是本作初上下文即云是本作下又故心惑之也是本作心或斯類甚多且既係影宋鈔本而求亦較語又何以云宋作某皆屬可疑然注疏次序與宋本悉合其書法工整非影宋鈔者不能且五經正義表歸然冠首正賴此以存誠所謂天下至寶也今藏吳中周氏香嚴堂餘姚盧弓父學士羣書拾補曾據以是正鱣本所得宋刻本亦原爲精美惜缺首卷更無它本可補借此繕錄得成完書幸莫甚焉鱣向有尚書注疏廿行本二十卷亦求赤舊藏始末皆以朱筆手勘其前後所用印記正與此同可僞竝美因并及之陳鱣載記

孔穎達等周易正義序云十有四卷新唐書藝文志及郡齋讀書志同惟直齋書錄解題作十三卷引館閣書目亦云今本止十三卷按序所云十有四卷者蓋兼略例一卷而言若正義原本止十三卷舊唐書經籍志誤作十六卷後皆作十卷又爲妄人所并也原本單疏並無經注正經注語惟標起止而疏列其下注疏合刻起于南北宋之間至于釋文舊皆不列本書附刻釋文又在南宋之末即九經三傳沿革例所謂建本有音釋注疏是也修版至明正德間止亦謂之正德本以其每半葉十行又謂之十行本近世通行者曰閩本曰監本曰毛本每半葉皆九行繙向所藏十行本已爲罕有今年秋從吳賈得宋刻大字本十三卷每半葉八行行十九字皆頂格經下夾行注有注云二字注下作大字陰文疏字仍夾行先整釋經文然後釋注再接大字經文與日本山井鼎七經孟子攷文所據宋本一一符合書中避敬恒貞桓等字而不避慎字間有避慎字者審係修版疑即沿革例所謂紹興初監本其刷印則在乾道淳熙間也楮

墨精良古香可愛每葉楮背有習說書院長印是宋印之徵每卷首有孫修景芳印佀係明人其經文如今本坤象傳應地無彊此作无彊大有象傳明辨晳也此作辯晳解象傳而百果草木皆甲折此作甲坼繫辭傳力小而任重此作力少辨是與非此作辯是序卦傳傷於外者必反其家此作於家俱與唐石經合顧亭林石經攷以力少爲誤錢辛楣辨之甚當攷景祐本漢書王莽傳自知德薄位尊力少任大後漢書朱馮虞鄭周傳贊注引易亦作力少三國志王修傳注引魏略力少任重今得宋本作力少尤可證俗閒傳刻之失其注疏中可以勘今本之脫誤者更復不少即如咸象傳疏一段凡一百一字今本全脫宋本之足寶貴如此惜缺其首卷復從吳中周猗唐明經借影宋鈔十三卷本前有五經正義表係錢求赤手校覓善書者補全自謂生平幸事錢校本題識幷録諸首爲

嘉慶十五年秋九月海寧陳鱣跋

目 录

周易正义序

国子祭酒、上护军、曲阜县开国子臣孔颖达奉敕撰定

夫易者，象也。爻者，效也。圣人有以仰观俯察，象天地而育群品；云行雨施，效四时以生万物。若用之以顺，则两仪序而百物和；若行之以逆，则六位倾而五行乱。故王者动必则天地之道，不使一物失其性；行必协阴阳之宜，不使一物受其害。故能弥纶宇宙，酬酢神明。宗社所以无穷，风声所以不朽，非夫道极玄妙，孰能与于此乎？斯乃乾坤之大造，生灵之所益也。若夫龙出于河，则八卦宣其象；麟伤于泽，则《十翼》彰其用。业资九圣，时历三古。及秦亡金镜，未坠斯文；汉理珠囊，重兴儒雅。其传《易》者，西都则有丁、孟、京、田，东都则有荀、刘、马、郑，大体更相祖述，非有绝伦。唯魏世王辅嗣之注独冠古今。所以江左诸儒，并传其学；河北学者，罕能及之。其江南义疏，十有余家，皆辞尚虚玄，义多浮诞。

原夫易理难穷，虽复"玄之又玄"，至于垂范作则，便是有而教有。若论住内住外之空、就能就所之说，斯乃义涉于释氏，非为教于孔门也。既背其本，又违于注。至若复卦云："七日来复。"并解云："七日当为七月，谓阳气从五月建午而消，至十一月建子始复，所历七辰，故云'七月'。"今案：辅嗣注云："阳气始剥尽，至来复时，凡七日。"则是阳气剥尽之后，凡经七日始复，但阳气虽建午始消，至建戌之月，阳气犹在，何得称七月来复？故郑康成引《易纬》之说，建戌之月，以阳气既尽，建亥之月，纯阴用事，至建子之月，阳气始生，隔此纯阴一卦，卦主六日七分，举其成数言之，而云"七日来复"。仲尼之纬分明，辅嗣之注若此。康成之说，遗迹可寻。辅嗣注之于前，诸儒背之于后，考其义理，其可通乎？又蛊卦云："先甲三日，后甲三日。"辅嗣注云"甲者创制之令"，又若汉世之时甲令、乙令也。辅嗣又云"令洽""乃诛"，故后之三日。又巽卦云："先庚三日，后庚三日。"辅嗣注云："申命令谓之庚。"辅嗣又云："甲庚皆申命之谓也。"诸儒同于郑氏之说，以为甲者宣令之日，先之三日而用辛也，欲取改新之义；后之三日而用丁也，取其丁宁之义。王氏注意，本不如此，而又不顾其注，妄作异端。

今既奉敕删定，考察其事，必以仲尼为宗；义理可诠，先以辅嗣为本；去

其华而取其实，欲使信而有征。其文简，其理约，寡而制众，变而能通，仍恐鄙才短见，意未周尽。谨与朝散大夫行大学博士臣马嘉运，守太学助教臣赵乾叶等对共参议，详其可否。至十六年，又奉敕与前修疏人及给事郎守四门博士上骑都尉臣苏德融等，对敕使赵弘智覆更详审，为之正义，凡十有四卷。庶望上裨圣道，下益将来，故序其大略，附之卷首尔。

略附之卷首尔八论

自此下分为八段

第一　论“易”之三名
第二　论重卦之人
第三　论三代《易》名
第四　论卦辞爻辞谁作
第五　论分上下二篇
第六　论夫子《十翼》
第七　论传《易》之人
第八　论谁加“经”字

第一　论“易”之三名

疏正义曰：夫“易”者，变化之总名，改换之殊称，自天地开辟，阴阳运行，寒暑叠来，日月更出，孚萌庶类，亭毒群品，新新不停，生生相续，莫非资变化之力，换代之功。然变化运行，在阴阳二气，故圣人初画八卦，设刚柔两画，象二气也；布以三位，象三才也。谓之为“易”，取变化之义。

既义总变化，而独以“易”为名者，《易纬·乾凿度》云：“易一名而含三义，所谓易也，变易也，不易也。”又云：“‘易’者，其德也。光明四通，简易立节，天以烂明，日月星辰，布设张列，通精无门，藏神无穴，不烦不扰，淡泊不失，此其‘易也’。‘变易’者，其气也。天地不变，不能通气，五行叠终，四时更废，君臣取象，变节相移，能消者息，必专者败，此其‘变易’也。‘不易’者，其位也。天在上，地在下，君南面，臣北面，父坐子伏，此其‘不易’也。”

郑玄依此义，作《易赞》及《易论》云：“易一名而含三义：易简，一也；变易，二也；不易，三也。”故系辞云：“乾、坤其易之缊邪?”又云：“易之门户邪?”又云：“夫乾，确然示人易矣。夫坤，隤然示人简矣。“易则易知，简则易从。”此言其“易简”之法则也。又云：“为道也屡迁，变动不居，周流六虚，上下无常，刚柔相易，不可为典要，唯变所适。”此言顺时变易，出入移动者也。又云：“天尊地卑，乾坤定矣。卑高以陈，贵贱位矣。动静有常，刚柔断矣。”此言其张设布列“不易”者也。崔觐、刘贞简等并用此义，云：“易者谓生生之德，有易简之义。不易者，言天地定位，不可相易。变易者，谓生生之道，变而相续，皆以纬称‘不烦不扰，淡泊不失’。”此明是“易简”之义，无为之道。故“易”者，易也，作“难易”之音。而周简子云：“‘易’者，易（音亦）也，不易也，变易也。易者，易代之名。凡有无相代，彼此相易，皆是‘易’义。‘不易’者，常体之名，有常有体，无常无体，是‘不易’之义。‘变易’者，相变改之名，两有相变，此为‘变易’。”

张氏、何氏并用此义，云：“易者，换代之名，待夺之义。”因于《乾凿度》云：易者其德也，或没而不论，或云德者得也。万法相形，皆得相易。不顾纬文“不烦不扰”之言，所谓用其文而背其义，何不思之甚？故今之所用，同郑康成等。“易”者，易也，音为“难易”之音，义为“简易”之义，得纬文之本实也。盖“易”之三义，唯在于有。然有从无出，理则包无，故《乾凿度》云：“夫有形者生于无形，则乾坤安从而生？故有太易、有太初、有太始、有太素。太易者，未见气也。太初者，气之始也。太始者，形之始也。太素者，质之始也。气、形、质具而未相离谓之浑沌。浑沌者，言万物相浑沌而未相离也。视之不见，听之不闻，循之不得，故曰易也。”

是知易理备包有无，而易象唯在于有者，盖以圣人作《易》，本以垂教，教之所备，本备于有。故系辞云“形而上者谓之道”，道即无也；“形而下者谓之器”，器即有也。故以无言之，存乎道体；以有言之，存乎器用；以变化言之，存乎其神；以生成言之，存乎其易；以真言之，存乎其性；以邪言之，存乎其情；以气言之，存乎阴阳；以质言之，存乎爻象；以教言之，存乎精义；以人言之，存乎景行。此等是也。且易者象也，物无不可象也。作《易》所以垂教者，即《乾凿度》云：“孔子曰：上古之时，人民无别，群物未殊，未有衣食器用之利，伏羲乃仰观象于天，俯观法于地，中观万物之宜，于是始作八卦，以通神明之德，以类万物之情。故易者所以断天地，理人伦，而明王道。是以画八卦，建五气，以立五常之行；象法乾坤，顺阴阳，以正君臣、父子、夫妇之义；度时制宜，作为罔罟，以佃以渔，以赡民用。于是人民乃治，君亲以尊，臣子以顺，群生和洽，各安其性。”此其作《易》垂教之本意也。

第二　论重卦之人

系辞云：“河出图，洛出书，圣人则之。”又《礼纬·含文嘉》曰：“伏羲德合上下，天应以鸟兽文章，地应以《河图》、《洛书》，伏羲则而象之，乃作八卦。”故孔安国、马融、王肃、姚信等并云：伏羲得《河图》而作《易》。是则伏羲虽得《河图》，复须仰观俯察，以相参正，然后画卦。伏羲初画八卦，万物之象，皆在其中。故系辞曰“八卦成列，象在其中矣”是也。虽有万物之象，其万物变通之理，犹自未备，故因其八卦而更重之。卦有六爻，遂重为六十四卦也。系辞曰“因而重之，爻在其中矣”是也。然重卦之人，诸儒不同，凡有四说。王辅嗣等以为伏羲重卦，郑玄之徒以为神农重卦，孙盛以为夏禹重卦，史迁等以为文王重卦。其言夏禹及文王重卦者，案系辞，神农之时已有，盖取益与噬嗑。以此论之，不攻自破。其言神农重卦，亦未为得。

今以诸文验之。案《说卦》云：“昔者圣人之作《易》也，幽赞于神明而生蓍。”凡言“作”者，创造之谓也。神农以后，便是述修，不可谓之“作”也。则幽赞用蓍，谓伏羲矣。故《乾凿度》云：“垂皇策者羲。”上系论用蓍云：“四营而成易，十有八变而成卦。”既言圣人作《易》，十八变成卦，明用蓍在六爻之后，非三画之时。伏羲用蓍，即伏羲已重卦矣。《说卦》又云：“昔者圣人之作《易》也，将以顺性命之理。是以立天之道曰阴与阳，立地之道曰柔与刚，立人之道曰仁与义，兼三才而两之，故易六画而成卦。”既言圣人作《易》，“兼三才而两之”，又非神农始重卦矣。又上系云：“易有圣人之道四焉，以言者尚其辞，以动者尚其变，以制器者尚其象，以卜筮者尚其占。”此之四事，皆在六爻之后。何者？三画之时，未有《彖》、系，不得有“尚其辞”。因而重之，始有变动，三画不动，不得有“尚其变”。揲蓍布爻，方用之卜筮，蓍起六爻之后，三画不得有“尚其占”。自然中间以制器者“尚其象”，亦非三画之时。今伏羲结绳而为罔罟，则是制器，明伏羲已重卦矣。又《周礼·小史》“掌三皇五帝之书”，明三皇已有书也。下系云：“上古结绳而治，后世圣人易之以书契，……盖取诸夬。”既象夬卦而造书契，伏羲有书契则有夬卦矣。故孔安国《书序》云：“古者伏羲氏之王天下也，始画八卦，造书契，以代结绳之政。”又曰“伏羲、神农、黄帝之书谓之《三坟》”是也。又八卦小成，爻象未备，重三成六，能事毕矣。若言重卦起自神农，其为功也，岂比系辞而已哉！何因《易纬》等数所历三圣，但云伏羲、文王、孔子，竟不及神农，明神农但有盖取诸益，不重卦矣。故今依王辅嗣以伏羲既画八卦，即自重为六十四卦，为得其实。其重卦之意，备在《说卦》，此不具叙。伏羲之时，道尚质素，画卦重爻，足以垂法。后代浇讹，德不如古，爻象不足以为教，故作系辞以明之。

第三　论三代《易》名

案《周礼·太卜》“三易”云：“一曰《连山》，二曰《归藏》，三曰《周易》。”杜子春云：“《连山》，伏羲；《归藏》，黄帝。”郑玄《易赞》及《易论》云：“夏曰《连山》，殷曰《归藏》，周曰《周易》。”郑玄又释云：“《连山》者，象山之出云，连连不绝；《归藏》者，万物莫不归藏于其中；《周易》者，言易道周普，无所不备。”郑玄虽有此释，更无所据之文。先儒因此遂为文质之义，皆烦而无用，今所不取。案《世谱》等群书，神农一曰连山氏，亦曰列山氏；黄帝一曰归藏氏。既连山、归藏并是代号，则《周易》称周，取岐阳地名，《毛诗》云“周原膴膴”是也。又文王作《易》之时，正在羑里，周德未兴，犹是殷世也，故题周，别于殷。以此文王所演，故谓之《周易》，其犹《周书》、《周礼》，题“周”以别余代。故《易纬》云“因代以题周”是也。先儒又兼取郑说云：“既指周代之名，亦是普遍之义。”虽欲无所遐弃，亦恐未可尽通。其《易》题周，因代以称周，是先儒更不别解，唯皇甫谧云：“文王在羑里演六十四卦，著七八九六之爻，谓之《周易》。”以此文王安“周”字。其系辞之文，《连山》、《归藏》无以言也。

第四　论卦辞爻辞谁作

其《周易·系辞》凡有二说，一说所以卦辞爻辞并是文王所作。知者，案系辞云：“《易》之兴也，其于中古乎？作《易》者，其有忧患乎？”又曰：“《易》之兴也，其当殷之末世，周之盛德邪？当文王与纣之事邪？”又《乾凿度》云：“垂皇策者羲，卦道演德者文，成命者孔。”《通卦验》又云：“苍牙通灵昌之成，孔演命明道经。”准此诸文，伏羲制卦，文王系辞，孔子作《十翼》，《易》历三圣，只谓此也。故史迁云“文王囚而演《易》”，即是“作《易》者其有忧患乎”。郑学之徒，并依此说也。二以为验爻辞多是文王后事。案升卦六四：“王用亨于岐山。”武王克殷之后，始追号文王为王。若爻辞是文王所制，不应云“王用亨于岐山”。又明夷六五：“箕子之明夷。”武王观兵之后，箕子始被囚奴，文王不宜豫言“箕子之明夷”。又既济九五：“东邻杀牛，不如西邻之禴祭。”说者皆云：“西邻”谓文王，“东邻”谓纣。文王之时，纣尚南面，岂容自言己德受福胜殷，又欲抗君之国，遂言东西相邻而已。又《左传》：韩宣子适鲁，见《易象》云“吾乃知周公之德”。周公被流言之谤，亦得为忧患也。验此诸说，以为卦辞文王，爻辞周公。马融、陆绩等并同此说，今依而用之。所以只言三圣，不数周公者，以父统子业故也。案《礼稽命征》曰：“文王见礼坏乐崩，道孤无主，故设礼经三百，威仪三千。”其三百、三千，即周公所制《周官》、《仪礼》。明文王本有此意，周公述而成之，故系之文王。然则《易》之爻辞，盖亦是文王本意，故《易纬》但言“文王”也。

第五　论分上下二篇

案《乾凿度》云：“孔子曰，阳三阴四，位之正也。”故《易》卦六十四，分为上下而象阴阳也。夫阳道纯而奇，故上篇三十，所以象阳也；阴道不纯而偶，故下篇三十四，所以法阴也。乾、坤者，阴阳之本始，万物之祖宗，故为上篇之始而尊之也。离为日，坎为月，日月之道，阴阳之经，所以始终万物，故以坎、离为上篇之终也。咸、恒者，男女之始，夫妇之道也。人道之兴，必由夫妇，所以奉承祖宗，为天地之主，故为下篇之始而贵之也。既济、未济为最终者，所以明戒慎而全王道也。以此言之，则上下二篇，文王所定，夫子作《纬》以释其义也。

第六　论夫子《十翼》

其《彖》、《象》等《十翼》之辞，以为孔子所作，先儒更无异论，但数《十翼》亦有多家。既文王《易经》本分为上下二篇，则区域各别，《彖》、《象》释卦，亦当随经而分。故一家数《十翼》云：《上彖》一，《下彖》二，《上象》三，《下象》四，《上系》五，《下系》六，《文言》七，《说卦》八，《序卦》九，《杂卦》十。郑学之徒，并同此说，故今亦依之。

第七　论传《易》之人

孔子既作《十翼》,《易》道大明,自商瞿已后,传授不绝。案《儒林传》云:"商瞿子木本受《易》于孔子,以授鲁桥庇子庸,子庸授江东馯臂子弓,子弓授燕周丑子家,子家授东武孙虞子乘,子乘授齐田何子庄。及秦燔书,《易》为卜筮之书,独得不禁,故传授者不绝。汉兴,田何授东武王同子中及雒阳周王孙、梁人丁宽、齐服生,皆著《易传》数篇。同授菑川杨何字叔元,叔元传京房,京房传梁丘贺,贺授子临,临授御史大夫王骏。其后丁宽又别授田王孙,孙授施雠,雠授张禹,禹授彭宣。"此前汉大略传授之人也。其后汉则有马融、荀爽、郑玄、刘表、虞翻、陆绩等及王辅嗣也。

第八　论谁加"经"字

但《子夏传》云:虽分为上下二篇,未有"经"字。"经"字是后人所加,不知起自谁始。案:前汉孟喜《易本》云"分上下二经",是孟喜之前,已题"经"字。其篇题"经"字,虽起于后,其称"经"之理则久在于前。故《礼记·经解》云:"洁静精微,《易》教也。"既在《经解》之篇,是《易》有称"经"之理。案《经解》之篇,备论六艺,则《诗》、《书》、《礼》、《乐》并合称"经"。而《孝经纬》称《易》建八卦,序六十四卦,转成三百八十四爻,运机布度,其气转易,故称"经"也。但《纬》文鄙伪,不可全信。其八卦方位之所,六爻上下之次,七八九六之数,内外承乘之象,入经别释,此未具论也。

计五千三百六十七字

周易注疏卷第一

乾 ䷀ 乾上 乾下

乾：元、亨、利、贞。

疏正义曰："乾"者，此卦之名。谓之卦者，《易纬》云："卦者挂也，言悬挂物象，以示于人，故谓之卦。"但二画之体，虽象阴阳之气，未成万物之象，未得成卦，必三画以象三才，写天、地、雷、风、水、火、山、泽之象，乃谓之卦也。故系辞云"八卦成列，象在其中矣"是也。但初有三画，虽有万物之象，于万物变通之理，犹有未尽，故更重之而有六画，备万物之形象，穷天下之能事，故六画成卦也。此乾卦本以象天，天乃积诸阳气而成天，故此卦六爻皆阳画成卦也。此既象天，何不谓之天，而谓之"乾"者？天者定体之名，"乾"者体用之称。故《说卦》云："乾，健也。"言天之体，以健为用。圣人作《易》本以教人，欲以法天之用，不法天之体，故名"乾"，不名天也。天以健为用者，运行不息，应化无穷，此天之自然之理，故圣人当法此自然之象而施人事，亦当应物成务，云为不已，"终日乾乾"，无时懈倦，所以应天象以教人事。于物象言之，则纯阳也，天也。于人事言之，则君也，父也。以其居尊，故在诸卦之首，为《易》理之初。但圣人名卦，体例不同，或则以物象而为卦名者，若否、泰、剥、颐、鼎之属是也，或以象之所用而为卦名者，即乾、坤之属是也。如此之类多矣。虽取物象，乃以人事而为卦名者，即家人、归妹、谦、履之属是也。所以如此不同者，但物有万象，人有万事，若执一事，不可包万物之象；若限局一象，不可总万有之事。故名有隐显，辞有踳驳，不可一例求之，不可一类取之。故系辞云："上下无常，刚柔相易，不可为典要。"韩康伯注云"不可立定准"是也。"元、亨、利、贞"者，是乾之四德也。《子夏传》云："元，始也。亨，通也。利，和也。贞，正也。"言此卦之德，有纯阳之性，自然能以阳气始生万物而得元始亨通，能使物性和谐，各有其利，又能使物坚固贞正得终。此卦自然令物有此四种使得其所，故谓之四德。言圣人亦当法此卦而行善道，以长万物，物得生存而为“元”也。又当以嘉美之事，会合万物，令使开通而为“亨”也。又当以义协和万物，使物各得其理而为“利”也。又当以贞固干事，使物各得其正而为“贞”也。是以圣人法乾而行此四德，故曰“元、亨、利、贞”。其委曲条例，备在《文言》。

初九：潜龙勿用。注云：《文言》备矣。

疏正义曰：居第一之位，故称“初”；以其阳爻，故称“九”。潜者隐伏之名；龙者，变化之物。言天之自然之气起于建子之月，阴气始盛，阳气潜在地下，故言“初九潜龙”也。此自然之象，圣人作法，言于此潜龙之时，小人道盛，圣人虽有龙德，于此时唯宜潜藏，勿可施用，故言“勿用”。张氏云：“以道未可行，故称‘勿用’以诫之。”于此小人道盛之时，若其施用，则为小人所害。寡不敌众，弱不胜强，祸害斯及，故诫“勿用”。若汉高祖生于暴秦之世，唯隐居为泗水亭长，是勿用也。诸儒皆以为舜始渔于雷泽。舜之时，当尧之世，尧君在上，不得为小人道盛。此“潜龙”始起，在建子之月，于义恐非也。第一位言“初”，第六位当言“终”；第六位言“上”，第一位当言“下”。所以文不同者，庄氏云：“下言初则上有末义。”故《大过·彖》云：“栋桡，本末弱。”是上有末义。“六”言“上”，则“初”当言“下”。故《小象》云：“潜龙勿用，阳在下也。”则是初有下义，互文相通，义或然也。且第一言“初”者，欲明万物积渐，从无入有，所以言初，不言一与下也。六言“上”者，欲见位居卦上，故不言六与末也。此初九之等，是乾之六爻之辞，但乾卦是阳生之世，故六爻所述，皆以圣人出处托之，其余卦六爻，各因象明义，随义而发，不必皆论圣人。他皆仿此。谓之“爻”者，系辞云：“爻也者，效此者也。”圣人画爻，以仿效万物之象。先儒云，后代圣人以《易》占事之时，先用蓍以求数，得数以定爻，累爻而成卦，因卦以生辞，则蓍为爻卦之本，爻卦为蓍之末。今案，《说卦》云：“圣人之作《易》也，幽赞于神明而生蓍，三天两地而倚数，观变于阴阳而立卦，发挥于刚柔而生爻。”系辞云：“成天下之亹亹者，莫大乎蓍龟。是故天生神物，圣人则之。”又《易·乾凿度》云：“垂皇策者羲。”据此诸文，皆是用蓍以求卦。先儒之说，理当然矣。然阳爻称“九”，阴爻称“六”，其说有二：一者乾体有三画，坤体有六画，阳得兼阴，故其数九，阴不得兼阳，故其数六。二者老阳数九，老阴数六，老阴老阳皆变，《周易》以变者为占，故杜元凯注襄九年传遇艮之八，及郑康成注《易》，皆称《周易》以变者为占，故称九、称六。所以老阳数九，老阴数六者，以揲蓍之数，九遇揲则得老阳，六遇揲则得老阴。其少阳称七，少阴称八，义亦准此。张氏以为阳数有七有九，阴数有八有六，但七为少阳，八为少阴，质而不变，为爻之本体。九为老阳，六为老阴，文而从变，故为爻之别名。且七既为阳爻，其画已长。今有九之老阳，不可复画为阳，所以重体，避少阳七数，故称九也。八为阴数而画阴爻，今六为老阴，不可复画阴爻。故交其体，避八而称六。但《易》含万象，所托多途，义或然也。

九二：见龙在田，利见大人。注云：出潜离隐，故曰“见龙”，处于地上，故曰“在田”。德施周普，居中不偏，虽非君位，君之德也。初则不彰，三则“乾乾”，四则“或跃”，上则过亢。“利见大人”，唯二、五焉。

疏正义曰：阳处二位，故曰“九二”。阳气发见，故曰“见龙”。田是地上可营为有益之处，阳气发在地上，故曰“在田”。且一之与二，俱为地道，二在一上，所以称“田”。“见龙在田”，是自然之象。“利见大人”，以人事托之，言龙见在田之时，犹似圣人久潜稍出，虽非君位而有君德，故天下众庶利见九二之“大人”。故先儒云：若夫子教于洙泗，利益天下，有人君之德，故称“大人”。案：《文言》云：“九二德博而化。”又云：“君德也。”王辅嗣注云：“虽非君位，君之德也。”是九二有人君之德，所以称“大人”也。辅嗣又云：“利见大人，唯二五焉。”是二之与五，俱是“大人”，为天下所“利见”也。而褚氏、张氏同郑康成之说，皆以为九二利见九五之大人，其义非也。且“大人”之云，不专在九五与九二，故讼卦云：“利见大人。”又蹇卦：“利见大人。”此“大人”之文，施处广矣，故辅嗣注谓九二也。是“大人”非专九五。

注“出潜离隐”至“唯二、五焉”

疏正义曰：“处于地上，故曰在田”者，先儒以为重卦之时，重于上下两体，故初与四相应，二与五相应，三与上相应。是上下两体，论天地人各别，但《易》含万象，为例非一。及其六位，则一、二为地道，三、四为人道，五、上为天道。二在一上，是九二处于地上，所田食之处，唯在地上，所以称“田”也。观辅嗣之注意，唯取地上称田，诸儒更广而称之，言田之耕稼利益，及于万物，盈满有益于人，犹若圣人益于万物，故称“田”也。“德施周普”者，下《小象》文，谓周而普遍。“居中不偏”者，九二居在下卦之中，而于上于下，其心一等，是“居中不偏”也。不偏则周普也。“虽非君位”者，二为大人，已居二位，是非君位也。“君之德”者，以德施周普也。《文言》云：“德博而化。”又云：“君德也。”是九二有人君之德也。“初则不彰”者，谓潜隐不彰显也。“三则乾乾”者，危惧不安也。“四则或跃”者，谓进退怀疑也。“上则过亢”，过谓过甚，亢谓亢极。“利见大人，唯二五焉”者，言此据乾之一卦，故云“唯二五焉”。于别卦言之，非唯二、五而已。故讼卦、蹇卦并云“利见大人”，所以施处广，非唯二、五也。诸儒以为九二当太蔟之月，阳气发见，则九三为建辰之月，九四为建午之月，九五为建申之月，为阴气始杀，不宜称“飞龙在天”。上九为建戌之月，群阴既盛，上九不得言“与时偕极”。于此时阳气仅存，何极之有？诸儒此说，于理稍乖。此乾之阳气渐生，似圣人渐出，宜据十一月之后，至建巳之月已来，此九二当据建丑、建寅之间，于时地之萌牙初有出者，即是阳气发见之义。乾卦之象，其应然也。但阴阳二气，共成岁功，故阴兴之时，仍有阳在，阳生之月，尚有阴存。所以六律六吕，阴阳相间，取象论义，与此不殊。乾之初九，则与复卦不殊。乾之九二，又与临卦无别。何以复、临二卦与此不同者，但《易》论象，复、临二卦，既有群阴见象于上，即须论卦之象义，各自为文。此乾卦初九、九二，只论居位一爻，无群阴见象，故但自明当爻之地，为此与临、复不同。

九三：君子终日乾乾，夕惕若厉，无咎。注云：处下体之极，居上体之下，在不中之位，履重刚之险。上不在天，未可以安其尊也；下不在田，未可以宁其居也。纯修下道，则居上之德废；纯修上道，则处下之礼旷。故“终日乾乾”，至于夕惕犹若厉也。居上不骄，在下不忧，因时而惕，不失其几，虽危而劳，可以“无咎”。处下卦之极，愈于上九之亢，故竭知力而后免于咎也。乾三以处下卦之上，故免亢龙之悔；坤三以处下卦之上，故免龙战之灾。

疏正义曰：以阳居三位，故称“九三”；以居不得中，故不称“大人”；阳而得位，故称君子。在忧危之地，故“终日乾乾”，言每恒终竟此日，健健自强，勉力不有止息。“夕惕”者，谓终竟此日后，至向夕之时，犹怀忧惕。“若厉”者，若，如也；厉，危也。言寻常忧惧，恒如倾危，乃得无咎。谓既能如此戒慎，则无罪咎，如其不然，则有咎。故系辞云：“无咎者，善补过也。”此一爻，因阳居九三之位，皆以人事明其象。

注“处下体之极”至“免龙战之灾”

疏正义曰：“处下体之极”者，极，终也。三是上卦之下，下体之极，故云“极”也。又云“居上体之下”者，四、五与上是上体，三居四下，未入上体，但居上体之下，四则已入上体，但居其上体之下，故九四注云“居上体之下”，与此别也。云“履重刚之险”者，上下皆有阳爻，刚强好为险难，故云“履重刚之险”。云“上不在天，未可以安其尊”者，若在天位，其尊自然安处，在上卦之下，虽在下卦之上，其尊未安，故云“未可以安其尊”也。“下不在田，未可以宁其居”者，田是所居之处，又是中和之所，既不在田，故不得安其居。“纯修下道，则居上之德废”者，言若纯修下道以事上卦，则己居下卦之上，其德废坏，言其太卑柔也。“纯修上道，则处下之礼旷”者，旷谓空旷，言己纯修居下卦之上道以自骄矜，则处上卦之下，其礼终竟空旷。“夕惕犹若厉也”者，言虽至于夕，恒怀惕惧，犹如未夕之前，常若厉也。案：此卦九三所居之处，实有危厉。又《文言》云："虽危无咎。"是实有危也。据其上下文势，"若"字宜为语辞，但诸儒并以"若"为"如"，如似有厉，是实无厉也，理恐未尽。今且依"如"解之。"因时而惕，不失其几"者，"因时"谓因可忧之时，故《文言》云"因时而惕"，又云"知至至之，可与几也"。是"因时而惕，不失其几"也。"虽危而劳"者，"若厉"是"虽危"，"终日乾乾"是"而劳"也。"故竭知力而后免于咎"者，正以九三与上九相并，九三处下卦之极，其位犹卑，故竭知力而得免咎也。上九在上卦之上，其位极尊，虽竭知力，不免亢极，言下胜于上，卑胜于尊。

九四：或跃在渊，无咎。注云：去下体之极，居上体之下，乾道革之时也。上不在天，下不在田，中不在人，履重刚之险，而无定位所处，斯诚进退无常之时也。近乎尊位，欲进其道，迫乎在下，非跃所及。欲静其居，居非所安，持疑犹豫，未敢决志。用心存公，进不在私，疑以为虑，不谬于果，故"无咎"也。

疏正义曰：或，疑也。跃，跳跃也。言九四阳气渐进，似若龙体欲飞，犹"疑惑"也。跃于在渊，未即飞也。此自然之象，犹若圣人位渐尊高，欲进于王位，犹豫持疑，在于故位，未即进也。云"无咎"者，以其迟疑进退，不即果敢以取尊位，故"无咎"也。若其贪利务进，时未可行而行，则物所不与，故有咎也。若周西伯内执王心、外率诸侯以事纣也。

注"去下体之极"至"无咎也"

疏正义曰："去下体之极"者，离下体入上体，但在下体之上，故云"去下体之极"。注九三云"处下体之极"，彼仍处九三，与此别也。云"乾道革之时"者，革，变也。九四去下体入上体，是乾道革之时。云"上不在天，下不在田，中不在人"者，《易》之为体，三与四为人道，人近在下，不近于上，故九四云"中不在人"，异于九三也。云"而无定位所处"者，九四以阳居阴上，既不在于天，下复不在于地，中又不当于人，上下皆无定位所处也。"斯诚进退无常之时"者，《文言》云"上下无常"、"进退无恒"是也。"欲进其道，迫乎在下，非跃所及"者，谓欲进己圣道而居王位，但逼迫于下，群众未许，非己独跃所能进及也。"欲静其居，居非所安，迟疑犹豫，未敢决志"者，谓志欲静其居处，百姓既未离祸患，须当拯救，所以不得安居，故迟疑犹豫，未敢决断其志而苟进也。"用心存公，进不在私"者，本为救乱除患，不为于己，是进不在私也。"疑以为虑，不谬于果"者，谬谓谬错，果谓果敢；若不思虑，苟欲求进，当错谬于果敢之事，而致败亡；若疑惑以为思虑，则不错谬于果敢之事。其错谬者，若宋襄公与楚人战而致败亡是也。

九五：飞龙在天，利见大人。注云：不行不跃而在乎天，非飞而何？故曰“飞龙”也。龙德在天，则大人之路亨也。夫位以德兴，德以位叙，以至德而处盛位，万物之睹，不亦宜乎？

疏正义曰：言九五阳气盛至于天，故云“飞龙在天”。此自然之象，犹若圣人有龙德飞腾而居天位，德备天下，为万物所瞻睹，故天下利见此居王位之大人。

注“不行不跃”至“不亦宜乎？”

疏正义曰：“龙德在天，则大人之路亨”，谓若圣人有龙德居在天位，则大人道路得亨通。犹若文王拘在羑里，是大人道路未亨也。“夫位以德兴”者，位谓王位，以圣德之人能兴王位也。“德以位叙”者，谓有圣德之人，得居王位，乃能叙其圣德。若孔子虽有圣德，而无其位，是德不能以位叙也。

上九：亢龙有悔。

疏正义曰：上九亢阳之至，大而极盛，故曰“亢龙”。此自然之象。以人事言之，似圣人有龙德，上居天位，久而亢极，物极则反，故“有悔”也。纯阳虽极，未至大凶，但有悔吝而已。系辞云：“悔吝者，言乎其小疵也。”故郑引尧之末年，四凶在朝，是以有悔未大凶也。凡悔之为文，既是小疵，不单称悔也，必以余字配之。其悔若在，则言“有悔”，谓当有此悔，则此经是也。其悔若无，则言“悔亡”，言其悔已亡也，若恒卦九二“悔亡”是也。其悔虽亡，或是更取他文结之，若复卦初九“不远复无祇悔”之类是也。但圣人至极，终始无亏，故《文言》云：“知进退存亡而不失其正者，其唯圣人乎？”是知大圣之人，本无此悔。但九五天位，有大圣而居者，亦有非大圣而居者，不能不有骄亢，故圣人设法以戒之也。

用九：见群龙无首，吉。注云：九，天之德也。能用天德，乃见“群龙”之义焉。夫以刚健而居人之首，则物之所不与也。以柔顺而为不正，则佞邪之道也。故乾吉在“无首”，坤利在“永贞”。

疏正义曰：“用九：见群龙”者，此一句说“乾元”能用天德也。九，天德也。若体“乾元”，圣人能用天德，则见“群龙”之义。“群龙”之义，以无首为吉，故曰“用九：见群龙，无首，吉”也。

注“九，天之德”

疏正义曰：“九，天之德”者，言六爻俱九，乃共成天德，非是一爻之九，则为天德也。

《彖》曰：大哉乾元！万物资始，乃统天。云行雨施，品物流形。大明终始，六位时成，时乘六龙以御天。乾道变化，各正性命，注云：天也者，形之名也。健也者，用形者也。夫形也者，物之累也。有天之形而能永保无亏，为物之首，统之者岂非至健哉！大明乎终始之道，故六位不失其时而成，升降无常，随时而用，处则乘潜龙，出则乘飞龙，故曰"时乘六龙"也。乘变化而御大器，静专动直，不失大和，岂非正性命之情者邪？**保合大和，乃利贞。**注云：不和而刚暴。**首出庶物，万国咸宁。**注云：万国所以宁，各以有君也。

疏 正义曰：夫子所作《彖》辞，统论一卦之义，或说其卦之德，或说其卦之义，或说其卦之名，故《略例》云："彖者何也？统论一卦之体，明其所由之主。"案：褚氏、庄氏并云："彖，断也，断定一卦之义，所以名为彖也。"但此《彖》释乾与元、亨、利、贞之德。但诸儒所说此《彖》分解四德，意各不同。今案：庄氏之说，于理稍密，依而用之。"大哉乾元，万物资始，乃统天"者，此三句总释乾与元也。"乾"是卦名，"元"是乾德之首，故以元德配乾释之。"大哉乾元"者，阳气昊大，乾体广远，又以元大始生万物，故曰"大哉乾元"。"万物资始"者，释其"乾元"称"大"之义，以万象之物，皆资取"乾元"，而各得始生，不失其宜，所以称"大"也。"乃统天"者，以其至健而为物始，以此乃能统领于天，天是有形之物，以其至健，能总统有形，是"乾元"之德也。"云行雨施，品物流形"者，此二句释"亨"之德也，言乾能用天之德，使云气流行，雨泽施布，故品类之物，流布成形，各得亨通，无所壅蔽，是其"亨"也。"大明终始，六位时成"者，此二句总结乾卦之德也。以乾之为德，大明晓乎万物终始之道，始则潜伏，终则飞跃，可潜则潜，可飞则飞，是明达乎始终之道，故六爻之位，依时而成。若其不明终始之道，应潜而飞，应飞而潜，应生而杀，应杀而生，六位不以时而成也。"时乘六龙，以御天"者，此二句申明"乾元""乃统天"之义，言乾之为德，以依时乘驾六爻之阳气，以控御于天体。六龙，即六位之龙也。以所居上下言之，谓之六位也；阳气升降，谓之六龙也。上文以至健元始总明乾德，故云"乃统天"也。此名乘驾六龙，各分其事，故云"以御天"也。"乾道变化，各正性命"者，此二句更申明乾元资始之义。道体无形，自然使物开通，谓之为"道"。言乾卦之德，自然通物，故云"乾道"也。"变"谓后来改前，以渐移改，谓之变也。"化"谓一有一无，忽然而改，谓之为化。言乾之为道，使物渐变者，使物卒化者，各能正定物之性命。性者天生之质，若刚柔迟速之别；命者人所禀受，若贵贱夭寿之属是也。"保合大和，乃利贞"者，此二句释"利贞"也。纯阳刚暴，若无和顺，则物不得利，又失其正。

以能保安合会大利之道，乃能利贞于万物，言万物得利而贞正也。自上已来，皆论乾德自然养万物之道。“首出庶物，万国咸宁”者，此二句论圣人上法乾德，生养万物，言圣人为君在众物之上，最尊高于物，似头首出于众物之上，各置君长以领万国，故万国皆得宁也。人君位实尊高，故于此云首出于庶物者也。志须卑下，故前经云“无首，吉”也。但前文说乾用天德，其事既详，故此文圣人以人事象乾，于文略也。以此言之，圣人亦当令万物资始，统领于天位，而“云行雨施”，布散恩泽，使兆庶众物，各流布其形，又大明乎盛衰终始之道，使天地四时贵贱高下，各以时而成。又任用群贤，以奉行圣化，使物各正性命。此圣人所以象乾而立化。

注“天也者形之名也”至“岂非正性命之情者邪”

疏正义曰：夫形也者，物之累也。凡有形之物，以形为累，是含生之属，各忧性命。而天地虽复有形，常能永保无亏，为物之首，岂非统用之者至极健哉！若非至健，何能使天形无累？见其无累，则知“至健”也。“乘变化而御大器”者，乘变化，则乘潜龙，飞龙之属是也。“而御大器”，大器谓天也。乘此潜龙、飞龙而控御天体，所以运动不息，故云“而御大器”也。“静专动直，不失大和”者，谓乾之为体，其静住之时，则专一不转移也，其运动之时，正直不倾邪也。故上系辞云：“夫乾，其静也专，其动也直，是以大生焉。”韩康伯注云：“专，专一也。直，刚正也。”“不失大和”，则下文“保合大和”是也。“岂非正性命之情者邪”，以乾能正定物之性命，故云“岂非正性命之情者邪”，谓物之性命各有情，非天之情也。天本无情，何情之有？而物之性命，各有情也。所禀生者谓之性，随时念虑谓之情，无识无情，今据有识而言，故称曰“情”也。夫子为《彖》之体，断明一卦之义，体例不同。庄氏以为凡有一十二体，今则略举大纲，不可事事繁说。庄氏云“《彖》者发首则叹美卦”者，则此乾彖云“大哉乾元”，坤卦彖云“至哉坤元”。以乾、坤德大，故先叹美之，乃后详说其义。或有先叠文解义而后叹者，则豫卦彖云：“豫之时义大矣哉”之类是也。或有先释卦名之义，后以卦名结之者，则同人彖云“柔得位得中而应乎乾，曰同人”，大有彖云：“柔得尊位大中而上下应之曰：大有之例是也。或有特叠卦名而称其卦者，则同人彖云：同人曰：同人于野，亨。”注云：“‘同人于野，亨，利涉大川’，非二之所能也。是乾之所行，故特曰‘同人曰’。”此等之属，为文不同，唯同人之《彖》特称“同人曰”，注又别释。其余诸卦之《彖》，或详或略，或先或后，故上下参差，体例不同，或难其解，或易略解。若一一比并，曲生节例，非圣人之本趣，恐学者之徒劳，心不晓也。今皆略而不言，必有其义，于卦下而具说。

《象》曰：天行健，君子以自强不息。

疏 正义曰：此《大象》也。《十翼》之中第三翼，总象一卦，故谓之"大象"。但万物之体，自然各有形象，圣人设卦以写万物之象。今夫子释此卦之所象，故言"《象》曰"。天有纯刚，故有健用。今画纯阳之卦以比拟之，故谓之《象》。《象》在《彖》后者，《彖》详而《象》略也。是以过半之义，思在《彖》而不在《象》，有由而然也。"天行健"者，行者，运动之称，健者，强壮之名。"乾"是众健之训。今《大象》不取余健为释，偏说"天"者，万物壮健，皆有衰怠，唯天运动日过一度，盖运转混没，未曾休息，故云"天行健"。健是"乾"之训也，顺者"坤"之训也。坤则云"地势坤"。此不言"天行乾"而言"健"者，刘表云："详其名也。"然则"天"是体名，"乾"则用名，"健"是其训，三者并见，最为详悉，所以尊乾异于他卦。凡六十四卦，说象不同：或总举象之所由，不论象之实体，又总包六爻，不显上体下体，则乾、坤二卦是也。或直举上下二体者，若"云雷，屯"也，"天地交，泰"也，"天地不交，否"也，"雷电，噬嗑"也，"雷风，恒"也，"雷雨作，解"也，"风雷，益"也，"雷电皆至，丰"也，"洊雷，震"也，"随风，巽"也，"习坎，坎"也，"明两作，离"也，"兼山，艮"也，"丽泽，兑"也。凡此一十四卦，皆总举两体而结义也。取两体俱成，或有直举两体上下相对者，"天与水违行，讼"也，"上天下泽，履"也，"天与火同，人"也，"上火下泽，睽"也，凡此四卦，或取两体相违，或取两体相合，或取两体上下相承而为卦也，故两体相对而俱言也。虽上下二体，共成一卦，或直指上体而为文者，若"云上于天，需"也，"风行天上，小畜"也，"火在天上，大有"也，"雷出地奋，豫"也，"风行地上，观"也，"山附于地，剥"也，"泽灭木，大过"也，"雷在天上，大壮"也，"明出地上，晋"也，"风自火出，家人"也，"泽上于天，夬"也，"泽上于地，萃"也，"风行水上，涣"也，"水在火上，既济"也，"火在水上，未济"也。凡此十五卦，皆先举上象而连于下，亦意取上象以立卦名也。亦有虽意在上象，而先举下象，以出上象者，"地上有水，比"也，"泽上有地，临"也，"山上有泽，咸"也，"山上有火，旅"也，"木上有水，井"也，"木上有火，鼎"也，"山上有木，渐"也，"泽上有雷，归妹"也，"山上有水，蹇"也，"泽上有水，节"也，"泽上有风，中孚"也，"山上有雷，小过"也。凡此十二卦，皆先举下象以出上象，亦意取上象，共下象而成卦也。或先举上象而出下象，义取下象以成卦义者，"山下出泉，蒙"也，"地中有水，师"也，"山下有风，蛊"也，"山下有火，贲"也，"天下雷行，无妄"也，"山下有雷，颐"也，"天下有山，遯"也，"山下有泽，损"也，"天下有风，姤"也，"地中有山，谦"也，"泽中有雷，随"也，"地中生木，升也"，"泽中有火，革"也。凡此十三卦，皆先举上体，后明下体也。其上体是天，天与山则称"下"也。若上体是地，地与泽则称"中"也。或有虽先举下象，称在上象之下者，若"雷在地中，复"也，"天在山中，大畜"也，"明入地中，明夷"也，"泽无水，困"也。是先举下象而称在上象之下，亦义取下象以立卦也。所论之例者，皆大判而言之，其间委曲，各于卦下别更详之。先儒所云此等象辞，或有实象，或有假像。实象者，若“地上有水，比”也，“地中生木，升”也，皆非虚，故言实也。假像者，若“天在山中”，“风自火出”，如此之类，实无此象，假而为义，故谓之假也。虽有实象、假像，皆以义示人，总谓之“象”也。“天行健”者，谓天体之行，昼夜不息，周而复始，无时亏退，故云“天行健”。此谓天之自然之象。“君子以自强不息”，此以人事法天所行，言君子之人，用此卦象，自强勉力，不有止息。言“君子”者，谓君临上位，子爱下民，通天子诸侯，兼公卿大夫有地者。凡言“君子”，义皆然也。但位尊者象卦之义多也，位卑者象卦之义少也。但须量力而行，各法其卦也，所以诸卦并称“君子”。若卦体之义，唯施于天子，不兼包在下者，则言“先王”也。若比卦称“先王以建万国”，豫卦称“先王以作乐崇德”，观卦称“先王以省方观民设教”，噬嗑称“先王以明罚敕法”，复卦称“先王以至日闭关”，无妄称“先王以茂对时育万物”，涣卦称“先王以享于帝立庙”，泰卦称“后以财成天地之道”，姤卦称“后以施命诰四方”。称“后”兼诸侯也，自外卦并称“君子”。

“潜龙勿用”，阳在下也。“见龙在田”，德施普也。“终日乾乾”，反复道也。注云：已上言之则不骄，已下言之则不忧，反复皆道也。**“或跃在渊”，进无咎也。“飞龙在天”，大人造也。“亢龙有悔”，盈不可久也。**

疏正义曰：自此已下至“盈不可久”，是夫子释六爻之《象》辞，谓之“小象”。以初九阳潜地中，故云“阳在下也”。经言“龙”而《象》言“阳”者，明经之称“龙”，则阳气也。此一爻之象，专明天之自然之气也。“见龙在田，德施普”者，此以人事言之，用龙德在田，似圣人已出在世，道德恩施，能普遍也。比“初九勿用”，是其周普也。若比九五，则犹狭也。“终日乾乾，反复道”者，此亦以人事言之。君子“终日乾乾”，自强不息，故反之与覆，皆合其道。反谓进反在上也，处下卦之上，能不骄逸，是反能合道也。覆谓从上倒覆而下，居上卦之下，能不忧惧，是覆能合道也。“或跃在渊，进无咎”者，此亦人事言之。进则跳跃在上，退则潜处在渊，犹圣人疑或，而在于贵位也。心所欲进，意在于公，非是为私，故“进无咎”也。“飞龙在天，大人造”者，此亦人事言之。“飞龙在天”，犹圣人之在王位。造，为也。唯大人能为之而成就也。姚信、陆绩之属，皆以“造”为造至之“造”。今案：《象》辞皆上下为韵，则姚信之义，其读非也。“亢龙有悔，盈不可久”者，此亦人事言之。九五是盈也，盈而不已则至上九，地致亢极，有悔恨也，故云“盈不可久也”。但此六爻《象》辞，第一爻言“阳在下”，是举自然之象，明其余五爻皆有自然之象，举初以见末。五爻并论人事，则知初爻亦有人事，互文相通也。

“用九”，天德不可为首也。

疏正义曰：此一节释经之“用九”之《象》辞。经称“用九”，故《象》更叠云“用九”。云“天德不可为首”者，此夫子释辞也。九是天之德也，天德刚健，当以柔和接待于下，不可更怀尊刚为物之首，故云“天德不可为首也”。

《文言》曰：元者善之长也，亨者嘉之会也，利者义之和也，贞者事之乾也。君子体仁足以长人，嘉会足以合礼，利物足以和义，贞固足以乾事。君子行此四德者，故曰：“乾，元、亨、利、贞。”

疏正义曰：《文言》者，是夫子第七翼也。以乾、坤其《易》之门户邪，其余诸卦及爻，皆从乾、坤而出，义理深奥，故特作《文言》以开释之。庄氏云：“文谓文饰，以乾、坤德大，故特文饰，以为《文言》。”今谓夫子但赞明易道，申说义理，非是文饰华彩，当谓释二卦之经文，故称《文言》。从此至“元亨利贞”，明乾之四德，为第一节；从“初九曰潜龙勿用”至“动而有悔”，明六爻之义，为第二节；自“潜龙勿用”下至“天下治也”，论六爻之人事，为第三节；自“潜龙勿用，阳气潜藏”至“乃见天则”，论六爻自然之气，为第四节；自“乾元者”至“天下平也”，此一节复说“乾元”之“四德”之义，为第五节；自“君子以成德为行”至“其唯圣人乎”，此一节更广明六爻之义，为第六节。今各依文解之。此第一节论乾之四德也。“元者善之长也”，此已下论乾之“四德”，但乾之为体，是天之用。凡天地运化，自然而尔，因无而生有也，无为而自为。天本无心，岂造“元亨利贞”之德也？天本无名，岂造“元亨利贞”之名也？但圣人以人事讬之，谓此自然之功，为天之四德，垂教于下，使后代圣人法天之所为，故立天“四德”以设教也。庄氏云：“第一节‘元者善之长’者，谓天之体性，生养万物，善之大者，莫善施生，元为施生之宗，故言‘元者善之长’也。‘亨者嘉之会’者，嘉，美也。言天能通畅万物，使物嘉美之会聚，故云‘嘉之会’也。‘利者义之和’者，言天能利益庶物，使物各得其宜而和同也。‘贞者事之乾’者，言天能以中正之气，成就万物，使物皆得乾济。”庄氏之意，以此四句明天之德也，而配四时。“元”是物始，于时配春，春为发生，故下云“体仁”，仁则春也。“亨”是通畅万物，于时配夏，故下云“合礼”，礼则夏也。“利”为和义，于时配秋，秋既物成，各合其宜。“贞”为事乾，于时配冬，冬既收藏，事皆乾了也。于五行之气，唯少土也。土则分王四季，四气之行，非土不载，故不言也。“君子体仁足以长人”者，自此已下，明人法天之行此“四德”，言君子之人，体包仁道，泛爱施生，足以尊长于人也。仁则善也，谓行仁德，法天之“元”德也。“嘉会足以合礼”者，言君子能使万物嘉美集会，足以配合于礼，谓法天之“亨”也。“利物足以和义”者，言君子利益万物，使物各得其宜，足以和合于义，法天之“利”也。“贞固足以乾事”者，言君子能坚固贞正，令物得成，使事皆乾济，此法天之“贞”也。施于王事言之，元则仁也，亨则礼也，利则义也，贞则信也。不论智者，行此四事，并须资于知。且《乾凿度》云：“水土二行，兼信与知也。”故略而不言也。“君子行此四德者，故曰：乾，元亨利贞”，以君子之人，当行此四种之德。是以文王作《易》，称“元亨利贞”之德，欲使君子法之。但行此“四德”，则与天同功，非圣人不可。唯云“君子”者，但易之为道，广为垂法。若限局圣人，恐不逮余下。故总云“君子”，使诸侯公卿之等，悉皆行之。但圣人行此“四德”，能尽其极也。君子行此“四德”，各量力而为，多少各有其分。但乾卦象天，故以此“四德”皆为天德。但阴阳合会，二象相成，皆能有德，非独乾之一卦。是以诸卦之中亦有“四德”，但余卦“四德”有劣于乾。故乾卦直云“四德”，更无所言，欲见乾之“四德”，无所不包。其余卦“四德”之下，则更有余事，以“四德”狭劣，故以余事系之，即坤卦之类是也。亦有“四德”之上，即论余事，若革卦云“巳日乃孚，元亨利贞，悔亡”也。由“乃孚”之后有“元亨利贞”，乃得“悔亡”也。有“四德”者，即乾、坤、屯、临、随、无妄、革七卦是也。亦有其卦非善，而有“四德”者，以其卦凶，故有“四德”乃可也。故随卦有“元亨利贞”，乃得无咎”是也。“四德”具者，其卦未必善也。亦有三德者，即离、咸、萃、兑、涣、小过。凡六卦就三德之中，为文不一，或总称三德于上，更别陈余事于下，若离、咸之属是也。就三德之中，上下不一，离则云“利贞亨”。由利贞乃得亨也。亦有先云“亨”，更陈余事，乃始云“利贞”者，以有余事，乃得利贞故也。有二德者，大有、蛊、渐、大畜、升、困、中孚凡七卦。此二德或在事上言之，或在事后言之，由后有事，乃致此二德故也。亦有一德者，若蒙、师、小、畜、履、泰、谦、噬嗑、贲、复、大过、震、丰、节、既济、未济，凡十五卦，皆一德也，并是“亨”也。或多在事上言之，或在事后言。履卦云：“履虎尾，不咥人，亨。”由有事乃得亨。以前所论德者，皆于经文挺然特明德者乃言之也。其有因事相连而言德者，则不数之也。若需卦云：“需，有孚，光亨贞吉。”虽有亨、贞二德，连事起文，故不数也。遯卦云：“亨，小利贞。”虽有三德，亦不数也。旅卦云：“旅，小亨。旅，贞吉。”虽有亨、贞二德，亦连他事，不数也。比卦云：“原筮，元永贞，无咎。”否卦云：“否之匪人，不利君子贞。”虽有“贞”字，亦连他文言之，又非本卦德，亦不数之。同人云：“同人于野，亨。”坎卦云：“有孚，维心亨。”损卦云：“无咎可贞。”此等虽有一德，皆连事而言之，故亦不数，所以然者，但易含万象，事义非一，随时曲变，不可为典要故也。其有意义，各于卦下详之。亦有卦善而德少者，若泰与谦、复之类，虽善，唯一德也。亦有全无德者，若豫、观、剥、晋、蹇、解、夬、姤、井、艮、归妹，凡十一卦也。大略唯有凶卦无德者，若剥、蹇、夬、姤之属是也。亦有卦善而无德者，晋、解之属是也。各于卦下详之。凡“四德”者，亨之与贞，其德特行，若元之与利，则配连他事。其意以元配亨，以利配贞，虽配他事为文，元是元大也，始首也；利是利益也，合和也。以当分言之，各是其一德也。唯配亨、贞，俱为四德。元虽配亨，亦配他事，故比卦云“元永贞”，坤六五“黄裳元吉”是也。利亦非独利贞，亦所利余事多矣，若“利涉大川”，“利建侯”，“利见大人”，“利君子贞”。如此之属，是利字所施处广，故诸卦谓他事之利，不数以为德也。此“四德”非唯卦下有之，亦于爻下有之，但爻下其事稍少。故“黄裳元吉”及“何天之衢亨，小贞吉，大贞凶”，此皆于爻下言之，其利则诸爻皆有。

初九曰“潜龙勿用”，何谓也？子曰：“龙德而隐者也。不易乎世，注云：不为世俗所移易也。**不成乎名，遁世无闷，不见是而无闷，乐则行之，忧则违之，确乎其不可拔，‘潜龙’也。”**

疏正义曰：此第二节释初九爻辞也。“初九曰潜龙勿用，何谓也”者，此夫子叠经初九爻辞，故言“初九曰”。方释其义，假设问辞，故言“潜龙勿用，何谓也”。“子曰：龙德而隐者也”，此夫子以人事释“潜龙”之义，圣人有龙德隐居者也。“不易乎世”者，不移易其心在于世俗，虽逢险难，不易本志也。“不成乎名”者，言自隐默，不成就于令名使人知也。“遁世无闷”者，谓逃遁避世，虽逢无道，心无所闷。“不见是而无闷”者，言举世皆非，虽不见善，而心亦无闷。上云“遁世无闷”，心处僻陋，不见是而无闷，此因见世俗行恶，是亦“无闷”，故再起“无闷”之文。“乐则行之，忧则违之”者，心以为乐，己则行之，心以为忧，己则违之。“确乎其不可拔”者，身虽逐物推移，隐潜避世，心志守道，确乎坚实其不可拔，此是“潜龙”之义也。

九二曰“见龙在田，利见大人”，何谓也？子曰：“龙德而正中者也。庸言之信，庸行之谨，闲邪存其诚，善世而不伐，德博而化。《易》曰‘见龙在田，利见大人’，君德也。”

疏正义曰：此释九二爻辞。“子曰：龙德而正中”者，九二居中不偏，然不如九五居尊得位，故但云“龙德而正中者也”。“庸言之信，庸行之谨”者，庸谓中庸，庸，常也。从始至末，常言之信实，常行之谨慎。“闲邪存其诚”者，言防闲邪恶，当自存其诚实也。“善世而不伐”者，谓为善于世，而不自伐其功。“德博而化”者，言德能广博，而变化于世俗。初爻则全隐遁避世，二爻则渐见德行以化于俗也。若舜渔于雷泽，陶于河滨，以器不窳，民渐化之是也。"《易》曰：见龙在田，利见大人。君德"者，以其异于诸爻，故特称"《易》曰"。"见龙在田"，未是君位，但云"君德"也。

九三曰"君子终日乾乾，夕惕若厉，无咎"，何谓也？子曰："君子进德修业。忠信所以进德也。修辞立其诚，所以居业也。知至至之，可与几也。知终终之，可与存义也。注云：处一体之极，是"至"也。居一卦之尽，是"终"也。处事之至而不犯咎，"知至"者也，故可与成务矣。处终而能全其终，"知终"者也。夫进物之速者，义不若利，存物之终者，利不及义。故"靡不有初，鲜克有终"。夫"可与存义"者，其唯"知终"者乎？**是故居上位而不骄，在下位而不忧。**注云：居下体之上，在上体之下，明夫终敝，故"不骄"也。知夫至至，故"不忧"也。**故乾乾因其时而惕，虽危无咎矣。"**注云：惕，怵惕之谓也。处事之极，失时则废，懈怠则旷，故"因其时而惕，虽危无咎"。

疏正义曰：此释九三爻辞也。"子曰：君子进德修业"者，德谓德行，业谓功业。九三所以"终日乾乾"者，欲进益道德，修营功业，故"终日乾乾"匪懈也。"进德"则"知至"，将进也；"修业"则"知终"，存义也。"忠信所以进德"者，复解进德之事，推忠于人，以信待物，人则亲而尊之，其德日进，是"进德"也。"修辞立其诚，所以居业"者，辞谓文教，诚谓诚实也。外则修理文教，内则立其诚实，内外相成，则有功业可居，故云"居业"也。上云"进德"，下复云"进德"；上云"修业"，下变云"居业"者，以其间有修辞之文，故避其修文而云"居业"。且功业宜云"居"也。"知至至之，可与几"者，九三处一体之极，方至上卦之下，是"至"也。既居上卦之下，而不凶咎，是"知至"也。既能知是将至，则是识几知理，可与共论几事。几者，去无入有，有理而未形之时。此九三既知时节将至，知理欲到，可与共营几也。"知终终之，可与存义"者，居一体之尽，而全其终竟，是"知终"也。既能知此终竟，是终尽之时，可与保存其义。义者宜也，保全其位，不有失丧，于事得宜。九三既能知其自全，故可存义。然九三唯是一爻，或使之欲进知几也，或使之欲退存义也。一进一退，其意不同，以九三处进退之时，若可进则进，可退则退，两意并行。"是故居上位而不骄"者，谓居下体之上位而不骄也，以其"知终"，故不敢怀骄慢。"在下位而不忧"者，处上卦之下，故称"下位"，以其知事将至，务几欲进，故不可忧也。"故乾乾因其时而惕，虽危无咎矣"者，九三以此之故，恒"乾乾"也。因其已终、已至之时，而心怀惕惧，虽危不宁，以其知终、知至，故"无咎"。

注"处一体之极"至"其唯知终者乎"

疏正义曰："处一体之极，是至也"者，庄氏云："极即至也。三在下卦之上，是至极。"褚氏云："一体之极是至者，是下卦已极，将至上卦之下，至谓至上卦也。"下云"在下位而不忧"，注云"知夫至至，故不忧"，此以人事言之。既云"下位"，明知在上卦之下，欲至上卦，故不忧，是知将至上卦。若庄氏之说，直云"下卦"上极是至极，傥无上卦之体，何可至也？何须与几也？是知至者，据上卦为文。庄说非也。"处事之至而不犯咎"，是"知至"者，谓三近上卦，事之将至，能以礼知屈，而不触犯上卦之咎，则是知事之将至。"故可与成务"者，务谓事务。既识事之先几，可与以成其事务。"与"犹许也，言可许之事，不谓此人共彼相与也。"进物之速者，义不若利"者，利则随几而发，见利则行也。义者依分而动，不妄求进。故进物速疾，义不如利，由义静而利动故也。"存物之终者，利不及义"者，保全已成之物，不妄兴动，故"利不及义"也。"故靡不有初，鲜克有终"者，见利则行，不顾在后，是"靡不有初"；不能守成其业，是"鲜克有终"。

注"明夫终敝"至"故不忧也"

疏正义曰："明夫终敝，故不骄"者，解"知终"也。"知夫至至，故不忧"者，解"知至"也。前经"知至"在前，"知终"在后，此经先解"知终"，后解"知至"者，随文便而言之也。

注"处事之极"至"解怠则旷"

疏正义曰："处事之极，失时则废"者，谓三在下卦之上体，是处事之极至也。至失时不进，则几务废阙，所以"乾乾"须进也。"懈怠则旷"者，既处事极，极则终也，当保守已终之业；若懈怠骄逸，则功业空旷，所以"乾乾"也。"失时则废"，解"知至"也。"懈怠则旷"，解"知终"也。

九四曰"或跃在渊，无咎"，何谓也？子曰："上下无常，非为邪也。进退无恒，非离群也。君子进德修业，欲及时也，故无咎。"

疏正义曰：此明九四爻辞也。"子曰：上下无常，非为邪"者，上而欲跃，下而欲退，是无常也。意在于公，非是为邪也。"进退无恒，非离群"者，何氏云："所以'进退无恒'者，时使之然，非苟欲离群也。"何氏又云："言上下者，据位也。进退者，据爻也。"所谓"非离群"者，言虽"进退无恒"，犹依群众而行，和光俯仰，并同于众，非是卓绝独离群也。"君子进德修业，欲及时"者，"进德"则欲上、欲进也。"修业"则欲下、欲退也。进者弃位欲跃，是"进德"之谓也。退者仍退在渊，是"修业"之谓也。其意与九三同，但九四欲前进多于九三，故云"欲及时"也。九三则不云"及时"，但"可与言几"而已。

九五曰"飞龙在天，利见大人"，何谓也？子曰："同声相应，同气相求。

水流湿，火就燥，云从龙，风从虎，圣人作而万物睹，本乎天者亲上，本乎地者亲下，则各从其类也。”

疏正义曰：此明九五爻之义。“飞龙在天”者，言天能广感众物，众物应之，所以“利见大人”。因大人与众物感应，故广陈众物相感应，以明圣人之作而万物瞻睹以结之也。“同声相应”者，若弹宫而宫应，弹角而角动是也。“同气相求”者，若天欲雨而柱础润是也。此二者声气相感也。“水流湿，火就燥”者，此二者以形象相感，水流于地，先就湿处；火焚其薪，先就燥处。此同气水火，皆无识而相感，先明自然之物，故发初言之也。“云从龙，风从虎”者，龙是水畜，云是水气。故龙吟则景云出，是“云从龙”也。虎是威猛之兽，风是震动之气，此亦是同类相感。故虎啸则谷风生，是“风从虎”也。此二句明有识之物感无识，故以次言之，渐就有识而言也。“圣人作而万物睹”者，此二句正释“飞龙在天，利见大人”之义。“圣人作”则“飞龙在天”也，“万物睹”则“利见大人”也。陈上数事之名，本明于此，是有识感有识也。此亦同类相感，圣人有生养之德，万物有生养之情，故相感应也。“本乎天者亲上，本乎地者亲下”者，在上虽陈感应，唯明数事而已。此则广解天地之闲共相感应之义。庄氏云：“天地絪缊，和合二气，共生万物。”然万物之体，有感于天气偏多者，有感于地气偏多者，故《周礼？大宗伯》有“天产”、“地产”，《大司徒》云“动物”、“植物”，本受气于天者，是动物含灵之属，天体运动，含灵之物亦运动，是亲附于上也。本受气于地者，是植物无识之属，地体凝滞，植物亦不移动，是亲附于下也。“则各从其类者”，言天地之间，共相感应，各从其气类。此类因圣人感万物以同类，故以同类言之。其造化之性，陶甄之器，非唯同类相感，亦有异类相感者。若磁石引针，琥珀拾芥，蚕吐丝而商弦绝，铜山崩而洛钟应，其类烦多，难一一言也。皆冥理自然，不知其所以然也。感者动也，应者报也。皆先者为感，后者为应，非唯近事则相感，亦有远事遥相感者。若周时获麟，乃为汉高之应；汉时黄星，后为曹公之兆。感应之事广，非片言可悉，今意在释理，故略举大纲而已。

上九曰“亢龙有悔”，何谓也？子曰：“贵而无位，高而无民，注云：下无阴也。**贤人在下位而无辅，**注云：贤人虽在下而当位，不为之助。**是以动而有悔也。”**注云：处上卦之极而不当位，故尽陈其阙也。独立而动物莫之与矣。乾文言首不论“乾”而先说“元”，下乃曰“乾”，何也？夫“乾”者统行四事者也。君子以自强不息，行此四者，故首不论“乾”而下曰“乾，元、亨、利、贞”。余爻皆说龙，至于九三独以“君子”为目，何也？夫易者，象也。象之所生，生于义也。有斯义，然后明之以其物，故以龙叙“乾”，以马明“坤”，随其事义而取象焉。是故初九、九二，龙德皆应其义，故可论龙以明之也。至于九三“乾乾夕惕”，非龙德也，明以君子当其象矣。统而举之，“乾”体皆龙，别而叙之，各随其义。

疏正义曰：此明上九爻辞也。“子曰：贵而无位”者，已上九非位而上九居之，是无位也。“高而无民”者，六爻皆无阴，是无民也。“贤人在下位而无辅”者，贤人虽在下位，不为之辅助也。“是以动而有悔也”者，圣人设戒，居此之时不可动作也。

注“处上卦之极”至“各随其义”

疏正义曰：“夫乾者统行四事者也，君子以自强不息，行此四者”，注意以“乾”为四德之主，《文言》之首，应先说“乾”而先说四德者，故自发问而释之，以“乾”体当分无功，唯统行此四德之事。行此四德，乃是“乾”之功。故《文言》先说君子以自强不息行此四德者，故先言之，发首不论“乾”也。但能四德既备，“乾”功自成，故下始云“乾元亨利贞”。

“潜龙勿用”，下也。“见龙在田”，时舍也。“终日乾乾”，行事也。“或跃在渊”，自试也。“飞龙在天”，上治也。“亢龙有悔”，穷之灾也。乾元“用九”，天下治也。注云：此一章全以人事明之也。九，阳也。阳，刚直之物也。夫能全用刚直，放远善柔，非天下至理，未之能也。故“乾元用九”，则“天下治”也。夫识物之动，则其所以然之理，皆可知也。龙之为德，不为妄者也。潜而勿用，何乎？必穷处于下也。见而在田，必以时之通舍也。以爻为人，以位为时，人不妄动，则时皆可知也。文王明夷，则主可知矣。仲尼旅人，则国可知矣。

疏正义曰：此一节是《文言》第三节，说六爻人事所治之义。“潜龙勿用，下也”者，言圣人于此潜龙之时，在卑下也。“见龙在田，时舍”者，舍谓通舍。九二以见龙在田，是时之通舍也。“终日乾乾，行事”者，言行此知至、知终之事也。“或跃在渊，自试”者，言圣人逼近五位，不敢果决而进，唯渐渐自试，意欲前进，迟疑不定，故云“自试”也。“飞龙在天，上治”者，言圣人居上位而治理也。“亢龙有悔，穷之灾”者，言位穷而致灾，灾则悔也，非为大祸灾也。“乾元用九，天下治”者，《易经》上称“用九”，“用九”之文，总是“乾”德。又“乾”字不可独言，故举“元”德以配“乾”也。言此“乾元”用九德而天下治。九五止是一爻，观见事狭，但云“上治”。“乾元”总包六爻，观见事阔，故云“天下治”也。

疏正义曰："此一章全以人事明之"者，下云"阳气潜藏"，又云"乃位乎天德"，又云"乃见天"，则此一章，但云"天下治"，是皆以人事说之也。"夫能全用刚直，放远善柔，非天下至理，未之能也"者，以"乾元用九"，六爻皆阳，是"全用刚直"。"放远善柔"，谓放弃善柔之人。善能柔谄，貌恭心狠，使人不知其恶，识之为难。此用九纯阳者，是全用刚直，更无余阴。柔善之人，尧尚病之，故云："非天下之至理，未之能也"。"夫识物之动，则其所以然之理，皆可知"者，此欲明在下龙潜见之义。故张氏云："识物之动，谓龙之动也。则其所以然之理，皆可知者，谓识龙之所以潜所以见，然此之理皆可知也。""龙之为德，不为妄者"，言龙灵异于他兽，不妄举动，可潜则潜，可见则见，是不虚妄也。"见而在田，必以时之通舍"者，经唯云"时舍"也。注云"必以时之通舍"者，则辅嗣以通解舍，"舍"是通义也。初九潜藏不见，九二既见而在田，是时之通舍之义也。"以爻为人，以位为时"者，爻居其位，犹若人遇其时，故"文王明夷，则主可知矣"。主则时也，谓当时无道，故明伤也。"仲尼旅人，则国可知矣"，国亦时也，若见仲尼羁旅于人，则知国君无道，令其羁旅出外。引文王、仲尼者，明龙潜、龙见之义。

"潜龙勿用"，阳气潜藏。"见龙在田"，天下文明。"终日乾乾"，与时偕行。注云：与天时俱不息。**"或跃在渊"，乾道乃革。"飞龙在天"，乃位乎天德。"亢龙有悔"，与时偕极。**注云：与时运俱终极。**"乾元用九"，乃见天则。**注云：此一章全说天气以明之也。九，刚直之物，唯"乾"体能用之，用纯刚以观天，天则可见矣。

疏正义曰：此一节是《文言》第四节，明六爻天气之义。"天下文明"者，阳气在田，始生万物，故天下有文章而光明也。"与时偕行"者，此以天道释爻象也。所以九三乾乾不息，终日自戒者，同于天时，生物不息，言"与时偕行"也。偕，俱也。诸儒以为建辰之月，万物生长，不有止息，与天时而俱行。若以不息言之，是建寅之月，三阳用事，三当生物之初，生物不息。同于天时，生物不息，故言"与时偕行"也。"乾道乃革"者，去下体，入上体，故云"乃革"也。"乃位乎天德"者，位当天德之位，言九五阳居于天，照临广大，故云"天德"也。"乃见天则"者，阳是刚亢之物，能用此纯刚，唯天乃然，故云"乃见天则"。

"乾元"者，始而亨者也。"利贞"者，性情也。注云：不为"乾元"，何能通物之始无不性其情，何能久行其正？是故"始而亨者"，必"乾元"也。利而正者，必"性情"也。**乾始，能以美利利天下，不言所利，大矣哉！大哉乾乎，刚**

健中正，纯粹精也！六爻发挥，旁通情也。"时乘六龙"，以御天也。"云行雨施"，天下平也。

疏正义曰：此一节是第五节，复明上初章及"乾"四德之义也。"乾元者，始而亨者也"，以"乾"非自当分有德，以元、亨、利、贞为德。"元"是四德之首，故夫子恒以"元"配"乾"而言之，欲见乾、元，相将之义也。以有"乾"之元德，故能为物之始而亨通也。此解元、亨二德也。"利贞者，性情也"者，所以能利益于物而得正者，由性制于情也。"乾始，能以美利利天下，不言所利，大矣哉"者，此复说始而亨、利、贞之义。"乾始"，谓乾能始生万物，解"元"也。"能以美利利天下"，解"利"也。谓能以生长美善之道，利益天下也。不复说亨、贞者，前文"亨"既连始，"贞"又连利，举始举利，则通包亨、贞也。"不言所利，大矣哉"者，若坤卦云"利牝马之贞"，及"利建侯"，"利涉大川"，皆言所利之事。此直云"利贞"，不言所利之事，欲见无不利也。非唯止一事而已，故云："不言所利大矣哉！其实此利为无所不利，此贞亦无所不贞，是乾德大也。"大哉乾乎，刚健中正，纯粹精"者，此正论乾德，不兼通"元"也。故直云"大哉乾乎，刚健中正，谓纯阳刚健，其性刚强，其行劲健。"中"谓二与五也，"正"谓五与二也，故云"刚健中正"。六爻俱阳，是纯粹也。纯粹不杂，是精灵，故云"纯粹精也"。"六爻发挥，旁通情"者，发谓发越也，挥谓挥散也，言六爻发越挥散，旁通万物之情也。"时乘六龙，以御天"者，重取乾彖之文，以赞美此乾之义。"云行雨施，天下平"者，言天下普得其利而均平不偏陂。

注"不为乾元"至"必性情也"

疏正义曰："乾"之元气，其德广大，故能遍通诸物之始。若余卦元德，虽能始生万物，德不周普，故云"不为乾元，何能通物之始"？其实"坤元"亦能通诸物之始，以此《文言》论"乾元"之德，故注连言"乾元"也。"不性其情，何能久行其正"者，性者天生之质，正而不邪；情者性之欲也。言若不能以性制情，使其情如性，则不能久行其正。其六爻发挥之义，案：《略例》云"爻者，言乎变者也"。故合散屈伸，与体相乖，形躁好静，质柔爱刚，体与情反，质与原违。是爻者所以明情，故六爻发散，旁通万物之情。辅嗣之意，以初为无用之地，上为尽末之境。其居位者唯二、三、四、五，故系辞唯论此四爻。初、上虽无正位，统而论之，爻亦始末之位，故乾彖云"六位时成"。二、四为阴位，阴居为得位，阳居为失位；三、五为阳位，阳居为得位，阴居为失位。《略例》云："阳之所求者阴也，阴之所求者阳也。"一与四，二与五，三与上，若一阴一阳为有应，若俱阴俱阳为无应。此其六爻之大略，其义具于系辞，于此略言之。

君子以成德为行，日可见之行也。潜之为言也，隐而未见，行而未成，是以君子弗用也。

疏正义曰：此一节是《文言》第六节，更复明六爻之义。此节明初九爻辞。周氏云："上第六节'乾元者始而亨者也'，是广明'乾'与'四德'之义，此'君子以成德为行'，亦是第六节，明六爻之义，总属第六节，不更为第七节。"义或当然也。"君子以成德为行"者，明初九"潜龙"之义，故先开此语也。言君子之人，当以成就道德为行，令其德行彰显，使人日可见其德行之事，此君子之常也，不应潜隐。所以今日潜者，以时未可见，故须潜也。"潜之为言也，隐而未见，行而未成"，此夫子解"潜龙"之义。此经中"潜龙"之言，是德之幽隐而未宣见，所行之行未可成就。"是以君子弗用"者，德既幽隐，行又未成，是君子于时不用，以逢众阴，未可用也。周氏云："德出于己，在身内之物，故云'成'；行被于人，在外之事，故云为'行'。"下又即云"行而未成"，是行亦称成。周氏之说，恐义非也。"成德为行"者，言君子成就道德以为其行。其"成德为行"，未必文相对。

君子学以聚之，问以辩之，注云：以君德而处下体，资纳于物者也。**宽以居之，仁以行之。《易》曰"见龙在田，利见大人"，君德也。**

疏正义曰：此复明九二之德。"君子学以聚之"者，九二从微而进，未在君位，故且习学以畜其德。"问以辩之"者，学有未了，更详问其事，以辩决于疑也。"宽以居之"者，当用宽裕之道，居处其位也。"仁以行之"者，以仁恩之心，行之被物。"易曰：'见龙在田，利见大人'，君德"者，既陈其德于上，然后引《易》本文以结之。《易》之所云是君德，"宽以居之，仁以行之"是也。但有君德，未是君位。

九三，重刚而不中，上不在天，下不在田。故乾乾因其时而惕，虽危无咎矣。

疏正义曰：此明九三爻辞。上之初九、九二皆豫陈其德于上，不发首云初九、九二，此九三、九四，则发首先言九三、九四；其九五全不引《易》文，上九则发首云"亢之为言"也。上下不为例者，夫子意在释经，义便则言，以潜见须言其始，故豫张本于上。三、四俱言"重刚不中"，恐其义同，故并先云爻位并重刚不中之事。九五前章已备，故不复引《易》，但云"大人"也。上九亦前章备显，故此直言"亢之为言"也。案：初九云"潜之为言"，上爻云"亢之为言”，独二爻云“言”者，褚氏以初、上居无位之地，故称言也；其余四爻是有位，故不云“言”，义或然也。“重刚”者，上下俱阳，故“重刚”也。“不中”者，不在二、五之位，故“不中”也。“上不在天”，谓非五位；“下不在田”，谓非二位也。“故乾乾因其时而惕，虽危无咎矣”者，居危之地，以“乾乾夕惕”，戒惧不息，得“无咎”也。

九四，重刚而不中，上不在天，下不在田，中不在人，故或之。或之者，疑之也，故无咎。

疏正义曰：此明九四爻辞也。其“重刚不中，上不在天，下不在田”，并与九三同也。“中不在人”者，三之与四，俱为人道。但人道之中，人下近于地，上远于天，九三近二，是下近于地，正是人道，故九三不云“中不在人”。九四则上近于天，下远于地，非人所处，故特云“中不在人”。“故或之”者，以其上下无定，故心或之也。“或之者，疑之也”者，此夫子释经“或”字。经称“或”是疑惑之辞，欲进欲退，犹豫不定，故疑之也。九三中虽在人，但位卑近下，向上为难，故危惕，其忧深也。九四则阳德渐盛，去五弥近，前进稍易，故但疑惑，忧则浅也。

夫大人者，与天地合其德，与日月合其明，与四时合其序，与鬼神合其吉凶。先天而天弗违，后天而奉天时。天且弗违，而况于人乎？况于鬼神乎？

疏正义曰：此明九五爻辞。但上节明大人与万物相感，此论大人之德，无所不合，广言所合之事。“与天地合其德”者，庄氏云：“谓覆载也。”“与日月合其明”者，谓照临也。“与四时合其序”者，若赏以春夏、刑以秋冬之类也。“与鬼神合其吉凶”者，若福善祸淫也。“先天而天弗违”者，若在天时之先行事，天乃在后不违，是天合大人也。“后天而奉天时”者，若在天时之后行事，能奉顺上天，是大人合天也。“天且弗违，而况于人乎，况于鬼神乎”者，夫子以天且不违，遂明大人之德，言尊而远者尚不违，况小而近者可有违乎？况于人乎？况于鬼神乎？

“亢”之为言也，知进而不知退，知存而不知亡，知得而不知丧。其唯圣人乎！知进退存亡，而不失其正者，其唯圣人乎！

疏正义曰：此明上九之义也。“知进而不知退，知存而不知亡，知得而不知丧”者，言此上九所以亢极有悔者，正由有此三事。若能三事备知，虽居上位，不至于“亢”也。此设诫辞。庄氏云：“进退据心，存亡据身，得丧据位。”“其唯圣人乎，知进退存亡”者，言唯圣人乃能“知进退存亡”也。何不云得丧者，得丧轻于存亡，举重略轻也。“而不失其正者，其唯圣人乎”者，圣人非但只知进退存亡，又能不失其正道，其唯圣人乎！此经再称“其唯圣人乎”者，上称“圣人”为“知进退存亡”发文，下称“其唯圣人乎”者，为“不失其正”发文，言“圣人”非但“知进退存亡”，又能“不失其正”，故再发“圣人”之文也。

周易注疏卷第二

坤 ䷁ 坤上 坤下

坤：元、亨，利牝马之贞。注云：坤，贞之所利，利于牝马也。马在下而行者也，而又牝焉，顺之至也。至顺而后乃“亨”，故唯利于“牝马之贞”。**君子有攸往，先迷；后得主，利。西南得朋，东北丧朋，安贞吉。**注云：西南致养之地，与“坤”同道者也，故曰“得朋”。东北反西南者也，故曰“丧朋”。阴之为物，必离其党，之于反类，而后获安贞吉。

疏 正义曰：此一节是文王于坤卦之下陈坤德之辞。但乾、坤合体之物，故乾后次坤，言地之为体，亦能始生万物，各得亨通，故云“元亨”与乾同也。“利牝马之贞”者，此与乾异。乾之所贞，利于万事为贞，此唯云“利牝马之贞”，“坤”是阴道，当以柔顺为贞正，借柔顺之象，以明柔顺之德也。牝对牡为柔，马对龙为顺，还借此柔顺以明柔道，故云“利牝马之贞”。“牝马”，外物自然之象，此亦圣人因“坤，元、亨，利牝马之贞”自然之德以垂教也。不云牛而云马者，牛虽柔顺，不能行地无疆，以见“坤”广生之德，马虽比龙为劣，所行亦能广远，象地之广育。“君子有攸往”者，以其柔顺利贞，故君子利有所往。“先迷后得，主利”者，以其至柔，当待唱而后和。凡有所为，若在物之先即迷惑，若在物之后即得主利，以阴不可先唱，犹臣不可先君，卑不可先尊故也。“西南得朋”者，此假像以明人事。西南坤位，是阴也，今以阴诣阴乃得朋，俱是阴类，不获吉也。犹人既怀阴柔之行，又向阴柔之方，是纯阴柔弱，故非吉也。“东北丧朋，安贞吉”者，西南既为阴，东北反西南，即为阳也。以柔顺之道，往诣于阳，是丧失阴朋，故得安静贞正之吉，以阴而兼有阳故也。若以人事言之，象人臣离其党而入君之朝，女子离其家而入夫之室。庄氏云：“‘先迷，后得主利’者，唯据臣事君也。得朋、丧朋，唯据妇适夫也。”其理褊狭，非复弘通之道。

注“坤，贞之所利”至“牝马之贞”

疏正义曰："至顺而后乃亨，故唯利于牝马之贞"者，案：牝马是至顺，"牝马"在"元亨"之下，在"贞"之上，应云至顺而后乃贞。今云"至顺而后乃亨"，倒取上文者，辅嗣之意，下句既云"牝马之贞"，避此"贞"文，故云"乃亨"。但亨、贞相将之物，故云至顺之"贞"，亦是至顺之"亨"。此"坤"德以牝马至顺乃得贞也。下文又云"东北丧朋"，去阴就阳，乃得贞吉。上下义反者，但易含万象，一屈一伸。此句与"乾"相对，不可纯刚敌"乾"，故"利牝马"。下句论凡所交接，不可纯阴，当须刚柔交错，故"丧朋吉"也。

注"西南致养之地"至"后获安贞吉"

疏正义曰：坤位居西南。《说卦》云："坤也者，地也，万物皆致养焉。""坤"既养物，若向西南，"与坤同道"也。"阴之为物，必离其党，之于反类，而后获安贞吉"者，若二女同居，其志不同，必之于阳，是之于反类，乃得吉也。凡言朋者，非唯人为其党，性行相同，亦为其党。假令人是阴柔而之刚正，亦是离其党。

《彖》曰：至哉坤元！万物资生，乃顺承天。坤厚载物，德合无疆；含弘光大，品物咸亨。牝马地类，行地无疆；注云：地之所以得"无疆"者，以卑顺行之故也。乾以龙御天，坤以马行地。**柔顺利贞，君子攸行。先迷失道，后顺得常。西南得朋，乃与类行；东北丧朋，乃终有庆。安贞之吉，应地无疆。**注云：地也者，形之名也。"坤"也者，用地者也。夫用雄必争，二主必危，有地之形，与刚健为耦，而以永保无疆，用之者不亦至顺乎？若夫行之不以"牝马"，利之不以"永贞"，方而又刚，柔而又圆，求安难矣。

疏正义曰："至哉坤元"至"德合无疆"，此五句总明坤义及二德之首也。但"元"是坤德之首，故连言之，犹乾之"元"德，与乾相连共文也。"至哉坤元"者，叹美坤德，故云"至哉"。"至"谓至极也，言地能生养至极，与天同也。但天亦至极，包笼于地，非但至极，又大于地。故乾言"大哉"，坤言"至哉"。"万物资生"者，言万物资地而生。初禀其气谓之始，成形谓之生。"乾"本气初，故云"资始"，"坤"据成形，故云"资生"。"乃顺承天"者，"乾"是刚健能统领于天，"坤"是阴柔以和顺承奉于天。"坤厚载物，德合无疆"者，以其广厚，故能载物，有此生长之德，合会无疆。凡言"无疆"者，其有二义：一是广传无疆，二是长久无疆也。自此已上，论"坤元"之气也。"含弘光大，品物咸亨"者，包含弘厚，光著盛大，故品类之物，皆得亨通。但"坤"比"元"，即不得大名，若比众物，其实大也，故曰"含弘光大"者也。此二句释"亨"也。"牝马地类，行地无疆"者，以其柔顺，故云"地类"，以柔顺为体，终无祸患，故"行地无疆"不复穷已。此二句释"利贞"也。故上文云"利牝马之贞"是也。"柔顺利贞,君子攸行"者,重释"利贞"之义,是君子之所行,兼释前文"君子有攸往"。"先迷失道"者,以阴在是之先,失其为阴之道。"后顺得常"者,以阴在物之后,阳唱而阴和,乃得"主利",是"后顺得常"。"西南得朋,乃与类行"者,以阴而造坤位,是乃与类俱行。"东北丧朋,乃终有庆"者,以阴而诣阳,初虽离群,乃终久有庆善也。"安贞之吉,应地无疆"者,安谓安静,贞谓贞正,地体安静而贞正,人若得静而能正,即得其吉,应合地之无疆,是庆善之事也。

注"若夫行之不以牝马"至"求安难矣"

疏正义曰:"行之不以牝"马",牝马谓柔顺也。"利之不以永贞",永贞谓贞固刚正也,言坤既至柔顺,而利之即不兼刚正也。"方而又刚"者,言体既方正,而性又刚强,即太刚也,所以须"牝马"也。"柔而又圆"者,谓性既柔顺,体又圆曲,谓太柔也,故须"永贞"也。若其坤无牝马,又无永贞,求安难矣。云"永贞"者,是下"用六"爻辞也。"东北丧朋",去阴就阳,是利之永贞。

《象》曰:地势坤;注云:地形不顺,其势顺。**君子以厚德载物。**

疏正义曰:君子用此地之厚德容载万物。言"君子"者,亦包公卿诸侯之等,但"厚德载物",随分多少,非如至圣载物之极也。

注"地形不顺,其势顺。"

疏正义曰:地势方直,是不顺也。其势承天,是其顺也。

初六:履霜,坚冰至。注云:始于履霜,至于坚冰,所谓至柔而动也刚。阴之为道,本于卑弱而后积著者也,故取"履霜"以明其始。阳之为物,非基于始以至于著者也,故以出处明之,则以初为潜。

疏正义曰:初六阴气之微,似若初寒之始,但履践其霜,微而积渐,故坚冰乃至。义所谓阴道,初虽柔顺,渐渐积著,乃至坚刚。凡易者象也,以物象而明人事,若诗之比喻也。或取天地阴阳之象以明义者,若乾之"潜龙","见龙",坤之"履霜坚冰","龙战"之属是也。或取万物杂象以明义者,若屯之六三"即鹿无虞",六四"乘马班如"之属是也。如此之类,易中多矣。或直以人事,不取物象以明义者,若乾之九三"君子终日乾乾",坤之六三"含章可贞"之例是也。圣人之意,可以取象者则取象也,可以取人事者则取人事也。故《文言》注云:"至于九三,独以君子为目者何也?""乾乾夕惕,非龙德也。"故以人事明之,是其义也。

《象》曰："履霜坚冰"，阴始凝也；驯致其道，至坚冰也。

疏正义曰：夫子所作象辞，元在六爻经辞之后，以自卑退，不敢干乱先圣正经之辞。及至辅嗣之意，以为"象"者本释经文，宜相附近，其义易了，故分爻之象辞，各附其当爻下言之，犹如元凯注《左传》分经之年，与传相附。"阴始疑也"者，释"履霜"之义，言阴气始凝，结而为霜也。"驯致其道，至坚冰也"者，驯犹狎顺也，若鸟兽驯狎然。言顺其阴柔之道，习而不已，乃至"坚冰"也。褚氏云："履霜者，从初六至六三。坚冰者，从六四至上六。"阴阳之气无为，故积驯履霜，必至于坚冰。以明人事有为，不可不制其节度，故于履霜而逆以坚冰为戒，所以防渐虑微，慎终于始也。

六二：直方大，不习无不利。注云：居中得正，极于地质，任其自然而物自生，不假修营而功自成，故"不习"焉而"无不利"。**《象》曰：六二之动，直以方也。**注云：动而直方，任其质也。**不习无不利，地道光也。**

疏正义曰："直方大，不习无不利"者，《文言》云："直其正也。"二得其位，极地之质，故亦同地也。俱包三德，生物不邪，谓之直也。地体安静，是其方也。无物不载，是其大也。既有三德极地之美，自然而生，不假修营，故云"不习无不利"。物皆自成，无所不利，以此爻居中得位，极于地体，故尽极地之义。此因自然之性，以明人事，居在此位，亦当如地之所为。"《象》曰：直以方也"者，言六二之体，所有兴动，任其自然之性，故云"直以方"也。"不习无不利，地道光也"者，言所以不假修习，物无不利，犹地道光大故也。

注"居中得正，极于地质"

疏正义曰：质谓形质，地之形质直方又大，此六二"居中得正"，是尽极地之体质也。所以"直"者，言气至即生物，由是体正直之性。其运动生物之时，又能任其质性，直而且方，故《象》云："六二之动，直以方也。"

注"动而直方，任其质也"

疏正义曰：是质以直方，动又直方，是质之与行，内外相副。物有内外不相副者，故《略例》云"形躁好静，质柔爱刚"，此之类是也。

六三：含章可贞，或从王事，无成有终。注云：三处下卦之极，而不疑于阳，应斯义者也。不为事始，须唱乃应，待命乃发，含美而可正者也，故曰"含章可贞"也。有事则从，不敢为首，故曰"或从王事"也。不为事主，顺命而终，故曰"无成有终"也。**《象》曰："含章可贞"，以时发也；"或从王事"，知光大也。**注云：知虑光大，故不擅其美。

疏正义曰:“含章可贞”者,六三处下卦之极,而能不被疑于阳。章,美也。既居阴极,能自降退,不为事始,唯内含章美之道,待命乃行,可以得正,故曰“含章可贞”。“或从王事,无成有终”者,言六三为臣,或顺从于王事,故不敢为事之首,主成于物,故云“无成”。唯上唱下和,奉行其终,故云“有终”。“含章可贞,以时发”者,夫子释“含章”之义,以身居阴极,不敢为物之首,但内含章美之道,待时而发,是“以时发也”。“或从王事,知光大”者,释“无成有终”也。既随从王事,不敢主成物始,但奉终而行,是知虑光大,不自擅其美,唯奉于上。

注“三处下卦之极”至“无成有终”也

疏正义曰:“三处下卦之极”者,欲见三虽阴爻,其位尊也。“不疑于阳”者,阴之尊极,将与阳敌,体必被阳所忌。今不被疑于阳言阳,不害也。“应斯义”者,斯,此也,若能应此义,唯行“含章可贞”已下之事,乃应斯义。此爻全以人事明之。

六四:括囊,无咎无誉。注云:处阴之卦,以阴居阴,履非中位,无“直方”之质,不造阳事,无“含章”之美,括结否闭,贤人乃隐。施慎则可,非泰之道。**《象》曰:“括囊无咎”,慎不害也。**

疏正义曰:括,结也。囊所以贮物,以譬心藏知也。闭其知而不用,故曰“括囊”。功不显物,故曰“无誉”。不与物忤,故曰“无咎”。“《象》曰:慎不害”者,释所以“括囊无咎”之义。由其谨慎,不与物竞,故不被害也。

注“处阴之卦”至“非泰之道”

疏正义曰:“不造阳事,无含章之美”者,六三以阴居阳位,是造为阳事,但不为事始,待唱乃行,是阳事犹在,故云“含章”,章即阳之美也。今六四以阴处阴,内无阳事,是“不造阳事,无含章之美”,当“括结否闭”之时,是“贤人乃隐”,唯施谨慎则可,非通泰之道也。

六五:黄裳,元吉。注云:黄,中之色也;裳,下之饰也。“坤”为臣道,美尽于下。夫体无刚健而能极物之情,通理者也。以柔顺之德,处于盛位,任夫文理者也。垂黄裳以获元吉,非用武者也。极阴之盛,不至疑阳,以“文在中”,美之至也。**《象》曰:“黄裳元吉”,文在中也。**注云:用黄裳而获元吉,以“文在中也”。

疏正义曰:“六五黄裳元吉”者,黄是中之色,裳是下之饰,“坤”为臣道,五居君位,是臣之极贵者也。能以中和通于物理,居于臣职,故云“黄裳元吉”。元，大也。以其德能如此，故得大吉也。“《象》曰：黄裳元吉，文在中”者，释所以“黄裳元吉”之义，以其文德在中故也。既有中和，又奉臣职，通达文理，故云文在其中，言不用威武也。

注“黄中之色”至“美之至也”

疏正义曰：“黄，中之色，裳，下之饰”者，《左氏·昭十二年传》文也。裳，下之饰，则上衣比君，下裳法臣也。“垂黄裳以获元吉，非用武”者，以体无刚健，是非用威武也。以内有文德，通达物理，故象云“文在中”也。

上六：龙战于野，其血玄黄。注云：阴之为道，卑顺不盈，乃全其美。盛而不已，固阳之地，阳所不堪，故“战于野”。**《象》曰：“龙战于野”，其道穷也。**

疏正义曰：“龙战于野，其血玄黄”者，以阳谓之龙，上六是阴之至极，阴盛似阳，故称“龙”焉。“盛而不已，固阳之地，阳所不堪”，故阳气之龙与之交战，即《说卦》云“战乎乾”是也。战于卦外，故曰“于野”。阴阳相伤，故“其血玄黄”。

注“阴之为道”至“故战于野”

疏正义曰：“盛而不已，固阳之地”者，固为占固，阴去则阳来，阴乃盛而不去，占固此阳所生之地，故阳气之龙与之交战。

用六：利永贞。注云：用六之利，“利永贞”也。**《象》曰：用六永贞，以大终也。**注云：能以永贞大终者也。

疏正义曰：“用六；利永贞”者，此坤之六爻揔辞也。言坤之所用，用此众爻之六，六是柔顺，不可纯柔，故利在永贞。永，长也；贞，正也。言长能贞正也。“象曰：以大终”者，释“永贞”之义，既能用此柔顺，长守贞正，所以广大而终也。若不用永贞，则是柔而又圆，即前注云“求安难”矣。此“永贞”即坤卦之下“安贞吉”是也。

《文言》曰：坤至柔而动也刚，至静而德方。注云：动之方直，不为邪也。柔而又圆，消之道也。其德至静，德必方也。**后得主而有常，含万物而化光。“坤”道其顺乎？承天而时行！**

疏正义曰：此一节是第一节，明坤之德也。自“积善之家”已下是第二节也，分释六爻之义。“坤至柔而动也刚”者，六爻皆阴，是至柔也。体虽至柔而运动也刚，柔而积渐，乃至坚刚，则上云“履霜坚冰”是也。又地能生物，初虽柔弱，后至坚刚而成就。“至静而德方”者，地体不动，是“至静”。生物不邪，是德能方正。“后得主而有常”者，阴主卑退，若在事之后，不为物先，即“得主”也。此阴之恒理，故云“有常”。“含万物而化光”者，自明《彖》辞含弘光大，言含养万物而德化光大也。“坤道其顺乎，承天而时行”者，言“坤”道柔顺，承奉于天，以量时而行，即不敢为物之先，恒相时而动。

积善之家，必有余庆。积不善之家，必有余殃。臣弑其君，子弑其父，非一朝一夕之故，其所由来者渐矣，由辩之不早辩也。《易》曰“履霜坚冰至”，盖言顺也。

疏正义曰：此一节明初六爻辞也。“积善之家，必有余庆，积不善之家，必有余殃”者，欲明初六其恶有渐，故先明其所行善恶事，由久而积渐，故致后之吉凶。“其所由来者渐矣”者，言弑君弑父，非一朝一夕率然而起，其祸患所从来者积渐久远矣。“由辩之不早辩”者，臣子所以久包祸心，由君父欲辩明之事，不早分辩故也。此戒君父防臣子之恶。“盖言顺”者，言此“履霜坚冰至”，盖言顺习阴恶之道，积微而不已，乃致此弑害。称“盖”者是疑之辞。凡万事之起，皆从小至大，从微至著，故上文善恶并言，今独言弑君弑父有渐者，以阴主柔顺，积柔不已，乃终至祸乱，故特于坤之初六言之，欲戒其防柔弱之初，又阴为弑害，故寄此以明义。

直其正也，方其义也。君子敬以直内，义以方外，敬义立而德不孤。“直方大，不习无不利”，则不疑其所行也。

疏正义曰：此一节释六二爻辞。“直其正”者，经称直是其正也。“方其义”者，经称方是其义也。义者，宜也，于事得宜，故曰义。“君子敬以直内”者，覆释“直其正”也。言君子用敬以直内，内谓心也，用此恭敬以直内理。“义以方外”者，用此义事，以方正外物，言君子法地正直而生万物，皆得所宜，各以方正，然即前云“直其正也，方其义也”。下云“义以方外”，即此应云“正以直内”。改云“敬以直内”者，欲见正则能敬，故变“正”为“敬”也。“敬义立而德不孤”者，身有敬义，以接于人，则人亦敬，义以应之，是德不孤也。直则不邪，正则谦恭，义则与物无竞，方则凝重不躁，既“不习无不利”，则所行不须疑虑，故曰“不疑其所行”。

阴虽有美，含之以从王事，弗敢成也。地道也，妻道也，臣道也。地道无

成，而代有终也。

疏正义曰：此一节明六三爻辞，言“阴虽有美，含之以从王事”者，释“含章可贞”之义也。言六三之阴，虽有美道包含之德，苟或从王事，不敢为主先成之也。“地道也，妻道也，臣道也”者，欲明“坤”道处卑，待唱乃和，故历言此三事，皆卑应于尊，下顺于上也。“地道无成，而代有终”者，其地道卑柔，无敢先唱成物，必待阳始先唱，而后代阳有终也。

天地变化，草木蕃，天地闭，贤人隐。《易》曰“括囊无咎无誉”，盖言谨也。

疏正义曰：此一节明六四爻辞。“天地变化”，谓二气交通，生养万物，故草木蕃滋。“天地闭，贤人隐”者，谓二气不相交通，天地否闭，贤人潜隐。天地通则草木蕃，明天地闭草木不蕃；“天地闭，贤人隐”，明天地通则贤人出，互而相通，此乃“括囊无咎”，故贤人隐属天地闭也。“盖言谨”者，谨谓谨慎，盖言贤人君子于此之时须谨慎也。

君子黄中通理，正位居体，美在其中，而畅于四支，发于事业，美之至也。

疏正义曰：此一节明六五爻辞也。“黄中通理”者，以黄居中，兼四方之色，奉承臣职，是通晓物理也。“正位居体”者，居中得正，是正位也；处上体之中，是居体也。黄中通理，是“美在其中”。有美在于中，必通畅于外，故云“畅于四支”。四支犹人手足，比于四方物务也。外内俱善，能宣发于事业。所营谓之事，事成谓之业，美莫过之，故云“美之至”也。

阴疑于阳必战，注云：辩之不早，疑盛乃动，故“必战”。**为其嫌于无阳也，**注云：为其嫌于非阳而战。**故称“龙”焉。犹未离其类也，**注云：犹未失其阴类，为阳所灭。**故称“血”焉。**注云：犹与阳战而相伤，故称血。**夫玄黄者天地之杂也，天玄而地黄。**

疏正义曰：此一节明上六爻辞。“阴疑于阳必战”者，阴盛为阳所疑，阳乃发动，欲除去此阴，阴既强盛，不肯退避，故“必战”也。“为其嫌于无阳也，故称龙焉”者，上六阴盛，似阳，为嫌纯阴非阳，故称“龙”以明之。“犹未离其类也。故称血焉”者，言上六虽阴盛似阳，然犹未能离其阴类，故为阳所伤而见灭也。“夫玄黄者天地之杂也，天玄而地黄”者，释“其血玄黄”之义。庄氏云："上六之爻，兼有天地杂气，所已上六被伤，'其血玄黄'也。天色玄，地色黄，故血有天地之色。"今辅嗣注云"犹与阳战而相伤"，是言阴阳俱伤也。恐庄氏之言，非王之本意，今所不取也。

屯 ䷂ 坎上 震下

屯：元、亨、利、贞。注云：刚柔始交，是以"屯"也。不交则否，故屯乃大亨也。大亨则无险，故"利贞"。**勿用有攸往，**注云：往，益"屯"也。**利建侯。**注云：得主则定。

疏正义曰：屯，难也。刚柔始交而难生，初相逢遇，故云"屯，难也"。以阴阳始交而为难，因难物始大通，故"元亨"也。万物大亨，乃得利益而贞正，故"利贞"也。但"屯"之四德，劣于"乾"之四德，故屯乃元亨，亨乃利贞。"乾"之四德，无所不包。此即"勿用有攸往"，又别言"利建侯"，不如乾之无所不利。此已上说"屯"之自然之四德，圣人当法之。"勿用有攸往，利建侯"者，以其屯难之世，世道初创，其物未宁，故宜"利建侯"以宁之。此二句释人事也。

《彖》曰：屯，刚柔始交而难生，动乎险中，大亨贞。注云：始于险难，至于大亨，而后全正，故曰"屯，元亨利贞"。**雷雨之动满盈。**注云：雷雨之动，乃得满盈，皆刚柔始交之所为。**天造草昧，宜建侯而不宁。**注云："屯"体不宁，故利"建侯"也。"屯"者，天地造始之时也，造物之始，始于冥昧，故曰"草昧"也。处造始之时，所宜之善，莫善"建侯"也。

疏正义曰："屯，刚柔始交而难生"者，此一句释屯之名，以刚柔二气始欲相交，未相通感，情意未得，故"难生"也。若刚柔已交之后，物皆通泰，非复难也。唯初始交时而有难，故云"刚柔始交而难生"。"动乎险中，大亨贞"者，此释四德也。坎为险，震为动，震在坎下，是动于险中。初动险中，故屯难动而不已；将出于险，故得"大亨贞"也。大亨即元亨也，不言"利"者，利属于贞，故直言"大亨贞"。"雷雨之动满盈"者，周氏云："此一句覆释亨也"。但屯有二义，一难也，一盈也。上既以刚柔始交释屯难也，此又以雷雨二象解盈也。言雷雨二气，初相交动，以生养万物，故得满盈，即是亨之义也。覆释"亨"者，以屯难之世不宜亨通，恐亨义难晓，故特释之。此已下说屯之自然之象也。"天造草昧，至宜建侯而不宁"者，释"利建侯"也。草谓草创，昧谓冥昧，言天造万物于草创之始，如在冥昧之时也。于此草昧之时，王者当法此屯卦，宜建立诸侯以抚恤万方之物，而不得安居于事。此二句以人事释“屯”之义。

注“雷雨之动，乃得满盈，皆刚柔始交之所为”

疏正义曰：“雷雨之动，乃得满盈”者，周氏、褚氏云：“释亨也，万物盈满则亨通也”。“皆刚柔始交之所为”者，雷雨之动，亦阴阳始交也。万物盈满，亦阴阳而致之，故云“皆刚柔始交之所为”也。若取屯难，则坎为险，则上云“动乎险中”是也。若取亨通，则坎为雨，震为动，此云“雷雨之动”是也。随义而取象，其例不一。

注“屯体不宁”至“莫善建侯也”

疏正义曰：“屯体不宁”者，以此屯遭险难，其体不宁，故“宜建侯”也。“造物之始，始于冥昧”者，“造物之始”，即天造草昧也。草谓草创初始之义，“始于冥昧”者，言物之初造，其形未著，其体未彰，故在幽冥闇昧也。

《象》曰：云雷屯，君子以经纶。注云：君子经纶之时。

疏正义曰：“经”谓经纬，“纶”谓绳纶，言君子法此屯象有为之时，以经纶天下，约束于物，故云“君子以经纶”也。姚信云：“纶谓纬也，以织综经纬。”此君子之事，非其义也。刘表、郑玄云“以纶为沦字”，非王本意也。

初九：磐桓，利居贞，利建侯。注云：处屯之初，动则难生，不可以进，故“盘桓”也。处此时也，其利安在？不唯居贞建侯乎？夫息乱以静，守静以侯，安民在正，弘正在谦。屯难之世，阴求于阳，弱求于强，民思其主之时也。初处其首而又下焉。爻备斯义，宜其得民也。**《象》曰：虽“磐桓”，志行正也。**注云：不可以进，故“磐桓”也。非为宴安弃成务也，故“虽磐桓，志行正也”。**以贵下贱，大得民也。**注云：阳贵而阴贱也。

疏正义曰：磐桓，不进之貌。处屯之初，动即难生，故“磐桓”也。不可进，唯宜利居处贞正，亦宜建立诸侯。“《象》曰：虽磐桓，志行正也”者，言初九虽盘桓不进，非苟求宴安，志欲以静息乱，故居处贞也。非是苟贪逸乐，唯志行守正也。“以贵下贱，大得民也”者，贵谓阳也，贱谓阴也。言初九之阳在三阴之下，是“以贵下贱”。屯难之世，民思其主之时，既能“以贵下贱”，所以大得民心也。

注“处屯之初”至“宜其得民也”

疏正义曰：“息乱以静”者，解“利居贞”也。“守静以侯”者，解“利建侯”

也。"安民在正"者,解"贞"也。"弘正在谦"者,取象其"以贵下贱"也。言弘大此屯,正在于谦也。"阴求于阳,弱求于强"者,解"大得民"也。

注"不可以进"至"志行正也"

疏正义曰:"非为宴安弃成务"者,言己止为前进有难,故磐桓且住,非是苟求宴安,弃此所成之务而不为也。言身虽住,但欲以静息乱也。

六二:屯如邅如,乘马班如,匪寇婚媾。女子贞不字,十年乃字。注云:志在乎"五",不从于初。屯难之时,正道未行,与初相近而不相得,困于侵害,故屯邅也。时方屯难,正道未通,涉远而行,难可以进,故曰:"乘马班如"也。寇谓初也。无"初"之难,则与"五"婚矣,故曰"匪寇婚媾"也。"志在于五",不从于初,故曰"女子贞不字"也。屯难之世,势不过十年者也。十年则反常,反常则本志斯获矣。故曰"十年乃字"。**《象》曰:六二之难,乘刚也。十年乃字,反常也。**

疏正义曰:"屯如邅如"者,屯是屯难,邅是邅回,如是语辞也。言六二欲应于九五,即畏初九逼之,不敢前进,故"屯如邅如"也。"乘马班如"者,《子夏传》云:"班如者,谓相牵不进也。"马季长云:"班,班旋不进也。"言二欲乘马往适于五,正道未通,故班旋而不进也。"匪寇婚媾"者,寇谓初也,言二非有初九与己作寇害,则得其五为婚媾矣。马季长云:"重婚曰媾。"郑玄云:"媾犹会也。""女子贞不字"者,贞,正也,女子,谓六二也,女子以守贞正,不受初九之爱,"字"训爱也。"十年乃字"者,十年难息之后,即初不害己也。乃得往适于五,受五之字爱。十者数之极,数极则变,故云"十年"也。"《象》曰:六二之难,乘刚也"者,释所以"屯如邅如"也。有畏难者,以其乘陵初刚,不肯从之,故有难也。"十年乃字,反常"者,谓十年之后,屯难止息,得"反常"者,谓反常道,即二适于五,是其得常也。已前有难,不得行常,十年难息,得反归于常以适五也。此爻因六二之象,以明女子婚媾之事,即其余人事,亦当法此。犹如有人逼近于强,虽远有外应,未敢苟进,被近者所陵,经夕之后,乃得与应相合。是知万事皆象于此,非唯男女而已。诸爻所云阴阳、男女之象,义皆仿于此。

六三:即鹿无虞,唯入于林中。君子几,不如舍,往吝。注云:三既近五而无寇难,四虽比五,其志在初,不妨己路,可以进而无屯邅也。见路之易,不揆其志,五应在二,往必不纳,何异无虞以从禽乎?虽见其禽而无其虞,徒入于林中,其可获乎?几,辞也。夫君子之动,岂取恨辱哉!故不如舍,"往吝,穷也"。**《象》曰:"即鹿无虞",以从禽也。君子舍之,"往吝"穷也。**

疏正义曰："即鹿无虞"者，即，就也。虞谓虞官，如人之田猎，欲从就于鹿，当有虞官助己，商度形势可否，乃始得鹿，若无虞官，即虚入于林木之中，必不得虞，故云"唯入于林中"。此是假物为喻。今六三欲往从五，如就鹿也。五自应二，今乃不自揆度彼五之情纳己以否，是"无虞"也。即徒往向五，五所不纳，是徒入于林中。"君子几，不如舍"者，几，辞也。夫君子之动，自知可否，岂取恨辱哉！见此形势，即不如休舍也。言六三不如舍此求五之心勿往也。"往吝"者，若往求五，即有悔吝也。"即鹿无虞，以从禽"者，言即鹿当有虞官，即有鹿也，若无虞官，以从逐于禽，亦不可得也。"君子舍之，往吝穷"者，君子见此之时，当舍而不往。若往，则有悔吝穷苦也。

注"三既近五"至"往吝，穷也"

疏正义曰："见路之易，不揆其志"者，三虽比四，四不害己，身无屯邅，是路之平易，即意欲向五而不预先揆度五之情意纳己以否，是"无虞"也。猎人先遣虞官商度鹿之所在，犹若三欲适五，先遣人测度五之情意。几为语辞，不为义也。知此"几"不为事之几微，凡"几微"者，乃从无向有，其事未见，乃为"几"也。今"即鹿无虞"，是已成之事，事已显著，故不得为几微之义。

六四：乘马班如，求婚媾，往吉，无不利。注云：二虽比初，执贞不从，不害己志者也。求与合好，往必见纳矣。故曰"往吉，无不利"。**《象》曰：求而往，明也。**注云：见彼之情状也。

疏正义曰："六四，乘马班如，求婚媾，往吉，无不利"者，六四应初，故"乘马"也。虑二妨己路，故初时班如旋也。二既不从于初，故四求之为婚，必得媾合，所以"往吉，无不利"。"《象》曰：求而往，明"者，言求初而往婚媾，明识初与二之情状，知初纳己，知二不害己志，是其明矣。

九五：屯其膏，小贞吉，大贞凶。注云：处屯难之时，居尊位之上，不能恢弘博施，无物不与，拯济微滞，亨于群小，而系应在二，屯难其膏，非能光其施者也。固志同好，不容他间，小贞之吉，大贞之凶。**《象》曰："屯其膏"，施未光也。**

疏正义曰："屯其膏"者，"膏"谓膏泽恩惠之类，言九五既居尊位，当恢弘博施，唯系应在二，而所施者褊狭，是"屯难其膏"。"小贞吉，大贞凶"者，贞，正也。出纳之吝谓之有司，是小正为吉。若大人不能恢弘博施，是大正为凶。

注"处屯难之时"至"大贞之凶"

疏正义曰："固志同好，不容他间"者，间者，厕也。五应在二，是坚固其志，在于同好，不容他人间厕其间也。

上六：乘马班如，泣血涟如。注云：处险难之极，下无应援，进无所适，虽比于五，五屯其膏，不与相得，居不获安，行无所，适穷困闉厄，无所委仰，故"泣血涟如"。**《象》曰："泣血涟如"，何可长也？**

疏正义曰：处险难之极，而下无应援，若欲前进，即无所之适，故"乘马班如"，"穷困闉厄，无所委仰"，故"泣血涟如"。"《象》曰：泣血涟如，何可长"者，"何可长"者，言穷困泣血，何可久长也？
”

蒙 ䷃ 艮上 坎下

蒙：亨。匪我求童蒙，童蒙求我。初筮告，再、三渎，渎则不告。注云：筮者决疑之物也。童蒙之来求我，欲决所惑也。决之不一，不知所从，则复惑也。故初筮则告，再、三则渎。渎，蒙也。能为初筮，其唯二乎？以刚处中，能断夫疑者也。**利贞。**注云："蒙"之所利，乃利正也。夫明莫若圣，昧莫若蒙。蒙以养正乃圣功也，然则养正以明，失其道矣。

疏正义曰：蒙者，微昧闇弱之名。物皆蒙昧，唯愿亨通，故云"蒙、亨"。"匪我求童蒙，童蒙求我"者，物既闇弱而意愿亨通，即明者不求于闇，即匪我师德之高明往求童蒙之闇，但闇者求明，明者不谘于闇，故云"童蒙求我"也。"初筮告"者，初者，发始之辞；筮者，决疑之物。童蒙既来求我，我当以初始一理剖决告之。"再三渎，渎则不告"者，师若迟疑不定，或再或三，是亵渎，渎则不告。童蒙来问，本为决疑，师若以广深二义再三之言告之，则童蒙闻之，转亦渎乱，故不如不告也。自此已上，解"蒙亨"之义。顺此上事，乃得"亨"也。故"亨"文在此事之上也。不云"元"者，谓时当蒙弱，未有元也。"利贞"者，贞，正也。言蒙之为义，利以养正，故《象》云"蒙以养正"，乃"圣功也"。若养正以明，即失其道也。

注"筮者决疑之物也"至"能断夫疑者也"

疏正义曰："初筮则告"者，童蒙既来求我，我当以初心所念所筮之义，一理而剖告之。"再三则渎，渎，蒙也"者，若以弃此初本之意，而犹豫迟疑，岐头别说，则童蒙之人，闻之亵渎而烦乱也。故"再三则渎，渎，蒙也"。"能为初筮，其唯二乎"者，以《象》云"初筮告，以刚中"者，刚而得中，故知是二也。

注"蒙之所利"至"失其道矣"

疏正义曰:"然则养正以明,失其道"者,言人虽怀圣德,若隐默不言,人则莫测其浅深,不知其大小,所以圣德弥远而难测矣。若彰显其德,苟自发明,即人知其所为,识其浅深。故明夷注云"明夷莅众,显明于外,巧所避"是也。此卦,系辞皆以人事明之。

《彖》曰:蒙,山下有险,险而止,蒙。注云:退则困险,进则阂山,不知所适,蒙之义也。**"蒙,亨",以亨行,行时中也。**注云:时之所愿,唯愿"亨"也。以亨行之,得"时中"也。**"匪我求童蒙,童蒙求我",志应也。**注云:"我"谓非"童蒙"者也。非"童蒙"者,即阳也。凡不识者求问识者,识者不求所告;闇者求明,明者不谘于闇。故《蒙》之为义,"匪我求童蒙,童蒙求我"也。童蒙之来求我,志应故也。**初筮告,以刚中也。**注云:谓二也。二为众阴之主也,无刚决中,何由得初筮之告乎?**再、三渎,渎则不告。渎,蒙也。蒙以养正,圣功也。**

疏正义曰:"山下有险"者,坎在艮下,是山下有险。艮为止,坎上遇止,是险而止也。恐进退不可,故蒙昧也。此释蒙卦之名。"蒙,亨,以亨行,行时中也"者,叠"蒙亨"之义,言居"蒙"之时,人皆愿"亨"。若以亨道行之于时,则得中也。故云"时中"也。"匪我求童蒙,童蒙求我,志应"者,以童蒙闇昧之志,而求应会明者,故云"志应"也。"再三渎,渎则不告。渎,蒙"者,所以再三不告,恐渎乱蒙者。自此已上,《彖》辞总释"蒙亨"之义。"蒙以养正,圣功也"者,能以蒙昧隐默自养正道,乃成至圣之功。此一句释经之"利贞"。

《象》曰:山下出泉,蒙。注云:山下出泉,未知所适,蒙之象也。**君子以果行育德。**注云:"果行"者,初筮之义也。"育德"者,养正之功也。

疏正义曰:山下出泉,未有所适之处,是险而止,故蒙昧之象也。"君子以果行育德"者,君子当发此蒙道,以果决其行,告示蒙者,则"初筮之义"。"育德"谓隐默怀藏,不自彰显,以育养其德。"果行"、"育德"者,自相违错,若童蒙来问,则果行也,寻常处众则育德,是不相须也。

初六:发蒙,利用刑人,用说桎梏,以往吝。注云:处蒙之初,二照其上,故蒙发也。蒙发疑明,刑说当也。"以往吝",刑不可长。**《象》曰:"利用刑人",以正法也。**注云:刑人之道,道所恶也。以正法制,故刑人也。

疏正义曰:“发蒙”者,以初近于九二,二以阳处中,而明能照闇,故初六以能发去其蒙也。“利用刑人,用说桎梏”者,蒙既发去,无所疑滞,故利用刑戮于人,又利用说去罪人桎梏,以蒙既发去,疑事显明,刑人说桎梏皆得当。在足曰桎,在手曰梏。《小雅》云:“杻谓之梏,械谓之桎。”“以往吝”者,若以正道而往,即其事益善矣;若以刑人之道出往,往之即有鄙吝。“《象》曰:利用刑人,以正法”者,且刑人之道乃贼害于物,是道之所恶,以利用刑人者,以正其法制,不可不刑矣。故刑罚不可不施于国,鞭扑不可不施于家。案:此经刑人、说人二事,《象》直云“利用刑人”一者,但举刑重故也。

九二:包蒙吉,纳妇吉,子克家。注云:以刚居中,童蒙所归,包而不距则远近咸至,故“包蒙吉”也。妇者,配己而成德者也。体阳而能包蒙,以刚而能居中,以此纳配物莫不应,故“纳妇吉”也。处于卦内,以刚接柔,亲而得中,能干其任,施之于子,克家之义。**《象》曰:“子克家”,刚柔接也。**

疏正义曰:“包蒙吉,纳妇吉,子克家”者,“包”谓包含,九二以刚居中,群蒙悉来归己,九二能含容而不距,皆与之决疑,故得吉也。九二以刚居中,阴来应之。“妇”谓配也,故纳此匹配而得吉也。此爻在下体之中,能包蒙纳妇,任内理中,干了其任,即是子孙能克荷家事,故云“子克家”也。“《象》曰:子克家,刚柔接也。”以阳居于卦内,接待群阴,是刚柔相接,故克干家事也。

注“以刚居中”至“克家之义”

疏正义曰:“亲而得中”者,言九二居下卦之中央,上下俱阴,以己之刚阳迎接上下二阴,阴阳相亲,故云“亲而得中”也。“能干其任”者,既能包蒙,又能纳匹,是能干其任。

六三:勿用取女。见金夫,不有躬,无攸利。注云:童蒙之时,阴求于阳,晦求于明,各求发其昧者也。六三在下卦之上,上九在上卦之上,男女之义也。上不求三而三求上,女先求男者也。女之为体,正行以待命者也。见刚夫而求之,故曰“不有躬”也。施之于女,行在不顺,故“勿用取女”,而“无攸利”。**《象》曰:“勿用取女”,行不顺也。**

疏正义曰:“勿用取女”者,女谓六三,言勿用取此六三之女。所以不须者,此童蒙之世,阴求于阳,是女求男之时也。“见金夫”者,谓上九以其刚阳,故称“金夫”。此六三之女,自往求见“金夫”。女之为礼,正行以待命而嫁。今先求于夫,是为女不能自保其躬、固守贞信,乃非礼而动,行既不顺,若欲取之,无所利益,故云“不有躬,无攸利”也。“《象》曰:勿用取女,行不顺也”者，释“勿用取女”之义。所以勿用取此女者，以女行不顺故也。

六四：困蒙，吝。注云：独远于阳，处两阴之中，闇莫之发，故曰“困蒙”也。困于蒙昧，不能比贤以发其志，亦以鄙矣，故曰“吝”也。**《象》曰：“困蒙”之吝，独远实也。**注云：阳称实也。

疏正义曰：此释六四爻辞也。六四在两阴之中，去九二既远，无人发去其童蒙，故曰困于蒙昧而有鄙吝。“《象》曰：困蒙之吝，独远实也”者，实谓九二之阳也。九二以阳，故称实也。六三近九二，六五近上九，又应九二，唯此六四既不近二，又不近上，故云“独远实也”。

注“阳称实也”

疏正义曰：阳主生息，故称实。阴主消损，故不得言实。

六五：童蒙吉。注云：以夫阴质居于尊位，不自任察而委于二，付物以能，不劳聪明，功斯克矣，故曰“童蒙吉”。**《象》曰：“童蒙”之吉，顺以巽也。**注云：委物以能，不先不为，“顺以巽也”。

疏正义曰：“童蒙吉”者，言六五以阴居于尊位，其应在二，二刚而得中，五则以事委任于二，不劳己之聪明，犹若童稚蒙昧之人，故所以得吉也。“《象》曰：顺以巽也”者，释童蒙之吉，巽以顺也，犹委物于二。顺谓心顺，巽谓貌顺。故褚氏云：“顺者，心不违也。巽者，外迹相卑下也。”

注“委物以能”至“顺以巽也”。

疏正义曰：“委物以能”，谓委付事物与有能之人，谓委二也。“不先不为”者，五虽居尊位，而事委任于二，不在二先而首唱，是顺于二也。“不为”者，谓不自造为，是委任二也。不先于二，是心顺也；不自造为，是貌顺也。

上九：击蒙，不利为寇，利御寇。注云：处蒙之终，以刚居上，能击去童蒙，以发其昧者也，故曰“击蒙”也。童蒙原发而己能击去之，合上下之愿，故莫不顺也。为之扞御，则物咸附之。若欲取之，则物咸叛矣，故“不利为寇，利御寇”也。**《象》曰：利用御寇，上下顺也。**

疏正义曰：“击蒙，不利为寇，利御寇”者，处蒙之终，以刚居上，能击去众阴之蒙，合上下之愿，故莫不顺从也。若因物之来即欲取之而为寇害，物皆叛矣，故“不利为寇”也。若物从外来，为之扞御，则物咸附之，故“利用御寇”也。“《象》曰：利用御寇，上下顺也”者，所宜利为物御寇者，由上下顺从故也。言此爻既能发去众蒙，以合上下之愿，又能为之御寇，故上下弥更顺从也。

需 ䷄ 坎上 乾下

需：有孚，光亨贞吉，利涉大川。

疏正义曰：此需卦繇辞也。"需"者，待也。物初蒙稚，待养而成，无信即不立，所待唯信也，故云"需有孚"，言需之为体，唯有信也。"光亨贞吉"者，若能有信，即需道光明物得亨通，于正则吉，故云"光亨贞吉"也。"利涉大川"者，以刚健而进，即不患于险，乾德乃亨，故云"利涉大川"。

《彖》曰：需，须也，险在前也。刚健而不陷，其义不困穷矣。"需有孚，光亨贞吉"，位乎天位，以正中也。注云：谓五也，位乎天位，用其中正，以此待物，需道毕矣，故"光亨贞吉"。**利涉大川，往有功也。**注云：乾德获进，往辄亨也。

疏正义曰：此释需卦繇辞。需，须也。"险在前"者，释需卦之名也，是需待之义，故云"需，须也"。"险在前"，释所以需待由险难在前，故有待乃进也。"刚健而不陷，其义不困穷矣"者，解需道所以得亨，由乾之刚健，前虽遇险而不被陷滞，是其需待之义，不有困穷矣，故得"光亨贞吉"，由乾之德也。"需有孚，光亨贞吉，位乎天位以正中"者，此叠出需卦繇辞，然后释之也。言此需体非但得乾之刚强而不陷，又由中正之力也。以九五居乎天子之位，又以阳居阳，正而得中，故能有信，光明亨通而贞吉也。刚健而不陷，只由二象之德，位乎天位以正中，是九五之德也。凡卦之为体，或直取象而为卦德者，或直取爻而为卦德者，或以兼象兼爻而为卦德者，此卦之例是也。"利涉大川，往有功"者，释"利涉大川"之义，以乾刚健，故行险有功也。

注"谓五也"至"光亨贞吉"

疏正义曰："需道毕矣"者，凡需待之义先须于信，后乃光明亨通于物而贞吉，能备此事，是须道终毕。五即居于天位，以阳居尊，中则不偏，正则无邪。以此待物，则所为皆成，故"需道毕矣"。

注"乾德获进，往辄亨也"

疏正义曰：前云"刚健而不陷"，此云"往有功"，刚健即"乾"也。故"乾"德获进，往而有功，即是往辄亨通也。此虽释"利涉大川"，兼释上"光亨"之义，由是“光亨”乃得“利涉大川”，故于利涉大川乃明亨也。

《象》曰：云上于天，需，君子以饮食宴乐。注云：童蒙已发，盛德光亨，饮食宴乐，其在兹乎！

疏正义曰：坎既为险，又为雨，今不言险雨者，此象不取险难之义也。故不云“险”也。雨是已下之物，不是须待之义，故不云“雨”也。不言天上有云，而言“云上于天”者，若是天上有云，无以见欲雨之义，故云“云上于天”。若言“云上于天”，是天之欲雨，待时而落，所以明“需”大惠将施而盛德又亨，故君子于此之时“以饮食宴乐”。

初九：需于郊，利用恒，无咎。注云：居需之时，最远于难，能抑其进以远险待时，虽不应几，可以保常也。**《象》曰：“需于郊”，不犯难行也。“利用恒无咎”，未失常也。**

疏正义曰：但难在于坎，初九去难既远，故待时在于郊。郊者是境上之地，亦去水远也。“利用恒，无咎”者，恒，常也，远难待时以避其害，故宜利保守其常，所以无咎，犹不能见几速进，但得无咎而已。“象曰：不犯难行”者，去难既远，故不犯难而行，“未失常”者，不敢速进，远难待时，是未失常也。

九二：需于沙，小有言，终吉。注云：转近于难，故曰“需于沙”也。不至致寇，故曰“小有言”也。近不逼难，远不后时，履健居中，以待其会，虽“小有言”，以吉终也。**《象》曰：“需于沙”，衍在中也。虽“小有言”，以终吉也。**

疏正义曰：沙是水傍之地，去水渐近，待时于沙，故难稍近。虽未致寇，而“小有言”以相责让。“近不逼难，远不后时”，但“履健居中，以待要会”，虽小有责让之言，而终得其吉也。“《象》曰：需于沙，衍在中”者，衍谓宽衍，去难虽近，犹未逼于难，而宽衍在其中也，故“虽小有言，以吉终也”。

九三：需于泥，致寇至。注云：以刚逼难，欲进其道，所以招寇而致敌也。犹有须焉，不陷其刚。寇之来也，自我所招，敬慎防备，可以不败。**《象》曰：“需于泥”，灾在外也。自我致寇，敬慎不败也。**

疏正义曰：泥者，水傍之地，泥溺之处，逼近于难，欲进其道，难必害己。故致寇至，犹且迟疑而需待时，虽即有寇至，亦未为祸败也。“象曰：灾在外”

者，释“需于泥”之义，言为“需”虽复在泥，泥犹居水之外，即灾在身外之义，未陷其刚之义，故可用“需”以免。“自我致寇，敬慎不败”者，自，由也，由我欲进而致寇来，己若敬慎，则不有祸败也。

六四：需于血，出自穴。注云：凡称血者，阴阳相伤者也。阴阳相近而不相得，阳欲进而阴塞之，则相害也。穴者，阴之路也，处坎之始，居穴者也。九三刚进，四不能距，见侵则辟，顺以听命者也，故曰“需于血，出自穴”也。**《象》曰：“需于血”，顺以听也。**

疏正义曰：“需于血”者，谓阴阳相伤，故有血也。九三之阳而欲上进，此六四之阴而塞其路，两相妨害，故称“血”。言待时于血，犹待时于难中也。“出自穴”者，穴即阴之路也，而处坎之始，是居穴者也。三来逼己，四不能距，故出此所居之穴以避之，但顺以听命而得免咎也，故《象》云“需于血，顺以听命”也。

注“凡称血者”至“出自穴也”

疏正义曰：“凡称血”者，阴阳相伤者也，即坤之上六“其血玄黄”是也。“穴者阴之路也”者，凡孔穴穿道，皆是幽隐，故云“阴之路也”。“处坎之始，居穴”者，坎是坎险，若处坎之上，即是出穴者也，处坎之始，是居穴者也。但易含万象，此六四一爻，若以战斗言之，其出则为血也；若以居处言之，其处则为穴也。穴之与血，各随事义也。

九五：需于酒食，贞吉。注云：“需”之所须，以待达也。已得天位，畅其中正，无所复须，故酒食而已，获“贞吉”也。**《象》曰：“酒食贞吉”，以中正也。**

疏正义曰：“需于酒食贞吉”者，五既为需之主，已得天位，无所复需，但以需待酒食以递相宴乐而得贞吉。“《象》曰：“酒食贞吉，以中正”者，释“酒食贞吉”之义，言九五居中得正，“需”道亨通，上下无事也。

上六：入于穴，有不速之客三人来，敬之，终吉。注云：六四所以“出自穴”者，以不与三相得而塞其路，不辟则害，故不得不“出自穴”而辟之也。至于上六，处卦之终，非塞路者也。与三为应，三来之己，乃为己援，故无畏害之辟，而乃有入穴之固也。三阳所以不敢进者，须难之终也。难终则至，不待召也。己居难终，故自来也。处无位之地，以一阴而为三阳之主，故必敬之而后终吉。**《象》曰：不速之客来，“敬之终吉”，虽不当位，未大失也。**注云：处无位之地，不当位者也。敬之则得终吉，故虽不当位，未大失也。

疏正义曰："上六入于穴"者，上六阴爻，故亦称"穴"也。上六与三相应，三来之己，不为祸害，乃得为己援助，故上六无所畏忌，乃"入于穴"而居也。"有不速之客三人来"者，速，召也，不须召唤之客有三人自来。三人谓"初九"、"九二"、"九三"。此三阳务欲前进，但畏于险难，不能前进。其难既通，三阳务欲上升，不须召唤而自来，故云"有不速之客三人来"也。"敬之终吉"者，上六居无位之地，以一阴而为三阳之主，不可怠慢，故须恭敬此三阳，乃得终吉。"象曰：虽不当位未大失"者，释"敬之终吉"之义。言己虽不当位，而以一阴为三阳之主，若不敬之，则有凶害。今由己能敬之，虽不当位，亦未有大失，言初时虽有小失，终久乃获吉，故云"未大失"也。且需之一卦，须待难通，其于六爻，皆假他物之象以明人事，待通而亨，须待之义。且凡人万事，或有去难远近，须出须处，法此六爻，即万事尽矣，不可皆以人事曲细比之。《易》之诸爻之例，并皆仿此。

讼 ䷅ 乾上坎下

讼：有孚，窒惕，中吉，注云：窒谓窒塞也。皆惕，然后可以获中吉。**终凶。利见大人，不利涉大川。**

疏正义曰："讼：有孚，窒惕，中吉"者，窒，塞也。惕，惧也。凡讼者，物有不和，情相乖争而致其讼。凡讼之体，不可妄兴，必有信实，被物止塞，而能惕惧，中道而止，乃得吉也。"终凶"者，讼不可长，若终竟讼事，虽复窒惕，亦有凶也。"利见大人"者，物既有讼，须大人决之，故"利见大人"也。"不利涉大川"者，以讼不可长，若以讼而往涉危难，必有祸患，故"不利涉大川"。

《彖》曰：讼，上刚下险，险而健，讼。"讼有孚，窒惕中吉"，刚来而得中也。"终凶"，讼不可成也。"利见大人"，尚中正也。"不利涉大川"，入于渊也。注云：凡不和而讼，无施而可，涉难特甚焉。唯有信而见塞惧者，乃可以得吉也。犹复不可终，中乃吉也。不闭其源使讼不至，虽每不枉而讼至终竟，此亦凶矣。故虽复有信，而见塞惧犹，不可以为终也。故曰"讼有孚，窒惕中吉，终凶"也。无善听者，虽有其实，何由得明？而令有信塞惧者得其"中吉"，必有善听之主焉，其在二乎？以刚而来正夫群小，断不失中，应斯任也。

疏正义曰：此释繇辞之义。"讼，上刚下险，险而健，讼"者，上刚即乾也，下险即坎也，犹人意怀险恶，性又刚健，所以讼也。此二句因卦之象以显有讼之所由。案：上“需”，须也，以释卦之名。此讼卦不释“讼”名者，“讼”义可知，故不释也。诸卦其名难者则释之，其名易者则不释之，他皆仿此。“讼有孚，窒惕中吉，刚来而得中”者，先叠出讼之繇辞，以“刚来而得中”者，释所以讼得其“有孚，窒惕中吉”者，言中九二之刚，来向下体而处下卦之中，为讼之主，而听断狱讼，故讼者得其“有孚，窒惕中吉”也。“终凶，讼不可成”者，释“终凶”之义，以争讼之事，不可使成，故“终凶”也。“利见大人，尚中正”者，释“利见大人”之义。所以于讼之时，利见此大人者，以时方斗争，贵尚居中得正之主而听断之。“不利涉大川，入于渊”者，释“不利涉大川”之义。若以讼事往涉于川，即必坠于深渊而陷于难也。

注“凡不和而讼”至“应斯任也”

疏正义曰：“无施而可”者，言若性好不和，又与人斗讼，即无处施设而可也。言所往之处皆不可也。“涉难特甚焉”者，言好讼之人，习常施为，已自不可，若更以讼涉难，其不可特甚焉，故云“涉难特甚焉”。“中乃吉”者，谓此讼事以中途而止，乃得吉也。前注云“可以获中吉”，谓获中止之吉。“不闭其源，使讼不至”者，若能谦虚退让，与物不竞，即此是闭塞讼之根源，使讼不至也。今不能如此，是不闭塞讼源，使讼得至也。“虽每不枉而讼至终竟”者，谓虽每诉讼陈其道理，不有枉曲，而讼至终竟，此亦凶矣。

《象》曰：天与水违行，讼。君子以作事谋始。注云：“听讼，吾犹人也。必也使无讼乎？”无讼在于谋始，谋始在于作制。契之不明，讼之所以生也。物有其分，职不相滥，争何由兴？讼之所以起，契之过也。故有德司契而不责于人。

疏正义曰：天道西转，水流东注，是天与水相违而行。相违而行，象人彼此两相乖戾，故致讼也。不云“水与天违行”者，凡讼之所起，必刚健在先，以为讼始，故云“天与水违行”也。“君子以作事谋始”者，物既有讼，言君子当防此讼源。凡欲兴作其事，先须谋虑其始。若初始分职分明，不相干涉，即终无所讼也。

注“听讼”至“不责于人”

疏正义曰：“讼之所以起，契之过”者，凡斗讼之起，只由初时契要之过，谓作契要不分明。“有德司契”者，言上之有德司主契要，而能使分明以断于下，亦不须责在下之人有争讼也。“有德司契”之文，出《老子》经也。

初六：不永所事，小有言，终吉。注云：处讼之始，讼不可终，故“不永所事"，然后乃吉。凡阳唱而阴和，阴非先唱者也。四召而应，见犯乃讼。处讼之始，不为讼先，虽不能不讼，而了讼必辩明矣。**《象》曰："不永所事"，讼不可长也。虽"小有言"，其辩明也。**

疏 正义曰："不永所事"者，永，长也，不可长久为斗讼之事，以"讼不可终"也。"小有言，终吉"者，言"终吉"者，言初六应于九四。然九四刚阳，先来非理犯己，初六阴柔，见犯乃讼，虽不能不讼，是不获已而讼也，故"小有言"；以处讼之始，不为讼先，故"终吉"。"象曰：讼不可长"者，释"不永所事"，以讼不可长，故不长此斗争之事。"其辩明"者，释"小有言"，以讼必辩析分明。四虽初时犯己，己能辩讼，道理分明，故初时"小有言"也。

注"处讼之始，不为讼先"

疏 正义曰："处讼之始"者，始入讼境，言讼事尚微，故云"处讼之始"也。"不为讼先"者，言己是阴柔，待唱乃和，故云"不为讼先也"。

九二：不克讼，归而逋其邑。人三百户，无眚。注云：以刚处讼，不能下物，自下讼上，宜其不克。若能以惧归窜其邑，乃可以免灾。邑过三百，非为窜也。窜而据强，灾未免也。**《象》曰："不克讼"，归逋窜也。自下讼上，患至掇也。**

疏 正义曰："不克讼"者，克，胜也；以刚处讼，不能下物，自下讼上，与五相敌，不胜其讼，言讼不得胜也。"归而逋其邑"者，讼既不胜，怖惧还归，逋窜其邑。若其邑强大，则大都偶国，非逋窜之道。"人三百户，无眚"者，若其邑狭少，唯三百户乃可也。"三百户"者，郑注《礼记》云："小国下大夫之制。"又郑注《周礼·小司徒》云：方十里为成，九百夫之地，沟渠、城郭、道路三分去其一，余六百夫。又以田有不易，有一易，有再易，定受田三百家。即此"三百户"者，一成之地也。郑注云：不易之田，岁种之；一易之田，休一岁乃种；再易之地，休二岁乃种。言至薄也。苟自藏隐，不敢与五相敌，则无眚灾。"象曰：归逋窜"者，释归而逋邑，以讼之不胜，故退归逋窜也。"患至掇"者，掇犹拾掇也。自下讼上，悖逆之道，故祸患来至，若手自拾掇其物，言患必来也。故王肃云："若手拾掇物然。"

注"以刚处讼"至"灾未免也"

疏 正义曰："若能以惧归窜其邑，乃可免灾"者，如此注意，则经称"其邑"二字连上为句，"人三百户"合下为句。

六三：食旧德，贞厉，终吉。或从王事无成。注云：体夫柔弱以顺于上，不为九二自下讼上，不见侵夺，保全其有，故得食其旧德而不失也。居争讼之时，处两刚之间，而皆近不相得，故曰“贞厉”。柔体不争，系应在上，众莫能倾，故曰“终吉”。上壮争胜，难可忤也，故或从王事，不敢成也。**《象》曰：“食旧德”，从上吉也。**

疏正义曰：“食旧德”者，六三以阴柔顺从上九，不为上九侵夺，故保全己之所有，故食其旧日之德禄位。“贞厉”者，贞，正也；厉，危也。居争讼之时，处两刚之间，故须贞正自危厉，故曰“贞厉”。然六三柔体不争，系应在上，众莫能倾，故“终吉”也。“或从王事无成”者，三应于上，上则壮而又胜，故六三或从上九之王事，不敢触忤，无敢先成，故云“无成”。“象曰：从上吉”者，释所以食旧德以顺从上九，故得其吉食旧德也。

九四：不克讼。注云：初辩明也。**复即命渝，安贞吉。**注云：处上讼下，可以改变者也，故其咎不大。若能反从本理，变前之命，安贞不犯，不失其道，“为仁犹己”，故吉从之。**《象》曰：“复即命渝”，安贞不失也。**

疏正义曰：“不克讼”者，九四既非理陵犯于初，初能分辩道理，故九四讼不胜也。“复即命渝”者，复，反也；即，就也。九四讼既不胜，若能反就本理，变前与初争讼之命，能自渝变休息，不与初讼，故云“复即命渝”。“安贞吉”者，既能反从本理，渝变往前争讼之命，即得安居贞吉。“象曰：安贞不失”者，释“复即命渝”之义，以其反理变命，故得安贞之吉，不失其道。

注“处上讼下”至“故吉从之”

疏正义曰：“若能反从本理”者，释“复即”之义。复，反也；即，从也。本理谓原本不与初讼之理。当反从此原本不争之理，故云“反从本理”。“变前之命”者，解“命渝”也。渝，变也。但倒经“渝”字在“命”上，故云“变前之命”。“前命”者，谓往前共初相讼之命也，今乃变之也。“安贞不犯”者，谓四安居贞正，不复犯初，故云“安贞不犯”。“为仁由己，故吉从之”者，“为仁由己”，《论语》文。初不犯己，己莫陵于初，是为仁义之道，自由于己，故云“为仁由己”。

九五：讼元吉。注云：处得尊位，为讼之主，用其中正以断枉直，中则不过，正则不邪，刚无所溺，公无所偏，故讼“元吉”。**《象》曰：“讼元吉”，以中正也。**

疏正义曰：处得尊位，中而且正，以断狱讼，故得“元吉”也。“象曰：以中正也”者，释“元吉”之义。所以讼得大吉者，以九五处中而得正位，中则不有过差，正则不有邪曲，中正为德，故“元吉”。

注“处得尊位”至“故讼元吉”

疏正义曰：“处得尊位为讼之主”者，居九五之位，当争讼之时，是主断狱讼者也。然此卦之内，断狱讼之人，凡有二主。案上注云“善听之主，其在二乎”？是二为主也。此注又云“为讼之主，用其中正以断枉直”，是五又为主也。一卦两主者，凡诸卦之内，如此者多矣。五是其卦尊位之主，余爻是其卦为义之主，犹若复卦初九是复卦之主，“复”义在于初九也。六五亦居复之尊位，为复卦尊位之主，如此之例，非一卦也。所以然者，五居尊位，犹若天子总统万机，与万物为主，故诸卦皆五居尊位。诸爻则偏主一事，犹若六卿春官主礼、秋官主刑之类偏主一事，则其余诸爻各主一事也。即六卿总归于天子，诸卦之爻，皆以九五为尊位也。若卦由五位，五又居尊，正为一主也，若比之九五之类是也。今此讼卦二既为主，五又为主，皆有断狱之德，其五与二爻，其义同然也，故俱以为主也。案：上《彖》辞“刚来而得中”，今九五《象》辞云“讼元吉，以中正也”，知《彖》辞“刚来得中”，非据九五也。辅嗣必以为九二者，凡上下二象在于下象者，则称“来”。故贲卦云“柔来而文刚”，是离下艮上而称“柔来”。今此云“刚来而得中”，故知九二也。且凡云“来”者，皆据异类而来。九二在二阴之中，故称“来”；九五在外卦，又三爻俱阳，不得称“来”。若于爻辞之中，亦有从下卦向上卦称“来”也。故需上六“有不速之客三人来”，谓下卦三阳来。然需上六阴爻，阳来诣之，亦是往非类而称“来”也。“以断枉直”者，枉，曲也。凡二人来讼，必一曲一直，此九五听讼能断定曲直者，故云“以断枉直”。

上九：或锡之鞶带，终朝三褫之。注云：处讼之极，以刚居上，讼而得胜者也。以讼受锡，荣何可保？故终朝之间，褫带者三也。**《象》曰：以讼受服，亦不足敬也。**

疏正义曰：“或锡之鞶带”者，上九以刚居上，是讼而得胜者也。若以谦让蒙锡，则可长保有。若因讼而得胜，虽或锡与鞶带，不可长久，终一朝之间三被褫脱，故云“终朝三褫之”。“《象》曰：以讼受服，亦不足敬也”者，“释终朝三褫”之义。以其因讼得胜，受此锡服，非德而受，亦不足可敬，故终朝之间，三被褫脱也。凡言“或”者，或之言“有”也。言或有如此，故言“或”。则上云“或从王事无成”，及坤之六三“或从王事无成”之类是也。鞶带谓大带也。故杜元凯桓二年传“鞶厉旒缨”注云：“盘，大带也。”此讼一卦及爻辞并以人事明之，唯“不利涉大川”，假外物之象以喻人事。

周易注疏卷第三

师 ䷆ 坤上 坎下

师：贞，丈人吉，无咎。 注云：丈人，严庄之称也。为师之正，丈人乃吉也。兴役动众无功，罪也，故吉乃无咎也。

疏 正义曰："师：贞，丈人吉，无咎"者，"师"，众也。贞，正也。丈人谓严庄尊重之人，言为师之正，唯得严庄丈人监临主领，乃得"吉无咎"。若不得丈人监临之，众不畏惧，不能齐众，必有咎害。

注"丈人严庄之称也"至"乃无咎也"

疏 正义曰："兴役动众无功，罪"者，监临师众，当以威严，则有功劳，乃得无咎；若其不以威严，师必无功而获其罪，故云"兴役动众无功，罪也"。

《彖》曰：师，众也。贞，正也。能以众正，可以王矣。刚中而应，行险而顺，以此毒天下而民从之，吉又何咎矣？ 注云：毒犹役也。

疏 正义曰："师，众也。贞，正也。能以众正，可以王矣"者，此释师卦之名，并明用师有功之义。但师训既多，或训为法，或训为长，恐此师名取法之与长，故特明之师训为众也。贞为正也。贞之为正，其义已见于此，复云"贞，正"者，欲见齐众必须以正，故训贞为正也。与下文为首引之势，故云"能以众正，可以王矣"。"刚中而应"者，"刚中"谓九二，而"应"谓六五。"行险而顺"者，"行险"谓下体坎也，而"顺"谓上体坤也。若刚中而无应，或有应而不刚中，或行险而不柔顺，皆不可行师得吉也。"以此毒天下而民从之，吉又何咎矣"者，毒犹役也，若用此诸德使役天下之众，人必从之以得其吉，又何无功而咎责乎？自"刚中"已下释"丈人吉，无咎"也，言丈人能备此诸德也。

《象》曰：地中有水，师。君子以容民畜众。

疏正义曰："君子以容民畜众"者，言君子法此师卦，容纳其民，畜养其众。若为人除害，使众得宁，此则"容民畜众"也。又为师之主，虽尚威严，当赦其小过，不可纯用威猛于军师之中，亦是容民畜众之义。所以《象》称"地中有水"，欲见地能包水，水又众大，是容民畜众之象。若其不然，或当云"地在水上"，或云"上地下水"，或云"水上有地"。今云"地中有水"，盖取容、畜之义也。

初六：师出以律，否臧凶。注云：为师之始，齐师者也。齐众以律，失律则散。故师出以律，律不可失。失律而臧，何异于否？失令有功，法所不赦。故师出不以律，否臧皆凶。**《象》曰："师出以律"，失律凶也。**

疏正义曰："初六：师出以律"者，律，法也。初六为师之始，是整齐师众者也。既齐整师众，使师出之时，当须以其法制整齐之，故云"师出以律"也。"否臧凶"者，若其失律行师，无问否之与臧，皆为凶也。"否"谓破败，"臧"谓有功。然"否"为破败，即是凶也。何须更云"否臧凶"者，本意所明，虽臧亦凶。"臧"文既单，故以"否"配之，欲盛言臧凶，不可单言，故云否之与臧，皆为凶也。"象曰：失律凶"者，释"师出以律"之义。言所以必须以律者，以其失律则凶。反经之文，以明经义。

注"为师之始"至"否臧皆凶"

疏正义曰："为师之始，齐师者也"者，以师之初爻，故云"为师之始"。在师之首，先唱发始，是齐整师众者也。"失律而臧，何异于否"者，若弃失法律，不奉法而行，虽有功而臧，何异于否也？"失令有功，法所不赦"者，解"何异于否"之义。令则法律也。若失此法令，虽有功劳，军法所不容赦，故云"何异于否"。然阃外之事，将军所载，临事制宜，不必皆依君命，何得有功"法所不赦"者：凡为师之体，理非一端，量事制宜，随时进退，此则将军所制，随时施行。若苟顺私情，故违君命，犯律触法，则事不可赦耳。

九二：在师中，吉，无咎，王三锡命。注云：以刚居中，而应于上，在师而得其中者也。承上之宠，为师之主，任大役重，无功则凶，故吉乃无咎也。行师得吉，莫善怀邦，邦怀众服，锡莫重焉，故乃得成命。**《象》曰："在师中吉"，承天宠也。"王三锡命"，怀万邦也。**

疏正义曰："在师中吉"者，以刚居中而应于五，是"在师中吉"也。"无咎"者，承上之宠，为师之主，任大役重，无功则凶，故吉乃无咎。"王三锡命"者，以其有功，故王三加锡命。"象曰：承天宠"者，释"在师中，吉"之义也。正谓承受五之恩宠，故"中吉"也。"怀万邦也"者，以其有功，能招怀万邦，故被"王三锡命"也。

注"以刚居中"至"故乃得成命"

疏正义曰："在师而得中"者，观注之意，以"在师中"为句，其"吉"字属下；观《象》之文，"在师中吉，承天宠"者，则似"吉"字属上。此"吉"之一字上下兼该，故注文属下，《象》文属上，但《象》略其"无咎"之字，故"吉"属"师中"也。"故乃得成命"者，案《曲礼》云："三赐不及车马。"一命受爵，再命受服，三命受车马。三赐三命，而尊之得成，故"乃得成命"也。

六三：师或舆尸，凶。注云：以阴处阳，以柔乘刚，进则无应，退无所守，以此用师，宜获"舆尸"之凶。**《象》曰："师或舆尸"，大无功也。**

疏正义曰："师或舆尸，凶"者，以阴处阳，以柔乘刚，进无所应，退无所守，以此用师，或有舆尸之凶。"象曰：大无功也"者，释"舆尸"之义，以其舆尸，则大无功也。

注"以阴处阳"至"舆尸之凶"

疏正义曰："退无所守"者，倒退而下，乘二之刚，已又以阴居阳，是"退无所守"。

六四：师左次，无咎。注云：得位而无应，无应不可以行，得位则可以处，故左次之，而无咎也。行师之法，欲右背高，故左次之。**《象》曰："左次无咎"，未失常也。**注云：虽不能有获，足以不失其常也。

疏正义曰："六四，师左次，无咎"者，六四得位而无应，无应不可以行，得位则可以处，故云"师左次，无咎"。故师在高险之左，以次止则无凶咎也。"象曰：未失常"者，释"无咎"之义，以其虽未有功，未失常道。

注"得位而无应"至"故左次之"

疏正义曰："行师之法，欲右背高"者，此兵法也。故《汉书》韩信云："兵法欲右背山陵，前左水泽。"

六五：田有禽，利执言，无咎。长子帅师，弟子舆尸，贞凶。注云：处师之时，柔得尊位，阴不先唱，柔不犯物，犯而后应，往必得直，故"田有禽"也。物先犯己，故可以执言而无咎也。柔非军帅，阴非刚武，故不躬行，必以授也。授不得主，则众不从，故"长子帅师"可也。弟子之凶，故其宜也。**《象》曰："长子帅师"，以中行也。"弟子舆尸"，使不当也。**

疏正义曰："田有禽，利执言"者，柔得尊位，阴不先唱，柔不犯物，犯而后应，往必得直，故往即有功。犹如田中有禽而来犯苗，若往猎之，则无咎过也。人之修田，非禽之所犯。王者守国，非叛者所乱。禽之犯苗，则可猎取。叛人乱国，则可诛之。此假他象以喻人事，故"利执言，无咎"，己不直则有咎。己今得直，故可以执此言往问之而无咎也。"长子帅师，弟子舆尸，贞凶"者，以己是柔，不可为军帅。己又是阴，身非刚武，不可以亲行，故须役任长子、弟子之等。若任役长子，则可以帅师。若任用弟子，则军必破败而舆尸，是为正之凶。庄氏云："'长子'谓九二，德长于人。'弟子'谓六三，德劣于物。"今案：《象》辞云"长子帅师，以中行也"，是九二居中也。"弟子舆尸，使不当也"，谓六三失位也。

注至"往必得直"

疏正义曰："往必得直"者，见犯乃行欲往征之，则于理正直，故云"往必得直"。

上六：大君有命，开国承家，小人勿用。注云：处师之极，师之终也。大君之命，不失功也。开国承家，以宁邦也。小人勿用，非其道也。**《象》曰："大君有命"，以正功也。"小人勿用"，必乱邦也。**

疏正义曰："大君有命"者，上六处师之极，是师之终竟也。"大君"谓天子也，言天子爵命此上六，若其功大，使之开国为诸侯；若其功小，使之承家为卿大夫。"小人勿用"者，言开国承家，须用君子，勿用小人也。"象曰：大君有命，以正功也"者，正此上六之功也。"小人勿用，必乱邦也"者，若用小人，必乱邦国，故不得用小人也。

比 ䷇ 坎上 坤下

比：吉，原筮，元永贞，无咎。不宁方来，后夫凶。

疏正义曰："比吉"者，谓能相亲比而得其吉。"原筮，元永贞，无咎"者，欲相亲比，必能原穷其情，筮决其意，唯有元大永长贞正，乃得无咎。"元永贞”者，谓两相亲比，皆须“永贞”。“不宁方来”者，比是宁乐之时，若能与人亲比，则不宁之方，皆悉归来。“后夫凶”者，夫，语辞也。亲比贵速，若及早而来，人皆亲己故在先者吉。若在后而至者，人或疏己，亲比不成，故“后夫凶”。或以“夫”为丈夫，谓后来之人也。

《彖》曰：比，吉也。比，辅也，下顺从也。“原筮，元永贞，无咎”，以刚中也。注云：处比之时，将原筮以求无咎，其唯元永贞乎？夫群党相比，而不以“元永贞”，则凶邪之道也。若不遇其主，则虽永贞而犹未足免于咎也。使永贞而无咎者，其唯九五乎？**“不宁方来”，上下应也。**注云：上下无阳以分其民，五独处尊，莫不归之，上下应之，既亲且安，安则不安者讬焉，故不宁方所以来，“上下应”故也。夫无者求有，有者不求所与，危者求安，安者不求所保。火有其炎，寒者附之。故己苟安焉，则不宁方来矣。**“后夫凶”，其道穷也。**注云：将合和亲而独在后，亲成则诛，是以凶也。

疏正义曰：“比，吉也”者，释亲比为善，言相亲比而得吉也。“比，辅也”者，释“比”所以得吉，由“比”者人来相辅助也；“下顺从”者，在下之人，顺从于上，是相辅助也，谓众阴顺从九五也。自此已上，释比名为吉之义。“原筮，元永贞，无咎，以刚中”者，释“原筮，元永贞，无咎”之义，所以得如此者，以九五刚而处中，故使“比”者皆得“原筮，元永贞，无咎”也。“不宁方来，上下应也”者，释“不宁方来”之义，以九五处中，故上下群阴皆来应之。于此之时，阴往比阳，群阴未得其所，皆未宁也。“后夫凶，其道穷”者，释“后夫凶”。他悉亲比，己独后来，比道穷困，无人与亲，故其凶也。此谓上六也。

注“处比之时”至“其唯九五乎”

疏正义曰：“将原筮以求无咎，其唯元永贞乎”者，原谓原穷比者根本，筮谓筮决求比之情，以求久长无咎。“其唯元永贞乎”，元，大也；永，长也。为己有大长贞正，乃能原筮相亲比之情，得久长而无咎，谓彼此相亲比也。“若不遇其主，则虽永贞而犹未足免于咎”者，若不逢遇明主，则彼此相求，“比”者虽各怀永贞，而犹未足免离于咎。虽有永贞，而无明主照察，不被上知，相亲涉于朋党，故不免咎也。“使永贞而无咎者，其唯九五乎”者，使“比”者得免咎，保永贞，久而无咎，其唯九五乎？以九五为比之主，刚而处中，能识“比”者之情意，故使“比”者得保永贞，无凶咎也。

注“将合和亲”至“是以凶也”

疏正义曰：“亲成则诛”者，彼此相比，皆速来为亲；亲道已成，己独在后而来，众则嫌其离贰，所以被诛而凶也。

《象》曰：地上有水，比。先王以建万国，亲诸侯。注云：万国以"比"建，诸侯以"比"亲。

疏正义曰："建万国亲诸侯"，非诸侯已下之所为，故特云"先王"也。"建万国"谓割土而封建之。"亲诸侯"谓爵赏恩泽而亲友之。万国据其境域，故曰"建"也。"诸侯"谓其君身，故云"亲"也。地上有水，犹域中有万国，使之各相亲比，犹地上有水，流通相润及物，故云"地上有水，比"也。

初六：有孚比之，无咎。有孚盈缶，终来有它吉。注云：处比之始，为比之首者也。夫以不信为比之首，则祸莫大焉，故必"有孚盈缶"，然后乃得免比之咎，故曰"有孚比之，无咎"也。处比之首，应不在一，心无私吝，则莫不比之。著信立诚，盈溢乎质素之器，则物终来无衰竭也。亲乎天下，著信盈缶，应者岂一道而来？故必"有他吉"也。**《象》曰：比之初六，"有它吉"也。**

疏正义曰："有孚比之无咎"者，处比之始，为比之首，若无诚信，祸莫大焉。必有诚信而相亲比，终始如一，为之诚信，乃得无咎。"有孚盈缶，终来有他吉"者，身处比之首，应不在一，心无私吝，莫不比之。有此孚信盈溢质素之缶，以此待物，物皆归向，从始至终，寻常恒来，非唯一人而已，更有他人并来而得吉，故云"终来有他吉"也。此假外象喻人事也。

注"应不在一，心无私吝"

疏正义曰："应不在一"者，初六无应，是"应不在一"，故"心无私吝"也。若心有偏应，即私有爱吝也，以"应不在一"，故"心无私吝"也。

六二：比之自内，贞吉。注云：处比之时，居中得位，而系应在五，不能来它，故得其自内贞吉而已。**《象》曰："比之自内"，不自失也。**

疏正义曰："比之自内，贞吉"者，居中得位，系应在五，不能使它悉来，唯亲比之道，自在其内，独与五应，但"贞吉"而已，不如初六"有它吉"也。"象曰：不自失"者，释"比之自内"之义，不自失其所应之偶，故云"比之自内，不自失"也。

六三：比之匪人。注云：四自外比，二为五贞，近不相得，远则无应，所与比者，皆非己亲，故曰"比之匪人"。《象》曰："比之匪人"，不亦伤乎！

疏正义曰："比之匪人不亦伤乎"者，言六三所比，皆非己亲之人。四自外比，二为五贞，近不相得，远又无应，是所欲亲比，皆非其亲，是以悲伤也。

六四：外比之，贞吉。注云：外比于五，复得其位，比不失贤，处不失位，故“贞吉”也。**《象》曰：外比于贤，以从上也。**

疏正义曰：六四上比于五，欲外比也。居得其位，比不失贤，所以贞吉。凡下体为内，上体为外，六四比五，故云“外比”也。“《象》曰：外比于贤，以从上也”者，九五，居中得位，故称“贤”也。五在四上，四往比之，是“以从上”也。

九五：显比。王用三驱，失前禽。邑人不诫，吉。注云：为比之主而有应在二，“显比”者也。比而显之，则所亲者狭矣。夫无私于物，唯贤是与，则去之与来，皆无失也。夫三驱之礼，禽逆来趣己则舍之，背己而走则射之，爱于来而恶于去也，故其所施，常“失前禽”也。以“显比”而居王位，用三驱之道者也，故曰“王用三驱，失前禽也”。用其中正，征讨有常，伐不加邑，动必讨叛，邑人无虞，故“不诫”也，虽不得乎大人之吉，是“显比”之吉也。此可以为上之使，非为上道也。**《象》曰：“显比”之吉，位正中也。舍逆取顺，“失前禽”也。“邑人不诫”，上使中也。**

疏正义曰：五应于二，显明比道，不能普遍相亲，是比道狭也。“王用三驱失前禽”者，此假田猎之道，以喻“显比”之事。凡三驱之礼，禽向己者则舍之，背己者则射之，是失于“前禽”也。“显比”之道，与己相应者则亲之，与己不相应者则疏之，与三驱田猎，爱来恶去相似，故云“王用三驱，失前禽”也。言“显比”之道，似于此也。“邑人不诫吉”者，虽不能广普亲比于自己相亲之处，不妄加讨罚，所以己邑之人，不须防诫而有吉也。至于“邑人不诫”而“为吉”，非是大人弘阔之道，不可为大人之身，但可为大人之使。“象曰：显比之吉，位正中”者，所以“显比”得吉者，以所居之位正而且中，故云“显比之吉”。“舍逆取顺失前禽也”者，禽逆来向己者，则舍之而不害，禽顺去背己而走者，则射而取之，是“失前禽”也。“邑人不诫上使中也”者，释“邑人不诫”之义，所以己邑之人，不须防诫，止由在上九五之使得其中正之人，伐不加邑，动必讨叛，不横加无罪，止由在上使中也。“中”谓九五也。此九五虽不得为王者之身，堪为王者之使，以居中位，故云“上使中”也。

注“为比之主”至“非为上之道”

疏正义曰：“去之与来皆无失”者，若“比”道弘阔，不偏私于物，唯贤是亲，则背己去者与来向己者，皆悉亲附无所失也；言去亦不失，来亦不失。夫三驱之礼者，先儒皆云“三度驱禽而射之也”。三度则已，今亦从之，去则射之。褚氏诸儒皆以“为三面著人驱禽”，必知“三面”者，禽唯有背己、向己、趣己，故左右及于后皆有驱之。“爱于来而恶于去”者，来则舍之，是爱于来也；去则射之，是恶于去也。“故其所施常失前禽”者，言独“比”所应，则所比为失。如三驱所施，爱来憎去，则失在前禽也。“用其中正，征讨有常，伐不加邑，动必讨叛”者，此九五居中得正，故云“用其中正”也。心既中正，不妄喜怒，故征伐有常也。所伐之事，不加亲己之邑；兴师动众，必欲讨其叛逆。五以其“显比”，亲者伐所不加也，叛者，必欲征伐也。云“虽不得乎大人之吉，是显比之吉”者，以《象》云“显比之吉”，其比狭也。若“大人之吉”，则“比”道弘通也。“可以为上之使，非为上之道”者，九五居上之位，若为行如此，身虽为王，止可为上使之人，非是为王之道，故云“非为上之道”。

上六：比之无首，凶。注云：无首，后也，处卦之终，是后夫也。亲道已成，无所与终，为时所弃，宜其凶也。**《象》曰：“比之无首”，无所终也。**

疏正义曰：“无首凶”者，谓无能为头首。它人皆“比”，己独在后，是亲比于人，无能为头首也。它人皆“比”，亲道已成，己独在后，众人所弃，宜其凶也。“象曰：无所终”者，释“比之无首”，既不能为比之初首，被人所弃，故无能与之共终也。

小畜 ䷈ 巽上 乾下

小畜：亨。注云：不能畜大，止健刚志，故行是以亨。**密云不雨，自我西郊。**

疏正义曰：“小畜亨”者，但小有所畜，唯“畜”九三而已。初九、九二，犹刚健得行，是以刚志上得亨通，故云“小畜亨”也。若大畜，乾在于下，艮在于上，艮是阳卦，又能止物，能止此乾之刚健，所畜者大，故称“大畜”。此卦则巽在于上，乾在于下，巽是阴，柔性，又和顺，不能止畜在下之乾，唯能畜止九三，所畜狭小，故名“小畜”。“密云不雨”者，若阳之上升，阴能畜止，两气相薄则为雨也。今唯能畜止九三，其气被畜，但为密云，初九、九二，犹自上通，所以不能为雨也。“自我西郊”者，所聚密云，由在我之西郊，去我既远，润泽不能行也，但聚在西郊而已。

《彖》曰：小畜，柔得位而上下应之，曰“小畜”。注云：谓六四也，成卦之义，在此爻也。体无二阴，以分其应，故上下应之也。既得其位，而上下应之，三不能陵，小畜之义。**健而巽，刚中而志行，乃亨。"密云不雨"，尚往也；"自我西郊"，施未行也。**注云：小畜之势，足作密云，乃"自我西郊"，未足以为雨也。何由知未能为雨？夫能为雨者，阳上薄阴，阴能固之，然后烝而为雨。今不能制初九之"复道"，固九二之"牵复"，九三更以不能复为劣也。下方尚往，施岂得行？故密云而不能为雨，尚往故也。何以明之？夫阴能固之，然后乃雨乎。上九独能固九三之路，故九三不可以进而"舆说辐"也。能固其路而安于上，故得"既雨既处"。若四、五皆能若上九之善畜，则能雨明矣。故举一卦而论之，能为小畜密云而已。阴苟不足以固阳，则虽复至盛，密云自我西郊，故不能雨也。雨之未下，即施之未行也。《彖》全论一卦之体，故曰"密云不雨"。《象》各言一爻之德，故曰"既雨既处"也。

疏正义曰："柔得位而上下应之，曰小畜"者，"柔得位"，谓六四也。以阴居阴，故称得位。此卦唯有一阴，上下诸阳皆来应之，故曰"小畜"。此释小畜卦名也。言此卦之畜，六四唯畜其下九三，初九、九二犹不能拥畜，而云"上下应之"者，若细别而言，小畜之义，唯当畜止在下。三阳犹不能畜尽，但畜九三而已。若大判而言之，上下五阳总应六四，故云"上下应之"。其四虽应何妨，总不能畜止刚健也。"健而巽，刚中而志行，乃亨"者，内既刚健而外逢柔顺，刚发于中，不被摧抑，而志意得行。以此言之，故刚健之志，乃得亨通，此释"亨"也。"密云不雨，尚往"者，所以密云不雨者，不能畜止诸阳，初九、九二，犹得上进，阴阳气通，所以不雨，释"密云不雨"也。"自我西郊施未行"者，释"自我西郊"之义。所以密云不雨，从我西郊而积聚者，犹所施润泽，未得流行周遍，故不覆国都，但远聚西郊也。然云在国都而不雨，亦是施未行也。必云在西郊者，若在国都，雨虽未落，犹有覆荫之施，不得云"施未行"，今言在西郊，去施远也。

注"小畜之势"至"既雨既处也"

疏正义曰："九三更以不能复为劣"者，初九既得"复道"，九二可"牵"以获"复"，皆得刚健上通，则是阴不能固阳，而九三劣弱，又不能自复，则是阳不薄阴，是以皆不雨也。且小畜之义，贵于上往，而九三不能自复，更为劣弱，故言"九三更不能复为劣"也。"能固其路而安于上"者，谓上九能闭固九三之道路，不被九三所陵，得安于上，所以"既雨既处"也，故举一卦而论之。"能为小畜密云而已"者，此明卦之与爻，其义别也。但卦总二象，明上体不能闭固下体，所以密云不能为雨。爻则止明一爻之事，上九能固九三，所已上九而有雨也。所以卦与爻其义异也。诸卦多然。若比卦云"比吉"，上六则云"比之无首凶"也；复卦云"复亨"，上六云"迷复凶"也。此皆卦之与爻，义相违反，它皆仿此。

《象》曰：风行天上，小畜。君子以懿文德。注云：未能行其施者，故可以懿文德而已。

疏正义曰："君子以懿文德"者，懿，美也。以于其时施未得行，喻君子之人但修美文德，待时而发。风为号令，若"风行天下"，则施附于物，不得云"施未行"也。今风在天上，去物既远，无所施及，故曰"风行天上"。凡大象，君子所取之义，或取二卦之象而法之者，若"地中有水，师，君子以容民畜众"，取卦象包容之义；若履卦象云"上天下泽，履，君子以辩上下"，取上下尊卑之义。如此之类，皆取二象，君子法以为行也。或直取卦名，因其卦义所有，君子法之，须合卦义行事者。若讼卦云"君子以作事谋始"，防其所讼之源，不取"天与水违行"之象；若小畜"君子以懿文德"，不取"风行天上"之象。余皆仿此。

初九：复自道，何其咎？吉。注云：处乾之始，以升巽初，四为己应，不距己者也。以阳升阴，复自其道，顺而无违，何所犯咎，得义之吉。**《象》曰："复自道"，其义吉也。**

疏正义曰：处乾之始以升巽，初四为己应，以阳升阴，反复于上，自用己道，四则顺而无违，于己无咎，故云"复自道，何其咎？吉"。"象曰：其义吉"者，以阳升阴，以刚应柔，其义于理吉也。

九二：牵复吉。注云：处乾之中，以升巽五，五非畜极，非固己者也。虽不能若阴之不违，可牵以获复，是以吉也。**《象》曰："牵复"在中，亦不自失也。**

疏正义曰："牵复吉"者，"牵"谓牵连，"复"谓反复，二欲往五，五非止畜之极，不闭固于己，可自牵连反复于上而得吉也。"《象》曰：牵复在中，亦不自失"者，既强牵连，而复在下卦之中，以其得中，不被闭固，亦于己不自有失，解"牵复吉"也。

九三：舆说辐。夫妻反目。注云：上为畜盛，不可牵征，以斯而进，故必"说辐"也。己为阳极，上为阴长，畜于阴长，不能自复，方之"夫妻反目"之义也。**《象》曰："夫妻反目"，不能正室也。**

疏正义曰：九三欲复而进，上九固而止之，不可以行，故车舆说其辐。"夫妻反目"者，上九体巽为长女之阴，今九三之阳，被长女闭固，不能自复，夫妻乖戾，故反目相视。“象曰：不能正室”者，释“夫妻反目”之义。以九三之夫不能正上九之室，故“反目”也。此假像以喻人事也。

六四：有孚，血去惕出，无咎。注云：夫言“血”者，阳犯阴也。四乘于三，近不相得，三务于进，而己隔之，将惧侵克者也。上亦恶三而能制焉，志与上合，共同斯诚，三虽逼己，而不能犯，故得血去惧除，保无咎也。**《象》曰：有孚惕出，上合志也。**

疏正义曰：“有孚，血去惕出，无咎”者，六四居九三之上，乘陵于三，三既务进，而己固之，惧三害己，故有“血”也。畏三侵陵，故惕惧也。但上九亦憎恶九三，六四与上九同志，共恶于三，三不害己，己故得其血去除，其惕出散，信能血去惧除，乃得无咎。“《象》曰：有孚惕出，上合志也”者，释“惕出”之意。所以“惕出”者，由己与上九同合其志，共恶于三也。

注“夫言血者”至“无咎也”

疏正义曰：“夫言血者阳犯阴也”者，谓此卦言“血”，阳犯阴也。“夫”者，发语之端，非是总凡之辞。故需六四云“需于血”，注云：“凡称血者，阴阳相伤也”。则称血者，非唯阳犯阴也。

九五：有孚挛如，富以其邻。注云：处得尊位，不疑于二，来而不距。二牵己挛，不为专固，“有孚挛如”之谓也。以阳居阳，处实者也。居盛处实而不专固，富以其邻者也。**《象》曰：“有孚挛如”，不独富也。**

疏正义曰：“有孚挛如”者，五居尊位，不疑于二，来而不距。二既牵挽而来，己又攀挛而迎接，志意合同，不有专固相逼，是有信而相牵挛也。“如”，语辞，非义类。“富以其邻”者，五是阳爻，即必富实。心不专固，故能用富以与其邻。“邻”谓二也。“象曰：不独富也”者，释“挛如”之义。所以攀挛于二者，以其不独自专固于富，欲分与二也。

上九：既雨既处，尚德载，妇贞厉，月几望，君子征凶。注云：处小畜之极，能畜者也。阳不获亨，故“既雨”也。刚不能侵，故“既处”也。体巽处上，刚不敢犯，“尚德”者也。为阴之长，能畜刚健，德积载者也。妇制其夫，臣制其君，虽贞近危，故曰“妇贞厉”也。阴之盈盛莫盛于此，故曰“月几望”也。满而又进，必失其道，阴疑于阳，必见战伐，虽复君子，以征必凶，故曰“君子征凶”。**《象》曰：“既雨既处”，德积载也。“君子征凶”，有所疑也。**注云：夫处下可以征而无咎者，唯泰也则然。坤本体下，又顺而弱，不能敌刚，故可以全其类，征而吉也。自此以往，则其进各有难矣。夫巽虽不能若艮之善畜，犹不肯为坤之顺从也，故可得少进，不可尽陵也。是以初九、九二，其复则可，至于九三，则"舆说辐"也。夫大畜者，畜之极也。畜而不已，畜极则通，是以其畜之盛在于四、五，至于上九，道乃大行。小畜积极而后乃能畜，是以四、五可以进，而上九说征之辐。

疏正义曰："既雨既处"者，九三欲进，已能固之，阴阳不通，故已得其雨也。"既处"者，三不能侵，不忧危害，故已得其处也。"尚德载"者，体巽处上，刚不敢犯，为阴之长，能畜止刚健，慕尚此德之积聚而运载也，故云"尚德载"也。言慕尚此道德之积载也。"妇贞厉"者，上九制九三，是妇制其夫，臣制其君，虽复贞正，而近危厉也。"月几望"者，妇人之制夫，犹如月在望时盛极以敌日也。"几"，辞也，已从上释，故于此不复言也。"君子征凶"者，阴疑于阳，必见战伐，虽复君子之行而亦凶也。"象曰：既雨既处，德积载"者，释"既雨既处"之义。言所以得"既雨既处"者，已上九道德积聚，可以运载，使人慕尚，故云"既雨既处"也。"君子征凶，有所疑"者，释"君子征凶"之义，言所以"征凶"者，阴气盛满，被阳有所疑忌，必见战伐，故"征凶"也。

注"处小畜之极"至"君子征凶"

疏正义曰："处小畜之极，能畜者也"者，已处小畜盛极，是闭畜者也。"阳不获亨，故既雨也"者，阳若亨通则不雨也。所以卦繇辞云："小畜，亨，密云不雨。"今九三之阳，被上九所固，不获亨通，故"既雨"也。

注"夫处下"至"说征之辐"

疏正义曰："夫巽虽不能若艮之善畜"者，谓虽不能如大畜艮卦在上，善畜下之乾也。"巽虽不能如艮之善畜"，故其畜小也。"犹不肯为坤之顺从"者，谓犹不肯如泰卦，坤在于上顺从乾也。"故可得少进"者，谓初九、九二得前进也。"不可尽陵"者，九三欲陵上九，被上九所固，是不可得"尽陵"也。"畜而不已，畜极则通，是以其畜之盛在于四五，至于上九，道乃大行"者，此论大畜义也。大畜畜而不已，谓之"大畜"。四爻、五爻是畜之盛极，而不休已，畜极则通。四、五畜道既极，至于上九，无可所畜，故上九道乃大行，无所畜也。"小畜积极而后乃能畜"者，小畜之道既微，积其终极，至于上九，乃能畜也，谓"畜"九三也。"是以四、五可以进"者，四虽畜初，五虽畜二，畜道既弱，故九二可以进。"上九说征之辐"者，上九畜之"积极"，故能说此九三征行之辐。案：九三但有"说辐"，无"征"之文。而王氏言上九"说征之辐"者，舆之有辐，可以征行。九三爻有"征"义，今舆辐既说，则是说征之辐，因上九"征凶"之文，征则行也。文虽不言，于义必有言"辐"者，郑注云"谓舆下缚木，与轴相连，钩心之木"是也。《子夏传》云："辐，车剧也。"

履 ䷉ 乾上 兑下

履：虎尾，不咥人，亨。

疏正义曰："履：虎尾，不咥人，亨"者，履卦之义，以六三为主。六三以阴柔履践九二之刚，履危者也，犹如履虎尾，为危之甚。"不咥人亨"者，以六三在兑体，兑为和说，而应乾刚，虽履其危，而不见害，故得亨通，犹若履虎尾不见咥啮于人。此假物之象以喻人事。

《彖》曰：履，柔履刚也。说而应乎乾，是以"履虎尾，不咥人亨"。注云：凡"彖"者，言乎一卦之所以为主也，成卦之体在六三也。"履虎尾"者，言其危也。三为履主，以柔履刚，履危者也。"履虎尾"，有"不见咥"者，以其说而应乎乾也。乾，刚正之德者也。不以说行夫佞邪，而以说应乎乾，宜其"履虎尾"，不见咥而亨。**刚中正，履帝位而不疚，光明也。**注云：言五之德。

疏正义曰："履，柔履刚"者，言履卦之义，是柔之履刚。六三阴爻，在九二阳爻之上，故云"柔履刚"也。"履"谓履践也。此释履卦之义。"说而应乎乾，是以履虎尾，不咥人亨"者，释"不咥人亨"之义。六三在兑体，兑为和说，应于上九，上九在乾体。兑自和说，应乎乾刚，以说应刚，无所见害。是以履践虎尾，不咥害于人，而得亨通也。若以和说之行，而应于阴柔，则是邪佞之道，由以说应于刚，故得吉也。"刚中正履帝位"者，谓九五也。以刚处中，得其正位，居九五之尊，是"刚中正履帝位"也。"而不疚光明"者，能以刚中而居帝位，不有疚病，由德之光明故也。此一句赞明履卦德养之美，于经无所释也。

《象》曰：上天下泽，履。君子以辩上下、定民志。

疏正义曰："君子以辩上下定民志"者，天尊在上，泽卑处下，君子法此履卦之象，以分辩上下尊卑，以定正民之志意，使尊卑有序也。但此履卦名合二义，若以爻言之，则在上履践于下，六三"履"九二也。若以二卦上下之象言之，则"履"，礼也，在下以礼承事于上。此象之所言，取上下二卦卑承尊之义，故云"上天下泽，履"。但易合万象，反复取义，不可定为一体故也。

初九：素履往，无咎。注云：处履之初，为履之始，履道恶华，故素乃无咎。处履以素，何往不从？必独行其愿，物无犯也。**《象》曰：素履之往，独行愿也。**

疏正义曰："初九：素履往，无咎"者，处履之始，而用质素，故往而无咎。若不以质素，则有咎也。"象曰：独行愿"者，释"素履"之往，它人尚华，己独质素，则何咎也？故独行所愿，则物无犯也。

九二：履道坦坦，幽人贞吉。注云：履道尚谦，不喜处盈，务在致诚，恶夫外饰者也。而二以阳处阴，履于谦也。居内履中，隐显同也。履道之美，于斯为盛。故"履道坦坦"，无险厄也。在幽而贞，宜其吉。**《象》曰："幽人贞吉"，中不自乱也。**

疏正义曰："履道坦坦"者，坦坦，平易之貌。九二以阳处阴，履于谦退，已能谦退，故"履道坦坦"，平易无险难也。"幽人贞吉"者，既无险难，故在幽隐之人，守正得吉。"象曰：中不自乱"者，释"幽人贞吉"，以其居中，不以危险而自乱也。既能谦退幽居，何有危险自乱之事？

注"履道尚谦"至"宜其吉"

疏正义曰："履道尚谦"者，言履践之道，贵尚谦退，然后乃能践物。"履"又为礼，故"尚谦"也。"居内履中，隐显同"者，"履道尚谦"，不喜处盈，然以阳处阴，尚于谦德。"居内履中"，以信为道，不以居外为荣，处内为屈。若居在外，亦能履中谦退，隐之与显，在心齐等，故曰"隐显同"也。"在幽而贞，宜其吉"者，以其在内卦之中，故云"在幽"也。谦而得中，是贞正也。"在幽"能行此正，故曰"宜其吉"。

六三：眇能视，跛能履。履虎尾，咥人凶。武人为于大君。注云：居"履"之时，以阳处阳，犹曰不谦，而况以阴居阳，以柔乘刚者乎？故以此为明眇目者也，以此为行跛足者也，以此履危见咥者也。志在刚健，不修所履，欲以陵武于人，"为于大君"，行未能免于凶，而志存于五，顽之甚也。**《象》曰："眇能视"，不足以有明也。"跛能履"，不足以与行也。咥人之凶，位不当也。"武人为于大君"，志刚也。**

疏正义曰："眇能视，跛能履"者，居"履"之时，当须谦退。今六三以阴居阳，而又失其位，以此视物，犹如眇目自为能视，不足为明也；以此履践，犹如跛足自为能履，不足与之行也。"履虎尾咥人凶"者，以此履虎尾，咥啮于人，所以凶也。"武人为于大君"者，行此威武加陵于人，欲自"为于大君"，以六三之微，欲行九五之志，顽愚之甚。“《象》曰：不足以有明”者，释“眇能视物”。目既隆眇，假使能视，无多明也。“不足以与行”者，解“跛能履”。足既蹇跛，假使能履，行不能远，故云“不足以与行”也。“位不当”者，释“咥人之凶”。所以被咥见凶者，缘居位不当，为以阴处阳也。“志刚”者，释“武人为于大君”。所以陵武加人，欲为大君，以其志意刚猛，以阴而处阳，是志意刚也。

九四：履虎尾，愬愬，终吉。注云：逼近至尊，以阳承阳，处多惧之地，故曰：“履虎尾，愬愬”也。然以阳居阴，以谦为本，虽处危惧，终获其志，故“终吉”也。**《象》曰：“愬愬终吉”，志行也。**

疏正义曰：“履虎尾，愬愬”者，逼近五之尊位，是“履虎尾”近其危也。以阳承阳，处嫌隙之地，故“愬愬”危惧也。“终吉”者，以阳居阴，意能谦退，故终得其吉也。“象曰：志行”者，释“愬愬终吉”。初虽“愬愬”，终得其吉，以谦志得行，故“终吉”也。

九五：夬履，贞厉。注云：得位处尊，以刚决正，故曰“夬履贞厉”也。履道恶盈而五处实际，是以危。**《象》曰：“夬履，贞厉”，位正当也。**

疏正义曰：“夬履”者，夬者，决也。得位处尊，以刚决正，履道行正，故夬履也。“贞厉”者，厉，危也。履道恶盈，而五以阳居尊，故危厉也。“象曰：位正当”者，释“夬履贞厉”之义。所以“夬履贞厉”者，以其位正，当处在九五之位，不得不决断其理，不得不有其贞厉，以位居此地故也。

上九：视履考祥，其旋元吉。注云：祸福之祥，生乎无所履，处履之极，履道成矣，故可“视履”而“考祥”也。居极应说，高而不危，是其旋也。履道大成，故“元吉”也。**《象》曰：“元吉”，在上大有庆也。**

疏正义曰：“视履考祥”者，祥谓征祥。上九处履之极，履道已成，故视其所履之行；善恶得失，考其祸福之征祥。“其旋元吉”者，旋谓旋反也。上九处履之极，下应兑说，高而不危，是其不坠于“履”，而能旋反行之，履道大成，故“元吉”也。“象曰：大有庆”者，解“元吉”在上之义。既以“元吉”而在上九，是大有福庆也，以有福庆，故在上元吉也。

泰 ䷊ 坤上 乾下

泰：小往大来，吉亨。

疏正义曰："小往大来，吉亨"者，阴去故"小往"，阳长故"大来"，以此吉而亨通。此卦亨通之极，而四德不具者，物既太通，多失其节，故不得以为元始而利贞也。所以《象》云"财成"、"辅相"，故四德不具。

《彖》曰："泰，小往大来，吉亨"，则是天地交而万物通也，上下交而其志同也。内阳而外阴，内健而外顺，内君子而外小人。君子道长，小人道消也。

疏正义曰："泰，小往大来，吉亨，则是天地交而万物通"者，释此卦"小往大来吉亨"名为"泰"也。所以得名为"泰"者，止由天地气交而生养万物，物得大通，故云"泰"也。"上下交而其志同"者，此以人事象天地之交。上谓君也，下谓臣也，君臣交好，故志意和同。"内阳而外阴，内健而外顺"，内健则内阳，外顺则外阴。内阳外阴据其象，内健外顺明其性，此说泰卦之德也。阴阳言爻，健顺言卦。此就卦爻释"小往大来吉亨"也。"内君子而外小人，君子道长，小人道消"者，更就人事之中，释"小往大来吉亨"也。

《象》曰：天地交，泰。后以财成天地之道，辅相天地之宜，以左右民。注云：泰者，物大通之时也。上下大通，则物失其节，故财成而辅相，以左右民也。

疏正义曰："后以财成天地之道"者，由物皆通泰，则上下失节。后，君也。于此之时，君当翦财，成就天地之道。"辅相天地之宜"者，相，助也。当辅助天地所生之宜。"以左右民"者，左右，助也，以助养其人也。"天地之道"者，谓四时也，冬寒、夏暑、春生、秋杀之道。若气相交通，则物失其节。物失其节，则冬温、夏寒、秋生、春杀。君当财节成就，使寒暑得其常，生杀依其节，此天地自然之气，故云"天地之道"也。"天地之宜"者，谓天地所生之物各有其宜。若《大司徒》云"其动物植物"，及《职方》云杨州其贡宜稻麦，雍州其贡宜黍稷。若天气大同，则所宜相反。故人君辅助天地所宜之物，各安其性，得其宜，据物言之，故称"宜"也。此卦言"后"者，以不兼公卿大夫，故不云君子也。兼通诸侯，故不得直言先王，欲见天子诸侯，俱是南面之君，故特言"后"也。

初九：拔茅茹，以其汇，征吉。注云：茅之为物，拔其根而相牵引者也。“茹”，相牵引之貌也。三阳同志，俱志在外，初为类首，己举则从，若“茅茹”也。上顺而应，不为违距，进皆得志，故以其类“征吉”。**《象》曰：“拔茅”、“征吉”，志在外也。**

疏正义曰：“拔茅茹”者，初九欲往于上，九二、九三，皆欲上行，己去则从，而似拔茅举其根相牵茹也。“以其汇”者，汇，类也，以类相从。“征吉”者，征，行也。上坤而顺下，应于乾，己去则纳，故征行而吉。“象曰：志在外”者，释“拔茅征吉”之义。以其三阳志意皆在于外，己行则从，而似“拔茅征行”而得吉。此假外物以明义也。

九二：包荒，用冯河，不遐遗，朋亡。得尚于中行。注云：体健居中而用乎“泰”，能包含荒秽，受纳“冯河”者也。用心弘大，无所遐弃，故曰“不遐遗”也。无私无偏，存乎光大，故曰“朋亡”也。如此乃可以“得尚于中行”。尚，犹配也。“中行”，谓五。**《象》曰：“包荒”，“得尚于中行”，以光大也。**

疏正义曰：“包荒，用冯河”者，体健居中，而用乎“泰”，能包含荒秽之物，故云“包荒”也。“用冯河”者，无舟渡水，冯陵于河，是顽愚之人，此九二能包含容受，故曰“用冯河”也。“不遐遗”者，遐，远也。遗，弃也。用心弘大，无所疏远弃遗于物。“朋亡”者，得中无偏，所在皆纳，无私于朋党之事，“亡，无也”，故云“朋亡”也。“得尚于中行”者，“中行”谓六五也，处中而行，以九二所为如此。尚，配也，得配六五之中也。“《象》曰：包荒，得尚于中行，以光大也”者，释“得尚中行”之义。所以包荒、得配此六五之中者，以无私无偏，存乎光大之道，故此包荒。皆假外物以明义也。

九三：无平不陂，无往不复。艰贞无咎。勿恤其孚，于食有福。注云：乾本上也，坤本下也，而得泰者，降与升也。而三处天地之际，将复其所处。复其所处，则上守其尊，下守其卑，是故无往而不复也，无平而不陂也。处天地之将闭，平路之将陂，时将大变，世将大革，而居不失其正，动不失其应，艰而能贞，不失其义，故“无咎”也。信义诚著，故不恤其孚而自明也，故曰“勿恤其孚，于食有福”也。**《象》曰：“无往不复”，天地际也。**注云：天地将各分复之际。

疏正义曰：“无平不陂”者，九三处天地相交之际，将各分复其所处。乾体初虽在下，今将复归于上，坤体初虽在上，今欲复归于下，是初始平者，必将有险陂也。初始往者，必将有反复也。无有平而不陂，无有往而不复者，犹若元在下者而不在上，元在下者而不归下也。"艰贞无咎"者，已居变革之世，应有危殆，只为已居得其正，动有其应，艰难贞正，乃得"无咎"。"勿恤其孚，于食有福"者，恤，忧也；孚，信也。信义先以诚著，故不须忧其孚信也。信义自明，故于食禄之道，自有福庆也。"象曰：天地际"者，释"无往不复"之义。而三处天地交际之处，天体将上，地体将下，故往者将复，平者将陂。

注"乾本上也"至"于食有福也"

疏正义曰："将复其所处"者，以泰卦"乾体"在下，此九三将弃三而向四，是将复其乾之上体所处也。泰卦"坤体"在上，此六四今将去四而归向初，复其"坤体"所处也。"处天地之将闭，平路之将陂"者，天将处上，地将处下，闭而不通，是"天地之将闭"也。所以往前通泰，路无险难，自今已后，时既否闭，路有倾危，是"平路之将陂"也。此因三之向四，是下欲上也。则上六将归于下，是上欲下也，故云"复其所处"也。"信义诚著"者，以九三居不失正，动不失应，是信义诚著也。"故不恤其孚而自明"者，解"于食有福"，以信义自明，故饮食有福。

六四：翩翩，不富以其邻。不戒以孚。注云：乾乐上复，坤乐下复，四处坤首，不固所居，见命则退，故曰"翩翩"也。坤爻皆乐下，已退则从，故不待富而用其邻也。莫不与已同其志愿，故不待戒而自孚也。**《象》曰："翩翩不富"，皆失实也。"不戒以孚"，中心愿也。**

疏正义曰："六四：翩翩"者，四主坤首，而欲下复，见命则退，故翩翩而下也。"不富以其邻"者，以，用也；"邻"，谓五与上也。今已下复，众阴悉皆从之，故不待财富而用其邻。"不戒以孚"者，邻皆从已，共同志愿，不待戒告而自孚信以从已也。"象曰：皆失实"者，解"翩翩不富"之义，犹众阴皆失其本实所居之处，今既见命，翩翩乐动，不待财富，并悉从之，故云"皆失实"也。"不戒以孚中心愿"者，解"不戒以孚"之义，所以不待六四之戒告，而六五、上六，皆以孚信者，由中心皆愿下复，故不待戒而自孚也。

六五：帝乙归妹，以祉元吉。注云：妇人谓嫁曰"归"。"泰"者，阴阳交通之时也。女处尊位，履中居顺，降身应二，感以相与，用中行愿，不失其礼。"帝乙归妹"，诚合斯义。履顺居中，行原以祉，尽夫阴阳交配之宜，故"元吉"也。**《象》曰："以祉元吉"，中以行愿也。**

疏正义曰："帝乙归妹"者，女处尊位，履中居顺，降身应二，感以相与，用其中情，行其志愿，不失于礼。爻备斯义者，唯帝乙归嫁于妹而能然也。故作《易》者，引此“帝乙归妹”以明之也。“以祉元吉”者，履顺居中，得行志愿，以获祉福，尽夫阴阳交配之道，故大吉也。“象曰：中以行愿”者，释“以祉元吉”之义，正由中顺，行其志愿，故得福而元吉也。

注“妇人谓嫁曰归”

疏正义曰：“妇人谓嫁曰归”，隐二年《公羊传》文也。

上六：城复于隍，勿用师。自邑告命，贞吝。注云：居泰上极，各反所应，泰道将灭，上下不交，卑不上承，尊不下施，是故“城复于隍”，卑道崩也。“勿用师”，不烦攻也。“自邑告命，贞吝”，否道已成，命不行也。**《象》曰：“城复于隍”，其命乱也。**

疏正义曰：“城复于隍”者，居泰上极，各反所应，泰道将灭，上下不交，卑不上承，尊不下施，犹若“城复于隍”也。《子夏传》云：“隍是城下池也”。城之为体，由基土陪扶，乃得为城。今下不陪扶，城则陨坏，以此崩倒，反复于隍，犹君之为体，由臣之辅翼。今上下不交，臣不扶君。君道倾危，故云“城复于隍”。此假外象以喻人事。“勿用师”者，谓君道已倾，不烦用师也。“自邑告命贞吝”者，否道已成，物不顺从，唯于自己之邑而施告命，下既不从，故“贞吝”。“象曰：其命乱”者，释“城复于隍”之义。若教命不乱，臣当辅君，犹土当扶城。由其命错乱，下不奉上，犹上不陪城，使复于隍，故云“其命乱”也。

注“卑道崩也”

疏正义曰：“卑道崩也”者，卑道向下，不与上交，故卑之道崩坏，不承事于上也。

否 ䷋ 乾上 坤下

否之匪人，不利君子贞。大往小来。

疏正义曰：“否之匪人”者，言否闭之世，非是人道交通之时，故云“匪人”。“不利君子贞”者，由小人道长，君子道消，故不利君子为正也。阳气往而阴气来，故云“大往小来”。阳主生息，故称“大”；阴主消耗，故称“小”。

《彖》曰：“否之匪人，不利君子贞，大往小来”，则是天地不交，而万物不

通也；上下不交，而天下无邦也。内阴而外阳，内柔而外刚，内小人而外君子，小人道长，君子道消也。

疏正义曰："上下不交，而天下无邦"者，与泰卦反也。泰卦云"上下交而其志同"，此应云"上下不交则其志不同"也。非但其志不同，上下乖隔，则邦国灭亡，故变云"天下无邦"也。"内柔而外刚"者，欲取否塞之义，故内至柔弱，外御刚强，所以否闭。若欲取"通泰"之义，则云"内健""外顺"。各随义为文，故此云"刚柔"，不云"健顺"。

《象》曰：天地不交，否。君子以俭德辟难，不可荣以禄。

疏正义曰："君子以俭德辟难"者，言君子于此否塞之时，以节俭为德，辟其危难，不可荣华其身，以居禄位。此若据诸侯公卿言之，辟其群小之难，不可重受官赏；若据王者言之，谓节俭为德，辟其阴阳厄运之难，不可重自荣华而骄逸也。

初六：拔茅茹，以其汇，贞，吉亨。注云：居否之初，处顺之始，为类之首者也。顺非健也，何可以征？居否之时，动则入邪，三阴同道，皆不可进。故"茅茹"以类，贞而不谄，则"吉亨"。**《象》曰：拔茅贞吉，志在君也。**注云：志在于君，故不苟进。

疏正义曰："拔茅茹"者，以居否之初，处顺之始，未可以动，动则入邪，不敢前进。三阴皆然，犹若拔茅牵连其根相茹也。己若不进，余皆从之，故云"拔茅茹"也。"以其汇"者，以其同类，共皆如此。"贞吉亨"者，守正而居志在于君，乃得吉而亨通。"象曰：志在君"者，释"拔茅贞吉"之义。所以居而守正者，以其志意在君，不敢怀谄苟进，故得"吉亨"也。此假外物以明人事。

六二：包承，小人吉，大人否，亨。注云：居"否"之世，而得其位，用其至顺，包承于上，小人路通，内柔外刚，大人"否"之，其道乃"亨"。**《象》曰："大人否，亨"，不乱群也。**

疏正义曰："包承"者，居"否"之世而得其位，用其志顺，包承于上。"小人吉"者，否闭之时，小人路通，故于小人为吉也。"大人否亨"者，若大人用此"包承"之德，能否闭小人之"吉"，其道乃亨。"《象》曰：大人否亨，不乱群也"者，此释所以大人"否亨"之意，良由否闭小人，防之以得其道，小人虽盛，不敢乱群，故言“不乱群”也。

六三：包羞。注云：俱用小道以承其上，而但不当，所以“包羞”也。**《象》曰：“包羞”，位不当也。**

疏正义曰：“包羞”者，言群阴俱用小人之道包承于上，以失位不当，所包承之事，唯羞辱也。

九四：有命无咎。畴离祉。注云：夫处“否”而不可以有命者，以所应者小人也。有命于小人，则消君子之道者也。今初志在君，处乎穷下，故可以有命无咎而畴丽福也。畴谓初也。**《象》曰：“有命无咎”，志行也。**

疏正义曰：“有命无咎”者，九四处否之时，其阴爻皆是小人。若有命于小人，则君子道消也。今初六志在于君，守正不进，处于穷下。今九四有命命之，故“无咎”。“畴离祉”者，畴谓畴匹，谓初六也。离，丽也。丽谓附著也。言九四命初，身既无咎，初既被命，附依祉福，言初六得福也。“《象》曰：有命无咎，志行也”者，释“有命无咎”之义，所以九四有命，得无咎者，由初六志意得行，守正而应于上，故九四之命得无咎。

九五：休否，大人吉。其亡其亡，系于苞桑。注云：居尊得位，能休否道者也。施否于小人，否之休也。唯大人而后能然，故曰“大人吉”也。处君子道消之时，己居尊位，何可以安？故心存将危，乃得固也。**《象》曰：大人之吉，位正当也。**

疏正义曰：“休否”者，休，美也。谓能行休美之事于否塞之时，能施此否闭之道，遏绝小人，则是“否”之休美者也，故云“休否”。“大人吉”者，唯大人乃能如此而得吉也，若其凡人，则不能。“其亡其亡，系于苞桑”者，在道消之世，居于尊位而遏小人，必近危难，须恒自戒慎其意，常惧其危亡，言丁宁戒慎如此也。“系于苞桑”者，苞，本也。凡物系于桑之苞本则牢固也。若能“其亡其亡”，以自戒慎，则有“系于苞桑”之固，无倾危也。“《象》曰：大人之吉，位正当也”者，释“大人吉”之义，言九五居尊得位，正所以当遏绝小人得其吉。

注“居尊得位”至“乃得固也”

疏正义曰：“心存将危”，解“其亡其亡”之义。身虽安静，心意常存将有危难，恒念“其亡其亡”，乃得固者，即“系于苞桑”也。必云“苞桑”者，取会韵之义。又桑之为物,其根众也。众,则牢固之义。

上九:倾否,先否后喜。注云:先倾后通,故“后喜”也。始以倾为“否”,后得通乃喜。**《象》曰:否终则倾,何可长也?**

疏正义曰:“倾否,先否后喜”者,处否之极,否道已终,此上九能倾毁其否,故曰“倾否”也。“先否后喜”者,否道未倾之时,是“先否”之道;否道已倾之后,其事得通,故曰“后有喜”也。“《象》曰:否终则倾,何可长”者,释“倾否”之义。否道已终,通道将至。故“否”之终极,则倾损其否,何得长久?故云“何可长也”。

同人 ䷌ 乾上离下

同人于野,亨,利涉大川,利君子贞。

疏正义曰:“同人”,谓和同于人。“于野,亨”者,野是广远之处,借其野名,喻其广远,言和同于人,必须宽广,无所不同。用心无私,处非近狭,远至于野,乃得亨进,故云“同人于野,亨”。与人同心,足以涉难,故曰“利涉大川”也。与人和同,义涉邪僻,故“利君子贞”也。此“利涉大川”,假物象以明人事。

《彖》曰:同人,柔得位得中而应乎乾,曰“同人”。注云:二为同人之主。**同人曰:“同人于野,亨,利涉大川。”乾,行也。**注云:所以乃能“同人于野,亨,利涉大川”,非二之所能也,是乾之所行,故特曰“同人曰”。**文明以健,中正而应,君子正也。**注云:行健不以武,而以文明用之,相应不以邪,而以中正应之,君子正也,故曰“利君子贞”。**唯君子为能通天下之志。**注云:君子以文明为德。

疏正义曰:“同人,柔得位得中而应乎乾,曰同人”者,此释所以能同于人之义。“柔得位得中”者,谓六二也,上应九五,是“应于乾”也。“同人曰:同人于野,亨,利涉大川”者,释“同人于野,亨,利涉大川”之义。所以能如此者,由乾之所行也。言乾能行此德,非六二之所能也,故特云“同人曰”,乃云“同人于野,亨”,与诸卦别也。“文明以健,中正而应,君子正也”者,此释“君子贞”也。此以二象明之,故云“文明以健”。“中正而应”,谓六二、九五,皆居中得正，而又相应，是君子之正道也，故云“君子正”也。若以威武而为健，邪僻而相应，则非君子之正也。“唯君子为能通天下之志”者，此更赞明君子贞正之义。唯君子之人于“同人”之时，能以正道通达天下之志，故利君子之贞。

注“所以乃能”至“故特曰同人曰”

疏正义曰：“故特曰同人曰”者，谓卦之《彖》辞，发首即叠卦名，以释其义，则以例言之，此发首应云“同人于野，亨”，今此“同人于野，亨”之上别云“同人曰”者，是其义有异。此同人卦名，以六二为主，故同人卦名系属六二，故称“同人曰”，犹言“同人卦曰”也。“同人于野，亨，利涉大川”，虽是同人卦下之辞，不关六二之义，故更叠“同人于野亨”之文，乃是乾之所行也。

注“君子以文明为德”

疏正义曰：若非君子，则用威武。今卦之下体为离，故《彖》云“文明”，又云“唯君子能通天下之志”，是君子用文明为德也。谓文理通明也。

《象》曰：天与火，同人。注云：天体在上，而火炎上，同人之义也。**君子以类族辨物。**注云：君子小人，各得所同。

疏正义曰：天体在上，火又炎上，取其性同，故云“天与火，同人”。“君子以类族辨物”者，族，聚也。言君子法此同人，以类而聚也。“辨物”谓分辨事物，各同其党，使自相同，不间杂也。

初九：同人于门，无咎。注云：居同人之始，为同人之首者也。无应于上，心无系吝，通夫大同，出门皆同。故曰“同人于门”也。出门同人，谁与为咎？**《象》曰：出门同人，又谁咎也？**

疏正义曰：“同人于门”者，居同人之首，无应于上，心无系吝，含弘光大，和同于人，在于门外，出门皆同，故云“无咎”也。“象曰：又谁咎”者，释“出门同人无咎”之义。言既心无系吝，出门逢人皆同，则谁与为过咎？

六二：同人于宗，吝。注云：应在乎五，唯同于主，过主则否。用心扁狭，鄙吝之道。**《象》曰：“同人于宗”，吝道也。**

疏正义曰：“同人于宗，吝”者，系应在五，而和同于人在于宗族，不能弘阔，是鄙吝之道，故《象》云“吝道”也。

九三：伏戎于莽，升其高陵，三岁不兴。注云：居同人之际，履下卦之极，不能包弘上下，通夫大同；物党相分，欲乖其道，贪于所比，据上之应；其敌刚健，非力所当，故"伏戎于莽"，不敢显亢也。"升其高陵"，望不敢进，量斯势也，三岁不能兴者也。三岁不能兴，则五道亦以成矣，安所行焉？**《象》曰："伏戎于莽"，敌刚也。"三岁不兴"，安行也。**注云：安，辞也。

疏正义曰："伏戎于莽"者，九三处下卦之极，不能包弘上下，通夫大同，欲下据六二，上与九五相争也。但九五刚健，九三力不能敌，故伏潜兵戎于草莽之中，升其高陵。"三岁不兴"者，唯升高陵以望前敌，量斯势也，纵令更经三岁，亦不能兴起也。"象曰：伏戎于莽，敌刚"者，释"伏戎于莽"之义。以其当敌九五之刚，不敢显亢，故"伏戎于莽"，"三岁不兴"，"安行"者，释"三岁不兴"之义，虽经三岁，犹不能兴起也。安，语辞也，犹言何也。既三岁不兴，五道亦已成矣，何可行也？故云"安行也"。此假外物以明人事。

注"居同人之际"至"安所行焉"

疏正义曰："不能包弘上下，通夫大同"者，初九出门皆同，无所系著，是包弘上下，通夫大同。今九三欲下据六二，夺上之应，是不能包弘也。"物党相分"者，谓同人之时，物各有党类而相分别也；二则与五相亲，与三相分别也。"欲乖其道，贪于所比，据上之应"者，言此九三欲乖其同人之道，不以类相从，不知二之从五，直以苟贪，与二之比近而欲取之，据上九五之应也。

九四：乘其墉，弗克攻，吉。注云：处上攻下，力能乘墉者也。履非其位，以与人争，二自五应，三非犯己，攻三求二，尤而效之，违义伤理，无所不与，故虽乘墉而不克也。不克则反，反则得吉也。不克乃反，其所以得吉，"困而反则"者也。**《象》曰："乘其墉"，义弗克也。其吉，则困而反则也。**

疏正义曰："乘其墉"者，履非其位，与人斗争，与三争二，欲攻于三。既是上体，力能显亢，故乘上高墉，欲攻三也。"弗克攻吉"者，三欲求二，其事已非。四又效之，以求其二，违义伤理，无所不与，虽复乘墉，不能攻三也。"吉"者，既不能攻三，能反自思愆，以从法则，故得吉也。此爻亦假物象也。"象曰：乘其墉，义弗克也"者，释不克之义。所以乘墉攻三不能克者，以其违义，众所不从，故云"义不克"也。"其吉，则困而反则"者，释"其吉"之义。所以得"其吉"者，九四则以不克，困苦而反归其法则，故得吉也。

九五:同人先号咷,而后笑,大师克相遇。注云:《彖》曰:"柔得位得中,而应乎乾,曰同人。"然则体柔居中,众之所与;执刚用直,无所未从,故近隔乎二刚,未获厥志,是以"先号咷"也。居中处尊,战必克胜,故"后笑"也。不能使物自归而用其强直,故必须大师克之,然后相遇也。**《象》曰:同人之先,以中直也。大师相遇,言相克也。**

疏正义曰:"同人先号咷"者,五与二应,用其刚直,无所未从,故九五共二,欲相和同,九三、九四,与之竞二也。五未得二,故志未和同于二,故"先号咷"也。"而后笑"者,处得尊位,战必克胜,故"后笑"也。"大师克相遇"者,不能使物自归己,用其刚直,必以大师与三、四战克,乃得与二相遇。此爻假物象以明人事。"象曰:同人之先以中直"者,解"先号咷"之意,以其用中正刚直之道,物所未从,故"先号咷"也。但《象》略"号咷"之字,故直云"同人之先以中直"也。"大师相遇言相克"者,释"相遇"之义,所以必用大师,乃能相遇也。以其用大师与三四相伐而得克胜,乃与二相遇,故言"相克"也。

上九:同人于郊,无悔。注云:郊者,外之极也。处"同人"之时,最在于外,不获同志,而远于内争,故虽无悔吝,亦未得其志。**《象》曰:"同人于郊",志未得也。**注云:凡处同人而不泰焉,则必用师矣。不能大通,则各私其党而求利焉。楚人亡弓,不能亡楚。爱国愈甚,益为它灾。是以同人不弘刚健之爻,皆至用师也。

疏正义曰:"同人于郊"者,处同人之极,最在于外,虽欲"同人",人必疏己,不获所同,其志未得。然虽阳在于外,远于内之争讼,故无悔吝也。"《象》曰:同人于郊志,未得也"者,释"同人于郊"之义。同人在郊境远处,与人疏远,和同之志,犹未得也。

注"郊者,外之极也"至"未得其志"

疏正义曰:"不获同志"者,若彼此在内相同,则获其同志意也。若己为郊境之人,而与相同,人未亲己,是"不获同志"也。"远于内争"者,以外而同,不于室家之内,是远于内争也。以远内争,故无悔吝。以在外郊,故未得志也。

注"凡处同人"至"用师也"

疏正义曰："凡处同人而不泰焉，则必用师矣"者，王氏注意非止上九一爻，乃总论同人一卦之义。去初上而言，二有同宗之吝，三有"伏戎"之祸，四有不克之困，五有"大师"之患，是处"同人"之世，无大通之志，则必用师矣。"楚人亡弓，不能亡楚。爱国愈甚，益为它灾"者，案《孔子家语·弟子好生篇》云："楚昭王出游，亡乌号之弓，左右请求之。王曰：'楚人亡弓，楚得之，又何求焉。'孔子闻之曰：'惜乎！其志不大也。不曰人亡弓，人得之，何必楚也。'"昭王名轸，哀六年，吴伐陈，楚救陈，在城父卒。此爱国而致它灾也。引此者，证同人不弘皆至用师矣。

周易注疏卷第四

大有 ䷍ 离上 乾下

大有：元亨。注云：不大通，何由得“大有”乎？“大有”则必元亨矣。

疏正义曰：柔处尊位，群阳并应，大能所有，故称“大有”。既能“大有”，则其物大得亨通，故云“大有元亨”。

《彖》曰：大有，柔得尊位大中，而上下应之，曰“大有”。注云：处尊以柔，居中以大，体无二阴以分其应，上下应之，靡所不纳，大有之义也。**其德刚健而文明，应乎天而时行，是以“元亨”。**注云：德应于天，则行不失时矣。刚健不滞，文明不犯，应天则大，时行无违，是以“元亨”。

疏正义曰：“大有，柔得尊位大中，而上下应之，曰‘大有’”者，释此卦称“大有”之义。“大中”者，谓六五处大以中，柔处尊位，是其大也。居上卦之内，是其中也。“其德刚健而文明，应乎天而时行，是以元亨”者，释元亨之义。“刚健”谓乾也。“文明”谓离也。“应乎天而时行”者，褚氏、庄氏云：“六五应九二。”九二在乾体，故云“应乎天”也。德应于天，则行不失时，以时而行，则万物大得亨通，故云“是以元亨”。

注“德应于天”至“是以元亨”

疏正义曰：“刚健不滞”者，刚健则物不拥滞也。“文明不犯”者，文理明察则不犯于物也。“应天则大”者，能应于天则盛大也。“时行无违”者，以时而行，物无违也。以有此诸事，故大通而“元亨”也。

《象》曰：火在天上，“大有”。君子以遏恶扬善，顺天休命。注云：大有，包容之象也。故遏恶扬善，成物之美，顺夫天德，休物之命。

疏正义曰："君子以遏恶扬善"者，"大有"包容之义，故君子象之，亦当包含遏匿其恶，褒扬其善，顺奉天德，休美物之性命，皆取含容之义也。不云天在火下而云"火在天上"者，天体高明，火又在上，火是照耀之物而在于天上，是光明之甚，无所不照，亦是包含之义，又为扬善之理也。

初九：无交害。匪咎，艰则无咎。注云：以夫刚健为大有之始，不能履中，满而不溢，术斯以往，后害必至。其欲匪咎，"艰则无咎也"。**《象》曰：大有初九，无交害也。**

疏正义曰：以夫刚健为大有之始，不能履中谦退，虽无交切之害，久必有凶。其欲"匪咎"，能自艰难其志，则得"无咎"，故云"无交害，匪咎，艰则无咎"也。

注"以夫刚健"至"无咎也"

疏正义曰："不能履中，满而不溢"者，以不在二位，是不能履中。在大有之初，是盈满，身行刚健，是溢也，故云"不能履中，满而不溢"也。

九二：大车以载，注云：任重而不危。**有攸往，无咎。**注云：健不违中，为五所任，任重不危，致远不泥，故可以往而"无咎"也。**《象》曰："大车以载"，积中不败也。**

疏正义曰："大车以载"者，体是刚健，而又居中，身被委任，其任重也。能堪受其任，不有倾危，犹若大车以载物也。此假外象以喻人事。"有攸往，无咎"者，堪当重任，故有所往无咎者，以居失其位，嫌有凶咎，故云"无咎"也。"象曰：积中不败"者，释"大车以载"之义。物既积聚，身有中和，堪受所积之聚在身上，上不至于败也。

注"任重而不危"

疏正义曰：释"大车以载"之意。大车谓牛车也。载物既多，故云"任重"。车材强壮，故不有倾危也。

九三：公用亨于天子，小人弗克。注云：处"大有"之时，居下体之极，乘刚健之上，而履得其位，与五同功，威权之盛，莫此过焉。公用斯位，乃得通乎天子之道也。小人不克，害可待也。**《象》曰："公用亨于天子"，小人害也。**

疏正义曰："公用亨于天子"者，九三处"大有"之时，居下体之极，乘刚健之上，履得其位，与五同功。五为王位，三既与之同功，则威权之盛，莫盛于此，乃得通乎天子之道，故云“公用亨于天子”。“小人弗克”者，小人德劣，不能胜其位，必致祸害，故云“小人不克”也。

注“处大有之时”至“害可待也”

疏正义曰：“与五同功”者，系辞云：“三与五同功。”此云“与五同功”，谓五为王位，三既能与五之同功，则威权与五相似，故云“威权之盛，莫此过焉”。

九四：匪其彭，无咎。注云：既失其位，而上近至尊之威，下比分权之臣，其为惧也，可谓危矣。唯夫有圣知者，乃能免斯咎也。三虽至盛，五不可舍，能辩斯数，专心承五，当匪其旁，则“无咎”矣。旁谓三也。**《象》曰：“匪其彭，无咎”，明辩哲也。**注云：明犹才也。

疏正义曰：“匪其彭，无咎”者，匪，非也。彭，旁也。谓九三在九四之旁，九四若能专心承五，非取其旁，言不用三也。如此乃得“无咎”也。既失其位，上近至尊之威，下比分权之臣，可谓危矣。能弃三归五，故得“无咎”也。“象曰明辩：哲也”者，释“匪其彭，无咎”之义。明犹才也。九四所以能去其旁之九三者，由九四才性辩而哲知，能斟酌事宜，故云“明辩哲也”。

六五：厥孚交如，威如，吉。注云：君尊以柔，处大以中，无私于物，上下应之，信以发志，故其孚交如也。夫不私于物，物亦公焉；不疑于物，物亦诚焉。既公且信，何难何备？不言而教行，何为而不威如？为“大有”之主，而不以此道，吉可得乎？**《象》曰：“厥孚交如”，信以发志也。“威如”之吉，易而无备也。**

疏正义曰：“六五：厥孚交如”者，“厥”，其也。“孚”，信也。“交”，谓交接也。“如”，语辞也。六五居尊以柔，处大以中，无私于物，上下应之，故其诚信，物来交接，故云“厥孚交如”也。“威如吉”者，威，畏也。既诚且信，不言而教行，所为之处，人皆畏敬，故云“威如”。以用此道，故得吉也。“象曰：信以发志”者，释“厥孚交如”之义。由己诚信，发起其志，故上下应之，与之交接也。“威如之吉，易而无备”者，释“威如之吉”之义。所以威如得吉者，以己不私于物，唯行简易，无所防备，物自畏之，故云“易而无备”也。

上九：自天佑之，吉无不利。注云：“大有”，丰富之世也。处“大有”之上而不累于位，志尚乎贤者也。余爻皆乘刚，而己独乘柔顺也。五为信德，而己履焉，履信之谓也。虽不能体柔，而以刚乘柔，思顺之义也。居丰有之世，而不以物累其心，高尚其志，尚贤者也。爻有三德，尽夫助道，故系辞具焉。

《象》曰：大有上吉，自天佑也。

疏正义曰：释所以"大有"。上九而得吉者，以有三德，从天已下，悉皆佑之，故云"自天佑之"。

注"大有，丰富之世"至"故系辞具焉"

疏正义曰："不累于位，志尚乎贤"者，既居丰富之时，应须以富有为累也。既居无位之地，不以富有萦心，是不系累于位。既能清静高洁，是慕尚贤人行也。"爻有三德"者，"五为信德，而己履焉，履信之谓"，是一也。"以刚乘柔，思顺之义"，是二也。"不以物累于心，高尚其志，尚贤者"，是三也。"爻有三德，尽夫助道"者，天尚佑之，则无物不佑，故云"尽夫助道"也。

谦 ䷎ 坤上 艮下

谦：亨。君子有终。

疏正义曰："谦"者，屈躬下物，先人后己，以此待物，则所在皆通，故曰"亨"也。小人行谦则不能长久，唯"君子有终"也。然案谦卦之象，"谦"为诸行之善，是善之最极，而不言元与利贞及吉者，元是物首也，利、贞是干正也。于人既为谦退，何可为之首也？以谦下人，何以干正于物？故不云元与利、贞也。谦必获吉，其吉可知，故不言之。况《易经》之体有吉理可知而不言吉者，即此谦卦之繇及乾之九五"利见大人"，是吉理分明，故不云"吉"也。诸卦言"吉"者，其义有嫌者，爻兼善恶也。若行事有善，则吉乃随之。若行事有恶，则不得其吉。诸称"吉"者，嫌其不言，故称"吉"也。若坤之六五，及泰之六五，并以阴居尊位，若不行此事，则无吉，若行此事，则得其吉，故并称"元吉"。其余皆言吉，事亦仿此。亦有大人为吉，于小人为凶，若否之九五云："休否，大人吉"是也。或有于小人为吉，大人为凶，若屯之九五"小贞吉，大贞凶"，及否之六三"包承，小人吉"之类是也。亦有其吉灼然而称"吉"者，若大有上九"自天佑之，吉无不利"之类是也。但《易》之为体，不可以一为例。今各随文解之，义具诸卦之下。今谦卦之繇，其吉可知也。既不云"吉"，何故初六、六二及九三并云"吉"者？谦卦是总诸六爻，其善既大，故不须云"吉"也。六爻各明其义，其义有优劣，其德既不嫌其不吉，故须"吉"以明之也。

《彖》曰：谦，亨，天道下济而光明，地道卑而上行。天道亏盈而益谦，地道变盈而流谦，鬼神害盈而福谦，人道恶盈而好谦。谦尊而光，卑而不可逾，君子之终也。

疏正义曰："谦，亨，天道下济而光明，地道卑而上行"者，此释"亨"义也。欲明天地上下交通，坤体在上，故言"地道卑而上行"也。其地道既上行，天地相对，则"天道下济"也。且艮为阳卦，又为山。天之高明，今在下体，亦是天道下济之义也。"下济"者，谓降下济生万物也。而"光明"者，谓三光垂耀而显明也。"地道卑而上行"者，地体卑柔而气上行，交通于天以生万物也。"天道亏盈而益谦"者，从此已下，广说谦德之美，以结君子能终之义也。"亏"谓减损，减损盈满而增益谦退。若日中则昃，月盈则食，是亏减其盈。盈者亏减，则谦者受益也。"地道变盈而流谦"者，丘陵川谷之属，高者渐下，下者益高，是改变"盈"者，流布"谦"者也。"鬼神害盈而福谦"者，骄盈者被害，谦退者受福，是"害盈而福谦"也。"人道恶盈而好谦"者，盈溢骄慢，皆以恶之；谦退恭巽，悉皆好之。"谦尊而光，卑而不可逾"者，尊者有谦而更光明盛大，卑谦而不可逾越，是君子之所终也。言君子能终其谦之善事，又获谦之终福，故云"君子之终"也。

《象》曰：地中有山，谦。君子以裒多益寡，称物平施。注云：多者用谦以为裒，少者用谦以为益，随物而与，施不失平也。

疏正义曰："裒多"者，君子若能用此谦道，则裒益其多，言多者得谦，物更裒聚，弥益多也。故云"裒多"，即谦尊而光也，是尊者得谦而光大也。"益寡"者，谓寡者得谦而更进益，即卑而不可逾也。是卑者得谦而更增益，不可逾越也。"称物平施"者，称此物之多少，均平而施，物之先多者而得其施也，物之先寡者，而亦得其施也。故云"称物平施也"。此谦卦之象以山为主，是于山为谦于地为不谦，应言"山在地中"。今乃云"地中有山"者，意取多之与少皆得其益，似"地中有山"，以包取其物以与于人，故变其文也。

注"多者用谦"至"不失平也"

疏正义曰："多者用谦以为裒"者，《尔雅·释诂》云："裒，聚也。"于先多者，其物虽多，未得积聚，以谦故益其物更多而积聚，故云"多者用谦以为裒"也。"少者用谦以为益"者，其物先少，今既用谦而更增益，故云"用谦以为益"也。"随物而与"者，多少俱与，随多随少，而皆与也。"施不失平"者，多者亦得施恩，少者亦得施恩，是"施不失平"也。言君子于下若有谦者，官之先高，则增之荣秩，位之先卑，亦加以爵禄，随其官之高下，考其谦之多少，皆因其多少而施与之也。

初六：谦谦君子，用涉大川，吉。注云：处谦之下，谦之谦者也。能体“谦谦”，其唯君子。用涉大难，物无害也。**《象》曰：“谦谦君子”，卑以自牧也。**注云：牧，养也。

疏正义曰：“谦谦君子”者，能体谦谦，唯君子者能之。以此涉难，其吉宜也。“用涉大川”，假像言也。“象曰：卑以自牧”者，牧，养也，解“谦谦君子”之义，恒以谦卑自养其德也。

六二：鸣谦，贞吉。注云：鸣者，声名闻之谓也。得位居中，谦而正焉。**《象》曰：“鸣谦贞吉”，中心得也。**

疏正义曰：“鸣谦”者，谓声名也。处正得中，行谦广远，故曰“鸣谦”，正而得吉也。“象曰：中心得”者，鸣声中吉，以中和为心，而得其所，鸣谦得中吉也。

九三：劳谦，君子有终吉。注云：处下体之极，履得其位，上下无阳以分其民，众阴所宗，尊莫先焉。居谦之世，何可安尊？上承下接，劳谦匪解，是以吉也。**《象》曰：“劳谦君子”，万民服也。**

疏正义曰：“劳谦君子”者，处下体之极，履得其位，上下无阳以分其民，上承下接，劳倦于谦也。唯君子能终而得吉也。“象曰：万民服”者，释所以劳谦之义。以上下群阴，象万民皆来归服，事须引接，故疲劳也。

六四：无不利，撝谦。注云：处三之上，而用谦焉，则是自上下下之义也。承五而用谦顺，则是上行之道也。尽乎奉上下下之道，故“无不利”。“指撝”皆谦，不违则也。**《象》曰：“无不利，撝谦”，不违则也。**

疏正义曰：“无不利”者，处三之上而用谦焉，则是自上下下之义。承五而用谦顺，则是上行之道。尽乎奉上下下之道，故无所不利也。“象曰：指撝皆谦，不违则”者，释“无不利撝谦”之义。所以“指撝皆谦”者，以不违法则，动合于理，故无所不利也。

六五：不富以其邻，利用侵伐，无不利。注云：居于尊位，用谦与顺，故能不富而用其邻也。以谦顺而侵伐，所伐皆骄逆也。**《象》曰："利用侵伐"，征不服也。**

疏正义曰："不富以其邻"者，以，用也。凡人必将财物周赡邻里，乃能用之。六五居于尊位，用谦与顺，邻自归之，故不待丰富能用其邻也。"利用侵伐，无不利"者，居谦履顺，必不滥罚无罪。若有骄逆不服，则须伐之，以谦得众，故"利用侵伐，无不利"者也。

上六：鸣谦。利用行师征邑国。注云：最处于外，不与内政，故有名而已，志功未得也。处外而履谦顺，可以征邑国而已。**《象》曰："鸣谦"，志未得也。可用行师，"征邑国"也。**注云：夫吉凶悔吝，生乎动者也。动之所起，兴于利者也。故饮食必有讼，讼必有众起，未有居众人之所恶而为动者所害，处不竞之地而为争者所夺，是以六爻虽有失位，无应乘刚，而皆无凶咎悔吝者，以谦为主也。"谦尊而光，卑而不可逾"，信矣哉！

疏正义曰："鸣谦"者，上六最处于外，不与内政，不能于实事而谦，但有虚名声闻之谦，故云"鸣谦"。志欲立功，未能遂事，其志未得。既在外而行谦顺，唯利用行师征伐外旁国邑而已，不能立功在内也。"象曰：志未得"者，释"鸣谦"之义也。所以但有声鸣之谦，不能实争立功者，以其居在于外，其内立功之志，犹未得也。"可用行师征邑国"者，释"行师征邑国"之意。经言"利用"，《象》改"利"为"可"者，言内志虽未得，犹可在外兴行军师征邑国也。

注"夫吉凶悔吝"至"信矣哉！"

疏正义曰："动之所起兴于利"者，凡人若不见利，则心无所动。今动之所以起者，见利乃动，故云"兴于利"也。"饮食必有讼，讼必有众起"者，欲明为利乃有动，动而致讼，讼则起兵。故《序卦》"需"为饮食，饮食必有讼，故需卦之后次讼卦也。争讼必兴兵，故讼卦之后次师卦也。

豫 ䷏ 震上 坤下

豫：利建侯行师。

疏正义曰：谓之豫者，取逸豫之义，以和顺而动，动不违众，众皆说豫，故谓之豫也。动而众说，故可利建侯也。以顺而动，不加无罪，故可以行师也。无四德者，以逸豫之事不可以常行，时有所为也。纵恣宽暇之事不可长行以经邦训俗，故无元亨也。逸豫非干正之道，故不云"利贞"也。庄氏云："建侯，即元亨也。行师，即利贞也。"案：屯卦"元亨利贞"之后，别云"利建侯"，则"建侯"非"元亨"也。恐庄氏说非也。

《彖》曰：豫，刚应而志行，顺以动，豫。豫顺以动，故天地如之，而况"建侯行师"乎？天地以顺动，故日月不过，而四时不忒，圣人以顺动，则刑罚清而民服。豫之时义大矣哉！

疏 正义曰："豫，刚应而志行，顺以动，豫"者，"刚"谓九四也；"应"谓初六也。既阴阳相应，故"志行"也。此就爻明豫义。顺以动，坤在下，是顺也。震在上，是动也。以顺而动，故豫也。此已上下二象明豫义也。自此已上，释豫卦之理也。"豫顺以动，故天地如之，而况建侯行师乎"者，此释"利建侯行师"也。若圣人和顺而动，合天地之德，故天地亦如圣人而为之也。天地尊大而远，神之难者犹尚如之，况于封建诸侯、行师征伐乎？难者既从，易者可知。若"建侯"能顺动，则人从之。"行师"能顺动，则众从之。天地以顺动，故日月不过而四时不忒。自此已下，广明天地圣人顺动之功也。若天地以顺而动，则日月不有过差，依其晷度，四时不有忒变，寒暑以时。"圣人以顺动，则刑罚清而民服"者，圣人能以理顺而动，则不赦有罪，不滥无辜，故"刑罚清"也。刑罚当理，故人服也。"豫之时义大矣哉"者，叹美为豫之善，言于逸豫之时，其义大矣。此叹卦也。凡言不尽意者，不可烦文具说，且叹之以示情，使后生思其余蕴，得意而忘言也。然叹卦有三体：一直叹时，如"大过之时大矣哉"之例是也；二叹时并用，如"险之时用大矣哉"之例是也；三叹时并义，"豫之时义大矣哉"之例是也。夫立卦之体，各象其时，时有屯夷，事非一揆，故爻来适时，有凶有吉。人之生世，亦复如斯，或逢治世，或遇乱时，出处存身，此道岂小？故曰"大矣哉"也。然时运虽多，大体不出四种者：一者治时，"颐养"之世是也；二者乱时，"大过"之世是也；三者离散之时，"解缓"之世是也；四者改易之时，"革变"之世是也。故举此四卦之时为叹，余皆可知。言"用"者，谓适时之用也。虽知居时之难，此事不小，而未知以何而用之耳。故坎、睽、蹇之时宜用君子，小人勿用。用险取济，不可为常，斟酌得宜，是用时之大略。举险难等三卦，余从可知矣。又言"义"者，姤卦注云："凡言义者，不尽于所见，中有意谓"者也。是其时皆有义也。略明佚乐之世，相随相遇之日，隐遯羁旅之时，凡五卦，其义不小，则余卦亦可知也。今所叹者十二卦，足以发明大义，恢弘妙理者也。凡于《彖》之末叹云"大哉"者，凡一十二卦。若豫、旅、遯、姤凡四卦，皆云"时义"。案：姤卦注云："凡言义者，不尽于所见，中有意谓。"以此言之，则四卦卦各未尽其理，其中更有余意，不可尽申，故总云“义”也。随之一卦亦言“义”，但与四卦其文稍别。四卦皆云“时义”，随卦则“随时之义”者，非但其中别有义意，又取随逐其时，故变云“随时之义大矣哉！睽、蹇、坎此三卦皆云“时用”。案：睽卦注云：“睽离之时，非小人之所能用。”蹇卦亦云“非小人之所能用”。此二卦言“大矣哉”者，则是大人能用，故云“大矣哉”！其中更无余义，唯大人能用，故云“用”不云“义”也。坎卦“时用”，则与睽、蹇稍别，故注云“非用之常，用有时也”。谓坎险之事，时之须用，利益乃大，与睽、蹇“时用”文同而义异也。解之“时”，革之“时”，颐之“时”，大过之“时”，此四卦直云“时”，不云“义”与“用”也。案：解卦注难解之时，非治难时，故不言“用”。体尽于解之名，无有幽隐，故不曰“义”，以此注言之，直云“时”者，寻卦之名则其意具尽，中间更无余义，故不言“义”，其卦名之事，事已行了，不须别有所用，故解、革及颐事已行了，不须言“用”。唯大过称“时”，注云：“君子有为之时。”与解、革、颐其理稍别。大过是有用之时，亦直称“时”者，取“大过”之名，其意即尽，更无余意，故直称“时”，不云“义”，又略不云“用”也。

《象》曰：雷出地奋，豫。先王以作乐崇德。殷荐之上帝，以配祖考。

疏正义曰：案诸卦之象，或云“云上于天”，或云“风行天上”，以类言之，今此应云“雷出地上”，乃云“雷出地奋豫”者，雷是阳气之声，奋是震动之状。雷既出地，震动万物，被阳气而生，各皆逸豫，故曰“雷出地奋，豫”也。“先王以作乐崇德”者，雷是鼓动，故先王法此鼓动而作乐，崇盛德业，乐以发扬盛德故也。“殷荐之上帝”者，用此殷盛之乐，荐祭上帝也，象雷出地而向天也。“以配祖考”者，谓以祖考配上帝。用祖用考，若周夏正郊天配灵威仰，以祖后稷配也；配祀明堂五方之帝，以考文王也，故云“以配祖考”也。

初六：鸣豫，凶。注云：处豫之初，而特得志于上，乐过则淫，志穷则凶，豫何可鸣？**《象》曰：“初六鸣豫”，志穷凶也。**

疏正义曰：“鸣豫”者，处豫之初，而独得应于四，逸豫之甚，是声鸣于豫。但逸乐之极，过则淫荒。独得于乐，所以“凶”也。“《象》曰：初六鸣豫，志穷凶”者，释“鸣豫”之义。而初时鸣豫，后则乐志穷尽，故为“凶”也。

六二：介于石，不终日，贞吉。注云：处豫之时，得位履中，安夫贞正，不求苟“豫”者也。顺不苟从，豫不违中，是以上交不谄，下交不渎。明祸福之所生，故不苟说；辩必然之理，故不改其操介如石焉。“不终日”明矣。**《象》**

曰:“不终日贞吉”,以中正也。

疏正义曰:“介于石”者,得位履中,安夫贞正,不苟求逸豫,上交不谄,下交不渎,知几事之初始,明祸福之所生,不苟求逸豫,守志耿介似于石。然见几之速,不待终竟一日,去恶修善,恒守正得吉也。“《象》曰:不终日贞吉,以中正”者,释“贞吉”之义,所以见其恶事,即能离去,不待终日守正吉者,以比六二居中守正,顺不苟从,豫不违中,故不须待其一日终守贞吉也。

六三:盱豫悔,迟有悔。注云:居下体之极,处两卦之际,履非其位,承“动豫”之主。若其睢盱而豫,悔亦生焉。迟而不从,豫之所疾,位非所据,而以从豫进退,离悔宜其然矣。**《象》曰:盱豫有悔,位不当也。**

正义曰“盱豫悔”者,六三履非其位,上承“动豫”之主。“盱”谓睢盱。睢盱者,喜说之貌。若睢盱之求豫,则悔吝也。“迟有悔”者,居豫之时,若迟停不求于豫,亦有悔也。“《象》曰:盱豫有悔,位不当”者,解其“盱豫有悔”之义,以六三居不当位,进退不得其所,故“盱豫有悔”。但《象》载经文,多从省略。经有“盱豫有悔”、“迟有悔”,两文具载,《象》唯云“盱豫有悔”,不言“迟”者,略其文也。故直云“盱豫”。举其欲进,略云“有悔”,举其迟也。

九四:由豫,大有得。勿疑,朋盍簪。注云:处豫之时,居动之始,独体阳爻,众阴所从,莫不由之以得其豫,故曰“由豫,大有得”也。夫不信于物,物亦疑焉,故勿疑则朋合疾也。盍,合也。簪,疾也。**《象》曰:“由豫,大有得”,志大行也。**

疏正义曰:“由豫大有得”者,处豫之时,居动之始,独体阳爻,为众阴之所从,莫不由之以得其豫,故云“由豫”也。“大有得”者,众阴皆归,是大有所得。“勿疑朋盍簪”者,盍,合也。簪,疾也。若能不疑于物,以信待之,则众阴群朋合聚而疾来也。“象曰:由豫,大有得,志大行”者,释“由豫,大有得”之意。众阴既由之而豫,大有所得,是志意大同也。

六五:贞疾,恒不死。注云:四以刚动为豫之主,专权执制,非己所乘,故不敢与四争权,而又居中处尊,未可得亡,是以必常至于“贞疾,恒不死”而已。**《象》曰:六五,“贞疾”,乘刚也。“恒不死”,中未亡也。**

疏正义曰:“贞疾,恒不死”者,四以刚动为豫之主,专权执制,非合己之所乘，故不敢与四专权。而又居中处尊，未可得亡灭之，是以必常至于贞疾，恒得不死而已。“象曰：六五，贞疾，乘刚”者，解“贞疾”之义。以乘九四之刚，故正得其疾，恒不死也。“中未亡”者，以其居中处尊，未可亡灭之也。

上六，冥豫成，有渝无咎。注云：处“动豫”之极，极豫尽乐，故至于“冥豫成”也。过豫不已，何可长乎？故必渝变然后无咎。**《象》曰：“冥豫”在上，何可长也？**

疏正义曰：“处动豫之极，极豫尽乐”，乃至于冥昧之豫而成就也。如俾昼作夜，不能休已，灭亡在近。“有渝无咎”者，渝，变也。若能自思改变，不为“冥豫”，乃得“无咎”也。

随 ䷐ 兑上 震下

随：元亨，利贞，无咎。

疏正义曰：“元亨”者，于相随之世，必大得亨通。若其不大亨通，则无以相随，逆于时也。“利贞”者，相随之体，须利在得正。随而不正，则邪僻之道，必须利贞也。“无咎”者，有此四德，乃无咎。以苟相从，涉于朋党，故必须四德乃无咎也。凡卦有四德者，或其卦当时之义，即有四德，如乾、坤、屯、临、无妄，此五卦之时，即能四德备具。其随卦以恶相随，则不可也。有此四德乃无咎，无此四德则有咎也。与前五卦其义稍别。其革卦“巳日乃孚有四德”，若不“巳日乃孚”，则无四德，与乾、坤、屯、临、无妄，随其义又别。若当卦之时，其卦虽美，未有四德。若行此美，方得在后始致四德者，于卦则不言其德也。若谦、泰及复之等，德义既美，行之不已，久必致此四德。但当初之时，其德未具，故卦不显四德也。其诸卦之三德已下，其义大略亦然也。

《彖》曰：随，刚来而下柔，动而说，随。大亨贞无咎，而天下随时。随时之义大矣哉！注云：震刚而兑柔也，以刚下柔动而之说，乃得随也。为随而不大通，逆于时也。相随而不为利，正灾之道也。故大通利贞，乃得无咎也。为随而令大通利贞，得于时也。得时则天下随之矣。随之所施，唯在于时也。时异而不随，否之道也，故“随时之义大矣哉”！

疏正义曰：“随刚来而下柔，动而说，随”者，此释随卦之义。所以致此随者，由刚来而下柔。“刚”谓震也，柔谓兑也。震处兑下，是刚来下柔。震动而兑说，既能下人，动则喜说，所以物皆随从也。“大亨贞无咎，而天下随时”者，以有大亨贞正，无有咎害，而天下随之，以正道相随，故随之者广。若不以“大亨贞无咎”，而以邪僻相随，则天下不从也。“随时之义大矣哉”，若以“元亨利贞”，则天下随从，即随之义意广大矣哉，谓随之初始，其道未弘，终久义意而美大者。特云“随时”者，谓随其时节之义，谓此时宜行“元亨利贞”，故云“随时”也。

注“震刚而兑”至“大矣哉”

疏正义曰：为随而不大通，逆于时也。物既相随之时，若王者不以广大开通，使物闭塞，是违逆于随从之时也。“相随而不为利，正灾之道”者，凡物之相随，多曲相朋附，不能利益于物，守其正直，此则小人之道长，灾祸及之，故云“灾之道”也。“随之所施，唯在于时”者，“随时”之义，言随时施设，唯在于得时。若能大通利贞，是得时也。若不能大通利贞，是失时也。“时异而不随，否之道”者，凡所遇之时，体无恒定，或值不动之时，或值相随之时，旧来恒往，今须随从。时既殊异于前，而不使物相随，则是否塞之道，当须可随则随，逐时而用，所利则大，故云“随时之义大矣哉”！

《象》曰：泽中有雷，随，君子以乡晦入宴息。注云：泽中有雷，“动说”之象也。物皆说随，可以无为，不劳明鉴。故君子“向晦入宴息”也。

疏正义曰：《说卦》云：“动万物者莫疾乎雷，……说万物者莫说乎泽。”故注云：“泽中有雷，动说之象也。”“君子以乡晦入宴息”者，明物皆说豫相随，不劳明鉴，故君子象之。郑玄云：“晦，冥也。犹人君既夕之后，入于宴寝而止息。”

初九：官有渝，贞吉。出门交有功。注云：居随之始，上无其应，无所偏系，动能随时，意无所主者也。随不以欲，以欲随宜者也。故官有渝变，随不失正也。出门无违，何所失哉！**《象》曰：“官有渝”，从正吉也。“出门交有功”，不失也。**

疏正义曰：“官有渝”者，官谓执掌之职。人心执掌，与官同称，故人心所主，谓之“官渝变”也。此初九既无其应，无所偏系，可随则随，是所执之志有能渝变也。唯正是从，故“贞吉”也。“出门交有功”者，所随不以私欲，故见善则往随之，以此出门，交获其功。“象曰：官有渝从正吉”者，释“官有渝”之义。所执官守正，能随时渝变，以见贞正则往随从，故云“从正吉”。“出门交有功，不失”者，释“交有功”之义。以所随之处，不失正道，故出门即有功也。

注“居随之始”至“何所失哉”

疏正义曰：言“随不以欲，以欲随宜”者，若有其应，则有私欲，以无偏应，是所随之事不以私欲，有正则从，是以欲随其所宜也。

六二：系小子，失丈夫。注云：阴之为物，以处随世，不能独立，必有系也。居随之时，体于柔弱，而以乘夫刚动，岂能秉志违于所近？随此失彼，弗能兼与。五处己上，初处己下，故曰“系小子，失丈夫”也。**《象》曰：“系小子”，弗兼与也。**

疏正义曰：“小子”谓初九也。“丈夫”谓九五也。初九处卑，故称“小子”。五居尊位，故称“丈夫”。六二既是阴柔，不能独立所处，必近系属初九，故云“系小子”。既属初九，则不得往应于五，故云“失丈夫”也。“象曰：系小子，弗兼与”者，释“系小子”之意。既随此初九，则失彼九五丈夫，是不能两处兼有，故云“弗兼与”也。

六三：系丈夫，失小子。随有求得，利居贞。注云：阴之为物，以处随世，不能独立，必有系也。虽体下卦，二已据初，将何所附？故舍初系四，志在“丈夫”。四俱无应，亦欲于己随之，则得其所求矣，故曰“随有求得”也。应非其正，以系于人，何可以妄曰“利居贞”也？初处己下，四处己上，故曰“系丈夫，失小子”也。**《象》曰：“系丈夫”，志舍下也。**注云：“下”谓初也。

疏正义曰：六三阴柔，近于九四，是系于“丈夫”也。初九既被六二之所据，六三不可复往从之，是“失小子”也。“随有求得”者，三欲往随于四，四亦更无他应。己往随于四，四不能逆己，是三之所随，有求而皆得也。“利居贞”者，己非其正，以系于人，不可妄动，唯利在居处守正，故云“利居贞”也。“象曰：系丈夫，志舍下也”者，释“系丈夫”之义。六三既系九四之“丈夫”，志意则舍下之初九也。

注“阴之为物”至“失小子也”

疏正义曰：“四俱无应”者，三既无应，四亦无应，是四与三俱无应也。此六二、六三因阴阳之象，假丈夫、小子以明人事，余无义也。

九四：随有获，贞凶。有孚在道以明，何咎？注云：处说之初，下据二阴，三求系己，不距则获，故曰“随有获”也。居于臣地，履非其位，以擅其民，失于臣道，违正者也，故曰“贞凶”。体刚居说而得民心，能干其事，而成其功者也。虽为常义，志在济物，心有公诚，著信在道以明其功，何咎之有？**《象》曰："随有获"，其义凶也。"有孚在道"，明功也。**

疏正义曰："随有获"者，处说之初，下据二阴，三求系己，不距则获，故曰"随有获"也。"贞凶"者，居于臣地，履非其位，以擅其民，失其臣道，违其正理，故"贞凶"也。"有孚在道以明，何咎"者，体刚居说而得民心，虽违常义，志在济物，心存公诚，著信在于正道，有功以明，更有何咎？故云"有孚在道以明，何咎"也。"象曰：随有获，其义凶"者，释"随有获贞凶"之意。九四既有六三、六二，获得九五之民，为臣而擅君之民，失于臣义，是以宜其凶也。"有孚在道明功"者，释"以明何咎"之义。既能著信在于正道，是明立其功，故无咎也。

九五：孚于嘉，吉。注云：履正居中，而处随世，尽"随时"之宜，得物之诚，故"嘉吉"也。**《象》曰："孚于嘉，吉"，位正中也。**

疏正义曰："孚于嘉，吉"者，嘉，善也。履中居正，而处随世，尽随时之义，得物之诚信，故获美善之吉也。

上六：拘系之乃从。维之，王用亨于西山。注云：随之为体，阴顺阳者也。最处上极，不从者也。随道已成，而特不从，故"拘系之乃从"也。"率土之滨，莫非王臣"，而为不从，王之所讨也，故"维之，王用亨于西山"也。兑为西方，山者，途之险隔也。处西方而为不从，故王用通于西山。**《象》曰："拘系之"，上穷也。处于上极，故穷也。**

疏正义曰：最处上极，是不随从者也。随道已成而特不从，故须拘系之，乃始从也。"维之王用亨于西山"者，若欲维系此上六，王者必须用兵，通于西山险难之处，乃得拘系也。山谓险阻，兑处西方，故谓"西山"。令有不从，必须维系，此乃王者必须用兵通于险阻之道，非是意在好刑，故曰："王用亨于西山。""象曰：拘系之，上穷也。处于上极，故穷"者，释"拘系"之义。所以须拘系者，以其在上而穷极，不肯随从故也。

蛊 ䷑ 艮上 巽下

蛊:元亨,利涉大川。先甲三日,后甲三日。

疏正义曰:蛊者事也。有事营为,则大得亨通。有为之时,利在拯难,故“利涉大川”也。“先甲三日,后甲三日”者,甲者创制之令,既在有为之时,不可因仍旧令。今用创制之令以治于人,人若犯者,未可即加刑罚,以民未习,故先此宣令之前三日,殷勤而语之,又于此宣令之后三日,更丁宁而语之,其人不从,乃加刑罚也。其褚氏、何氏、周氏等并同郑义,以为“甲”者造作新令之日,甲前三日,取改过自新,故用辛也,后三日,取丁宁之义,故用丁也。今案辅嗣注:“甲者,创制之令”,不云创制之日。又巽卦九五“先庚三日,后庚三日”,辅嗣注:“申命令谓之庚”。辅嗣又云:“甲、庚皆申命之谓。”则辅嗣不以甲为创制之日,而诸儒不顾辅嗣注旨,妄作异端,非也。

《彖》曰:蛊,刚上而柔下,注云:上刚可以断制,下柔可以施令。**巽而止。蛊。**注云:既巽又止,不竞争也。有事而无竞争之患,故可以有为也。**蛊,元亨而天下治也。**注云:有为而大亨,非天下治而何也?**“利涉大川”,往有事也。“先甲三日,后甲三日”,终则有始,天行也。**注云:蛊者有事而待能之时也。可以有为,其在此时矣。物已说随,则待夫作制以定其事也。进德修业,往则亨矣。故“元亨,利涉大川”也。甲者,创制之令也。创制不可责之以旧,故先之三日,后之三日,使令治而后乃诛也。因事申令,终则复始,若天之行用四时也。

疏正义曰:“刚上而柔下,巽而止蛊”者,此释蛊卦之名,并明称蛊之义也。以上刚能制断,下柔能施令,巽顺止静,故可以有为也。褚氏云:“蛊者惑也。物既惑乱,终致损坏,当须有事也,有为治理也。故《序卦》云:‘蛊者事也。’”谓物蛊必有事,非谓训蛊为事义当然也。“蛊,元亨而天下治”者,释“元亨”之义。以有为而得“元亨”,是天下治理也。“利涉大川,往有事也”者,释“利涉大川”也。蛊者有为之时,拔拯危难,往当有事,故“利涉大川”。此则假外象以喻危难也。“先甲三日,后甲三日,终则有始天行”者,释“先甲三日,后甲三日”之义也。民之犯令,告之已终,更复从始,告之殷勤不已,若天之行,四时既终,更复从春为始,象天之行,故云“天行也”。

注“蛊者”至“四时也”

疏正义曰:“蛊者有事待能之时”者,物既蛊坏,须有事营为,所作之事,非贤能不可。故经云“干父之蛊”，干则能也。“甲者创制之令”者。甲为十日之首，创造之令为在后诸令之首，故以创造之令谓之为甲。故汉时谓令之重者谓之“甲令”，则此义也。“创制不可责之以旧”者，以人有犯令而致罪者，不可责之旧法，有犯则刑。故须先后三日，殷勤语之，使晓知新令，而后乃诛，诛谓兼通责让之罪，非专谓诛杀也。

《象》曰：山下有风，蛊。君子以振民育德。注云：蛊者，有事而待能之时也，故君子以济民养德也。

疏正义曰：必云“山下有风”者，风能摇动，散布润泽。今“山下有风”，取君子能以恩泽下振于民，育养己德。“振民”，象“山下有风”；“育德”，象山在上也。

初六：干父之蛊，有子，考无咎，厉终吉。注云：处事之首，始见任者也。以柔巽之质，干父之事，能承先轨，堪其任者也，故曰“有子”也。任为事首，能堪其事，“考”乃无咎也，故曰“有子考无咎”也。当事之首，是以危也。能堪其事，故“终吉”。**《象》曰：“干父之蛊”，意承“考”也。**注云：干事之首，时有损益，不可尽承，故意承而已。

疏正义曰：“干父之蛊”者，处事之首，以柔巽之质干父之事，堪其任也。“有子考无咎”者，有子既能堪任父事，“考”乃“无咎”也。以其处事之初，若不堪父事，则“考”有咎也。“厉终吉”者，厉，危也。既为事初，所以危也。能堪其事，所以“终吉”也。“《象》曰：干父之蛊，意承考”者，释“干父之蛊”义。凡堪干父事，不可小大损益一依父命，当量事制宜以意承考而已。对文父没称“考”，若散而言之，生亦称“考”。若《康诰》云：“大伤厥考心。”是父在称考。此避干父之文，故变云“考也”。

九二：干母之蛊，不可贞。注云：居于内中，宜干母事，故曰“干母之蛊”也。妇人之性难可全正，宜屈己刚。既干且顺，故曰“不可贞”也。干不失中，得中道也。**《象》曰：“干母之蛊”，得中道也。**

疏正义曰：居内处中，是干母事也。“不可贞”者，妇人之性难可全正，宜屈己刚，不可固守贞正，故云“不可贞”也。“象曰：得中道”者，释“干母之蛊”义。虽不能全正，犹不失在中之道，故云“得中道”也。

九三：干父之蛊，小有悔，无大咎。注云：以刚干事，而无其应，故“有悔”也。履得其位，以正干父，虽“小有悔”，终无大咎。**《象》曰：“干父之蛊”，终无咎也。**

疏正义曰：“干父之蛊，小有悔”者，以刚干事而无其应，故“小有悔”也。“无大咎”者，履得其位，故终无大咎也。

六四：裕父之蛊，往见吝。注云：体柔当位，干不以刚而以柔和，能裕先事者也。然无其应，往必不合，故曰“往见吝”。**《象》曰：“裕父之蛊”，往未得也。**

疏正义曰：“裕父之蛊”者，体柔当位，干不以刚，而以柔和能容裕父之事也。“往见吝”者，以其无应，所往之处，见其鄙吝，故“往未得”也。

六五：干父之蛊，用誉。注云：以柔处尊，用中而应，承先以斯，用誉之道也。**《象》曰：“干父用誉”，承以德也。**注云：以柔处中，不任威力也。

疏正义曰：“干父之蛊，用誉”者，以柔处尊，用中而应，以此承父，用有声誉。“象曰：干父用誉，承以德”者，释“干父用誉”之义。奉承父事，唯以中和之德，不以威力，故云“承以德”也。

上九：不事王侯，高尚其事。注云：最处事上而不累于位，“不事王侯，高尚其事”也。**《象》曰：“不事王侯”，志可则也。**

疏正义曰：“不事王侯，高尚其事”者，最处事上，不复以世事为心，不系累于职位，故不承事王侯，但自尊高慕尚其清虚之事，故云“高尚其事”也。“《象》曰：不事王侯，志可则”者，释“不事王侯”之义。身既不事王侯，志则清虚高尚，可法则也。

临 ䷒ 坤上 兑下

临:元亨利贞。至于八月有凶。

疏正义曰:案《序卦》云:"临,大也。"以阳之浸长,其德壮大,可以监临于下。故曰"临"也。刚既浸长,说而且顺,又以刚居中,有应于外,大得亨通而利正也,故曰"元亨利贞"也。"至于八月有凶"者,以物盛必衰,阴长阳退,临为建丑之月,从建丑至于八月建申之时,三阴既盛,三阳方退,小人道长,君子道消,故八月有凶也。以盛不可终保,圣人作《易》以戒之也。

《彖》曰:临,刚浸而长,说而顺,刚中而应,大亨以正,天之道也。注云:阳转进长,阴道日消,君子日长,小人日忧,"大亨以正"之义。**至于八月有凶,消不久也。**注云:八月阳衰而阴长,小人道长,君子道消也,故曰"有凶"。

疏正义曰:"临,刚浸而长,说而顺"者,此释卦义也。诸卦之例,说而顺之,下应以"临"字结之。此无"临"字者,以其刚中而应,亦是"临"义,故不得于刚中之上而加"临"也。"刚中而应,大亨以正,天之道"者,天道以刚居中而下,与地相应,使物大得亨通而利正,故乾卦"元、亨、利、贞"。今此临卦,其义亦然,故云"天之道也"。"至于八月有凶,消不久"者,证"有凶"之义,以其阳道既消,不可常久,故"有凶"也。但复卦一阳始复,刚性尚微,又不得其中,故未有"元亨利贞"。泰卦三阳之时,三阳在下,而成乾体,乾下坤上,象天降下,地升上,上下通泰,物通则失正,故不具四德。唯此卦二阳浸长,阳浸壮大,特得称临,所以四德具也。然阳长之卦,每卦皆应"八月有凶"。但此卦名临,是盛大之义,故于此卦特戒之耳。若以类言之,则阳长之卦,至其终末皆有凶也。

注"八月阳衰"至"有凶"

疏正义曰:云"八月"者,何氏云:"从建子阳生至建未为八月。"褚氏云:"自建寅至建酉为八月。"今案:此注云"小人道长,君子道消",宜据否卦之时,故以临卦建丑,而至否卦建申为八月也。

《象》曰:泽上有地,临。君子以教思无穷,容保民无疆。注云:相临之道,莫若说顺也。不恃威制,得物之诚,故物无违也。是以"君子教思无穷,容保民无疆"也。

疏正义曰:“泽上有地”者,欲见地临于泽,在上临下之义,故云“泽上有地”也。“君子以教思无穷”者,君子于此临卦之时,其下莫不喜说和顺,在上但须教化,思念无穷已也,欲使教恒不绝也。“容保民无疆”者,容谓容受也。保安其民,无有疆境,象地之阔远,故云“无疆”也。

初九:咸临,贞吉。注云:“咸”,感也。感,应也。有应于四,感以临者也。四履正位,而己应焉,志行正者也。以刚感顺,志行其正,以斯临物,正而获吉也。**《象》曰:“咸临贞吉”,志行正也。**

疏正义曰:“咸临,贞吉”者,咸,感也。有应于四,感之而临,志行得正,故“贞吉”也。“象曰:咸临贞吉,志行正”者,释“咸临贞吉”之义。四既履得正位,己往与之相应,是己之志意行而归正也。

九二:咸临,吉,无不利。注云:有应在五,感以临者也。刚胜则柔危,而五体柔,非能同斯志者也。若顺于五,则刚德不长,何由得“吉无不利”乎?全与相违,则失于感应,其得“咸临,吉无不利”,必未顺命也。**《象》曰:“咸临,吉,无不利”,未顺命也。**

疏正义曰:“咸临吉”者,咸,感也。有应于五,是感以临而得其吉也。“无不利”者,二虽与五相应,二体是刚,五体是柔,两虽相感,其志不同。若纯用刚往,则五所不从,若纯用柔往,又损己刚性,必须商量事宜,有从有否,乃得“无不利”也。“象曰:未顺命”者,释“无不利”之义。未可尽顺五命,须斟酌事宜,有从有否,故得“无不利”也。则君臣上下献可替否之义也。

六三:甘临,无攸利。既忧之,无咎。注云:甘者,佞邪说媚不正之名也。履非其位,居刚长之世,而以邪说临物,宜其“无攸利”也。若能尽忧其危,改修其道,刚不害正,故“咎不长”。**《象》曰:“甘临”,位不当也。“既忧之”,咎不长也。**

疏正义曰:“甘临”者,谓甘美谄佞也。履非其位,居刚长之世,而以邪说临物,故“无攸利”也。“既忧之无咎”者,既,尽也。若能尽忧其危,则刚不害正,故“无咎”也。“象曰:既忧之,咎不长”者,能尽忧其事,改过自修,其咎则止,不复长久,故“无咎”也。

六四:至临,无咎。注云:处顺应阳,不忌刚长,而乃应之,履得其位,尽其至者也。刚胜则柔危，柔不失正，乃得“无咎”也。**《象》曰：“至临，无咎”，位当也。**

疏正义曰：“至临，无咎”者，履顺应阳，不畏刚长，而己应之，履得其位，能尽其至极之善而为临，故云“至临”。以柔不失正，故“无咎”也。“象曰：至临，无咎，位当”者，释“无咎”之义。以六四以阴所居得正，柔不为邪，位当其处，故无咎也。

六五：知临，大君之宜，吉。注云：处于尊位，履得其中，能纳刚以礼，用建其正，不忌刚长而能任之，委物以能而不犯焉，则聪明者竭其视听，知力者尽其谋能，不为而成，不行而至矣。“大君之宜”，如此而已，故曰“知临大君之宜吉”。**《象》曰：“大君之宜”，行中之谓也。**

疏正义曰：“知临，大君之宜，吉”者，处于尊位，履得其中，能纳刚以礼，用建其正，不忌刚长而能任之”，故“聪明者竭其视听，知力者尽其谋能”，是知为临之道，大君之所宜以吉也。“象曰：大君之宜，行中之谓”者，释“大君之宜”，所以得宜者，止由六五处中，行此中和之行，致得“大君之宜”，故言“行中之谓也”。

上六：敦临，吉，无咎。注云：处坤之极，以敦而临者也。志在助贤，以敦为德，虽在刚长，刚不害厚，故“无咎”也。**象曰：“敦临”之吉，志在内也。**

疏正义曰：“敦临，吉，无咎”者，敦，厚也。上六处坤之上，敦厚而为临，志在助贤，以敦为德，故云“敦临，吉”。虽在刚长，而志行敦厚，刚所以不害，故“无咎”也。“象曰：敦临之吉，志在内”者，释“敦临吉”之义。虽在上卦之极，志意恒在于内之二阳，意在助贤，故得吉也。

观 ䷓ 巽上 坤下

观：盥而不荐，有孚颙若。注云：王道之可观者，莫盛乎宗庙。宗庙之可观者，莫盛于盥也。至荐简略，不足复观，故观盥而不观荐也。孔子曰：“禘自既灌而往者，吾不欲观之矣。”尽夫观盛，则“下观而化”矣。故观至盥则“有孚颙若”也。

疏 正义曰:“观”者,王者道德之美而可观也,故谓之观。“观盥而不荐”者,可观之事,莫过宗庙之祭盥,其礼盛也。荐者,谓既灌之后,陈荐笾豆之事,其礼毕也。今所观宗庙之祭,但观其盥礼,不观在后笾豆之事,故云“观盥而不荐”也。“有孚颙若”者,孚,信也。但下观此盛礼,莫不皆化,悉有孚信而颙然,故云“有孚颙若”。

注“王道之可观”至“有孚颙若也”

疏 正义曰:“尽夫观盛,则下观而化”者,“观盛”谓观盥礼盛则休而止,是观其大,不观其细,此是下之效上,因“观”而皆化之矣。故“观至盥则有孚颙若”者,颙是严正之貌,“若”为语辞,言“下观而化”,皆孚信容貌俨然也。

《彖》曰:大观在上,注云:下贱而上贵也。**顺而巽,中正以观天下,观。“盥而不荐,有孚颙若”,下观而化也。观天之神道,而四时不忒。圣人以神道设教,而天下服矣。**注云:统说观之为道,不以刑制使物,而以观感化物者也。神则无形者也。不见天之使四时,“而四时不忒”,不见圣人使百姓,而百姓自服也。

疏 正义曰:“大观在上”者,谓大为在下,所观唯在于上,由在上既贵,故在下大观。今大观在于上。又顺而和巽,居中得正,以观于天下,谓之“观”也。此释观卦之名。“观盥而不荐,有孚颙若,下观而化”者,释“有孚颙若”之义,本由在下,观效在上而变化,故“有孚颙若”也。“观天之神道而四时不忒”者,此盛名观卦之美,言“观盥”与天之神道相合,观此天之神道而四时不有忒变。“神道”者,微妙无方,理不可知,目不可见,不知所以然而然,谓之“神道”,而四时之节气见矣。岂见天之所为,不知从何而来邪?唯见四时流行,不有差忒,故云“观天之神道而四时不忒”也。“圣人以神道设教,而天下服矣”者,此明圣人用此天之神道,以“观”设教而天下服矣。天既不言而行,不为而成,圣人法则天之神道,唯身自行善,垂化于人,不假言语教戒,不须威刑恐逼,在下自然观化服从,故云“天下服矣”。

《象》曰:风行地上,观。先王以省方观民设教。

疏 正义曰:“风行地上”者,风主号令行于地上,犹如先王设教在于民上,故云“风行地上观”也。“先王以省方观民设教”者,以省视万方,观看民之风俗,以设于教,非诸侯以下之所为,故云“先王”也。

初六:童观,小人无咎,君子吝。注云:处于观时,而最远朝美,体于阴柔，不能自进，无所鉴见，故曰“童观”。趣顺而已，无所能为，小人之道也，故曰“小人无咎”。君子处大观之时而为“童观”，不亦鄙乎？**象曰：“初六童观”，小人道也。**

疏正义曰：“童观”者，处于观时而最远朝廷之美，体是柔弱不能自进，无所鉴见，唯如童稚之子而观望也。“小人无咎，君子吝”者，为此观看，趣在顺从而已，无所能为，于小人行之，才得无咎，若君子行之，则鄙吝也。

六二：窥观，利女贞。注云：处在于内，寡所鉴见。体于柔弱，从顺而已。犹有应焉，不为全蒙，所见者狭，故曰“窥观”。居内得位，柔顺寡见，故曰“利女贞”，妇人之道也。处“大观”之时，居中得位，不能大观广鉴，窥观而已，诚“可丑”也。**《象》曰：“窥观，女贞”，亦可丑也。**

疏正义曰：“窥观，利女贞”者，既是阴爻，又处在卦内，性又柔弱，唯窥窃而观。如此之事，唯利女之所贞，非丈夫所为之事也。

注“处在于内”至“诚可丑也”

疏正义曰：“犹有应焉，不为全蒙”者，六二以柔弱在内，犹有九五刚阳与之为应，则微有开发，不为全是。童蒙如初六也，故能窥而外观。此童“观”、窥“观”，皆读为去声也。

六三：观我生进退。注云：居下体之极，处二卦之际，近不比尊，远不“童观”，观风者也。居此时也，可以“观我生进退”也。**《象》曰：“观我生进退”，未失道也。**注云：处进退之时，以观进退之几，“未失道”也。

疏正义曰：“观我生进退”者，“我生”，我身所动出。三居下体之极，是有可进之时；又居上体之下，复是可退之地。远则不为童观，近则未为观国，居在进退之处，可以自观我之动出也。故时可则进，时不可则退，观风相几，未失其道，故曰“观我生进退”也。道得名“生”者，道是开通生利万物。故系辞云“生生之谓易”，是道为“生”也。

六四：观国之光，利用宾于王。注云：居观之时，最近至尊，“观国之光”者也。居近得位，明习国仪者也，故曰“利用宾于王”也。**《象》曰：“观国之光”，尚宾也。**

疏正义曰：“观国之光，利用宾于王”者，最近至尊，是“观国之光”。“利用宾于王”者，居在亲近而得其位，明习国之礼仪，故曰利用宾于王庭也。“象曰：观国之光，尚宾”者，释“观国之光”义。以居近至尊之道，志意慕尚为王宾也。

九五：观我生，君子无咎。注云：居于尊位，为观之主，宣弘大化，光于四表，观之极者也。上之化下，犹风之靡草，故观民之俗，以察己道，百姓有罪，在予一人。君子风著，己乃“无咎”。上为观主，将欲自观乃观民也。**《象》曰：“观我生”，观民也。**

疏正义曰：九五居尊，为观之主。四海之内，由我而观，而教化善，则天下有君子之风；教化不善，则天下著小人之俗，故观民以察我道，有君子之风著，则无咎也。故曰：“观我生，君子无咎”也。“象曰：观我生，观民”者，谓观民以观我，故观我即观民也。

上九：观其生，君子无咎。注云：“观我生”，自观其道也。“观其生”，为民所观者也。不在于位，最处上极，高尚其志，为天下所观者也。处天下所观之地，可不慎乎？故君子德见，乃得“无咎”。“生”，犹动出也。**《象》曰：“观其生”，志未平也。**注云：将处异地，为众所观，不为平易，和光流通，“志未平”也。

疏正义曰：“观其生”者，最处上极，高尚其志，生亦道也。为天下观其己之道，故云“观其生”也。“君子无咎”者，既居天下可观之地，可不慎乎？故君子谨慎，乃得“无咎”也。“象曰：观其生，志未平”者，释“观其生”之义。以特处异地，为众所观，不为平易。和光流通，志未与世俗均平。世无危惧之忧，我有符同之虑，故曰“志未平”也。

注“观我生”至“动出也”

疏正义曰：“生，犹动出”者，或动、或出，是生长之义。故云“生犹动出”。六三、九五皆云“观我生”，上九云“观其生”，此等云“生”皆为“动出”，故于卦末，注总明之也。

噬嗑 ䷔ 离上 震下

噬嗑：亨。利用狱。注云：噬，啮也；嗑，合也。凡物之不亲，由有间也。物之不齐，由有过也。有间与过，啮而合之，所以通也。刑克以通，狱之利也。

疏正义曰："噬嗑；亨"者，噬，啮也；嗑，合也。物在于口，则隔其上下，若啮去其物，上下乃合而得"亨"也。此卦之名，假借口象以为义，以喻刑法也。凡上下之间，有物间隔，当须用刑法去之，乃得亨通，故云"噬嗑亨"也。"利用狱"者，以刑除间隔之物，故"利用狱"也。

《彖》曰：颐中有物，曰"噬嗑"。注云：颐中有物，啮而合之，"噬嗑"之义也。**噬嗑而亨。**注云：有物有间，不啮不合，无由"亨"也。**刚柔分动而明，雷电合而章。**注云：刚柔分动，不溷乃明，雷电并合，不乱乃章，皆"利用狱"之义。**柔得中而上行，虽不当位，"利用狱"也。**注云：谓五也。能为啮合而通，必有其主，五则是也。"上行"谓所之在进也。凡言"上行"，皆所之在贵也。虽不当位，不害用狱也。

疏正义曰："颐中有物，曰噬嗑"者，此释"噬嗑"名也。案：诸卦之《彖》，先标卦名，乃复言曰某卦、曰同人、曰大有、曰小畜之类是也。此发首不叠卦名者，若义幽隐者，先出卦名，后更以卦名结之，若具义显露，则不先出卦名，则此"颐中有物曰噬嗑"之类，其事可知，故不先出卦名。此乃夫子因义理文势，随义而发，不为例也。"噬嗑而亨"者，释"亨"义，由"噬嗑"而得"亨"也。"刚柔分动而明，雷电合而章"者，释"利用狱"之义。刚柔既分，不相溷杂，故动而显明也。雷电既合，而不错乱，故事得彰著，明而且著，可以断狱。刚柔分谓震刚在下，离柔在上。"刚柔"云"分"，"雷电"云"合"者，欲见"明"之与"动"，各是一事，故"刚柔"云"分"也。明、动虽各一事，相须而用，故"雷电"云"合"。但易之为体，取象既多。若取分义，则云"震下离上"。若取合义，则云离、震合体，共成一卦也。此释二象"利用狱"之义也。"柔得中而上行，虽不当位，利用狱"者，此释爻有"利用狱"之义。阴居五位，是"柔得中"也。而"上行"者既居上卦，意在向进，故云"上行"。其德如此，虽不当位者，所居阴位，犹"利用狱"也。

注"刚柔分动"至"用狱之义"

疏正义曰："雷电并合，不乱乃章"者，《彖》文唯云"雷电合"，注云"不乱乃章"者，不乱之文，以其上云"刚柔分"。"刚柔分"则是不乱，故云"雷电并合，不乱乃章"也。

注"谓五也"至"不害用狱也"

疏正义曰：凡言"上行"，皆所之在贵者，辅嗣此注，恐畏之适五位则是上行，故于此明之。凡言"上行"，但所之在进，皆曰"上行"，不是唯向五位，乃称"上行"也。故谦卦序《彖》云:"地道卑而上行",坤道体在上,故总云"上行",不止也。又损卦《彖》云:"损下益上曰上行。"是减下卦益上卦,谓之"上行",是亦不据五也。然则此云"上行",及晋卦《彖》云"上行",既在五位而又称上行,则似若王者,虽见在尊位,犹意在欲进,仰慕三皇五帝可贵之道,故称"上行"者也。

《象》曰:"雷电""噬嗑",先王以明罚敕法。

疏正义曰:"雷电噬嗑"者,但噬嗑之象,其象在口。雷电非噬嗑之体,但"噬嗑"象外物,既有雷电之体,则雷电欲取明罚敕法,可畏之义,故连云"雷电"也。

初九:屦校灭趾,无咎。注云:居无位之地以处刑初,受刑而非治刑者也。凡过之所始,必始于微,而后至于著。罚之所始,必始于薄,而后至于诛。过轻戮薄,故"屦校灭趾",桎其行也。足惩而已,故不重也。过而不改,乃谓之过。小惩大诫,乃得其福,故"无咎"也。"校"者,以木绞校者也,即械也,校者取其通名也。**《象》曰:"屦校灭趾",不行也。**注云:过止于此。

疏正义曰:"屦校灭趾"者,屦谓著而履践也,校谓所施之械也。处刑之初,居无位之地,是"受刑"之人,"非治刑"之主。"凡过之所始,必始于微",积而不已,遂至于著。"罚之所始",必始于薄刑。薄刑之不已,遂至于诛。在刑之初,过轻戮薄,必校之在足,足为惩诫,故不复重犯。故校之在足,已没其趾,桎其小过,诫其大恶,过而能改,乃是其福。虽复"灭趾",可谓"无咎",故言"屦校灭趾无咎"也。"象曰:屦校灭趾,不行"者,释"屦校灭趾"之义,犹著校灭没其趾也。小惩大诫,故罪过止息不行也。

六二:噬肤灭鼻,无咎。注云:噬,啮也。啮者,刑克之谓也。处中得位,所刑者当,故曰"噬肤"也。乘刚而刑,未尽顺道,噬过其分,故"灭鼻"也。刑得所疾,故虽"灭鼻"而"无咎"也。"肤"者,柔脆之物也。**《象》曰:"噬肤灭鼻",乘刚也。**

疏正义曰:"噬肤灭鼻"者,六二处中得位,是用刑者。所刑中当,故曰"噬肤"。肤是柔脆之物,以喻服罪受刑之人也。"乘刚而刑,未尽顺道,噬过其分",故至"灭鼻",言用刑太深也。"无咎"者,用刑得其所疾,谓刑中其理,故"无咎"也。"象曰:乘刚"者,释"噬肤灭鼻"之义,以其乘刚,故用刑深也。

六三：噬腊肉，遇毒，小吝无咎。注云：处下体之极，而履非其位，以斯食物，其物必坚。岂唯坚乎？将遇其毒。"噬"以喻刑人，"腊"以喻不服，"毒"以喻怨生。然承于四而不乘刚，虽失其正，刑不侵顺，故虽"遇毒，小吝无咎"。**《象》曰："遇毒"，位不当也。**

疏正义曰："噬腊肉"者，"腊"是坚刚之肉也。"毒"者，苦恶之物也。三处下体之上，失政刑人，刑人不服。若啮其"腊肉"，非但难啮，亦更生怨咎，犹噬腊而难入，复遇其毒味然也。三以柔不乘刚，刑不侵顺道，虽有遇毒之吝，于德亦无大咎，故曰："噬腊肉遇毒，小吝无咎"也。"象曰：位不当"者，谓处位不当也。

九四：噬乾胏，得金矢。利艰贞吉。注云：虽体阳爻，为阴之主，履不获中，而居其非位，以斯噬物，物亦不服，故曰"噬乾胏"也。金，刚也，矢，直也。"噬乾胏"而得刚直，可以利于艰贞之吉，未足以尽通理之道也。**《象》曰："利艰贞吉"，未光也。**

疏正义曰："噬乾胏"者，乾胏是脔肉之乾者，履不获中，居其非位，以斯治物，物亦不服，犹如"噬乾胏"然也。"得金矢"者，金，刚也。矢，直也。虽刑不能服物，而能得其刚直也。"利艰贞吉"者，既得刚直，利益艰难，守贞正之吉，犹未能光大通理之道，故《象》云"未光"也。

六五：噬乾肉，得黄金，贞厉无咎。注云：乾肉，坚也。黄，中也。金，刚也。以阴处阳，以柔乘刚，以噬于物，物亦不服，故曰："噬乾肉"也。然处得尊位，以柔乘刚而居于中，能行其戮者也。履不正而能行其戮，刚胜者也。噬虽不服，得中而胜，故曰"噬乾肉得黄金"也。己虽不正，而刑戮得当，故虽"贞厉"而"无咎"也。**《象》曰："贞厉无咎"，得当也。**

疏正义曰："噬乾肉"者，乾肉，坚也。以阴处阳，以柔乘刚，以此治罪于人，人亦不服，如似"噬乾肉"也。"得黄金"者，黄，中也。金，刚也。以居于中是黄也，"以柔乘刚"是金也。既中而行刚，"能行其戮，刚胜者"也。故曰"得黄金"也。"贞厉无咎"者，己虽不正，刑戮得当，故虽贞正自危而无咎害。位虽不当，而用刑得当，故《象》云"得当"也。

上九：何校灭耳，凶。注云：处罚之极，恶积不改者也。罪非所惩，故刑及其首，至于"灭耳"，及首非诫，"灭耳"非惩，凶莫甚焉。**《象》曰："何校灭**

耳"，聪不明也。注云：聪不明，故不虑恶积，至于不可解也。

疏正义曰："何校灭耳凶"者，"何"谓檐何，处罚之极，恶积不改，故罪及其首，何檐枷械，灭没于耳，以至诛杀。以其聪之不明，积恶致此，故《象》云"聪不明"也。

注"处罚之极"至"凶莫甚焉"

疏正义曰："罪非所惩"者，言其恶积既深，寻常刑罪，非能惩诫，故云"罪非所惩"也。"及首非诫，灭耳非惩"者，若罪未及首，犹可诫惧归善也。罪已"及首"，性命将尽，非复可诫，故云"及首非诫"也。校既"灭耳"，将欲刑杀，非可惩改，故云"灭耳非惩"也。

贲 ䷕ 艮上 离下

贲：亨。小利有攸往。

疏正义曰："贲"，饰也。以刚柔二象交相文饰也。"贲亨"者，以柔来文刚而得亨通，故曰"贲亨"也。"小利有攸往"者，以刚上文柔，不得中正，故不能大有所往，故云"小利有攸往"也。

《彖》曰：贲"亨"，柔来而文刚，故"亨"。分刚上而文柔，故"小利有攸往"。注云：刚柔不分，文何由生？故坤之上六来居二位，"柔来文刚"之义也。柔来文刚，居位得中，是以"亨"。乾之九二，分居上位，分刚上而文柔之义也。刚上文柔，不得中位，不若柔来文刚，故"小利有攸往"。**天文也。**注云：刚柔交错而成文焉，天之文也。**文明以止，人文也。**注云：止物不以威武而以文明，人之文也。**观乎"天文"，以察时变；观乎"人文"，以化成天下。**注云：解天之文，则时变可知也；解人之文，则化成可为也。

疏正义曰："贲亨，柔来而文刚，故亨"者，此释"贲亨"之义。不直言"贲"连云"贲亨"者，由"贲"而致亨，事义相连也，若"大哉乾元"以"元"连"乾"者也。"柔来而文刚，故亨"，柔来文刚，以文相饰，是贲义也。相饰即有为亨，故云"贲亨"。"亨"之下不重，以"贲"字结之者，以"亨"之与"贲"相连而释，所以"亨"下不得重结"贲"字。分刚上而文柔，故"小利有攸往"者，释"小利有攸往"义。乾体在下，今分乾之九二，上向文饰坤之上六，是"分刚上而文柔"也。弃此九二之中，往居无立之地，弃善从恶，往无大利，故"小利有攸往"也。"天文也"者，天之为体，二象刚柔，刚柔交错成文，是天文也。"文明以止，人文"者，文明，离也；以止，艮也。用此文明之道，裁止于人，是人之文德之教，此贲卦之象。既有天文、人文，欲广美天文、人文之义，圣人用之以治于物也。"观乎天文，以察时变"者，言圣人当观视天文，刚柔交错，相饰成文，以察四时变化。若四月纯阳用事，阴在其中，靡草死也。十月纯阴用事，阳在其中，齐麦生也。是观刚柔而察时变也。"观乎人文以化成天下"者，言圣人观察人文，则《诗》、《书》、《礼》、《乐》之谓，当法此教而"化成天下"也。

注"坤之上六"至"之义也"

疏正义曰：坤之上六，何以来居二位不居于初三，乾之九二，何以分居上位不居于五者，乾性刚亢，故以己九二居坤极；坤性柔顺，不为物首，故以己上六下居乾之二位也。且若柔不分居乾二，刚不分居坤极，则不得文明以止故也。又阳本在上，阴本在下，应分刚而下、分柔而上，何因分刚向上、分柔向下者，今谓此本泰卦故也。若天地交泰，则刚柔得交。若乾上坤下，则是天地否闭，刚柔不得交，故分刚而上，分柔而下也。

《象》曰：山下有火，贲。君子以明庶政，无敢折狱。注云：处贲之时，止物以文明，不可以威刑，故"君子以明庶政"，而"无敢折狱"。

疏正义曰："山下有火贲"者，欲见火上照山，有光明文饰也。又取山含火之光明，象君子内含文明，以理庶政，故云"山下火，贲"也。"以明庶政"者，用此文章明达以治理庶政也。"无敢折狱"者，勿得直用果敢，折断讼狱。

初九：贲其趾，舍车而徒。注云：在贲之始，以刚处下，居于无位，弃于不义，安夫徒步以从其志者也。故饰其趾，舍车而徒，义弗乘之谓也。**《象》曰："舍车而徒"，义弗乘也。**

疏正义曰："贲其趾，舍车而徒"者，在贲之始，以刚处下，居于无位之地，乃弃于不义之车，而从有义之徒步，故云"舍车而徒"。以其志行高洁，不苟就舆乘，是以义不肯乘，故《象》云"义弗乘"也。

六二：贲其须。注云：得其位而无应，三亦无应，俱无应而比焉，近而相得者也。"须"之为物，上附者也。循其所履以附于上，故曰"贲其须"也。**《象》曰："贲其须"，与上兴也。**

疏正义曰："贲其须"者，须是上须于面，六二常上附于三，若似贲饰其须也。循其所履，以附于上，与上同为兴起，故《象》云“与上兴”也。

九三：贲如濡如，永贞吉。注云：处下体之极，居得其位，与二相比，俱履其正，和合相润，以成其文者也。既得其饰，又得其润，故曰“贲如濡如”也。永保其贞，物莫之陵，故曰“永贞吉”也。**《象》曰：“永贞”之“吉”，终莫之陵也。**

疏正义曰：“贲如濡如”者，贲如，华饰之貌。濡如，润泽之理。居得其位，与二相比，和合文饰，而有润泽，故曰：“贲如濡如”。其美如此，长保贞吉，物莫之陵，故《象》云“永贞之吉，终莫之陵”也。

六四：贲如皤如，白马翰如。匪寇，婚媾。注云：有应在初而阂于三，为己寇难，二志相感，不获通亨，欲静则钦初之应，欲进则惧三之难，故或饰或素，内怀疑惧也。鲜洁其马，“翰如”以待，虽履正位，未敢果其志也。三为刚猛，未可轻犯，匪寇乃婚，终无尤也。**《象》曰：六四当位，疑也。“匪寇，婚媾”，终无尤也。**

疏正义曰：“贲如皤如”者，皤是素白之色。六四有应在初，欲往从之，三为己难，故己犹豫。或以文洁，故“贲如”也；或守质素，故“皤如”也。“白马翰如”者，但鲜洁其马，其色“翰如”，徘徊待之，未敢辄进也。“匪寇婚媾”者，若非九三为己寇害，乃得与初为婚媾也。“象曰：六四当位疑”者，以其当位，得与初为应，但碍于三，故迟疑也。若不当位，则与初非应，何须欲往而致迟疑也？“匪寇婚媾，终无尤”者，释“匪寇婚媾”之义。若待匪有寇难乃为婚媾，则终无尤过。若犯寇难而为婚媾，则终有尤也。

六五：贲于丘园，束帛戋戋。吝，终吉。注云：处得尊位，为饰之主，饰之盛者也。施饰于物，其道害也。施饰丘园，盛莫大焉，故贲于束帛，丘园乃落，贲于丘园帛，乃“戋戋”。用莫过俭，泰而能约，故必“吝”焉乃得终吉也。**《象》曰：六五之“吉”，有喜也。**

疏正义曰：“贲于丘园”者，丘园是质素之处。六五“处得尊位，为饰之主”。若能施饰在于质素之处，不华侈费用，则所束之帛，“戋戋”众多也。“吝终吉”者，初时俭约，故是其“吝”也。必俭约之“吝”，乃得“终吉”，而有喜也，故《象》云“六五之吉，有喜”也。

注“处得尊位”至“乃得终吉也”

疏正义曰："为饰之主，饰之盛者"，若宫室舆服之属，五为饰主。若施设华饰在于舆服宫馆之物，则大道损害也。"施饰丘园，盛莫大焉"者，丘谓丘墟，园谓园圃。唯草木所生，是质素之处，非华美之所。若能施饰，每事质素，与丘园相似，"盛莫大焉"。故"贲于束帛，丘园乃落"者，束帛，财物也。举束帛言之，则金银珠玉之等皆是也。若贲饰于此束帛，珍宝则素质之道乃陨落，故云"丘园乃落"也。"贲于丘园，帛乃戋戋"者，设饰在于丘园质素之所，则不靡费财物，束帛乃"戋戋"众多也。诸儒以为若贲饰束帛，不用聘士，则丘园之上乃落也。若贲饰丘园之士与之，故束帛乃"戋戋"也。诸家注《易》，多为此解。但今案：辅嗣之注全无聘贤之意，且爻之与《象》，亦无待士之文。辅嗣云："用莫过俭，泰而能约，故必吝焉，乃得终吉。"此则普论为国之道，不尚华侈，而贵俭约也。若从先师，唯用束帛招聘丘园，以俭约待贤，岂其义也？所以汉聘隐士，或乃用羔雁玄纁，蒲轮驷马，岂止"束帛"之间，而云俭约之事？今观注意，故为此解耳。

上九：白贲，无咎。注云：处饰之终，饰终反素，故任其质素，不劳文饰而"无咎"也。以白为饰，而无患忧，得志者也。**《象》曰："白贲无咎"，上得志也。**

疏正义曰："白贲无咎"者，"处饰之终"，饰终则反素，故在其质素，不劳文饰，故曰："白贲无咎"也。守志任真，得其本性，故《象》云"上得志"也。言居上得志也。

剥 ䷖ 艮上 坤下

剥：不利有攸往。

疏正义曰："剥"者，剥落也。今阴长变刚，刚阳剥落，故称"剥"也。小人既长，故"不利有攸往"也。

《彖》曰：剥，剥也，柔变刚也。"不利有攸往"，小人长也。顺而止之，观象也。君子尚消息盈虚，天行也。注云："坤"顺而"艮"止也。所以"顺而止之"，不敢以刚止者，以观其形象也。强亢激拂，触忤以陨身，身既倾焉，功又不就，非君子之所尚也。

疏 正义曰："剥，剥也"者，释剥卦名为"剥"，不知何以称"剥"，故释云"剥"者解"剥"之义，是阴长解剥于阳也。"柔变刚"者，释所以此卦名剥之意也。"不利有攸往，小人道长"者，此释"不利有攸往"之义。小人道长，世既闇乱，何由可进？往则遇灾，故"不利有攸往"也。"顺而止之观象"者，明在剥之时，世既无道，君子行之，不敢显其刚直，但以柔顺止约其上，唯望君上形象，量其颜色而止也。"君子尚消息盈虚，天行"者，解所以在剥之时，顺而止之。观其颜色形象者，须量时制变，随物而动。君子通达物理，贵尚消息盈虚。道消之时，行消道也；道息之时，行息道也；在盈之时，行盈道也；在虚之时，行虚道也。若值消虚之时，存身避害，"危行言逊"也。若值盈息之时，极言正谏，建事立功也。"天行"谓逐时消息盈虚，乃天道之所行也。春夏始生之时，天气盛大，秋冬严杀之时，天气消灭，故云"天行"也。

注"坤顺而艮止也"至"君子之所尚也"

疏 正义曰："非君子之所尚"者，不逐时消息盈虚，于无道之时，刚亢激拂，触忤以陨身；身既倾陨，功又不就，"非君子之所尚也"。

《象》曰：山附于地，剥；上以厚下安宅。注云："厚下"者，床不见剥也。"安宅"者，物不失处也。"厚下安宅"，治"剥"之道也。

疏 正义曰："山附于地，剥"者，山本高峻，今附于地，即是剥落之象，故云"山附于地剥"也。"上以厚下安宅"者，剥之为义，从下而起，故在上之人，当须丰厚于下，安物之居，以防于剥也。

初六：剥床以足，蔑；贞凶。注云：床者，人之所以安也。"剥床以足"，犹云剥床之足也。"蔑"犹削也。剥床之足，灭下之道也。下道始灭，刚陨柔长，则正削而凶来也。**《象》曰："剥床以足"，以灭下也。**

疏 正义曰："剥床以足"者，床者人之所以安处也。在剥之初，剥道从下而起，剥床之足，言床足已"剥"也。下道始灭也。"蔑贞凶"者，蔑，削也。贞，正也。下道既灭，则以侵削其贞正，所以"凶"也。"象曰：剥床以足，以灭下"者，释"剥床以足"之义。床在人下，足又在床下。今剥床之足，是尽灭于下也。

六二，剥床以辨，蔑；贞凶。注云："蔑"犹甚极之辞也。辨者，足之上也。剥道浸长，故"剥"其辨也。稍近于"床"，转欲灭物之所处，长柔而削正。以斯为德，物所弃也。**《象》曰："剥床以辨"，未有与也。**

疏正义曰："剥床以辨"者，辨，谓床身之下，床足之上，足与床身分辨之处也。今剥落侵上，乃至于"辨"，是渐近人身，故云"剥床以辨"也。"蔑贞凶"者，蔑，削也。削除中正之道，故"凶"也。初六"蔑贞"，但小削而已，六二"蔑贞"，是削之甚极，故更云"蔑贞凶"也。长此阴柔，削其正道，以此为德，则物之所弃。故《象》云"未有与"也，言无人与助之也。

注"蔑犹甚极"至"物所弃也"

疏正义曰："蔑犹甚极之辞"者，初既称"蔑"，二又称"蔑"，"蔑"上复"蔑"，此蔑甚极，故云"蔑犹甚极之辞"也。"蔑"谓微蔑，物之见削，则微蔑也，故以"蔑"为"削"。"稍近于床，转欲蔑物之处"者，物之所处谓床也。今剥道既至于辨，在床体下畔之间，是将欲灭床，故云"转欲灭物之所处"也。

六三：剥之，无咎。注云：与上为应，群阴剥阳，我独协焉，虽处于剥，可以"无咎"。**《象》曰："剥之无咎"，失上下也。**注云：三上下各有二阴，而三独应于阳，则"失上下"也。

疏正义曰：六三与上九为应，虽在剥阳之时，独能与阳相应，虽失位处剥而"无咎"也。"象曰：剥之无咎，失上下"者，释所以无咎之义。上下群阴皆悉剥阳也，已独能违失上下之情而往应之，所以"无咎"也。

六四：剥床以肤，凶。注云：初二剥床，民所以安，未剥其身也。至四剥道浸长，床既剥尽，以及人身，小人遂盛，物将失身，岂唯削正，靡所不凶。**《象》曰："剥床以肤"，切近灾也。**

疏正义曰："剥床以肤"者，四道浸长，剥床已尽，乃至人之肤体，物皆失身，所以凶也。"象曰：切近灾"者，其灾已至，故云"切近灾"也。

六五：贯鱼以宫人宠，无不利。注云：处剥之时，居得尊位，为"剥"之主者也。"剥"之为害，小人得宠，以消君子者也。若能施宠小人，于宫人而已，不害于正，则所宠虽众，终无尤也。"贯鱼"谓此众阴也，骈头相次，似"贯鱼"也。**《象》曰："以宫人宠"，终无尤也。**

疏正义曰："贯鱼以宫人宠"者，处得尊位，"为剥之主"，剥之为害，小人得宠以消君子。"贯鱼"者，谓众阴也。骈头相次，似若贯穿之鱼。此六五若能处待众阴，但以宫人之宠相似。宫人被宠，不害正事，则终无尤过，无所不利，故云"无不利"。故《象》云"终无尤也"。

上九：硕果不食，君子得舆，小人剥庐。注云：处卦之终，独全不落，故果至于硕而不见食也。君子居之，则为民覆荫；小人用之，则剥下所庇也。**《象》曰："君子得舆"，民所载也；"小人剥庐"，终不可用也。**

疏正义曰："硕果不食"者，处卦之终，独得完全，不被剥落，犹如硕大之果，不为人食也。"君子得舆"者，若君子而居此位，能覆荫于下，使得全安，是君子居之，则得车舆也。若小人居之，下无庇荫，在下之人，被剥彻庐舍也。"象曰：君子得舆，民所载"者，释"得舆"之义。若君子居处此位养育其民，民所仰载也。"小人剥庐，终不可用"者，言小人处在此位，为君剥彻民之庐舍，此小人终不可用为君也。

周易注疏卷第五

复 ䷗ 坤上 震下

复:亨。出入无疾,朋来无咎。反复其道,七日来复,利有攸往。

疏正义曰:"复亨"者,阳气反复而得亨通,故云"复亨"也。"出入无疾"者,出则刚长,入则阳反,理会其时,故无疾病也。"朋来无咎"者,朋谓阳也。反复众阳,朋聚而来,则"无咎"也。若非阳众来,则有咎,以其众阳之来,故"无咎"也。"反复其道,七日来复"者,欲速反之与复而得其道,不可过远。唯七日则来复,乃合于道也。"利有攸往"者,以阳气方长,往则小人道消,故"利有攸往"也。

《彖》曰:"复,亨",刚反动而以顺行,是以"出入无疾",注云:入则为反,出则刚长,故"无疾"。疾犹病也。**"朋来无咎",**注云:"朋"谓阳也。**"反复其道,七日来复",**注云:阳气始剥尽至来复时,凡七日。**天行也。**注云:以天之行,反复不过七日,复之不可远也。**"利有攸往",刚长也。**注云:往则小人道消也。**复,其见天地之心乎。**注云:复者,反本之谓也,天地以本为心者也。凡动息则静,静非对动者也。语息则默,默非对语者也。然则天地虽大,富有万物,雷动风行,运化万变,寂然至无,是其本矣。故动息地中,乃天地之心见也。若其以有为心,则异类未获具存矣。

疏正义曰:"复亨"者,以阳复则亨,故以亨连复而释之也。"刚反动而以顺行"者,既上释"复亨"之义,又下释"出入无疾朋来无咎"之理,故云"是以出入无疾朋来无咎"也。"反复其道,七日来复。天行"者,以天行释"反复其道,七日来复"之义。言反之与复得合其道,唯七日而来复,不可久远也。此是天之所行也。天之阳气绝灭之后,不过七日,阳气复生,此乃天之自然之理,故曰"天行"也。"利有攸往,刚长"者,"以刚长"释"利有攸往"之义也。

"复,其见天地之心乎"者,此赞明复卦之义。天地养万物,以静为心,不为而物自为,不生而物自生,寂然不动,此天地之心也。此复卦之象,"动"息地中,雷在地下,息而不动,静寂之义,与天地之心相似。观此复象,乃"见天地之心"也。天地非有主宰,何得有心?以人事之心,讬天地以示法尔。

注"阳气始剥"至"凡七日"

疏正义曰:"阳气始剥尽",谓阳气始于剥尽之后,至阳气来复时,凡经七日。观注之意,阳气从剥尽之后,至于反复,凡经七日。其注分明。如褚氏、庄氏并云"五月一阴生,至十一月一阳生",凡七月。而云"七日",不云"月"者,欲见阳长须速,故变月言日。今辅嗣云"剥尽"至"来复",是从尽至来复,经七日也。若从五月言之,何得云"始尽"也?又临卦亦是阳长而言八月,今复卦亦是阳长,何以独变月而称七日?观注之意,必谓不然,亦用《易纬》六日七分之义,同郑康成之说。但于文省略,不复具言。案《易纬·稽览图》云:"卦气起中孚。"故离、坎、震、兑,各主其一方,其余六十卦,卦有六爻,爻别主一日,凡主三百六十日。余有五日四分日之一者,每日分为八十分,五日分为四百分四分日之一又为二十分,是四百二十分。六十卦分之,六七四十二卦,别各得七分,是每卦得六日七分也。剥卦阳气之尽在于九月之末,十月当纯坤用事。坤卦有六日七分。坤卦之尽,则复卦阳来,是从剥尽至阳气来复,隔坤之一卦六日七分,举成数言之,故辅嗣言"凡七日"也。"反复"者,则出入之义。反谓入而倒反复谓既反,之后复而向上也。

注"复者反本之谓也"至"未获具存矣"

疏正义曰:"复者反本之谓也"者,往前离本处而去,今更反于本处,是"反本"之谓也。"天地以本为心"者,"本"谓静也。言天地寂然不动,是"以本为心"者也。凡动息则静,静非对动者也。天地之动,静为其本,动为其末,言静时多也,动时少也。若暂时而动,止息则归静,是静非对动,言静之为本,自然而有,非对动而生静,故曰"静非对动"者也。"语息则默,默非对语"者,语则声之动,默则口之静,是不语之时,恒常默也。非是对语有默以动静语默,而地别体,故云"非对"也。云"天地虽大,富有万物,雷动风行,运化万变"者,此言天地之动也。言"寂然至无是其本矣"者,凡有二义:一者万物虽运动于外,而天地寂然至于其内也。外是其末,内是其本,言天地无心也。二者虽雷动风行,千化万变,若其雷风止息,运化停住之后,亦寂然至无也。"若其以有为心,则异类未获具存"者,凡以无为心,则物我齐致,亲疏一等,则不害异类,彼此获宁。若其以有为心,则我之自我,不能普及于物,物之自物,不能普赖于我,物则被害,故"未获具存"也。

《象》曰:雷在地中,复。先王以至日闭关,商旅不行,后不省方。注云:

方，事也。冬至，阴之复也。夏至，阳之复也。故为复则至于寂然大静，先王则天地而行者也。动复则静，行复则止，事复则无事也。

疏正义曰："雷在地中复"者，雷是动物，复卦以动息为主，故曰"雷在地中"。"先王以至日闭关"者，先王象此复卦，以二至之日闭塞其关也，商旅不行于道路也。"后不省方"者，方，事也。后不省视其方事也。以地掩闭于雷，故关门掩闭，商旅不行。君后掩闭于事，皆取"动息"之义。

注"方事也"至"事复则无事也"

疏正义曰："方，事"者，恐"方"是四方境域，故以"方"为事也。言至日不但不可出行，亦不可省视事也。"冬至阴之复，夏至阳之复"者，复谓反本，静为动本。冬至一阳生，是阳动用而阴复于静也。夏至一阴生，是阴动用而阳复于静也。"动复则静，行复则止，事复则无事"者，动而反复则归静，行而反复则归止，事而反复则归于无事也。

初九：不远复，无祇悔，元吉。注云：最处复初，始复者也。复之不速，遂至迷凶，不远而复，几悔而反，以此修身，患难远矣。错之于事，其始庶几乎？故"元吉"也。**《象》曰："不远"之复，以修身也。**

疏正义曰："不远复"者，最处复初，是始复者也。既在阳复，即能从而复之，是迷而不远，即能复也。"无祇悔元吉"者，韩氏云："祇，大也。"既能速复，是无大悔，所以大吉。"《象》曰：不远之复，以修身"者，"释不远之复"也。所以不远速复者，以能修正其身，有过则改故也。

六二：休复，吉。注云：得位处中，最比于初。初上无阳爻以疑其亲，阳为仁行，在初之上而附顺之，下仁之谓也。既处中位，亲仁善邻，复之休也。**《象》曰："休复"之吉，以下仁也。**

疏正义曰："休复，吉"者，得位处中，最比于初，阳为仁行，己在其上，附而顺之，是降下于仁，是休美之复，故云"休复吉"也。以其下仁，所以"吉"也。故《象》云"休复之吉，以下仁也"。

六三：频复，厉无咎。注云：频，频蹙之貌也。处下体之终，虽愈于上六之迷，已失复远矣，是以蹙也。蹙而求复，未至于迷，故虽危无咎也。复道宜速，蹙而乃复，义虽无咎，它来难保。**《象》曰："频复"之厉，义无咎也。**

疏正义曰："频复"者，频谓频蹙。六三处下体之上，去复稍远，虽胜于上六迷复，犹频蹙而复，复道宜速，谓蹙而求复也。去复犹近，虽有危厉，于义无咎。故《象》云"义无咎"也。

注"频蹙之貌"至"它来难保"

疏正义曰："义虽无咎，它来难保"者，去复未甚大远，于义虽复无咎，谓以道自守，得"无咎"也。若自守之外，更有他事而来，则难可保此无咎之吉也。所以《象》云"义无咎"，守常之义得无咎也。

六四：中行独复。注云：四上下各有二阴而处厥中，履得其位而应于初，独得所复，顺道而反，物莫之犯，故曰"中行独复"也。**《象》曰："中行独复"，以从道也。**

疏正义曰："中行独复"者，处于上卦之下，上下各有二阴，己独应初，居在众阴之中，故云"中行"。独自应初，故云"独复"。从道而归，故《象》云"以从道也"。

六五：敦复，无悔。注云：居厚而履中，居厚则无怨，履中则可以自考，虽不足以及"休复"之吉，守厚以复，悔可免也。**《象》曰："敦复，无悔"，中以自考也。**

疏正义曰："敦复无悔"者，处坤之中，是敦厚于复，故云"敦复"。既能履中，又能自考成其行。既居敦厚物，无所怨，虽不及六二之"休复"，犹得免于悔吝，故云"无悔"也。"象曰：敦复，无悔，中以自考"者，释"无悔"之义。以其处中，能自考其身，故"无悔"也。

上六：迷复，凶，有灾眚。用行师，终有大败。以其国君凶，至于十年不克征。注云：最处复后，是迷者也。以迷求复，故曰"迷复"也。用之行师，难用有克也，终必大败。用之于国，则反乎君道也。大败乃复量斯势也。虽复十年修之，犹未能征也。**《象》曰："迷复"之凶，反君道也。**

疏正义曰："迷复凶"者，最处复后，是迷闇于复。"以迷求复"，所以"凶"也。"有灾眚"者，闇于复道，必无福庆，唯有灾眚也。"用行师，终有大败"者，所为既凶，故用之行师，必无克胜，唯"终有大败"也。"以其国君凶"者，以，用也。用此迷复于其国内，则反违君道，所以凶也。"至于十年不克征"者，师败国凶，量斯形势，虽至十年犹不能征伐。以其迷闇不复，而反违于君道，故《象》云“迷复之凶，反君道也”。

无妄 ䷘ 乾上 震下

无妄：元、亨、利、贞。其匪正有眚，不利有攸往。

疏 正义曰：无妄者，以刚为内主，动而能健，以此临下，物皆无敢诈伪虚妄，俱行实理，所以大得亨通，利于贞正，故曰“元亨利贞”也。“其匪正有眚不利有攸往”者，物既无妄，当以正道行之。若其匪依正道，则有眚灾，不利有所往也。

《彖》曰：无妄，刚自外来而为主于内。注云：谓震也。**动而健，**注云：震动而乾健也。**刚中而应。**注云：谓五也。**大亨以正，天之命也。**注云：刚自外来，而为主于内，动而愈健。“刚中而应”，威刚方正，私欲不行，何可以妄？使有妄之道灭，无妄之道成，非大亨利贞而何？刚自外来，而为主于内，则柔邪之道消矣。动而愈健，则刚直之道通矣。“刚中而应”，则齐明之德著矣。故“大亨以正”也。天之教命，何可犯乎？何可妄乎？是以匪正则有眚，而“不利有攸往”也。**“其匪正有眚，不利有攸往”。无妄之往，何之矣？天命不佑，行矣哉！**注云：匪正有眚，不求改以从正，而欲有所往，居不可以妄之时，而欲以不正有所往，将欲何之天命之所不佑，竟矣哉！

疏 正义曰：“刚自外来而为主于内，动而健”者，以此卦象释能致无妄之义。以震之刚从外而来，为主于内，震动而乾健，故能使物“无妄”也。“刚中而应”者，明爻义能致无妄。九五以刚处中，六二应之，是“刚中而应”。刚中则能制断虚实，有应则物所顺从，不敢虚妄也。“大亨以正，天之命也”者，释“元亨利贞”之义。威刚方正，私欲不行，何可以妄？此天之教命也。以天道纯阳，刚而能健，是乾德相似，故云“天之命”也。既是天命，岂可犯乎？“其匪正有眚，不利有攸往，无妄之往何之矣”者，此释“匪正有眚不利有攸往”之义也。“无妄之往何之矣”，上“之”是语辞，下“之”是适也。身既非正，在“无妄”之世，欲有所往，何所之适矣？故云“无妄之往何之矣”。“天命不佑行矣哉”者，身既非正，欲有所往，犯违天命，则天命不佑助也。必竟行矣哉！言终竟行此不佑之事也。

注“刚自外来”至“不利有攸往也”

疏 正义曰：云“使有妄之道灭，无妄之道成”者，妄，谓虚妄矫诈，不循正理。若无刚中之主，柔弱邪僻，则物皆诈妄，是有妄之道兴也。今遇刚中之主，威严刚正，在下畏威，不敢诈妄，是有妄之道灭，无妄之道成。

注"匪正有眚"至"不佑竟矣哉"

疏正义曰："竟矣哉"者，竟谓终竟，言天所不佑，终竟行矣哉！

《象》曰：天下雷行，物与无妄。注云：与，辞也，犹皆也。天下雷行，物皆不可以妄也。**先王以茂对时育万物。**注云：茂，盛也。物皆不敢妄，然后万物乃得各全其性，对时育物，莫盛于斯也。

疏正义曰："天下雷行"者，雷是威恐之声。今天下雷行，震动万物，物皆惊肃，无敢虚妄，故云"天下雷行"，物皆"无妄"也。"先王以茂对时育万物"者，茂，盛也。对，当也。言先王以此无妄盛事，当其无妄之时，育养万物也。此唯王者其德乃耳，非诸侯已下所能，故不云君子，而言"先王"也。案：诸卦之《象》，直言两象，即以卦名结之，若"雷在地中，复"。今无妄应云："天下雷行，无妄。"今云"物与无妄"者，欲见万物皆无妄，故加"物与"二字也。其余诸卦，未必万物皆与卦名同义，故直显象，以卦结之。至如复卦，唯阳气复，非是万物皆复。举复一卦，余可知矣。

初九：无妄往，吉。注云：体刚处下，以贵下贱，行不犯妄，故往得其志。**《象》曰："无妄"之往，得志也。**

疏正义曰："无妄往，吉"者，体刚居下，以贵下贱，所行教化，不为妄动，故"往吉"而得志也。

六二：不耕获，不菑畬，则利有攸往。注云：不耕而获，不菑而畬，代终已成而不造也。不擅其美，乃尽臣道，故"利有攸往"。**《象》曰："不耕获"，未富也。**

疏正义曰："不耕获，不菑畬"者，六二处中得位，尽于臣道，不敢创首，唯守其终，犹若田农不敢发首而耕，唯在后获刈而已。不敢菑发新田，唯治其菑熟之地，皆是不为其始而成其末，犹若为臣之道，不为事始而代君有终也。"则利有攸往"者，为臣如此，则利有攸往，若不如此，则往而无利也。"象曰：不耕获，未富也"者，释"不耕而获"之义。不敢前耕，但守后获者，未敢以耕耕之与获，俱为己事。唯为后获，不敢先耕事。既阙初，不擅其美，故云"未富也"。

六三：无妄之灾，或系之牛。行人之得，邑人之灾。注云：以阴居阳，行违谦顺，是"无妄"之所以为灾也。牛者稼穑之资也。二以不耕而获，"利有攸往"，而三为不顺之行，故"或系之牛"，是有司之所以为获，彼人之所以为灾也，故曰"行人之得，邑人之灾"也。**《象》曰："行人"得牛，"邑人"灾也。**

疏正义曰："无妄之灾，或系之牛。行人之得，邑人之灾"者，"无妄"之世，邪道不行。六三阴居阳位，失其正道，行违谦顺而乖臣范，故"无妄"之所以为灾矣。牛者稼穑之资，六三僭为耕事，行唱始之道，而为不顺王事之行，故有司或系其牛，制之使不妄造，故曰"或系之牛"也。"行人"者，有司之义也。有司系得其牛，是"行人"制之得功，故曰"行人之得"。彼居三者，是处邑之人僭为耕事，受其灾罚，故曰："行人之得，邑人之灾"也。"象曰：行人得牛，邑人灾也"者，释"行人之得"义也。以行人所得，谓得牛也。此则得牛，彼则为灾，故云"邑人灾"也。

九四：可贞，无咎。注云：处"无妄"之时，以阳居阴，以刚乘柔，履于谦顺，比近至尊，故可以任正，固有所守而"无咎"也。**《象》曰："可贞，无咎"，固有之也。**

疏正义曰："可贞，无咎"者，以阳居阴，以刚乘柔，履于谦顺，上近至尊，可以任正，固有所守而无咎，故曰"可贞，无咎"也。"象曰：可贞，无咎，固有之也"者，释"可贞无咎"之义。所以可执贞正，言坚固有所执守，故曰"无咎"也。

九五：无妄之疾，勿药有喜。注云：居得尊位，为无妄之主者也。下皆"无妄"，害非所致而取药焉，疾之甚也。非妄之灾，勿治自复，非妄而药之则凶，故曰"勿药有喜"。**《象》曰：无妄之药，不可试也。**注云：药攻有妄者也，而反攻"无妄"，故不可试也。

疏正义曰："无妄之疾"者，凡祸疾所起，由有妄而来。今九五居得尊位，为无妄之主，下皆"无妄"，而偶然有此疾害，故云"无妄之疾"也。"勿药有喜"者，若疾自己招，或寒暑饮食所致，当须治疗。若其自然之疾，非己所致，疾当自损，勿须药疗而"有喜"也。此假病象以喻人事，犹若人主而刚正自修，身无虚妄，下亦无虚妄，而遇逢凶祸，若尧、汤之厄，灾非己招，但顺时修德，勿须治理，必欲除去，不劳烦天下，是"有喜"也。然尧遭洪水，使鲧、禹治之者，虽知灾未可息，必须顺民之心。鲧之不成，以灾未息也。禹能治救，灾欲尽也，是亦自然之灾，“勿药有喜”之义也。“象曰：无妄之药，不可试也”者，解“勿药有喜”之义。若有妄致疾，其药可用。若身既“无妄”，自然致疾，其药不可试也。若其试之，恐更益疾也。言非妄有灾不可治也，若必欲治之，则劳烦于下，害更甚也。此非直施于人主，至于凡人之事，亦皆然也。若己之无罪，忽逢祸患，此乃自然之理，不须忧劳救护，亦恐反伤其性。

上九：无妄行，有眚，无攸利。注云：处不可妄之极，唯宜静保其身而已，故不可以行也。**《象》曰："无妄"之行，穷之灾也。**

疏正义曰：处不可妄之极，唯宜静保其身。若动行，必有灾眚，无所利也。位处穷极，动则致灾。故《象》云："无妄之行，穷之灾也。"

大畜 ䷙ 艮上 乾下

大畜：利贞。不家食，吉。利涉大川。

疏正义曰：谓之“大畜”者，乾健上进，艮止在上，止而畜之，能畜止刚健，故曰“大畜”。《彖》云："能止健，大正也。"是能止健，故为大畜也。小畜则巽在乾上，以其巽顺，不能畜止乾之刚，故云小畜也。此则艮能止之，故为大畜也。“利贞”者，人能止健，非正不可，故“利贞”也。“不家食吉”者，已有大畜之资，当须养顺贤人，不使贤人在家自食，如此乃吉也。“利涉大川”者，丰则养贤，应于天道，不忧险难，故“利涉大川”。

《彖》曰：大畜，刚健笃实，辉光日新其德。注云：凡物既厌而退者，弱也；既荣而陨者，薄也。夫能“辉光日新其德”者，唯“刚健笃实”也。**刚上而尚贤，**注云：谓上九也。处上而大通，刚来而不距，“尚贤”之谓也。**能止健，大正也。**注云：健莫过乾而能止之，非夫“大正”，未之能也。**"不家食吉"，养贤也。"利涉大川"，应乎天也。**注云：有大畜之实，以之养贤，令贤者不家食，乃吉也。“尚贤”制健，“大正”应天，不忧险难，故“利涉大川”也。

疏正义曰：言“大畜，刚健笃实”者，此释大畜之义，“刚健”谓乾也。乾体刚性健，故言“刚健”也。“笃实”，谓艮也。艮体静止，故称“笃实”也。“辉光日新其德”者，以其刚健笃实之故，故能辉耀光荣，日日增新其德。若无刚健，则劣弱也，必既厌而退。若无笃实，则虚薄也，必既荣而陨，何能久有辉光，日新其德乎？"刚上而尚贤"者，"刚上"谓上九也。乾刚向上，上九不距，是贵尚贤也。"能止健，大正也"者，释"利贞"义。所以艮能止乾之健者，德能大正，故"能止健"也。"不家食吉，养贤"者，释"不家食吉"，所以不使贤者在家自食而获吉也。以在上有"大畜"之实，养此贤人，故不使贤者在家自食也。"利涉大川应乎天"者，以贵尚贤人，大正应天，可逾越险难，故"利涉大川"也。

注"凡物既厌"至"刚健笃实也"

疏正义曰："凡物既厌而退者，弱也"者，释经"刚健"也。若不刚健，则见厌被退。能刚健，则所为日进，不被厌退也。"既荣而陨者薄也"者，释经"笃实"也。凡物暂时荣华而即损落者，由体质虚薄也。若能笃厚充实，则恒保荣美，不有损落也。

注"谓上九"至"尚贤之谓也"

疏正义曰："谓上九也"者，言上九之德，见乾之上进而不距逆，是贵"尚贤"也。"处上而大通"者，释上九"何天之衢亨"，是处上通也。既处于上，下应于天，有大通之德也。"刚来而不距"者，以有大通，既见乾来而不距逆，是"尚贤"之义也。

注"有大畜之实"至"利涉大川也"

疏正义曰："尚贤制健"者，谓上九刚来不距，"尚贤"之谓也。艮能畜刚，"制健"之谓也。故上经云："刚上而尚贤"。王注云："谓上九也。"又云："能止健，大正也。"王注云："健莫过乾，而能止之，非夫大正，未之能也。"则是全论艮体。"明知尚贤"，谓上九也。"制健"谓艮体也。"大正应天"者，谓艮也。故前文云："能止健，大正也。"止健是艮也，应天者，上体之艮，应下体之乾，故称"应天"也。此取上卦、下卦而相应，非谓一阴一阳而相应也。

《象》曰：天在山中，大畜。君子以多识前言往行，以畜其德。注云：物之可畜于怀，令德不散，尽于此也。

疏正义曰："天在山中"者，欲取德积于身中，故云"天在山中"也。"君子以多识前言，往行以畜其德"者，君子则此"大畜"，物既"大畜"，德亦"大畜"，故多记识前代之言，往贤之行，使多闻多见，以畜积己德，故云"以畜其德"也。

注"物之可畜"至"尽于此也"

疏正义曰：物之可畜于怀，令其道德不有弃散者，唯贮藏"前言往行"于怀，可以令德不散也。唯此而已，故云"尽于此也"。

初九：有厉，利已。注云：四乃畜己，未可犯也。故进则有厉，已则利也。**《象》曰："有厉，利已"，不犯灾也。**注云：处健之始，未果其健者，故能利已。

疏正义曰："有厉，利已"者，初九虽有应于四，四乃抑畜于己。己今若往，则有危厉。唯利休已，不须前进，则不犯祸凶也。故《象》云："不犯灾也。"

九二：舆说輹。注云：五处畜盛，未可犯也。遇斯而进，故"舆说輹"也。居得其中，能以其中不为冯河，死而无悔，遇难能止，故"无尤"也。**《象》曰："舆说輹"，中无尤也。**

疏正义曰：九二虽与六五相应，"五处畜盛，未可犯也"。若遇斯而进，则舆说其輹，车破败也。以其居中，能遇难而止，则无尤过，故《象》云"中无尤"也。以其居中能自止息，故"无尤"也。此"舆说輹"，亦假像以明人事也。

九三：良马逐，利艰贞。曰：闲舆卫，利有攸往。注云：凡物极则反，故畜极则通。初二之进，值于畜盛，故不可以升。至于九三，升于上九，而上九处天衢之亨，途径大通，进无违距，可以驰骋，故曰"良马逐"也。履当其位，进得其时，在乎通路，不忧险厄，故"利艰贞"也。闲，阂也。卫，护也。进得其时，虽涉艰难而无患也，舆虽遇闲而故卫也。与上合志，故"利有攸往"也。**《象》曰："利有攸往"，上合志也。**

疏正义曰："九三良马逐"者，"初二之进，值于畜盛"，不可以升。"至于九三，升于上九，而上九处天衢之亨，途径大通，进无违距"，故九三可以良马驰逐也。"利艰贞"者，"履当其位，进得其时，在乎通路，不忧险厄"，故宜利艰难而贞正也。若不值此时，虽平易守正而尚不可，况艰难而欲行正乎？"曰：闲舆卫"者，进得其时，涉难无患，虽曰有人欲闲阂车舆，乃是防卫见护也，故云"曰：闲舆卫"也。"利有攸往"者，与上合志，利有所往，故《象》曰"上合志"也。

六四：童牛之牿，元吉。注云：处艮之始，履得其位，能止健初，距不以角，柔以止刚，刚不敢犯。抑锐之始，以息强争，岂唯独利？乃将"有喜"也。**《象》曰：六四"元吉"，有喜也。**

疏正义曰："童牛之牿"者，处艮之始，履得其位，能抑止刚健之初。距此初九，不须用角，故用童牛牿止其初也。“元吉”者，柔以止刚，刚不敢犯，以息强争所以大吉而有喜也，故《象》云“元吉，有喜也。”

六五：豮豕之牙，吉。注云：豕牙横猾，刚暴难制之物，谓二也。五处得尊位，为畜之主。二刚而进，能豮其牙，柔能制健，禁暴抑盛，岂唯能固其位，乃将“有庆”也！**《象》曰：六五之“吉”，有庆也。**

疏正义曰：“豮豕之牙”者，豕牙谓九二也。二既刚阳，似豕牙之横猾。九二欲进，此六五处得尊位，能豮损其牙，故云“豮豕之牙”。柔能制刚，禁暴抑盛，所以“吉”也。非唯独吉，乃终久有庆。故《象》云“六五之吉，有庆也”。

注“豕牙横猾”至“将有庆也”

疏正义曰：“能豮其牙”者，观注意则豮是禁制损去之名，褚氏云：“豮，除也，除其牙也。然豮之为除，《尔雅》无训。案《尔雅》云：“坟，大防。”则坟是堤防之义。此“豮其牙”，谓防止其牙。古字假借，虽豕傍土边之异，其义亦通。“豮其牙”，谓止其牙也。

上九：何天之衢，亨。注云：处畜之极，畜极则通，大畜以至于大亨之时。何，辞也，犹云何畜，乃天之衢亨也。**《象》曰：“何天之衢”，道大行也。**

疏正义曰：“何天之衢，亨”者，何谓语辞，犹云“何畜”也。处畜极之时，更何所畜？乃天之衢，亨，无所不通也。故《象》云：“何天之衢，道大行也”。何氏云：“天衢既通，道乃大亨。”

颐 ䷚ 艮上 震下

颐：贞吉。观颐，自求口实。

疏正义曰：“颐贞吉”者，于颐养之世，养此贞正，则得吉也。“观颐”者，颐，养也，观此圣人所养物也。“自求口实”者，观其自养，求其口中之实也。

《彖》曰：颐“贞吉”，养正则吉也。“观颐”，观其所养也。“自求口实”，观其自养也。天地养万物，圣人养贤以及万民，颐之时大矣哉！

疏正义曰：“颐贞吉，养正则吉”者，释“颐贞吉”之义。颐，养也。贞，正也。所养得正，则有吉也。其养正之言，乃兼二义：一者养此贤人，是其“养正”，故下云“圣人养贤以及万民”。二者谓养身得正，故《象》云“慎言语，节饮食”。以此言之，则“养正”之文，兼养贤及自养之义也。“观颐观其所养也”者，释“观颐”之义也。言在下观，视在上颐养，所养何人，故云“观颐，观其所养也”。“自求口实，观其自养”者，释“自求口实”之义也。谓在下之人，观此在上自求口中之实，是观其自养，则是在下观上，乃有二义：若所养是贤，及自养有节，则是其德盛也；若所养非贤，及自养乖度，则其德恶也。此卦之意，欲使所养得也，不欲所养失也。“天地养万物”者，自此已下，广言颐卦所养事大，故云“天地养万物”也。“圣人养贤以及万民”者，先须养贤，乃得养民，故云“养贤以及万民”也。圣人但养贤人使治众，众皆获安，有如虞舜五人，周武十人，汉帝张良，齐君管仲，此皆养得贤人以为辅佐，政治世康，兆庶咸说，此则“圣人养贤以及万民”之养也。“颐之时大矣哉”者，以《彖》释“颐”义于理既尽，更无余意，故不云义，所以直言“颐之时大矣哉”。以所养得广，故云“大矣哉”。

《象》曰：山下有雷，颐。君子以慎言语，节饮食。注云：言语、饮食犹慎而节之，而况其余乎？

疏正义曰：山止于上，雷动于下。颐之为用，下动上止，故曰“山下有雷，颐”。人之开发言语、咀嚼、饮食，皆动颐之事，故君子观此颐象，以谨慎言语，裁节饮食。先儒云：“祸从口出，患从口入。”故于颐养而慎节也。

初九：舍尔灵龟，观我朵颐，凶。注云：“朵颐”者，嚼也。以阳处下而为动始，不能令物由己养，动而求养者也。夫安身莫若不竞，修己莫若自保。守道则福至，求禄则辱来。居养贤之世，不能贞其所履以全其德，而舍其灵龟之明兆，羡我朵颐而躁求，离其致养之至道，窥我宠禄而竞进，凶莫甚焉。**《象》曰：“观我朵颐”，亦不足贵也。**

疏正义曰：“舍尔灵龟，观我朵颐，凶”者，“灵龟”谓神灵明鉴之龟。“兆”以喻己之明德也。“朵颐”谓朵动之颐以嚼物，喻贪婪以求食也。初九“以阳处下而为动始”，不能使物赖己而养，而更自动求养，是舍其灵龟之明兆，观我朵颐而躁求。是损己廉静之德，行其贪窃之情，所以“凶”也。不足可贵，故《象》云“亦不足贵”也。

注“朵颐者嚼也”至“凶莫甚焉”

疏正义曰：“朵颐者嚼也”者，朵是动义，如手之捉物谓之朵也。今动其颐,故知嚼也。"不能令物犹己养"者,若道德弘大,则己能养物,是物由己养。今身处无位之地,又居震动之始,是动而自求养也。"离其致养之至道,窥我宠禄而竞进"者,若能自守廉静,保其明德,则能致君上所养。今不能守廉静,是"离其致养之至道",反以求其宠禄而竞进也。

六二:颠颐,拂经于丘。颐,征凶。注云:养下曰颠。拂,违也。经,犹义也。丘,所履之常也。处下体之中,无应于上,反而养初居下,不奉上而反养下,故曰"颠颐拂经于丘也"。以此而养,未见其福也;以此而行,未见有与,故曰"颐贞凶"。**《象》曰:六二,"征凶",行失类也。**注云:类皆上养,而二处下养初。

疏正义曰:颠,倒也。拂,违也。经,义也。丘,所履之常处也。六二处下体之中,无应于上,反倒下养初,故曰"颠颐"。下当奉上,是义之常处也。今不奉于上,而反养于下,是违此经义于常之处,故云"拂经于丘"也。"颐征凶"者,征,行也。若以此而养,所行皆凶,故曰"颐征凶"也。"象曰:六二,征凶,行失类也"者,颐养之体,类皆养上也。今此独养下,是所行失类也。

六三:拂颐,贞凶。十年勿用,无攸利。注云:履夫不正,以养于上,纳上以谄者也。拂养正之义,故曰"拂颐贞凶"也。处颐而为此行,十年见弃者也。立行于斯,无施而利。**《象》曰:"十年勿用",道大悖也。**

疏正义曰:"拂颐贞凶"者,拂,违也。履夫不正,以养上九,是自纳于上以谄媚者也。违养正之义,故曰拂颐贞而有凶也。为行如此,虽至十年,犹勿用而见弃也,故曰"十年勿用"。立行于此,故无所利也。"象曰:十年勿用,道大悖"者,释"十年勿用"之义。以其养上以谄媚,则于正道大悖乱,解"十年勿用"见弃也。

六四:颠颐,吉。虎视眈眈,其欲逐逐,无咎。注云:体属上体,居得其位,而应于初,以上养下,得颐之义,故曰"颠颐吉"也。下交不可以渎,故"虎视眈眈",威而不猛,不恶而严。养德施贤,何可有利?故"其欲逐逐",尚敦实也。修此二者,然后乃得全其吉而"无咎"。观其自养则履正,察其所养则养阳,颐爻之贵,斯为盛矣。**《象》曰:"颠颐"之吉,上施光也。**

疏正义曰:"颠颐吉"者,"体属上体,居得其位,而应于初,以上养下",得养之宜,所以吉也。"虎视眈眈"者,以上养下,不可亵渎,恒如虎视眈眈,然威而不猛也。"其欲逐逐"者,既养于下,不可有求,其情之所欲逐逐然,尚于敦实也。"无咎"者,若能"虎视眈眈,其欲逐逐",虽复"颠颐"养下,则得吉而"无咎"也。"象曰:颠颐之吉,上施光"者,释"颠颐吉"之义。"上"谓四也。下养于初,是上施也。能威而不猛,如虎视眈眈,又寡欲少求,其欲逐逐,能为此二者,是上之所施有光明也。然六二"颠颐"则为凶,六四"颠颐"得为吉者,六二身处下体而又下养,所以凶也;六四身处上体,又应于初,阴而应阳,又能威严寡欲,所以吉也。

注"体属上体"至"斯为盛矣"

疏正义曰:"观其自养则履正"者,以阴处阴,四自处其身,是观其自养,则能履正道也。"察其所养则养阳"者,六四下养于初,是观其所养。初是阳爻,则能养阳也。

六五:拂经,居贞,吉。不可涉大川。注云:以阴居阳,"拂颐"之义也。行则失类,故宜"居贞"也。无应于下而比于上,故可守贞从上,得颐之吉,虽得居贞之吉,处颐违谦,难未可涉也。**《象》曰:"居贞"之吉,顺以从上也。**

疏正义曰:拂,违也。经,义也。以阴居阳,不有谦退,乖违于"颐养"之义,故言"拂经"也。"居贞,吉"者,行则失类,"居贞,吉"也。"不可涉大川"者,处颐违谦,患难未解,故"不可涉大川",故"居贞,吉"也。"象曰:顺以从上"者,释"居贞"之义。以五近上九,以阴顺阳,亲从于上,故得"居贞,吉"也。

上九:由颐,厉吉,利涉大川。注云:以阳处上而履四阴,阴不能独为主,必宗于阳也。故莫不由之以得其养,故曰"由颐"。为众阴之主,不可渎也,故厉乃吉。有似家人"悔厉"之义,贵而无位,是以厉也。高而有民,是以吉也。为养之主,物莫之违,故"利涉大川"也。**《象》曰:"由颐厉吉",大有庆也。**

疏正义曰:"由颐"者,以阳处上而履四阴,阴不能独为其主,必宗事于阳也。众阴莫不由之以得其养,故曰"由颐"也。"厉吉"者,为众阴之主,不可亵渎,严厉乃吉,故曰"厉吉"也。"利涉大川"者,为养之主,无所不为,故"利涉大川"而有庆也。故《象》云"大有庆也"。

大过 ䷛ 兑上 巽下

大过：注云：音相过之过。**栋挠，利有攸往，亨。**

【疏】正义曰："过"谓过越之"过"，非经过之"过"。此衰难之世，唯阳爻，乃大能过越常理以拯患难也，故曰"大过"。以人事言之，犹若圣人过越常理以拯患难也。"栋挠"者，谓屋栋也。本之与末俱挠弱，以言衰乱之世，始终皆弱也。"利有攸往，亨"者，既遭衰难，圣人"利有攸往"，以拯患难，乃得亨通，故云"利有攸往亨"也。

注"音相过之过"

【疏】正义曰："相过"者，谓相过越之甚也，非谓相过从之"过"，故《象》云"泽灭木"，是过越之甚也。四阳在中，二阴在外，以阳之过越之甚也。

《彖》曰：大过，大者过也。注云：大者乃能过也。**"栋挠"，本末弱也。**注云：初为本，而上为末也。**刚过而中，**注云：谓二也。居阴，"过"也；处二，"中"也。拯弱兴衰，不失其中也。**巽而说行，**注云："巽而说行"，以此救难，难乃济也。**"利有攸往"，乃亨。**注云：危而弗持，则将安用？故往乃亨。**大过之时大矣哉！**注云：是君子有为之时也。

【疏】正义曰："大过，大者过也"者，释大过之义也。"大者过"，谓盛大者乃能过其分理以拯难也。故于二爻阳处阴位，乃能拯难也，亦是过甚之义。"栋挠，本末弱也"者，释"栋挠"义。以大过本末俱弱，故屋栋挠弱也，似若衰难之时始终弱也。"刚过而中，巽而说行，利有攸往，乃亨"者，此释"利有攸往，乃亨"义。"刚过而中"谓二也。以阳处阴，是刚之过极之甚，则阳来拯此阴难，是过极之甚也。"巽而说行"者，既以巽顺和说而行，难乃得济，故"利有攸往，得亨"也，故云"乃亨"。"大过之时大矣哉"，此广说大过之美。言当此大过之时，唯君子有为拯难，其功甚大，故曰"大矣哉"也。

象曰：泽灭木，大过。君子以独立不惧，遁世无闷。注云：此所以为"大过"，非凡所及也。

【疏】正义曰："泽灭木"者，泽体处下，木体处上，泽无灭木之理。今云"泽灭木"者，乃是泽之甚极而至灭木，是极大过越之义。其大过之卦有二义也：一者物之自然大相过越常分，即此"泽灭木"是也。二者大人大过越常分以拯患难，则九二"枯杨生稊，老夫得其女妻"是也。"君子以独立不惧，遁世无闷"者，明君子于衰难之时，卓尔独立，不有畏惧，隐遁于世而无忧闷，欲有遁难之心，其操不改。凡人遇此则不能，然唯君子独能如此，是其过越之义。

初六：藉用白茅，无咎。注云：以柔处下，过而可以"无咎"，其唯慎乎！**《象》曰："藉用白茅"，柔在下也。**

疏正义曰："藉用白茅"者，以柔处下，心能谨慎，荐藉于物，用洁白之茅，言以洁素之道奉事于上也。"无咎"者，既能谨慎如此，虽遇大过之难，而"无咎"也。以柔道在下，所以免害。故《象》云"柔在下也"。

九二：枯杨生稊，老夫得其女妻，无不利。注云："稊"者，杨之秀也。以阳处阴，能过其本而救其弱者也。上无其应，心无特吝处过，以此无衰不济也。故能令枯杨更生稊，老夫更得少妻，拯弱兴衰，莫盛斯爻，故"无不利"也。老过则枯，少过则稚。以老分少，则稚者长；以稚分老，则枯者荣，过以相与之谓也。大过至衰而已至壮，以至壮辅至衰，应斯义也。**《象》曰："老夫女妻"，过以相与也。**

疏正义曰："枯杨生稊"者，"枯"谓枯槁，"稊"谓"杨之秀"者。九二以阳处阴，能过其本分，而救其衰弱。上无其应，心无特吝，处大过之时，能行此道，无有衰者不被拯济。故衰者更盛，犹若枯槁之杨，更生少壮之稊；枯老之夫，得其少女为妻也。"无不利"者，谓拯弱兴衰，莫盛于此。以斯而行，无有不利也。"象曰：老夫女妻，过以相与"者，释"老夫女妻"之义。若老夫而有老妻，是依分相对。今老夫而得女妻，是过分相与也。老夫得女妻，是女妻以少而与老夫。老夫得少而更壮，是女妻过分而与夫也。女妻而得少夫，是依分相对。今女妻得老夫，是老夫减老而与少。女妻既得其老则益长，是老夫过分而与妻也，故云"过以相与"。《象》直云"老夫"、"女妻"，不云"枯杨生稊"者，"枯杨"则是老夫也，"生稊"则女妻也。其意相似，故《象》略而不言。

注"稊者杨之秀也"至"应斯义也"

疏正义曰："稊"者，杨柳之穗，故云"杨之秀也"。"以阳处阴，能过其本而救其弱"者，若以阳处阳，是依其本分。今以阳处阴，是过越本分，拯救阴弱也。"老过则枯，少过则稚"者，老之太过则枯槁，少之太过则幼稚也。"以老分少则稚者长也"，谓老夫减老而与女妻，女妻得之而更益长，故云"以老分少则稚者长也"。"以稚分老则枯者荣"者，谓女妻减少而与老夫，老夫得之，似若槁者而更得生稊，故云"则枯者荣也。"云"大过至衰而已至壮，以至壮辅至衰，应斯义”者，此大过之卦，本明至壮辅至衰，不论至衰减至壮。故辅嗣此注特云“以至壮辅至衰也”。“《象》曰过以相与”者，因至壮而辅至衰，似女妻而助老夫，遂因云老夫减老而与少，犹若至衰减衰而与壮也。其实不然也。

九三：栋桡，凶。注云：居大过之时，处下体之极，不能救危拯弱，以隆其栋，而以阳处阳，自守所居，又应于上，系心在一，宜其淹弱而凶衰也。**《象》曰：“栋桡”之凶，不可以有辅也。**

疏正义曰：“栋桡，凶”者，居大过之时，处下体之极，以阳居阳，不能救危拯弱，唯自守而已。独应于上，系心在一，所以“凶”也。心既褊狭，不可以辅救衰难，故《象》云“不可以有辅也”。

九四：栋隆，吉。有它吝。注云：体属上体，以阳处阴，能拯其弱，不为下所桡者也，故“栋隆”吉也。而应在初，用心不弘，故“有它吝”也。**《象》曰：“栋隆”之吉，不桡乎下也。**

疏正义曰：“栋隆，吉”者，体居上体，以阳处阴，能拯救其弱，不为下所桡，故得栋隆起而获吉也。“有它吝”者，以有应在初，心不弘阔，故“有它吝”也。“象曰：栋隆之吉，不桡乎下也”者，释“栋隆之吉”，以其能拯于难，不被桡乎在下，故得“栋隆，吉”。九四应初，行又谦顺，能拯于难，然唯只拯初，初谓下也。下得其拯，犹若所居屋栋隆起，下必不桡。若何得之，不被桡乎在下。但经文云“栋桡”，《象》释“栋桡”者，本末弱也。以屋栋桡弱而偏，则屋下榱柱亦先弱。柱为本，栋为末，观此《象》辞，是足见其义。故子产云：“栋折榱崩，侨将压焉。”以屋栋桡折，则榱柱亦同崩，此则义也。

九五：枯杨生华，老妇得其士夫，无咎无誉。注云：处得尊位，而以阳处阳，未能拯危。处得尊位，亦未有桡，故能生华，不能生稊；能得夫，不能得妻。处“栋桡”之世，而为“无咎无誉”，何可长哉！故生华不可久，士夫诚可丑也。**《象》曰：“枯杨生华”，何可久也？老妇士夫，亦可丑也。**

疏正义曰：“枯杨生华”者，处得尊位而以阳居阳，未能拯危，不如九二“枯杨生稊”。但以处在尊位，唯得“枯杨生华”而已。言其衰老，虽被拯救，其益少也。又似年老之妇，得其强壮士夫，妇已衰老，夫又强大，亦是其益少也。所拯难处少，才得无咎而已，何有声誉之美？故“无咎无誉”也。“象曰：

枯杨生华，何可久”者，枯槁之杨，被拯才得生华，何可长久？寻当衰落也。“老妇士夫，亦可丑也”者，妇当少稚于夫，今年老之妇，而得强壮士夫，亦可丑辱也。此言九五不能广拯衰难，但使“枯杨生华”而已，但使“老妇得其士夫”而已。拯难狭劣，故不得长久，诚可丑辱，言不如九二也。

注“处得尊位”至“诚可丑也”

疏 正义曰：“处得尊位，亦未有桡”者，以九三不得尊位，故有栋桡。今九五虽与九三同以阳居阳，但九五处得尊位，功虽未广，亦未有桡弱。若其桡弱，不能拯难，不能使“枯杨生华”也。以在尊位，微有拯难，但其功狭少，但使“枯杨生华”而已，“不能生稊”也。“能得夫，不能得妻”者，若拯难功阔，则“老夫得其女妻”，是得少之甚也。今既拯难功狭，但能使老妇得士夫而已，不能使女妻，言老妇所得利益薄少，皆为拯难功薄，故所益少也。

上六：过涉灭顶，凶，无咎。注云：处太过之极，过之甚也。涉难过甚，故至于“灭顶凶”。志在救时，故不可咎也。**《象》曰：“过涉”之凶，不可咎也。**注云：虽凶无咎，不害义也。

疏 正义曰：处大过之极，是过越之甚也。以此涉危难，乃至于灭顶，言涉难深也。既灭其顶，所以“凶”也。“无咎”者，所以涉难灭顶，至于凶亡，本欲济时拯难，意善功恶，无可咎责。此犹龙逄、比干，忧时危乱，不惧诛杀，直言深谏，以忤无道之主，遂至灭亡。其意则善，而功不成，复有何咎责？此亦“过涉灭顶凶无咎”之象，故《象》云“不可咎”，言不可害于义理也。

坎 ䷜ 坎上 坎下

习坎：注云：“坎”，险陷之名也。“习”谓便习之。**有孚，维心亨，**注云：刚正在内，“有孚”者也。阳不外发而在乎内，“心亨”者也。**行有尚。**注云：内亨外闇，内刚外顺，以此行险，“行有尚”也。

疏 正义曰：“习坎”者，“坎”是险陷之名。“习”者，便习之义。险难之事，非经便习，不可以行。故须便习于坎，事乃得用，故云“习坎”也。“有孚”者，孚，信也，由刚正在内，故有信也。“维心亨”者，阳不发外而在于内，是“维心亨”，言心得通也。案：诸卦之名，皆于卦上不加其字。此坎卦之名特加“习”者，以坎为险难，故特加“习”名。“习”有二义：一者习重也，谓上下俱坎，是重叠有险，险之重叠，乃成险之用也。二者人之行险，先须使习其事，乃可得通，故云“习”也。

注“刚正在内”至“心亨者也”

疏正义曰：“刚正在内”者，谓阳在中也。内心刚正，则能有诚信，故云“刚正在内有孚者也，阳不外发而在乎内，心亨者也”。若外阳内阴，则内心柔弱，故不得亨通。今以阳在于内，阳能开通，故维其在心之亨也。

注“内亨外闇”至“行有尚也”

疏正义曰：“内亨外闇”者，内阳故内亨，外阴故外闇。以亨通之性，而往谓阴闇之所，能通于险，故行可贵尚也。

《彖》曰：“习坎”，重险也。注云：坎以险为用，故特名曰“重险”，言“习坎”者，习重乎险也。**水流而不盈，行险而不失其信。**注云：险峭之极，故水流而不能盈也。处至险而不失刚中，“行险而不失其信”者，“习坎”之谓也。**“维心亨”，乃以刚中也。“行有尚”，往有功也。**注云：便习于“坎”而之“坎”地，尽坎之宜，故往必有功也。**天险不可升也，**注云：不可得升，故得保其威尊。**地险山川丘陵也，**注云：有山川丘陵，故物得以保全也。**王公设险以守其国。**注云：国之为卫，恃于险也。言自天地以下莫不须险也。**险之时用大矣哉！**注云：非用之常，用有时也。

疏正义曰：“习坎，重险也”者，释“习坎”之义。言“习坎”者，习行重险。险，难也。若险难不重，不为至险，不须便习，亦可济也。今险难既重，是险之甚者，若不便习，不可济也，故注云“习坎者习重险也”。“水流而不盈，行险而不失其信”者，此释“重险”“习坎”之义。“水流而不盈”，谓险陷既极，坑阱特深，水虽流注，不能盈满，言险之甚也，释“重险”之义也。“行险而不失其信”，谓行此至险。能守其刚中，不失其信也。此释“习坎”及“有孚”之义也。以能便习于险，故守刚中，“不失其信”也。“维心亨，乃以刚中也”者，释“维心亨”义也。以刚在于中，故维得心亨也。“行有尚，往有功”者，此释“行有尚”也。既便习于坎而往之险地，必有其功，故云“行有尚，往有功也”。“天险不可升”者，已下广明险之用也。言天之为险，悬邈高远，不可升上，此天之险也。若其可升，不得保其威尊，故以“不可升”为“险”也。“地险山川丘陵也”者，言地以山川丘陵而为险也，故使地之所载之物保守其全。若无山川丘陵，则地之所载之物失其性也。故地以山川丘陵而为险也。“王公设险以守其国”者，言王公法象天地，固其城池，严其法令，以保其国也。“险之时用大矣哉”者，言天地已下，莫不须险，险虽有时而用，故其功盛大矣哉！

注“坎以险为用”至“习乎重险也”

疏正义曰：“言习坎者，习乎重险也”者，言人便习于“坎”，止是便习重险。便习之语以释"习"名。两"坎"相重,谓之"重险",又当"习"义,是一"习"之名,有此两义。

注"险峭之极"至"之谓也"

疏正义曰:"险峭之极,故水流而不能盈"者,若浅岸平谷,则水流有可盈满。若其崖岸险峻,涧谷泄漏,是水流不可盈满,是险难之极也。

注"非用之常,用有时也"

疏正义曰:"非用之常,用有时"者,若"天险""地险"不可暂无,此谓人之设险,用有时也。若化洽平治,内外辑睦,非用险也。若家国有虞,须设险防难,是"用有时"也。

《象》曰:水洊至,"习坎"。注云:重险悬绝,故"水洊至"也。不以"坎"为隔绝,相仍而至,习乎"坎"也。**君子以常德行,习教事。**注云:至险未夷,教不可废,故以常德行而习教事也。"习于坎",然后乃能不以险难为困,而德行不失常也。故则夫"习坎",以常德行而习教事也。

疏正义曰:"水洊至,习坎"者,重险悬绝,其水不以险之悬绝,水亦相仿而至,故谓为"习坎"也。以人之便习于"坎",犹若水之洊至,水不以险为难也。"君子以常德行,习教事"者,言君子当法此,便习于坎,不以险难为困,当守德行而习其政教之事。若能习其教事,则可便习于险也。

初六:"习坎",入于坎窞,凶。注云:"习坎"者,习为险难之事也。最处坎底,入坎窞者也。处重险而复入坎底,其道"凶"也。行险而不能自济,"习坎"而入坎窞,失道而穷在坎底,上无应援可以自济,是以"凶"也。**《象》曰:"习坎"入"坎",失道凶也。**

疏正义曰:"习坎,入于坎窞,凶"者,既处坎底,上无应援,是习为险难之事。无人应援,故入于坎窞而至凶也。以其失道,不能自济,故《象》云"失道凶"也。

九二:坎有险,求小得。注云:履失其位,故曰"坎"。上无应援,故曰"有险"。坎而有险,未能出险之中也。处中而与初三相得,故可以"求小得"也。初三未足以为援,故曰"小得"也。**《象》曰:"求小得",未出中也。**

疏正义曰:"坎有险"者,履失其位,故曰"坎"也。上无应援,故曰"有险"。既在坎难而又遇险,未得出险之中,故《象》云"未出中"也。"求小得"

者，以阳处中，初三来附，故可以"求小得"也。初三柔弱，未足以为大援，故云"求小得"也。

六三：来之坎坎，险且枕，"入于坎窞"，勿用。注云：既履非其位，而又处两"坎"之间，出则之"坎"，居则亦"坎"，故曰"来之坎坎"也。"枕"者，枝而不安之谓也。出则无之，处则无安，故曰"险且枕"也。来之皆"坎"，无所用之，徒劳而已。**《象》曰："来之坎坎"，终无功也。**

疏正义曰："来之坎坎"者，履非其位而处"两坎"之间，出之与居，皆在于"坎"，故云"来之坎坎"也。"险且枕"者，"枕"，枝而不安之谓也。出则无应，所以险处则不安，故"且枕"也。"入于坎窞"者，出入皆难，故"入于坎窞"也。"勿用"者，不可出行。若其出行，终必无功，徒劳而已，故《象》云"终无功"也。

六四：樽酒簋贰，用缶，纳约自牖，终无咎。注云：处重险而履正，以柔居柔，履得其位，以承于五，五亦得位，刚柔各得其所，不相犯位，皆无余应以相承比，明信显著，不存外饰，处"坎"以斯，虽复一樽之酒，二簋之食，瓦缶之器，纳此至约，自进于牖，乃可羞之于王公，荐之于宗庙，故"终无咎"也。**《象》曰："樽酒簋贰"，刚柔际也。**注云：刚柔相比而相亲焉，"际"之谓也。

疏正义曰："樽酒簋贰"者，处重险而履得其位，以承于五，五亦得位，刚柔各得其所，皆无余应，以相承比，明信显著，不假外饰。处"坎"以此，虽复一樽之酒，二簋之食，故云"樽酒簋贰"也。"用缶"者，既有"樽酒簋贰"，又用瓦缶之器，故云"用缶"也。"纳约自牖终无咎"者，纳此俭约之物，从牖而荐之，可羞于王公，可荐于宗庙，故云"终无咎"也。"象曰：樽酒簋贰，刚柔际"者，释"樽酒簋贰"义。所以一樽之酒、贰簋之食得进献者，以六四之柔与九五之刚两相交际而相亲，故得以此俭约而为礼也。

九五：坎不盈，祇既平，无咎。注云：为坎之主而无应辅可以自佐，未能盈坎者也。坎之不盈，则险不尽矣。祇，辞也。为坎之主，尽平乃无咎，故曰"祇既平无咎"也。说既平乃无咎，明九五未免于咎也。**《象》曰："坎不盈"，中未大也。**

疏正义曰："坎不盈"者，为坎之主而无应辅可以自佐，险难未能盈坎，犹险难未尽也，故云"坎不盈"也。"祇既平无咎"者，祇，辞也，谓险难既得盈满而平，乃得“无咎”。若坎未盈平，仍有咎也。“象曰：坎不盈，中未大也”者，释“坎不盈”之义，虽复居中而无其应，未得光大，所以坎不盈满也。

上六：系用徽纆，寘于丛棘，三岁不得，凶。注云：险峭之极，不可升也。严法峻整，难可犯也。宜其囚执寘于思过之地。三岁，险道之夷也。险终乃反，故三岁不得自修，三岁乃可以求复，故曰“三岁不得凶”也。**《象》曰：上六，失道凶，三岁也。**

疏正义曰：“系用徽纆寘于丛棘”者，险峭之极，不可升上。严法峻整，难可犯触。上六居此险峭之处，犯其峻整之威，所以被系用其徽纆之绳。“寘于丛棘”，谓囚执之处，以棘丛而禁之也。“三岁不得凶”者，谓险道未终，三岁已来，不得其吉，而有凶也。险终乃反，若能自修，三岁后可以求复自新，故《象》云“上六，失道凶，三岁也”。言失道之凶，唯三岁之后可以免也。

离 ䷝ 离上 离下

离：利贞，亨。注云：离之为卦，以柔为正，故必贞而后乃亨，故曰“利贞亨”也。**畜牝牛，吉。**注云：柔处于内而履正中，牝之善也。外强而内顺，牛之善也。离之为体，以柔顺为主者也。故不可以畜刚猛之物，而“吉”于“畜牝牛”也。

疏正义曰：“离：利贞，亨”者，离，丽也。丽谓附著也。言万物各得其所附著处，故谓之“离”也。“利贞，亨”者，离卦之体，阴柔为主，柔则近于不正，不正则不亨通，故利在行正，乃得亨通。以此故“亨”在“利贞”之下，故云“利贞，亨”。“畜牝牛，吉”者，柔处于内而履正中，是牝之善者，外强内顺，是牛之善者也。离之为体，以柔顺为主，故畜养牝牛，乃得其吉。若畜养刚健，则不可也。此云“畜牝牛”，假象以明人事也。言离之为德，须内顺外强，而行此德则得吉也。若内刚外顺，则反离之道也。

注“离之为卦”至“利贞亨也”

疏正义曰：“离之为卦，以柔为正”者，二与五俱是阴爻，处于上下两卦之中，是以柔为正。

注“柔处于内”至“畜牝牛也”

疏正义曰：“柔处于内而履正中，牝之善也”者，若柔不处于内，似妇人而预外事；若柔而不履正中，则邪僻之行，皆非牝之善也。若柔能处中，行能履正，是为“牝之善”也。云“外强而内顺，牛之善”者，若内外俱强，则失于猛害；若外内俱顺，则失于劣弱。唯外强内顺，于用为善，故云“外强内顺，牛之善也”。“离之为体，以柔顺为主，故不可以畜刚猛之物”者，既以柔顺为主，若畜刚猛之物，则反其德，故不可畜刚猛而“畜牝牛”也。

《彖》曰：离，丽也。注云：丽犹著也。各得所著之宜。**日月丽乎天，百谷草木丽乎土。重明以丽乎正，乃化成天下。柔丽乎中正，故亨。是以“畜牝牛，吉”也。**注云：柔著于中正，乃得通也。柔通之吉，极于“畜牝牛”，不能及刚猛也。

疏正义曰：“离，丽”者，释离卦之名。丽谓附著也。以阴柔之质，附著中正之位，得所著之宜，故云“丽”也。“日月丽乎天，百谷草木丽乎土”者，此广明附著之义。以柔附著中正，是附得宜，故广言所附得宜之事也。“重明以丽乎正，乃化成天下”者，此以卦象，说离之功德也，并明“利贞”之义也。“重明”，谓上下俱离。“丽乎正”者，谓两阴在内，既有重明之德，又附于正道，所以“化成天下”也。然阴居二位，可谓为正。若阴居五位，非其正位，而云“重明丽乎正”者，以五处于中正，又居尊位，虽非阴阳之正，乃是事理之正，故总云“丽于正”也。“柔丽乎中正，故亨。是以牝牛吉”者，释经“亨”义也，又总释“畜牝牛吉”也。“柔丽于中正”，谓六五、六二之柔，皆丽于中，中则不偏，故云“中正”。以中正为德，故万事亨。以中正得通，故畜养牝牛而得吉也。以牝牛有中正故也。案诸卦之《彖》，释卦名之下，乃释卦下之义，于后乃叹而美之。此《彖》既释卦名，即广叹为卦之美，乃释卦下之义。与诸卦不例者，此乃夫子随义则言，因文之便也。比既释“离”名丽，因广说日月草木所丽之事，然后却明卦下之义，更无义例。

《象》曰：明两作，离。大人以继明照于四方。注云：“继”谓不绝也，明照相继，不绝旷也。

疏正义曰：“明两作离”者，离为日，日为明。今有上下二体，故云“明两作，离”也。案：八纯之卦，论象不同，各因卦体事义，随文而发。乾、坤不论上下之体，直总云“天行健”、“地势坤”，以天地之大，故总称上下二体也。雷是连续之至，水为流注不已，义皆取连续相因，故震云“洊雷”，坎云“洊至”也。风是摇动相随之物，故云“随风巽”也。山泽各自为体，非相入之物，故云“兼山艮”，“丽泽兑”，是两物各行也。今明之为体，前后各照，故云“明两作，离”，是积聚两明，乃作于离。若一明暂绝，其离未久，必取两明前后相续，乃得作离卦之美，故云“大人以继明照于四方”，是继续其明，乃照于四方。若明不继续，则不得久为照临，所以特云“明两作，离”，取不绝之义也。

初九：履错然，敬之，无咎。注云：“错然”者，警慎之貌也。处离之始，将进而盛，未在既济，故宜慎其所履，以敬为务，辟其咎也。**《象》曰：“履错”之敬，以辟咎也。**

疏正义曰：“履错然”者，身处离初，将欲前进，其道未济，故其所履践，恒错然敬慎不敢自宁，故云“履错然，敬之，无咎”。若能如此恭敬，则得避其祸而“无咎”，故《象》云：“履错之敬，以避咎也”。

注“错然者，警慎之貌也”至“辟其咎也”

疏正义曰：“错然者，警慎之貌”者，错是警惧之状，其心未宁故“错然”也。言“处离之始，将进而盛，未在既济”者，“将进而盛”，谓将欲前进而向盛也。若位在于三，则得“既济”。今位在于初，是未在“既济”。谓功业未大，故宜慎其所履，恒须错然避咎也。

六二：黄离，元吉。注云：居中得位，以柔处柔，履文明之盛而得其中，故曰“黄离元吉”也。**《象》曰：“黄离元吉”，得中道也。**

疏正义曰：黄者中色，“离”者文明。居中得位而处于文明，故“元吉”也。故《象》云“得中道”，以其得中央黄色之道也。

九三：日昃之离，不鼓缶而歌，则大耋之嗟，凶。注云：嗟，忧叹之辞也。处下离之终，明在将没，故曰“日昃之离”也。明在将终，若不委之于人，养志无为，则至于耋老有嗟，凶矣，故曰“不鼓缶而歌，则大耋之嗟凶”也。**《象》曰：“日昃之离”，何可久也？**

疏正义曰：“日昃之离”者，处下离之终，其明将没，故云“日昃之离”也。“不鼓缶而歌，大耋之嗟凶”者，时既老耄，当须委事任人，自取逸乐。若不委之于人，则是不鼓击其缶而为歌，则至于大耋老耄而咨嗟，何可久长？所以凶也。故《象》云：“日昃之离，何可久也？”

九四：突如其来如，焚如，死如，弃如。注云：处于明道始变之际，昏而始晓，没而始出，故曰“突如其来如”。其明始进，其炎始盛，故曰“焚如”。逼近至尊，履非其位，欲进其盛，以炎其上，命必不终，故曰“死如”。违离之义，无应无承，无所不容，故曰"弃如"也。**《象》曰："突如其来如"，无所容也。**

疏正义曰："突如其来如"者，四处始变之际，三为始昏，四为始晓。三为已没，四为始出，突然而至，忽然而来，故曰"突如其来如"也。"焚如"者，逼近至尊，履非其位，欲进其盛，以焚炎其上，故云"焚如"也。死如者，既焚其上，命必不全，故云"死如"也。"弃如"者，违于离道，无应无承，众所不容，故云"弃如"。是以《象》云："无所容也。"

六五：出涕沱若，戚嗟若，吉。注云：履非其位，不胜所履。以柔乘刚，不能制下，下刚而进，将来害己，忧伤之深，至于沱嗟也。然所丽在尊，四为逆首，忧伤至深，众之所助，故乃沱嗟而获吉也。**《象》曰：六五之"吉"，离王公也。**

疏正义曰："出涕沱若"者，履非其位，不胜其任，以柔乘刚，不能制下，下刚而进，将来害己，忧伤之深，所以出涕滂沱，忧戚而咨嗟也。"若"是语辞也。"吉"者，以所居在尊位，四为逆首，已能忧伤悲嗟，众之所助，所以"吉"也。"象曰：六五之吉，离王公"者，此释"六五吉"义也。所以终得吉者，以其所居在五，离附于王公之位，被众所助，故得吉也。五为王位，而言公者，此连王而言公，取其便文以会韵也。

上九：王用出征，有嘉折首，获匪其丑，无咎。注云："离"，丽也，各得安其所丽谓之"离"。处离之极，离道已成，则除其非类以去民害，"王用出征"之时也。故必"有嘉折首，获匪其丑"，乃得"无咎"也。**《象》曰："王用出征"，以正邦也。**

疏正义曰："王用出征"者，处离之极，离道既成，物皆亲附，当除去其非类，以去民害，故"王用出征"也。"有嘉折首，获匪其丑"者，以出征罪人，事必克获，故有嘉美之功，折断罪人之首，获得匪其丑类，乃得"无咎"也。若不出征除害，居在终极之地，则有咎也。"象曰：王用出征，以正邦也"者，释"出征"之义。言所出征者，除去民害，以正邦国故也。

周易注疏卷第六

咸 ䷞ 兑上 艮下

咸：亨，利贞，取女吉。

疏 正义曰：先儒以《易》之旧题，分自此已上三十卦为上经，已下三十四卦为下经，《序卦》至此又别起端首。先儒皆以上经明天道，下经明人事，然韩康伯注《序卦》破此义云："夫《易》，六画成卦，三才必备，错综天人，以效变化，岂有天道、人事偏于上下哉！"案：上经之内，明饮食必有讼，讼必有众起，是兼于人事，不专天道。既不专天道，则下经不专人事，理则然矣。但孔子《序卦》不以咸系离。系辞云"二篇之策"，则是六十四卦旧分上下，乾、坤象天地，咸、恒明夫妇。乾坤乃造化之本，夫妇实人伦之原，因而拟之，何为不可？天地各卦，夫妇共卦者，周氏云："尊天地之道，略于人事，犹如三才，天地为二，人止为一也。"此必不然。窃谓乾、坤明天地初辟，至屯乃刚柔始交。故以纯阳象天，纯阴象地，则咸以明人事。人物既生，共相感应。若二气不交，则不成于相感，自然天地各一，夫妇共卦。此不言可悉，岂宜妄为异端！"咸：亨，利贞，取女吉"者，"咸"，感也。此卦明人伦之始，夫妇之义，必须男女共相感应，方成夫妇。既相感应，乃得亨通。若以邪道相通，则凶害斯及，故利在贞正。既感通以正，即是婚媾之善，故云"咸：亨，利贞，取女吉"也。

《彖》曰：咸，感也。柔上而刚下，二气感应以相与。注云：是以亨也。**止而说，**注云：故"利贞"也。**男下女，**注云："取女吉"也。**是以"亨，利贞"，"取女吉"也。天地感而万物化生，**注云：二气相与，乃"化生"也。**圣人感人心而天下和平。观其所感，而天地万物之情可见矣。**注云：天地万物之情，见于所感也。凡感之为道，不能感非类者也，故引取女以明同类之义也。同类而不相感应，以其各亢所处也，故女虽应男之物，必下之而后取女乃吉也。

疏正义曰："柔上而刚下，二气感应以相与"者，此因上下二体，释"咸亨"之义也。艮刚而兑柔，若刚自在上，柔自在下，则不相交感，无由得通。今兑柔在上而艮刚在下，是二气感应以相授与，所以为"咸亨"也。"止而说"者，此因二卦之义释"利贞"也。艮止而兑，说也。能自静止则不随动欲，以止行说，则不为邪谄，不失其正，所以"利贞"也。"男下女"者，此因二卦之象释"取女吉"之义。艮为少男而居于下，兑为少女而处于上，是男下于女也。婚姻之义，男先求女，亲迎之礼，御轮三周，皆男先下于女，然后女应于男，所以取女得吉者也。"是以亨利贞，取女吉"者，次第释讫，总举繇辞以结之。"天地感而万物化生"者，已下广明感之义也。天地二气，若不感应相与，则万物无由得应化而生。"圣人感人心而天下和平"者，圣人设教，感动人心，使变恶从善，然后天下和平。"观其所感，而天地万物之情可见矣"者，结叹咸道之广，大则包天地，小则该万物。感物而动，谓之情也。天地万物皆以气类共相感应，故"观其所感，而天地万物之情可见矣"。

《象》曰：山上有泽，咸。君子以虚受人。注云：以虚受人，物乃感应。

疏正义曰："山上有泽，咸"，泽性下流，能润于下；山体上承，能受其润。以山感泽，所以为"咸"。"君子以虚受人"者，君子法此咸卦，下山上泽，故能空虚其怀，不自有实，受纳于物，无所弃遗，以此感人，莫不皆应。

初六：咸其拇。注云：处咸之初，为感之始，所感在末，故有志而已。如其本实，未至伤静。**《象》曰："咸其拇"，志在外也。**注云：四属外也。

疏正义曰："咸其拇"者，拇是足大指也，体之最末。初应在四，俱处卦始，为感浅末，取譬一身，在于足指而已，故曰"咸其拇"也。"象曰：志在外"者，外谓四也。与四相应，所感在外，处于感初，有志而已，故云"志在外也"。

注"如其本实，未至伤静"。

疏正义曰：六二咸道转进，所感在腓。腓体动躁，则成往而行。今初六所感浅末，则譬于拇指，指虽小动，未移其足，以喻人心初感，始有其志。志虽小动，未甚躁求。凡吉凶悔吝，生乎动者也。以其本实未伤于静，故无吉凶悔吝之辞。

六二：咸其腓，凶。居吉。注云：咸道转进，离拇升腓，腓体动躁者也。感物以躁，凶之道也。由躁故凶，居则吉矣。处不乘刚，故可以居而获吉。**《象》曰：虽凶居吉，顺不害也。**注云：阴而为居，顺之道也。不躁而居，顺不害也。

疏正义曰："咸其腓，凶。居吉"者，腓，足之腓肠也。六二应在九五，咸道转进，离拇升腓，腓体动躁，躁以相感，凶之道也。由躁故凶，静居则吉，故曰"咸其腓凶居吉"。以不乘刚，故可以居而获吉。"象曰：虽凶居吉，顺不害"者，"虽"者，与夺之辞。若既凶矣，何由得居而获吉？良由阴性本静。今能不躁而居，顺其本性，则不有灾害，免凶而获吉也。

注"腓体动躁者也"

疏正义曰：王廙云：动于腓肠，斯则行矣。故言"腓体动躁"也。

九三：咸其股，执其随，往吝。注云：股之为物，随足者也。进不能制动，退不能静处，所感在股，"志在随人"者也。"志在随人"，所执亦以贱矣。用斯以往，吝其宜也。**《象》曰："咸其股"，亦不处也。志在随人，所执下也。**

疏正义曰："咸其股，执其随，往吝"者，九三处二之上，转高至股。股之为体，动静随足，进不能制足之动，退不能静守其处。股是可动之物，足动则随，不能自处，常执其随足之志，故云"咸其股，执其随"。施之于人，自无操持，志在随人，所执卑下，以斯而往，鄙吝之道，故言"往吝"。"象曰：咸其股，亦不处也"者，非但进不能制动，退亦不能静处也。"所执下"者，既"志在随人"，是其志意所执下贱也。

九四：贞吉，悔亡。憧憧往来，朋从尔思。注云：处上卦之初，应下卦之始，居体之中，在股之上，二体始相交感，以通其志，心神始感者也。凡物始感而不以之于正，则至于害，故必贞然后乃吉，吉然后乃得亡其悔也。始在于感，未尽感极，不能至于无思以得其党，故有"憧憧往来"，然后"朋从其思"也。**《象》曰："贞吉，悔亡"，未感害也。**注云：未感于害，故可正之，得"悔亡"也。**"憧憧往来"，未光大也。**

疏正义曰："贞吉悔亡"者，九四居"上卦之初，应下卦之始，居体之中，在股之上，二体始相交感，以通其志，心神始感者也。凡物始感而不以之于正"，则害之将及矣。"故必贞然后乃吉，吉然后乃得亡其悔也"。故曰"贞吉悔亡"也。"憧憧往来，朋从尔思"者，"始在于感，未尽感极"，唯欲思运动以求相应，未能忘怀息照，任夫自然，故有"憧憧往来"，然后朋从尔之所思也。"象曰：未感害"者，心神始感，未至于害，故不可不正，正而故得"悔亡"也。"未光大"者，非感之极，不能无思无欲，故未光大也。

九五：咸其脢，无悔。注云："脢"者，心之上，口之下，进不能大感，退亦不为无志，其志浅末，故"无悔"而已。**《象》曰："咸其脢"，志末也。**

疏正义曰："咸其脢无悔"者，"脢"者心之上，口之下也。四已居体之中，为心神所感，五进在于四上，故所感在脢，脢已过心，故"进不能大感"，由在心上，"退亦不能无志"，志在浅末，故"无悔"而已，故曰："咸其脢无悔"也。"象曰：志末也"者，末犹浅也，感以心为深，过心则谓之浅末矣。

注"脢者心之上"至"故无悔而已"

疏正义曰："脢者心之上，口之下"者，子夏《易传》曰："在脊曰脢。"马融云："脢，背也。"郑玄云："脢，脊肉也"。王肃云："脢在背而夹脊。"《说文》云："脢，背肉也。"虽诸说不同，大体皆在心上。辅嗣以四为心神，上为辅颊，五在上四之间，故直云"心之上口之下"也。明其浅于心神，厚于言语。

上六：咸其辅、颊、舌。注云：咸道转末，故在口舌言语而已。**《象》曰："咸其辅、颊、舌"，滕口说也。**注云："辅、颊、舌"者，所以为语之具也。"咸其辅、颊、舌"，则"滕口说"也。"憧憧往来"，犹未光大，况在滕口，薄可知也。

疏正义曰："咸其辅、颊、舌"者，马融云："辅，上颔也。""辅、颊、舌"者，言语之具。咸道转末，在于口舌言语而已，故云"咸其辅、颊、舌"也。"象曰：滕口说也"者，旧说字作"滕"，徒登反。滕，竞与也。所竞者口，无复心实，故云"滕口说"也。郑玄又作"媵"。媵，送也。咸道极薄，徒送口舌言语相感而已，不复有志于其闲。王注义得两通，未知谁同其旨也。

恒 ䷟ 震上 巽下

恒：亨，无咎，利贞。注云：恒而亨，以济三事也。恒之为道，亨乃"无咎"也。恒通无咎，乃利正也。**利有攸往。**注云：各得所恒，修其常道，终则有始，往而无违，故"利有攸往"也。

疏正义曰："恒：亨，无咎，利贞"者，恒，久也。恒久之道，所贵变通。必须变通随时，方可长久。能久能通，乃"无咎"也。恒通无咎，然后利以行正，故曰"恒：亨，无咎，利贞"也。"利有攸往"者，得其常道，何往不利，故曰"利有攸往"也。

注"恒而亨，以济三事"

疏正义曰：褚氏云："三事，谓无咎、利贞、利有攸往。"庄氏云："三事者，无咎一也，利二也，贞三也。"周氏云："三事者，一亨也，二无咎也，三利贞也。"注不明数，故先儒各以意说。窃谓注云"恒而亨以济三事"者，明用此恒亨，济彼三事，无疑"亨"字在三事之外，而此注云"恒字为道，亨乃无咎。恒通无咎，乃利正也"。又注《彖》曰："道得所久，则常通无咎而利正也"。此解皆以利正相将为一事，分以为二，恐非注旨。验此注云"恒之为道，亨乃无咎"，此以"恒亨"济"无咎"也。又云："恒通无咎，乃利正也。"此以"恒亨"济"利贞"也。下注"利有攸往"云："各得所恒，修其常道，终则有始，往而无违，故'利有攸往'。"此以"恒亨"济"利有攸往"也。观文验注，褚氏为长。

《彖》曰：恒，久也。刚上而柔下，注云：刚尊柔卑，得其序也。**雷风相与，**注云：长阳长阴，能相成也。**巽而动。**注云：动无违也。**刚柔皆应，**注云：不孤媲也。**恒。**注云：皆可久之道。**恒"亨，无咎，利贞"，久于其道也。**注云：道得所久，则常通无咎而利正也。**天地之道，恒久而不已也。**注云：得其所久，故不已也。**"利有攸往"，终则有始也。**注云：得其常道，故终则复始，往无穷极。**日月得天而能久照，四时变化而能久成，圣人久于其道而天下化成。**注云：言各得其"所恒"，故皆能长久。**观其所恒，而天地万物之情可见矣。**注云：天地万物之情，见于"所恒"也。

疏正义曰："恒久，也"者，释训卦名也。恒之为名，以长久为义。"刚上而柔下"者，既训"恒"为久，因名此卦得其恒名，所以释可久之意。此就二体以释恒也。震刚而巽柔，震则刚尊在上，巽则柔卑在下，得其顺序，所以为恒也。"雷风相与"者，此就二象释恒也。雷之与风，阴阳交感，二气相与，更互而相成，故得恒久也。"巽而动"者，此就二卦之义，因释恒名。震动而巽顺，无有违逆，所以可恒也。"刚柔皆应"者，此就六爻释恒。此卦六爻刚柔皆相应和，无孤媲者，故可长久也。"恒"者，历就四义释恒名讫，故更举卦名以结之也。明上四事"皆可久之道"，故名此卦为"恒"。"恒，亨，无咎，利贞，久于其道也"者，此就名释卦之德，言所以得"亨无咎利贞"者，更无别义，正以得其恒久之道，故言"久于其道也"。"天地之道，恒久而不已也"者，将释"利有攸往"，先举天地以为证喻，言天地得其恒久之道，故久而不已也。"利有攸往，终则有始"者，举经以结成也。人用恒久之道，会于变通，故终则复始，往无穷极，同于天地之不已，所以为利也。"日月得天而能久照"者，以下广明恒义。上言天地之道，恒久而不已也，故日月得天，所以亦能久照。"四时变化而能久成"者，四时更代，寒暑相变，所以能久主成万物。"圣人久于其道而天下化成"者，圣人应变随时，得其长久之道，所以能"光宅天下"，使万物从化而成也。“观其所恒，而天地万物之情可见矣”者，总结恒义也。

注“刚尊柔卑得其序也”

疏正义曰：咸明感应，故柔上而刚下，取二气相交也。恒明长久，故刚上而柔下，取尊卑得序也。

注“长阳长阴能相成也”

疏正义曰：震为长男，故曰“长阳”。巽为长女，故曰“长阴”。《彖》曰：“雷风相与”，雷之与风，共相助成之义。故褚氏云“雷资风而益远，风假雷而增威”是也。今言“长阳长阴，能相成”者，因震为长男，巽为长女，遂以“长阳长阴”而名之，作文之体也。又此卦明夫妇可久之道，故以二长相成，如雷风之义也。

注“不孤媲也”

疏正义曰：媲，配也。

《象》曰：雷风，恒。注云：长阳长阴，合而相与，可久之道也。**君子以立不易方。**注云：得其所久，故“不易”也。

疏正义曰：雷风相与为“恒”，已如彖释。“君子以立不易方”者，君子立身得其恒久之道，故不改易其方。方犹道也。

初六：浚恒，贞凶，无攸利。注云：处恒之初，最处卦底，始求深者也。求深穷底，令物无余缊，渐以至此，物犹不堪，而况始求深者乎？以此为恒，凶正害德，无施而利也。**《象》曰：“浚恒”之凶，始求深也。**

疏正义曰：浚，深也。最处卦底，故曰“深”也。深恒者，以深为恒是也。施之于仁义，即不厌深，施之于正，即求物之情过深，是凶正害德，无施而利，故曰“浚恒贞凶，无攸利”也。

注“始求深者”至“求深者乎”

疏正义曰：处卦之初，故言始也。最在于下，故言深也。所以致凶，谓在于始而求深者也。

九二：悔亡。注云：虽失其位，恒位于中，可以消悔也。**《象》曰：九二“悔亡”，能久中也。**

疏正义曰：失位故称“悔”，居中故“悔亡”也。“象曰：能久中”者，处恒故能久，位在于中，所以消悔也。

九三：不恒其德，或承之羞，贞吝。注云：处三阳之中，居下体之上，处上体之下，上不全尊，下不全卑，中不在体，体在乎恒，而分无所定，无恒者也。德行无恒，自相违错，不可致诘，故“或承之羞”也。施德于斯，物莫之纳，鄙贱甚矣，故曰“贞吝”也。**《象》曰：“不恒其德”，无所容也。**

疏正义曰：“不恒其德，或承之羞，贞吝”者，九三居下体之上，处上体之下，虽处三阳之中，又在不中之位，上不全尊，下不全卑，执心不定，德行无恒，故曰“不恒其德”。德既无恒，自相违错，则为羞辱承之，所羞非一，故曰“或承之羞”也。处久如斯，正之所贱，故曰“贞吝”也。“象曰：无所容”者，谓不恒之人，所往之处，皆不纳之，故“无所容”也。

注“中不在体”至“不可致诘”

疏正义曰：虽在三阳之中，非一体之中也。“不可致诘”者，诘，问也。违错处多，不足问其事理，所以明其羞辱之深，如《论语》云“于予与何诛”。

九四：田，无禽。注云：恒于非位，虽劳无获也。**《象》曰：久非其位，安得禽也？**

疏正义曰：田者，田猎也，以譬有事也。“无禽”者，田猎不获，以喻有事无功也。“恒于非位”，故劳而无功也。“象曰：久非其位，安得禽”者，在恒而失位，是“久非其位”。田猎而无所获，是“安得禽也”。

六五：恒其德，贞。妇人吉，夫子凶。注云：居得尊位，为恒之主，不能“制义”，而系应在二，用心专贞，从唱而已。妇人之吉，夫子之凶也。**《象》曰：妇人贞吉，从一而终也。夫子制义，从妇凶也。**

疏正义曰：“恒其，德贞”者，六五系应在二，不能傍及他人，是恒常贞一其德，故曰“恒其德贞”也。“妇人吉”者，用心专贞，从唱而已，是妇人之吉也。“夫子凶”者，夫子须制断事宜，不可专贞从唱，故曰“夫子凶”也。“象曰：从一而终”者，谓用心贞一，从其贞一而自终也。“从妇凶”者，五与二相应，五居尊位，在震为夫，二处下体，在巽为妇。五系于二，故曰“从妇凶”也。

上六：振恒，凶。注云：夫静为躁君，安为动主。故安者上之所处也，静者可久之道也。处卦之上，居动之极，以此为恒，无施而得也。**《象》曰：“振恒”在上，大无功也。**

疏 正义曰："振恒，凶"者，振，动也。凡处于上者，当守静以制动。今上六居恒之上，处动之极，以振为恒，所以"凶"也。"象曰：大无功"者，居上而以振动为恒，无施而得，故曰"大无功也"。

遁 ䷠ 乾上 艮下

遁：亨，小利贞。

疏 正义曰："遁，亨"者，遁者，隐退逃避之名。阴长之卦，小人方用，君子日消。君子当此之时，若不隐遁避世，即受其害。须遁而后得通，故曰"遁亨"。"小利贞"者，阴道初始浸长，正道亦未全灭，故曰"小利贞"。

《彖》曰："遁，亨"，遁而亨也。注云：遁之为义，遁乃通也。**刚当位而应，与时行也。**注云：谓五也。"刚当位而应"，非否亢也。遁不否亢，能"与时行也"。**"小利贞"，浸而长也。**注云：阴道欲浸而长，正道亦未全灭，故"小利贞"也。**遁之时义大矣哉！**

疏 正义曰："遁而亨"者，此释遁之所以得亨通之义。小人之道方长，君子非遁不通，故曰"遁而亨也"。"刚当位而应，与时行"者，举九五之爻，释所以能遁而致亨之由，良由九五以刚而当其位，有应于二，非为否亢。遁不否亢，即是相时而动，所以遁而得亨，故云"刚当位而应，与时行也"。"小利贞，浸而长"者，释"小利贞"之义。浸者渐进之名。若阴德暴进，即消正道。良由二阴渐长而正道亦未即全灭，故云"小利贞"也。"遁之时义大矣哉"者，叹美遁德。相时度宜，避世而遁，自非大人照几不能如此，其义甚大，故云"大矣哉"。

《象》曰：天下有山，遁。注云：天下有山，阴长之象。**君子以远小人，不恶而严。**

疏 正义曰："天下有山，遁"者，山者阴类，进在天下，即是山势欲上逼于天，天性高远，不受于逼，是遁避之象，故曰"天下有山，遁"。"君子以远小人，不恶而严"者，君子当此遁避之时，小人进长，理须远避，力不能讨，故不可为恶，复不可与之亵渎，故曰"不恶而严"。

注"天下有山，阴长之象"

疏正义曰：积阳为天，积阴为地。山者，地之高峻，今上逼于天，是阴长之象。

初六：遁尾，厉，勿用有攸往。注云："遁"之为义，辟内而之外者也。"尾"之为物，最在体后者也。处遁之时，不往何灾，而为"遁尾"，祸所及也。危至而后行，难可免乎？厉则"勿用有攸往"也。**《象》曰："遁尾"之厉，不往何灾也。**

疏正义曰："遁尾，厉"者，为遁之尾，最在后遁者也。小人长于内，应出外以避之，而最在卦内，是遁之为后也。逃遁之世，宜速远而居先，而为"遁尾"，祸所及也，故曰"遁尾，厉"也。"勿用有攸往"者，危厉既至，则当"固穷"，"危行言逊"，勿用更有所往，故曰"勿用有攸往"。"象曰：不往何灾"者，《象》释当遁之时，宜须出避。而"勿用有攸往"者，既为"遁尾"，出必见执，不如不往，不往即无灾害。"何灾"者，犹言无灾也。与何伤、何咎之义同也。

六二：执之用黄牛之革，莫之胜说。注云：居内处中，为遁之主，物皆遁己，何以固之？若能执乎理中厚顺之道以固之也，则莫之胜解。**《象》曰：执用黄牛，固志也。**

疏正义曰："执之用黄牛之革，莫之胜说"者，逃遁之世，避内出外，二既处中居内，即非遁之人也。既非遁之人，便为所遁之主，物皆弃己而遁，何以执固留之？唯有中和厚顺之道可以固而安之也。能用此道，则不能胜己解脱而去也。黄中之色，以譬中和。牛性顺从，皮体坚厚，牛革以譬厚顺也。六二居中得位，亦是能用中和厚顺之道，故曰"执之用黄牛之革，莫之胜说"也。"象曰：固志"者，坚固遁者之志，使不去己也。

九三：系遁，有疾厉，畜臣妾吉。注云：在内近二，以阳附阴，宜遁而系，故曰"系遁"。"遁"之为义，宜远小人，以阳附阴，系于所在，不能远害，亦已惫矣，宜其屈辱而危厉也。系于所在，"畜臣妾"可也。施于大事，凶之道也。**《象》曰："系遁"之厉，有疾惫也。"畜臣妾吉"，不可大事也。**

疏正义曰："系遁"者，九三无应于上，与二相比，以阳附阴，系意在二，处遁之世，而意有所系，故曰"系遁"。"有疾厉"者，"遁"之为义，宜远小人。既系于阴，即是"有疾惫"而致危厉，故曰"有疾厉"也。"畜臣妾吉"者，亲于所近，系在于下，施之于人，畜养臣妾则可矣，大事则凶，故曰"畜臣妾吉。""象曰:不可大事"者,释此"系遁"之人,以"畜臣妾吉",明其不可为大事也。

九四:好遁,君子吉,小人否。注云:处于外而有应于内,君子"好遁",故能舍之,小人系恋,是以"否"也。**《象》曰:君子"好遁","小人否"也。**注云:音臧否之否。

疏正义曰:九四处在于外,而有应于内。处外即意欲远遁,应内则未能弃舍。若好遁君子,超然不顾,所以得吉。小人有所系恋,即不能遁,故曰"小人否"也。

注"音臧否之否"

疏正义曰:嫌读为"圮",故音之也。

九五:嘉遁,贞吉。注云:遁而得正,反制于内。小人应命,率正其志,"不恶而严",得正之吉,遁之嘉也。**《象》曰:"嘉遁贞吉",以正志也。**

疏正义曰:"嘉遁贞吉"者,嘉,美也。五居于外,得位居中,是"遁而得正"。二为己应,不敢违拒,从五之命,率正其志,"遁而得正,反制于内","不恶而严,得正之吉",为遁之美,故曰"嘉遁贞吉"也。"象曰:以正志"者,小人应命,不敢为邪,是五能正二之志,故成遁之美也。

上九:肥遁,无不利。注云:最处外极,无应于内,超然绝志,心无疑顾,忧患不能累,矰缴不能及,是以"肥遁无不利"也。**《象》曰:"肥遁无不利",无所疑也。**

疏正义曰:《子夏传》曰:"肥,饶裕也。"四、五虽在于外,皆在内有应,犹有反顾之心。唯上九最在外极,无应于内,心无疑顾,是遁之最优,故曰"肥遁"。遁而得肥,无所不利,故云"无不利"也。

注"矰缴不能及"

疏正义曰:矰,矢名也。郑注《周礼》"结缴于矢谓之矰。"缴,《字林》及《说文》云:"缴,生丝缕也。"

大壮 ䷡ 震上 乾下

大壮:利贞。

疏正义曰:大壮,卦名也。壮者,强盛之名。以阳称大,阳长既多,是大者盛壮,故曰"大壮"。"利贞"者,卦德也。群阳盛长,小道将灭,大者获正,故曰"利贞"也。

《彖》曰:"大壮",大者壮也。注云:大者谓阳爻,小道将灭,大者获正,故"利贞"也。**刚以动,故壮。大壮,"利贞",大者正也,正大而天地之情可见矣。**注云:天地之情,正大而已矣。弘正极大,则天地之情可见矣。

疏正义曰:"大者壮也"者,就爻释卦名。阳爻浸长,已至于四,是大者盛壮,故曰"大者壮也"。"刚以动故壮"者,就二体释卦名。乾刚而震动,柔弱而动,即有退弱;刚强以动,所以成壮。"大壮,利贞,大者正也"者,就爻释卦德。大者获正,故得"利贞"。"正大而天地之情可见矣"者,因大获正,遂广美正大之义。天地之道,弘正极大,故正大即见天地之情。不言万物者,壮大之名,义归天极,故不与咸、恒同也。

注"大者谓阳爻"至"利贞也"

疏正义曰:释名之下,剩解利贞,成"大者"之义也。

《象》曰:雷在天上,大壮。注云:刚以动也。**君子以非礼弗履。**注云:壮而违礼则凶,凶则失壮也。故君子以"大壮"而顺礼也。

疏正义曰:"雷在天上,大壮"者,震雷为威动,乾天主刚健,雷在天上,是"刚以动",所以为"大壮"。"君子以非礼弗履"者,盛极之时,好生骄溢,故于"大壮"诫以非礼勿履也。

初九:壮于趾,征凶有孚。注云:夫得"大壮"者,必能自终成也。未有陵犯于物而得终其壮者。在下而壮,故曰"壮于趾"也。居下而用刚壮,以斯而进,穷凶可必也,故曰"征凶有孚"。**《象》曰:"壮于趾",其孚穷也。**注云:言其信穷。

疏正义曰:"壮于趾,征凶有孚"者,趾,足也。初在体下,有如趾足之象,故曰"壮于趾"也。施之于人，即是在下而用壮也。在下用壮，陵犯于物，以斯而行，凶其信矣。故曰"征凶有孚"。"象曰：其孚穷"者，释"壮于趾"者，其人信其穷凶也。

九二：贞吉。注云：居得中位，以阳居阴，履谦不亢，是以"贞吉"。**《象》曰："九二贞吉"，以中也。**

疏正义曰：以其居中履谦，行不违礼，故得正而吉也。

九三：小人用壮，君子用罔，贞厉。羝羊触藩，羸其角。注云：处健之极，以阳处阳，用其壮者也。故小人用之以为壮，君子用之以为罗己者也。贞厉以壮，虽复羝羊，以之触藩，能无羸乎？**《象》曰："小人用壮"，君子罔也。**

疏正义曰：罔，罗罔也。羝羊，羖羊也。藩，藩篱也。羸，拘累缠绕也。九三处乾之上，是"健之极"也。又"以阳居阳"，是健而不谦也。健而不谦，必用其壮也。小人当此，不知恐惧，即用以为壮盛，故曰"小人用壮"。君子当此即虑危难，用之以为罗罔于己，故曰"君子用罔"。以壮为正，其正必危，故云"贞厉"也。以此为正，状似"羝羊触藩"也。必拘羸其角矣。"象曰：小人用壮，君子罔"者，言小人用以为壮者，即是君子所以为罗罔也。

九四：贞吉，悔亡。藩决不羸，壮于大舆之輹。注云：下刚而进，将有忧虞。而以阳处阴，行不违谦，不失其壮，故得"贞吉"而"悔亡"也。已得其壮，而上阴不罔己路，故"藩决不决"也。"壮于大舆之輹"，无有能说其輹者，可以"往"也。**《象》曰："藩决不羸"，尚往也。**

疏正义曰："大舆"者，大车也。"下刚而进，将有忧虞"。而九四"以阳处阴，行不违谦"，居谦即"不失其壮"，故得正吉，而"悔亡"也。故云"贞吉悔亡"。九三以壮健不谦，即被"羸其角"。九四以谦而进，谓之上行。阴爻"不罔己路，故藩决不羸也"。"壮于大舆之輹"者，言四乘车而进，其輹壮大无有能脱之者，故曰"藩决不羸，壮于大舆之輹"也。"象曰：尚往"者，尚，庶几也。言己不失其壮，庶几可以往也。

六五：丧羊于易，无悔。注云：居于大壮，以阳处阳，犹不免咎，而况以阴处阳，以柔乘刚者乎？羊，壮也。必丧其羊，失其所居也。能丧壮于易，不于险难，故得"无悔"。二履贞吉，能干其任，而己委焉，则得"无悔"。委之则难不至，居之则敌寇来，故曰“丧羊于易”。**《象》曰：“丧羊于易”，位不当也。**

疏正义曰：“丧羊于易，无悔”者，羊，壮也。居大壮之时，“以阳处阳，犹不免咎，而况以阴处阳，以柔乘刚者乎”？违谦越礼，必丧其壮。群阳方进，势不可止。若于平易之时，逆舍其壮，委身任二，不为违拒，亦刚所不害，不害即“无悔”矣，故曰“丧羊于易，无悔”也。“象曰：位不当”者，正由处不当位，故须舍其壮也。

注“羊，壮也”至“故得无悔”

疏正义曰：羊，刚狠之物，故以譬壮。云“必丧其羊，失其所居”者，言违谦越礼，理势必然。云“能丧壮于易，不于险难”者，二虽应己，刚长则侵，阴为己寇难，必丧其壮，当在于平易寇难未来之时，勿于险难敌寇既来之日。良由居之有必丧之理，故戒其预防。而庄氏云：“经止一言丧羊，而注为两处分用。初云‘必丧其羊，失其所居’，是自然应失。后云‘能丧壮于易，不于险难’，故得无咎。自能丧其羊，二理自为矛盾。”窃谓庄氏此言，全不识注意。

上六：羝羊触藩，不能退，不能遂。无攸利，艰则吉。注云：有应于三，故“不能退”。惧于刚长，故“不能遂”。持疑犹豫，志无所定，以斯决事，未见所利。虽处刚长，刚不害正。苟定其分，固志在一，以斯自处，则忧患消亡，故曰“艰则吉”也。**《象》曰：“不能退，不能遂”，不详也。“艰则吉”，咎不长也。**

疏正义曰：“退”谓退避。“遂”谓进往。有应于三，钦之不已，故不能退避。然惧于刚长，故不能遂往，故云“羝羊触藩，不能退，不能遂”也。“无攸利”者，持疑犹豫，不能自决，以此处事，未见其利，故曰“无攸利”也。“艰则吉”者，虽处刚长，刚不害正。但艰固其志，不舍于三，即得吉，故曰“艰则吉”也。“象曰：不详也”者，祥者善也。进退不定，非为善也，故云“不祥也”。“咎不长也”者，能艰固其志，即忧患消亡，其咎不长，释所以得吉也。

晋 ䷢ 离上 坤下

晋：康侯用锡马蕃庶，昼日三接。

疏正义曰：“晋”者，卦名也。“晋”之为义，进长之名。此卦明臣之升进，故谓之“晋”。“康”者，美之名也。“侯”谓升进之臣也。臣既柔进，天子美之，赐以车马，蕃多而众庶，故曰“康侯用锡马蕃庶”也。“昼日三接”者，言非唯蒙赐蕃多，又被亲宠频数，一昼之间，三度接见也。

《彖》曰：晋，进也。明出地上，顺而丽乎大明，柔进而上行。注云：凡言“上行”者，所以在贵也。**是以“康侯用锡马蕃庶，昼日三接”也。**注云：康，美之名也。顺以著明，臣之道也。“柔进而上行”，物所与也。故得锡马而蕃庶。以“讼受服”，则“终朝三褫”。柔进受宠，则“一昼三接”也。

疏正义曰：“晋，进也”者，以今释古，古之“晋”字，即以进长为义，恐后世不晓，故以“进”释之。“明出地上”者，此就二体释得“晋”名。离上坤下，故言“明出地上”。明既出地，渐就进长，所以为“晋”。“顺而丽乎大明，柔进而上行”者，此就二体之义及六五之爻，释“康侯用锡马”已下也。“坤”，顺也；“离”，丽也。又为明坤能顺从而丽著于大明，六五以柔而进，上行贵位，顺而著明臣之美道也。“柔进而上行”，君上所与也，故得厚赐而被亲宠也。“是以康侯用锡马蕃庶，昼日三接”者，释讫举经以结君宠之意也。

注“以讼受服”至“一昼三接也”

疏正义曰：举此对释者，盖讼言终朝，晋言一昼，俱不尽一日，明黜陟之速，所以示惩劝也。

《象》曰：“明出地上”，晋。君子以自昭明德。注云：以顺著明，自显之道。

疏正义曰：“自昭明德”者，昭亦明也，谓自显明其德也。周氏等为“照”以为自照己身。老子曰：“自知者明。”用明以自照为明德。案：王注此云：“以顺著明自显之道。”又此卦与明夷正反。明夷《象》云：“君子以莅众用晦而明。”王注彼云：“莅众显明，蔽伪百姓。”“藏明于内，乃得明也。”准此二注，明王之注意以此为自显明德。昭字宜为昭（之遥反）。周氏等为照（之少反），非注旨也。

初六：晋如、摧如，贞吉。罔孚，裕，无咎。注云：处顺之初，应明之始，明顺之德，于斯将隆。进明退顺，不失其正，故曰“晋如、摧如，贞吉”也。处卦之始，功业未著，物未之信，故曰“罔孚”。方践卦始，未至履位，以此为足，自丧其长者也。故必“裕”之，然后“无咎”。**《象》曰：“晋如摧如”，独行正也。“裕无咎”，未受命也。**注云：未得履位，“未受命也”。

疏正义曰：“晋如、摧如，贞吉”者，何氏云：“摧，退也。裕，宽也。如，辞也。”初六处顺之初,“应明之始,明顺之德,于斯将隆”,进则之明,退则居顺,进之与退,不失其正,故曰“晋如、摧如,贞吉”也。“罔孚”者,处卦之始,功业未著,未为人所信服,故曰“罔孚”。“裕无咎”者,裕,宽也。“方践卦始,未至履位”,不可自以为足也,若以此为足,是“自丧其长”也。故必宜宽裕其德,使功业弘广,然后“无咎”,故曰“裕无咎”也。“象曰:独行正”者,独犹专也,言进与退,专行其正也。“裕无咎未受命也”者,进之初,未得履位,未受锡命,故宜宽裕进德,乃得“无咎”。

六二:晋如,愁如,贞吉。受兹介福,于其王母。注云:进而无应,其德不昭,故曰“晋如,愁如”。居中得位,履顺而正,不以无应而回其志,处晦能致其诚者也。修德以斯,闻乎幽昧,得正之吉也,故曰“贞吉”。“母”者,处内而成德者也。“鸣鹤在阴”,则“其子和”,之立诚于闇,闇亦应之,故其初“愁如”。履贞不回,则乃受兹介福于其王母也。**《象》曰:“受兹介福”,以中正也。**

疏 正义曰:“晋如愁如”者,六二进而无应于上,其德不见昭明,故曰“进如愁如”,忧其不昭也。“贞吉”者,然履顺居于中正,不以无应而不修其德,正而获吉,故曰“贞吉”也。“受兹介福于其王母”者,介者,大也。母者,处内而成德者也。初虽“愁如”,但守正不改,终能受此大福于其所修,故曰“受兹介福于其王母”。

注“鸣鹤在阴,则其子和”

疏 正义曰:“鸣鹤在阴”,则“其子和之”者,此王用中孚九二爻辞也。

六三:众允,悔亡。注云:处非其位,悔也。志在上行,与众同信,顺而丽明,故得“悔亡”也。**《象》曰:“众允”之,志上行也。**

疏 正义曰:六三处非其位,有悔也。“志在上行,与众同信,顺而丽明,故得其悔亡”。“象曰:众允之,志上行”者,居晋之时,众皆欲进,己应于上,志在上行,故能与众同信也。

九四:晋如鼫鼠,贞厉。注云:履非其位,上承于五,下据三阴,履非其位。又负且乘,无业可安,志无所据,以斯为进,正之危也。进如鼫鼠,无所守也。**《象》曰:“鼫鼠贞厉”,位不当也。**

疏 正义曰:“晋如鼫鼠”者,鼫鼠有五能而不成伎之虫也。九四履非其位，上承于五，下据三阴，上不许其承，下不许其据，以斯为进，无业可安，无据可守，事同鼫鼠，无所成功也。以斯为进，正之危也，故曰“晋如鼫鼠，贞厉”也。

注“进如鼫鼠，无所守也”

疏正义曰：蔡邕《劝学篇》云：“鼫鼠五能不成一伎术。”注曰：“能飞不能过屋，能绿不能穷木，能游不能度谷，能穴不能掩身，能走不能先人。”《本草经》云：“蝼蛄一名鼫鼠”，谓此也。郑引《诗》云：“硕鼠硕鼠，无食我黍。”谓大鼠也。陆机以为“雀鼠”。案：王以为“无所守”，盖五伎者当之。

六五：悔亡，失得勿恤，往吉无不利。注云：柔得尊位，阴为明主，能不用察，不代下任也。故虽不当位，能消其悔。“失得勿恤”，各有其司，术斯以往，“无不利”也。**《象》曰“失得勿恤”，往有庆也。**

疏正义曰：“悔亡，失得勿恤，往吉无不利”者，居不当位，悔也。“柔得尊位，阴为明主”，能不自用其明，以事委任于下，故得“悔亡”。既以事任下，委物责成，失之与得，不须忧恤，故曰“失得勿恤”也。能用此道，所往皆吉而无不利，故曰“往吉无不利”也。“象曰：有庆”者，委任得人，非唯自得无忧，亦将人所庆说，故曰“有庆”也。

上九：晋其角，维用伐邑，厉吉无咎，贞吝。注云：处进之极，过明之中，明将夷焉，已在乎角，在犹进之，非亢如何？失夫道化无为之事，必须攻伐，然后服邑，危乃得吉，吉乃无咎。用斯为正，亦以贱矣。**《象》曰：“维用伐邑”，道未光也。**

疏正义曰：“晋其角”者，西南隅也。上九处晋之极，过明之中，其犹日过于中，已在于角而犹进之，故曰“进其角”也。“维用伐邑”者，在角犹进，过亢不已，不能端拱无为，使物自服，必须攻伐其邑，然后服之，故云“维用伐邑”也。“厉吉无咎，贞吝”者，兵者凶器，伐而服之，是危乃得吉，吉乃无咎，故曰“厉吉无咎”。以此为正，亦以贱矣，故曰“贞吝”也。“象曰：道未光也”者，用伐乃服，虽得之，其道未光大也。

明夷 ䷣ 坤上 离下

明夷：利艰贞。

疏 正义曰："明夷"，卦名。夷者，伤也。此卦日入地中，明夷之象。施之于人事，闇主在上，明臣在下，不敢显其明智，亦明夷之义也。时虽至闇，不可随世倾邪，故宜艰难坚固，守其贞正之德。故明夷之世，利在艰贞。

《彖》曰：明入地中，明夷。内文明而外柔顺，以蒙大难，文王以之，"利艰贞"，晦其明也，内难而能正其志，箕子以之。

疏 正义曰："明入地中，明夷"者，此就二象以释卦名，故此及晋卦皆《彖》、《象》同辞也。"内文明而外柔顺，以蒙大难，文王以之"者，既释明夷之义，又须出能用"明夷"之人，内怀文明之德，抚教六州，外执柔顺之能，三分事纣，以此蒙犯大难，身得保全，唯文王能用之，故云"文王以之"。"利艰贞，晦其明也"者，此又就二体释卦之德。明在地中，是"晦其明"也。既处"明夷"之世，外晦其明，恐陷于邪道，故利在艰固其贞，不失其正，言所以"利艰贞"者，用"晦其明"也。"内难而能正其志，箕子以之"者，既"释艰贞"之义，又须出能用艰贞之人，内有险难，殷祚将倾，而能自正其志，不为而邪乾，唯箕子能用之，故云："箕子以之。"

《象》曰：明入地中，明夷。君子以莅众，注云：莅众显明，蔽伪百姓者也。故以蒙养正，以"明夷"莅众。**用晦而明。**注云：藏明于内，乃得明也。显明于外，巧所辟也。

疏 正义曰：莅众显明，蔽伪百姓者也。所以君子能用此"明夷"之道，以临于众，冕旒垂目，黈纩塞耳，无为清静，民化不欺。若运其聪明，显其智慧，民即逃其密网，奸诈愈生，岂非藏明用晦，反得其明也？故曰"君子以莅众，用晦而明"也。

初九：明夷于飞，垂其翼。君子于行，三日不食。有攸往，主人有言。注云：明夷之主，在于上六。上六为至闇者也。初处卦之始，最远于难也。远难过甚，"明夷"远遁，绝迹匿形，不由轨路，故曰"明夷于飞"。怀惧而行，行不敢显，故曰"垂其翼"也。尚义而行，故曰"君子于行"也。志急于行，饥不遑食，故曰"三日不食"也。殊类过甚，以斯适人，人必疑之，故曰"有攸往，主人有言"。**《象》曰："君子于行"，义不食也。**

疏正义曰："明夷于飞"者，明夷是至闇之卦。上六既居上极，为明夷之主。云"飞"者，借飞鸟为喻，如鸟飞翔也。初九处于卦始，去上六最远，是最远于难。"远难过甚，明夷远遁，绝迹匿形，不由轨路"，高飞而去，故曰"明夷于飞"也。"垂其翼"者，飞不敢显，故曰"垂其翼"也。"君子于行三日不食"者，"尚义而行"，故云"君子于行"。"志急于行，饥不遑食"，故曰"三日不食"。"有攸往，主人有言"者，"殊类过甚，以此适人"，人必疑怪而有言，故曰"有攸往，主人有言"。"象曰：义不食也"者，君子逃难唯速，故义不求食也。

六二：明夷，夷于左股，用拯马壮，吉。注云："夷于左股"，示行不能壮也。以柔居中，用夷其明，进不殊类，退不近难，不见疑惮，"顺以则"也，故可用拯马而壮吉也。不垂其翼，然后乃免也。**《象》曰：六二之"吉"，顺以则也。**注云：顺之以则，故不见疑。

疏正义曰："明夷，夷于左股"者，左股被伤，行不能壮。六二"以柔居中，用夷其明"，不行刚壮之事者也，故曰"明夷，夷于左股"。庄氏云："言左者，取其伤小。"则比夷右未为切也。"夷于左股"，明避难不壮，不为闇主所疑，犹得处位，不至怀惧而行，然后徐徐用马，以自拯济而获其壮吉也，故曰"用拯马壮吉"也。"象曰：顺以则也"者，言顺闇主之则，不同初九，殊类过甚，故不为闇主所疑，故得拯马之吉也。

九三：明夷于南狩，得其大首，不可疾贞。注云：处下体之上，居文明之极，上为至晦，入地之物也。故夷其明，以获南狩，得大首也。"南狩"者，发其明也。既诛其主，将正其民。民之迷也，其日固已久矣。化宜以渐，不可速正，故曰"不可疾贞"。**《象》曰："南狩"之志，乃得大也。**注云：去闇主也。

疏正义曰：南方，文明之所。狩者，征伐之类。"大首"谓闇君。"明夷于南狩，得其大首"者，初藏明而往，讬狩而行，至南方而发其明也。九三应于上六，是明夷之臣发明以征闇君，而得其"大首"，故曰"明夷于南狩得其大首"也。"不可疾贞"者，既诛其主，将正其民，民迷日久，不可卒正，宜化之以渐，故曰"不可疾贞"。"象曰：南狩之志，乃得大"者，志欲除闇，乃得"大首"，是其志大得也。

六四：入于左腹，获明夷之心，于出门庭。注云：左者，取其顺也。入于左腹，得其心意，故虽近不危。随时辟难，门庭而已，能不逆忤也。**《象》曰："入于左腹"，获心意也。**

疏正义曰："入于左腹，获明夷之心"者，凡右为用事也。从其左不从其右，是卑顺不逆也。"腹"者，怀情之地。六四体柔处坤，与上六相近，是能执卑顺"入于左腹"，获明夷之心意也。"于出门庭"者，既得其意，虽近不危，随时避难，门庭而已，故曰"于出门庭"。"象曰：获心意"者，心有所存，既不逆忤，能顺其正，故曰"获心意"也。

六五：箕子之明夷，利贞。注云：最近于晦，与难为比，险莫如兹。而在斯中，犹闇不能没，明不可息，正不忧危，故"利贞"也。**《象》曰：箕子之贞，明不可息也。**

疏正义曰："箕子之明夷"者，六五最比闇君，似箕子之近殷纣，故曰"箕子之明夷"也。"利贞"者，箕子执志不回，"闇不能没，明不可息，正不忧危"，故曰"利贞"。"象曰：明不可息也"者，息，灭也。《象》称"明不可灭"者，明箕子能保其贞，卒以全身，为武王师也。

上六：不明晦，初登于天，后入于地。注云：处明夷之极，是至晦者也。本其初也，在乎光照，转至于晦，遂入于地。**《象》曰："初登于天"，照四国也。后入于地，失则也。**

疏正义曰："不明晦"者，上六居明夷之极，是至闇之主，故曰"不明而晦"，"本其初也"。其意在于光照四国，其后由乎无不明，"遂入于地"，谓见诛灭也。"象曰：失则"者，由失法则，故诛灭也。

家人 ䷤ 巽上 离下

家人：利女贞。注云：家人之义，各自修一家之道，不能知家外他人之事也。统而论之，非元亨利君子之贞，故"利女贞"。其正在家内而已。

疏正义曰："家人"者，卦名也。明家内之道，正一家之人，故谓之"家人"。"利女贞"者，既修家内之道，不能知家外他人之事。统而论之，非君子丈夫之正，故但言"利女贞"。

《彖》曰：家人，女正位乎内，注云：谓二也。**男正位乎外。**注云：谓五也。家人之义，以内为本，故先说女也。**男女正，天地之大义也。家人有严君焉，父母之谓也。父父、子子、兄兄、弟弟、夫夫、妇妇而家道正，正家而天下定矣。**

疏正义曰："女正位乎内，男正位乎外"者，此因二、五得正以释"家人"之义，并明女贞之旨。家人之道，必须女主于内，男主于外，然后家道乃立。今此卦六二柔而得位，是女正位乎内也。九五刚而得位，是男正位乎外也。家人"以内为本，故先说女也"。"男女正，天地之大义也"者，因正位之言，广明家人之义乃道均二仪，非惟人事而已。家人即女正于内男正于外，二仪则天尊在上地卑在下，同于男女正位，故曰"天地之大义也"。"家人有严君焉，父母之谓"者，上明义均天地，此又言道齐邦国。父母一家之主，家人尊事，同于国有严君焉，故曰"家人有严君焉，父母之谓"也。"父父、子子、兄兄、弟弟、夫夫、妇妇而家道正，正家而天下定矣"者，此叹美正家之功，可以定于天下，申成道齐邦国。既家有严君，即父不失父道，乃至妇不失妇道，尊卑有序，上下不失，而后为家道之正。各正其家，无家不正，即天下之治定矣。

《象》曰：风自火出，家人。注云：由内以相成炽也。**君子以言有物而行有恒。**注云：家人之道，修于近小而不妄也。故君子以言必有物而口无择言，行必有恒而身无择行。

疏正义曰："风自火出，家人"者，巽在离外，是风从火出。火出之初，因风方炽。火既炎盛，还复生风。内外相成，有似家人之义。故曰"风自火出，家人"也。"君子以言有物而行有恒"者，物，事也。言必有事，即口无择言。行必有常，即身无择行。正家之义，修于近小。言之与行，君子枢机。出身加人，发迩化远，故举言行以为之诫。言既称物，而行称"恒"者，发言立行，皆须合于可常之事，互而相足也。

初九：闲有家，悔亡。注云：凡教在初而法在始，家渎而后严之，志变而后治之，则"悔"矣。处家人之初，为家人之始，故宜必以"闲有家"，然后"悔亡"也。**《象》曰："闲有家"，志未变也。**

疏正义曰："闲有家，悔亡"者，治家之道，在初即须严正，立法防闲。若黩乱之后，方始治之，即有悔矣。初九处家人之初，能防闲有家，乃得“悔亡”，故曰“闲有家，悔亡”也。“象曰：志未变也”者，释在初防闲之义。所以在初防闲其家者，家人志未变黩也。

六二：无攸遂，在中馈，贞吉。注云：居内处中，履得其位，以阴应阳，尽妇人之正，义无所必，遂职乎“中馈”，巽顺而已，是以“贞吉”也。**《象》曰：六二之“吉”，顺以巽也。**

疏正义曰：“无攸遂，在中馈，贞吉”者，六二履中居位，以阴应阳，尽妇人之义也。妇人之道，巽顺为常，无所必遂。其所职主，在于家中馈食供祭而已，得妇人之正吉，故曰“无攸遂在中馈贞吉”也。“象曰：六二之吉，顺以巽”者，举爻位也。言“吉”者，明其以柔居中而得正位，故能顺以巽而获吉也。

九三：家人嗃嗃，悔厉吉。妇子嘻嘻，终吝。注云：以阳处阳，刚严者也。处下体之极，为一家之长者也。行与其慢，宁过乎恭；家与其渎，宁过乎严。是以家人虽“嗃嗃悔厉”，犹得其道。“妇子嘻嘻”，乃失其节也。**《象》曰：“家人嗃嗃”，未失也。“妇子嘻嘻”，失家节也。**

疏正义曰：“家人嗃嗃，悔厉吉。妇子嘻嘻，终吝”者，“嗃嗃”，严酷之意也。“嘻嘻”，喜笑之貌也。九三处下体之上，为一家之主，以阳处阳，行刚严之政，故“家人嗃嗃”。虽复嗃嗃伤猛，悔其酷厉，犹保其吉，故曰“悔厉吉”。若纵其妇子慢黩嘻嘻，喜笑而无节，则终有恨辱，故曰“妇子嘻嘻，终吝”也。“象曰：未失也”者，初虽悔厉，似失于猛，终无慢黩，故曰“未失也”。“失家节”者，若纵其嘻嘻，初虽欢乐，终失家节也。

六四：富家，大吉。注云：能以其富顺而处位，故“大吉”也。若但能富其家，何足为大吉？体柔居巽，履得其位，明于家道，以近至尊，能富其家也。**《象》曰：“富家，大吉”，顺在位也。**

疏正义曰：“富家，大吉”者，富谓禄位昌盛也。六四体柔处巽，得位承五，能富其家者也。由其体巽承尊，长保禄位，吉之大者也，故曰“富家大吉”。“象曰：顺在位”者，所以致大吉，由顺承于君而在臣位，故不见黜夺也。

九五：王假有家，勿恤，吉。注云：假，至也。履正而应，处尊体巽，王至斯道，以有其家者也。居于尊位，而明于家道，则下莫不化矣。父父、子子、兄兄、弟弟、夫夫、妇妇，六亲和睦交相爱乐而家道正，“正家而天下定矣”。故“王假有家”，则勿恤而吉。**《象》曰：“王假有家”，交相爱也。**

疏 正义曰：“王假有家”者，假，至也。九五履正而应，处尊体巽，是能以尊贵巽接于物，王至此道，以有其家，故曰“王假有家”也。“勿恤吉”者，居于尊位而明于家道，则在下莫不化之矣，不须忧恤而得吉也，故曰“勿恤吉”也。“象曰：交相爱也”者，王既明于家道，天下化之，“六亲和睦，交相爱乐”也。

上九：有孚，威如，终吉。注云：处家人之终，居家道之成，“刑于寡妻”，以著于外者也，故曰“有孚”。凡物以猛为本者则患在寡恩，以爱为本者则患在寡威，故家人之道尚威严也。家道可终，唯信与威。身得威敬，人亦如之。反之于身，则知施于人也。**《象》曰：“威如”之吉，反身之谓也。**

疏 正义曰：“有孚，威如，终吉”者，上九处家人之终，家道大成，“刑于寡妻”，以著于外，信行天下，故曰“有孚”也。威被海内，故曰“威如”。威、信并立，乃得终于家道，而吉从之，故曰“有孚威如终吉”也。“象曰：反身之谓”者，身得人敬则敬于人，明知身敬于人人亦敬己，反之于身则知施之于人，故曰“反身之谓”也。

睽 ䷥ 离上 兑下

睽：小事吉。

疏 正义曰：“睽”者，乖异之名，物情乖异，不可大事。大事谓与役动众，必须大同之世，方可为之。小事谓饮食衣服，不待众力，虽乖而可，故曰“小事吉”也。

《彖》曰：睽，火动而上，泽动而下。二女同居，其志不同行。说而丽乎明，柔进而上行，得中而应乎刚，是以“小事吉”。注云：事皆相违，害之道也，何由得小事吉？以有此三德也。**天地睽而其事同也，男女睽而其志通也，万物睽而其事类也。睽之时用大矣哉！**注云：睽离之时，非小人之所能用也。

疏 正义曰：“睽，火动而上，泽动而下，二女同居，其志不同行”者，此就二体释卦名为“睽”之义，同而异者也。水火二物，共成烹饪，理应相济。今火在上而炎上，泽居下而润下，无相成之道，所以为乖。中少二女共居一家，理应同志，各自出适，志不同行，所以为异也。“说而丽乎明，柔进而上行，得中而应乎刚，是以小事吉”者，此就二体及六五有应，释所以小事得吉。“说而丽乎明”，不为邪僻。“柔进而上行”，所之在贵。“得中而应乎刚”，非为全弱。虽在乖违之时，卦爻有此三德，故可以行小事而获吉也。“天地睽而其事同”，此以下历就天地男女万物，广明睽义体乖而用合也。天高地卑，其体悬隔，是“天地睽”也。而生成品物，其事则同也。“男女睽而其志通”者，男外女内，分位有别，是男女睽也。而成家理事，其志则通也。万物殊形，各自为象，是“万物睽”也。而均于生长，其事即类，故曰“天地睽而其事同也，男女睽而其志通也，万物睽而其事类也。睽之时用大矣哉”！既明睽理合同之大，又叹能用睽之人，其德不小，睽离之时，能建其用使合其通理，非大德之人，则不可也，故曰“睽之时用大矣哉”也。

《象》曰：上火下泽，睽。君子以同而异。注云：同于通理，异于职事。

疏正义曰：“上火下泽，睽”者，动而相背，所以为“睽”也。“君子以同而异”者，佐王治民，其意则同；各有司存，职掌则异，故曰“君子以同而异”也。

初九：悔亡。丧马，勿逐，自复。见恶人，无咎。注云：处睽之初，居下体之下，无应独立，悔也。与四合志，故得“悔亡”。马者，必显之物。处物之始，乖而丧其马，物莫能同，其私必相显也，故“勿逐”而“自复”也。时方乖离，而位乎穷下，上无应可援，下无权可恃，显德自异，为恶所害，故“见恶人”乃得免咎也。**《象》曰：“见恶人”，以辟咎也。**

疏正义曰：“悔亡”者，初九处睽离之初，“居下体之下，无应独立”，所以悔也。四亦处下，无应独立，不乖于己，与己合志，故得“悔亡”。“丧马，勿逐，自复”者，时方睽离，触目乖阻。马之为物，难可隐藏，时或失之，不相容隐，不须寻求，势必“自复”，故曰“丧马勿逐自复”也。“见恶人无咎”者，处于穷下，上无其应，无应则无以为援，穷下则无权可恃。若标显自异，不能和光同尘，则必为恶人所害，故曰“见恶人无咎”。“见”，谓逊接之也。“以辟咎也”者，恶人不应与之相见，而逊接之者，以“辟咎”也。

九二：遇主于巷，无咎。注云：处睽失位，将无所安。然五亦失位，俱求其党，出门同趣，不期而遇，故曰“遇主于巷”也。处睽得援，虽失其位，未失道也。**《象》曰：“遇主于巷”，未失道也。**

疏正义曰："遇主于巷，无咎"者，九二处睽之时而失其位，将无所安。五亦失位，与己同党，同趣相求，不假远涉而自相遇，适在于巷。言遇之不远，故曰："遇主于巷"。"主"谓五也。处睽得援，咎悔可亡，故"无咎"也。"象曰：未失道"者，既遇其主，虽失其位，亦"未失道也"。

六三：见舆曳，其牛掣。其人天且劓，无初有终。注云：凡物近而不相得，则凶。处睽之时，履非其位，以阴居阳，以柔乘刚，志在于上，而不和于四，二应于五，则近而不相比，故"见舆曳"。"舆曳"者，履非其位，失所载也。"其牛掣"者，滞隔所在，不获进也。"其人天且劓"者，四从上取，二从下取，而应在上九，执志不回。初虽受困，终获刚助。**《象》曰："见舆曳"，位不当也。"无初有终"，遇刚也。**

疏正义曰："见舆曳其牛掣"者，处睽之时，履非其位，以阴居阳，以柔乘刚，志在上九，不与四合。二自应五，又与己乖。欲载，其舆被曳，失己所载也。欲进，其牛被牵，滞隔所在，不能得进也。故曰"见舆曳其牛掣"也。"其人天且劓，无初有终"者，剠额为天，截鼻为劓。既处二四之间，皆不相得，其为人也，四从上刑之，故剠其额，二从下刑之，又截其鼻，故曰"其人天且劓"。"而应在上九，执志不回，初虽受困，终获刚助"，故曰"无初有终"。"象曰：位不当"者，由位不当，故舆被曳。"遇刚"者，由遇上九之刚，所以"有终"也。

九四：睽孤，遇元夫，交孚，厉无咎。注云：无应独处，五自应二，三与己睽，故曰"睽孤"也。初亦无应特立。处睽之时，俱在独立，同处体下，同志者也。而己失位，比于三五，皆与己乖，处无所安，故求其畴类而自托焉，故曰"遇元夫"也。同志相得而无疑焉，故曰"交孚"也。虽在乖隔，志故得行，故虽危无咎。**《象》曰："交孚"、"无咎"，志行也。**

疏正义曰："元夫"谓初九也。处于卦始，故云"元"也。初、四俱阳而言"夫"者，盖是丈夫之夫，非夫妇之夫也。

六五：悔亡。厥宗噬肤，往何咎。注云：非位，悔也，有应故悔亡。"厥宗"，谓二也。"噬肤"者，啮柔也。三虽比二，二之所噬，非妨己应者也。以斯而往，何咎之有？往必合也。**《象》曰"厥宗噬肤"，往有庆也。**

疏正义曰："悔亡"者，失位，悔也，"有应故悔亡"也。"厥宗噬肤，往何咎"者，宗，主也，谓二也，"噬肤"谓噬三也。三虽隔二，二之所噬，故曰"厥宗噬肤"也。三是阴爻,故以"肤"为譬,言柔脆也。二既噬三即五,可以往而"无咎"矣,故曰"往无咎"。"象曰:往有庆也"者,有庆之言,善功被物,为物所赖也。五虽居尊而不当位,与二合德,乃为物所赖,故曰"往有庆也"。

上九:睽孤。见豕负途,载鬼一车。先张之弧,后说之弧。匪寇婚媾,往,遇雨则吉。注云:处睽之极,睽道未通,故曰"睽孤"。己居炎极,三处泽盛,睽之极也。以文明之极,而观至秽之物,"睽"之甚也。豕失负途,秽莫过焉。至"睽"将合,至殊将通,恢诡谲怪,道将为一。未至于洽,先见殊怪,故"见豕负途",甚可秽也。见鬼盈车,吁可怪也。"先张之弧",将攻害也。"后说之弧",睽怪通也。四剌其应,故为寇也。"睽"志将通,"匪寇婚媾",往不失时,睽疑亡也。贵于遇雨,和阴阳也。阴阳既和,"群疑亡"也。**《象》曰:"遇雨"之吉,群疑亡也。**

疏正义曰:"睽孤"者,处睽之极,"睽"道未通,故曰"睽孤"也。"见豕负途"者,火动而上,泽动而下,"己居炎极,三处泽盛,睽之极也"。离为文明,泽是卑秽,以文明之极而观至秽之物,事同豕而负途泥,秽莫斯甚矣,故曰"见豕负途"。"载鬼一车,先张之弧,后说之弧"者,鬼魅盈车,怪异之甚也。至"睽"将合,至殊将通,未至于洽,先见殊怪,故又见"载鬼一车"。载鬼不言"见"者,为豕上有"见"字也。见怪若斯,惧来害己,故"先张之弧",将攻害也。物极则反,"睽"极则通,故"后说之弧",不复攻也。"匪寇婚媾"者,"四剌其应",故谓四为寇。"睽"志既通,匪能为寇,乃得与二为婚媾矣,故曰"匪寇婚媾"也。"往遇雨则吉"者,雨者,阴阳交和之道也。众异并消,无复疑阻,往得和合,则吉从之,故曰"往遇雨则吉"。"象曰:群疑亡也"者,往与三合,如雨之和。向之见豕、见鬼、张弧之疑并消释矣,故曰"群疑亡也"。

注"恢诡谲怪道将为一"

疏正义曰:《庄子内篇·齐物论》曰:"无物不然,无物不可。故为举筳与楹,厉与西施,恢诡谲怪,道通为一。"郭象注云:"夫筳横而楹纵,厉丑而西施好,所谓齐者,岂必齐形状,同规矩哉!举纵横好丑,恢诡谲怪,各然其所然,各可其所可,即形虽万殊,而性本得同,故曰'道通为一'也。"庄子所言以明齐物,故举恢诡谲怪至异之物,道通为一,得性则同。王辅嗣用此文而改"通"为"将"字者,明物极则反,睽极则通,有似引诗断章,不必与本义同也。

蹇 ䷦ 坎上 艮下

蹇：利西南，不利东北。注云：西南，地也，东北，山也。以难之平则难解，以难之山则道穷。**利见大人，**注云：往则济也。**贞吉。**注云：爻皆当位，各履其正，居难履正，正邦之道也。正道未否，难由正济，故"贞吉"也。遇难失正，吉可得乎？

疏正义曰："蹇"，难也。有险在前，畏而不进，故称为"蹇"。"利西南，不利东北"者，西南险位，平易之方。东北险位，阻碍之所。世道多难，率物以适平易，则蹇难可解。若入于险阻，则弥加拥塞。去就之宜，理须如此，故曰"蹇，利西南不利东北"也。"利见大人"者，能济众难，唯有大德之人，故曰"利见大人"。"贞吉"者，居难之时，若不守正而行其邪道，虽见大人，亦不得吉，故曰"贞吉"也。

《彖》曰：蹇，难也，险在前也。见险而能止，知矣哉！蹇"利西南"，往得中也。"不利东北"，其道穷也。"利见大人"，往有功也。当位"贞吉"，以正邦也。蹇之时用大矣哉！注云：蹇难之时，非小人之所能用也。

疏正义曰："蹇，难也，险在前也。见险而能止，知矣哉"者，释卦名也。蹇者，有难而不进，能止而不犯，故就二体，有险有止，以释蹇名。坎在其外，是"险在前也"。有险在前，所以为难。若冒险而行，或罹其害。艮居其内，止而不往，相时而动，非知不能，故曰"见险而能止，知矣哉"也。"蹇利西南往得中也"者，之于平易，救难之理，故云"往得中"也。"不利东北其道穷"者，之于险阻，更益其难，其道弥穷，故曰"其道穷"也。"利见大人往有功也"者，往见大人必能除难，故曰"往有功"也。"当位贞吉，以正邦也"者，二、三、四、五爻皆当位，所以得正而吉，故曰"当位贞吉"也。"以正邦也"者，居难守正，正邦之道，故曰"以正邦"也。"蹇之时用大矣哉"者，能于蹇难之时建立其功，用以济世者，非小人之所能，故曰"蹇之时用大矣哉"也。

《象》曰：山上有水，蹇。注云：山上有水，蹇难之象。**君子以反身修德。**注云：除难莫若反身修德。

疏正义曰："山上有水，蹇"者，山者是岩险，水是阻难。水积山上，弥益危难，故曰"山上有水蹇"。"君子以反身修德"者，蹇难之时，未可以进，唯宜反求诸身，自修其德，道成德立，方能济险，故曰“君子以反身修德”也。陆绩曰：“水在山上，失流通之性，故曰蹇。”通水流下，今在山上，不得下流，蹇之象。陆绩又曰：“水本应山下，今在山上，终应反下，故曰反身。”处难之世，不可以行，只可反省察，修己德用乃除难。君子通达道畅之时，并济天下，处穷之时则独善其身也。

初六：往蹇，来誉。注云：处难之始，居止之初，独见前识，睹险而止，以待其时，知矣哉！故往则遇蹇，来则得誉。**《象》曰：“往蹇来誉”，宜待也。**

疏 正义曰：“往蹇，来誉”者，初六处蹇之初，往则遇难，来则得誉。初居艮始，是能见险而止。见险不往，则是来而得誉，故曰“往蹇来誉”。“象曰：宜待”者，既“往则遇蹇”，宜止以待时也。

六二：王臣蹇蹇，匪躬之故。注云：处难穷时，履当其位，居不失中，以应于五。不以五在难中，私身远害，执心不回，志匡王室者也。故曰：“王臣蹇蹇，匪躬之故。”履中行义，以存其上，处蹇以此，未见其尤也。**《象》曰：“王臣蹇蹇”，终无尤也。**

疏 正义曰：“王臣蹇蹇，匪躬之故”者，“王”谓五也。“臣”谓二也。九五居于王位而在难中，六二是五之臣，往应于五，履正居中，志匡王室，能涉蹇难，而往济蹇，故曰“王臣蹇蹇”也。尽忠于君，匪以私身之故而不往济君，故曰“匪躬之故”。“象曰：终无尤”者，处难以斯，岂有过尤也？

九三：往蹇，来反。注云：进则入险，来则得位，故曰“往蹇来反”。为下卦之主，是内之所恃也。**《象》曰：“往蹇来反”，内喜之也。**

疏 正义曰：“往蹇，来反”者，九三与坎为邻，进则入险，故曰“往蹇”。来则得位，故曰“来反”。“象曰：内喜之”者，内卦三爻，唯九三一阳居二阴之上，是内之所恃，故云“内喜之”也。

六四：往蹇来连。注云：往则无应，来则乘刚，往来皆难，故曰“往蹇来连”。得位履正，当其本实，虽遇于难，非妄所招也。**《象》曰：“往蹇来连”，当位实也。**

疏 正义曰：马云“连亦难”也。郑云“迟久之意”。六四往则无应，来则乘刚,往来皆难,故曰"往蹇来连"也。"象曰:当位实"者,明六四当位履正,当其本实。而往来遇难者,乃数之所招,非邪妄之所致也,故曰"当位实"也。

九五:大蹇朋来。注云:处难之时,独在险中,难之大者也,故曰"大蹇"。然居不失正,履不失中,执德之长,不改其节,如此则同志者集而至矣,故曰"朋来"也。**《象》曰:"大蹇朋来",以中节也。**

疏正义曰:九五处难之时,独在险中,难之大者也,故曰"大蹇"。然得位履中,不改其节,如此则同志者自远而来,故曰"朋来"。"象曰:以中节"者,得位居中,不易其节,故致"朋来",故云"以中节"也。

注"同志者集而至矣"

疏正义曰:此以"同志"释"朋来"之义。郑注《论语》云:"同门曰朋,同志曰友。"此对友也。通而言之,同志亦是朋党也。

上六:往蹇来硕,吉,利见大人。注云:往则长难,来则难终,难终则众难皆济,志大得矣,故曰"往蹇来硕吉"。险夷难解,大道可兴,故曰"利见大人"也。**《象》曰:"往蹇来硕",志在内也。**注云:有应在内,往则失之。来则志获,"志在内也"。**"利见大人",以从贵也。**

疏正义曰:硕,大也。上六难终之地,不宜更有所往,往则长难,故曰"往蹇"也。"来则难终,难终则众难皆济,志大得矣",故曰"硕吉"也。险夷难解,大道可兴,宜见大人以弘道化,故曰"利见大人"也。"象曰:志在内也"者,有应在三,是"志在内也"。应既在内,往则失之,来则得之,所以往则有蹇,来则硕吉也。"以从贵"者,贵谓阳也。以从阳,故云"以从贵"也。

解 ䷧ 震上 坎下

解:利西南。注云:西南,众也。解难济险,利施于众也。亦不困于东北,故不言不利东北也。**无所往,其来复,吉。有攸往,夙吉。**注云:未有善于解难而迷于处安也。解之为义,解难而济厄者也。无难可往,以解来复则不失中。有难而往,则以速为吉也,无难则能复其中,有难则能济其厄也。

疏正义曰:"解"者,卦名也。然解有两音,一音古买反,一音胡买反,"解"谓解难之初,"解"谓既解之后。《象》称"动而免乎险",明非救难之时,故先儒皆读为"解"。《序卦》云:"物不可以终难,故受之以解。解者,缓也。"然则"解"者,险难解,释物情舒缓,故为"解"也。"解利西南"者,西南坤位,坤是众也。施解于众,则所济者弘,故曰"解利西南"也。"象曰:无所往"者,上言"解难济险,利施于众"。此下明救难之时,诫其可否。若无难可往,则以来复为吉。若有难可往,则以速赴为善,故云"无所往,其来复吉,有攸往夙吉"。设此诫者,褚氏云:"世有无事求功,故诫以无难宜静,亦有待败乃救,故诫以有难须速也。"

《彖》曰:解,险以动;动而免乎险,解。注云:动乎险外,故谓之"免"。免险则解,故谓之"解"。**"解,利西南",往得众也,"其来复吉",乃得中也。"有攸往,夙吉",往有功也。天地解而雷雨作,雷雨作而百果草木皆甲坼。**注云:天地否结则雷雨不作,交通感散,雷雨乃作也。雷雨之作,则险厄者亨,否结者散,故"百果草木皆甲坼"也。**解之时大矣哉!**注云:无圻而不释也。难解之时,非治难时,故不言用。体尽于解之名,无有幽隐,故不曰义。

疏正义曰:"解,险以动;动而免乎险,解"者,此就二体以释卦名。遇险不动,无由解难。动在险中,亦未能免咎。今动于险外,即见免脱于险,所以为"解"也。"解利西南往得众"者,"解"之为义,兼济为美。往之西南得施解于众,所以为利也。"其来复吉乃得中也"者,无难可解,退守静默,得理之中,故云"乃得中"也。"有攸往,夙吉,往有功也"者,解难能速,则不失其几,故"往有功也"。"天地解而雷雨作,雷雨作,而百果草木皆甲坼"者,此因震、坎有雷雨之象,以广明"解"义。天地解缓,雷雨乃作。雷雨既作,百果草木皆孚甲开坼,莫不解散也。"解之时大矣哉"者,结叹解之大也。自天地至于草木,无不有"解",岂非大哉!

《象》曰:雷雨作,解。君子以赦过宥罪。

疏正义曰:赦谓放免,过谓误失,宥谓宽宥,罪谓故犯,过轻则赦,罪重则宥,皆解缓之义也。

初六:无咎。注云:"解"者,解也。屯难盘结,于是乎解也。处蹇难始解之初,在刚柔始散之际,将赦罪厄,以夷其险。处此之时,不烦于位而"无咎"也。**《象》曰:刚柔之际,义无咎也。**注云:或有过咎,非其理也。"义"犹理也。

疏正义曰：夫险难未夷，则贱弱者受害，然则蹇难未解之时，柔弱者不能无咎，否结既释之后，刚强者不复陵暴。初六，“处蹇难始解之初，在刚柔始散之际”，虽以柔弱处无位之地，逢此之时，不虑有咎，故曰“初六无咎”也。“象曰：义无咎”者，“义”犹理也，刚柔既散，理必无咎，或有过咎，非理之当也，故曰“义无咎”也。

注“或有过咎，非其理也”

疏正义曰：或本无此八字。

九二：田获三狐，得黄矢，贞吉。注云：狐者，隐伏之物也。刚中而应，为五所任，处于险中，知险之情，以斯解物，能获隐伏也，故曰：“田获三狐”也。黄，理中之称也。矢，直也。田而获三狐，得乎理中之道，不失枉直之实，能全其正者也，故曰“田获三狐，得黄矢，贞吉”也。**《象》曰：九二，“贞吉”，得中道也。**

疏正义曰：“田获三狐”者，狐是隐伏之物，三为成数，举三言之，搜获备尽。九二以刚居中而应于五，为五所任，处于险中，知险之情，以斯解险，无险不济，能获隐伏，如似田猎而获窟中之狐，故曰“田获三狐”。“得黄矢，贞吉”者，黄，中之称。矢，直也。田而获三狐，得乎理中之道，不失枉直之实，能全其正者也，故曰“得黄矢贞吉”也。“象曰：得中道也”者，明九二位既不当，所以得“贞吉”者，由处于中，得乎理中之道故也。

六三：负且乘，致寇至，贞吝。注云：处非其位，履非其正，以附于四，用夫柔邪以自媚者也。乘二负四，以容其身。寇之来也，自己所致，虽幸而免，正之所贱也。**《象》曰：负且乘，亦可丑也。自我致戎，又谁咎也？**

疏正义曰：“负且乘，致寇至”者，六三，失正无应，下乘于二，上附于四，即是用夫邪佞以自说媚者也。乘者，君子之器也。负者，小人之事也。施之于人，即在车骑之上，而负于物也。故寇盗知其非己所有，于是竞欲夺之，故曰“负且乘致寇至”也。“贞吝”者，负乘之人，正其所鄙，故曰“贞吝”也。“象曰：亦可丑也”者，天下之丑多矣，此是其一，故曰“亦可丑也”。“自我致戎，又谁咎也”者，言此寇虽由己之招，非是他人致此过咎，故曰“又谁咎也”。

九四：解而拇，朋至斯孚。注云：失位不正，而比于三，故三得附之为其拇也。三为之拇，则失初之应，故“解其拇”，然后朋至而信矣。**《象》曰：“解而拇”，未当位也。**

疏正义曰:“解而拇,朋至斯孚”者,而,汝也。拇,足大指也。履于不正,与三相比,三从下来附之,如指之附足,四有应在初。若三为之拇,则失初之应,故必“解其拇”,然后朋至而信,故曰“解而拇,朋至斯孚”。“象曰:未当位”者,四若当位履正,即三为邪媚之身,不得附之也。既三不得附四,则无所解。今须解拇,由不当位也。

六五:君子维有解,吉,有孚于小人。注云:居尊履中而应乎刚,可以有解而获吉矣。以君子之道解难释险,小人虽闇,犹知服之而无怨矣。故曰“有孚于小人”也。**《象》曰:君子有解,小人退也。**

疏正义曰:“君子维有解,吉”者,六五,居尊履中而应于刚,是有君子之德。君子当此之时,可以解于险难。维,辞也。有解于难,所以获吉,故曰“君子维有解,吉”也。“有孚于小人”者,以君子之道解难,则小人皆信服之,故曰“有孚于小人”也。“象曰:君子有解,小人退也”者,小人谓作难者,信君子之德,故退而畏服之。

上六:公用射隼于高墉之上,获之,无不利。注云:初为四应,二为五应,三不应上,失位负乘,处下体之上,故曰“高墉”。墉非隼之所处,高非三之所履,上六居动之上,为解之极,将解荒悖而除秽乱者也。故用射之,极则后动,成而后举,故必“获之”,而“无不利”也。**《象》曰:“公用射隼”,以解悖也。**

疏正义曰:隼者,贪残之鸟,鹯鹞之属。墉,墙也。六三失位负乘,不应于上,即是罪衅之人,故以譬于隼。此借飞鸟为喻,而居下体之上,其犹隼处高墉。隼之为鸟,宜在山林,集于人家“高墉”,必为人所缴射,以譬六三处于高位,必当被人所诛讨。上六居动之上,为解之极,将解之荒悖而除秽乱,故用射之也。“极而后动,成而后举,故必获之,而无不利”,故曰“公用射隼于高墉之上,获之无不利”也。公者臣之极。上六以阴居上,故谓之“公”也。“象曰:解悖也”者,悖,逆也。六三失位负乘,不应于上,是悖逆之人也。上六居动之上,能除解六三之荒悖,故云“以解悖也”。

周易注疏卷第七

损 ䷨ 艮上 兑下

损:有孚,元吉,无咎可贞,利有攸往。曷之用?二簋可用享。

疏正义曰:"损"者,减损之名,此卦明损下益上,故谓之"损"。"损"之为义,"损下益上",损刚益柔。损下益上,非补不足者也。损刚益柔,非长君子之道者也。若不以诚信,则涉谄谀而有过咎,故必"有孚",然后大吉,无咎可正,而"利有攸往"矣,故曰"损有孚,元吉,无咎可贞,利有攸往"也。先儒皆以无咎、可贞,各自为义,言既吉而无咎,则可以为正。准下王注《彖》辞云:"损下而不为邪,益上而不为谄,则何咎而可正。"然则王意以无咎、可贞共成一义,故庄氏云:"若行损有咎,则须补过以正其失。"今行损用信,则是无过可正,故云"无咎可贞"。窃谓庄氏之言得正旨矣。"曷之用?二簋可用享"者,明行损之礼,贵夫诚信,不在于丰。既行损以信,何用丰为?二簋至约,可用享祭矣,故曰"曷之用,二簋可用享"也。

《彖》曰:损,损下益上,其道上行。注云:艮为阳,兑为阴。凡阴顺于阳者也。阳止于上,阴说而顺,损下益上,上行之义也。**损而"有孚,元吉,无咎可贞,利有攸往。**注云:损之为道,"损下益上",损刚益柔也。损下益上,非补不足也。损刚益柔,非长君子之道也。为损而可以获吉,其唯有孚乎?"损而有孚",则"元吉","无咎"而可正,"利有攸往"矣。"损刚益柔",不以消刚。"损柔益上",不以盈上,损刚而不为邪,益上而不为谄,则何咎而可正?虽不能拯济大难,以斯有往,物无距也。**曷之用?**注云:曷,辞也。"曷之用",言何以丰为也。**二簋可用享"**注云:二簋,质薄之器也。行损以信,虽二簋而可用享。**二簋应有时,**注云:至约之道,不可常也。**损刚益柔有时。**注云:下不敢刚,贵于上行,"损刚益柔"之谓也。刚为德长,损之不可以为常也。**损益盈虚,与时偕行。**注云:自然之质,各定其分,短者不为不足,长者不为有余，损益将何加焉？非道之常，故必"与时偕行"也。

疏正义曰："损，损下益上，其道上行"者，此就二体释卦名之义，艮，阳卦，为止。兑，阴卦，为说。阳止于上，阴说而顺之，是下自减损以奉于上，"上行"之谓也。"损而有孚，元吉，无咎可贞，利有攸往"者，卦有"元吉"已下等事，由于"有孚"，故加一"而"字，则其义可见矣。"曷之用，二簋可用享"者，举经明之，皆为损而有孚，故得如此。"二簋应有时"者，申明二簋之礼，不可为常。二簋至约，唯在损时应时行之，非时不可也。"损刚益柔有时"者，明"损下益上"之道，亦不可为常。损之所以能"损下益上"者，以下不敢刚亢，贵于奉上，则是损于刚亢而益柔顺也。"损刚"者，谓损兑之阳爻也。"益柔"者，谓益艮之阴爻也。人之为德，须备刚柔，就刚柔之中，刚为德长。既为德长，不可恒减，故损之"有时"。"损益盈虚，与时偕行"者，"盈虚"者，凫足短而任性，鹤胫长而自然。此又云"与时偕行"者，上既言"损刚益柔"，不可常用，此又泛明损益之事，体非恒理，自然之质，各定其分。凫足非短，鹤胫非长，何须损我以益人。虚此以盈彼，但有时宜用，故应时而行，故曰"损益盈虚，与时偕行"也。

《象》曰：山下有泽，损。注云：山下有泽，损之象也。**君子以惩忿窒欲。**注云：可损之善，莫善忿欲也。

疏正义曰："山下有泽，损。君子以惩忿窒欲"者，泽在山下，泽卑山高，似泽之自损，以崇山之象也。君子以法此损道，以惩止忿怒，窒塞情欲。夫人之情也，感物而动，境有顺逆，故情有忿欲。惩者息其既往，窒者闭其将来。忿欲皆有往来，惩窒互文而相足也。

初九：已事遄往，无咎，酌损之。注云：损之为道，"损下益上"，损刚益柔，以应其时者也。居于下极，损刚奉柔，则不可以逸。处损之始，则不可以盈，事已则往，不敢宴安，乃获"无咎"也。刚以奉柔，虽免乎咎，犹未亲也。故既获无咎，复自"酌损"，乃得"合志"也。遄，速也。**《象》曰："已事遄往"，尚合志也。**注云：尚合于志，欲速往也。

疏正义曰："已事遄往，无咎"者，已，竟也。遄，速也。损之为道，"损下益上"，如人臣欲自损己奉上。然各有所掌，若废事而往，咎莫大焉。若事已不往，则为傲慢。竟事速往，乃得无咎，故曰"已事遄往无咎也"。"酌损之"者，刚胜则柔危，以刚奉柔，初未见亲也。故须酌而减损之，乃得"合志"，故曰"酌损之"。"象曰:尚合志"者,尚,庶几也。所以竟事速往,庶几与上合志也。

九二:利贞,征凶,弗损,益之。注云:柔不可全益,刚不可全削,下不可以无正。初九已损刚以顺柔,九二履中,而复损己以益柔,则剥道成焉,故不可遄往而"利贞"也。进之于柔,则凶矣,故曰"征凶"也。故九二不损而务益,以中为志也。**《象》曰:"九二利贞",中以为志也。**

疏正义曰:"利贞,征凶,弗损,益之"者,柔不可以全益,刚不可以全削,下不可以无正。初九已损刚以益柔,为顺六四为初六,九二复损己以益六五为六二,则成剥卦矣。故九二利以居而中正,进之于柔则凶,故曰"利贞,征凶"也。既征凶,故九二不损己而务益,故曰"不损益之"也。"象曰:中以为志"者,言九二所以能居而守贞,不损益之,良由居中,以中为志,故损益得其节适也。

六三:三人行则损一人,一人行则得其友。注云:损之为道,"损下益上,其道上行"。三人,谓自六三已上三阴也。三阴并行,以承于上,则上失其友,内无其主,名之曰"益",其实乃"损"。故天地相应,乃得化淳;男女匹配,乃得化生。阴阳不对,生可得乎?故六三独行,乃得其友。三阴俱行,则必疑矣。**《象》曰:"一人行",三则疑也。**

疏正义曰:"三人行则损一人,一人行则得其友"者,六三处损之时,居于下体。损之为义,"其道上行"。"三人,谓自六三已上三阴"。上一人,谓上九也。下一人,谓六三也。夫阴阳相应,万物化淳,男女匹配故能生育,六三应于上九,上有二阴,六四、六五也。损道上行,有相从之义。若与二阴并己俱行,虽欲益上九一人,更使上九怀疑,疑则失其适匹之义也。名之曰"益",即不是减损,其实损之也,故曰"三人行则损一人"。若六三一人独行,则上九纳己无疑,则得其友矣,故曰:"一人行则得其友"也。"象曰:三则疑"者,言一人则可,三人益加疑惑也。

六四:损其疾,使遄有喜,无咎。注云:履得其位,以柔纳刚,能损其疾也。疾何可久?故速乃有喜。损疾以离其咎,有喜乃免,故使速乃有喜,有喜乃"无咎"也。**《象》曰:"损其疾",亦可喜也。**

疏正义曰:"损其疾,使遄有喜,无咎"者,"疾"者相思之疾也。初九自损己遄往，己以正道速纳，阴阳相会，同志斯来，无复企子之疾，故曰“损其疾”。疾何可久，速乃有喜，有喜乃无咎，故曰“使遄有喜，无咎”。“象曰：亦可喜”者，《诗》曰：“亦既见止”，“我心则降”。不亦有喜乎？

注“速乃有喜，有喜乃无咎也”

疏正义曰：相感而久不相会，则有勤望之忧，故“速乃有喜”。初九自损以益四，四不速纳，则有失益之咎也，故曰“有喜乃无咎”也。

六五：或益之，十朋之龟，弗克违，元吉。注云：以柔居尊而为损道，江海处下，百谷归之，履尊以损，则或益之矣。朋，党也。龟者，决疑之物也。阴非先唱，柔非自任，尊以自居，损以守之。故人用其力，事竭其功。智者虑能，明者虑策，弗能违也，则众才之用事矣，获益而得“十朋之龟”，足以尽天人之助也。**《象》曰：六五，“元吉”，自上佑也。**

疏正义曰：“或益之，十朋之龟，弗克违，元吉”者，六五居尊以柔而在乎损，而能自抑损者也。居尊而能自抑损，则天下莫不归而益之，故曰“或益之”也。或者，言有也，言其不自益之，有人来益之也。朋者，党也。龟者，决疑之物也。阴不先唱，柔不自任，“尊以自居，损以守之”，则人用其力，事竭其功，“智者虑能，明者虑策”，而不能违也。朋至不违，则群才之用尽矣，故曰“十朋之龟，弗克违”也。群才毕用，自尊委人，天人并助，故曰“元吉”。“象曰：自上佑”者，上谓天也，故与“自天佑之，吉无不利”义同也。

注“朋，党也”

疏正义曰：马、郑皆案《尔雅》云：“十朋之龟者，一曰神龟，二曰灵龟，三曰摄龟，四曰宝龟，五曰文龟，六曰筮龟，七曰山龟，八曰泽龟，九曰水龟，十曰火龟。”

上九：弗损益之，无咎，贞吉，利有攸往。得臣无家。注云：处损之终，上无所奉，损终反益。刚德不损，乃反益之，而不忧于咎。用正而吉，不制于柔，刚德遂长，故曰“弗损，益之，无咎，贞吉，利有攸往”也。居上乘柔，处损之极，尚夫刚德，为物所归，故曰“得臣”。得臣则天下为一，故“无家”也。**《象》曰：“弗损益之”，大得志也。**

疏正义曰：“弗损益之，无咎，贞吉”者，损之为义，“损下益上”。上九处损之极，上无所奉，损终反益，故曰“弗损益之”也。既“刚德不损，乃反益之”，则不忧于咎，“用正而吉”，故曰“无咎，贞吉”也。“利有攸往”者，不利于柔，不使三阴俱进，不疑其志，“刚德遂长”，故曰“利有攸往”也。又能自守刚阳,不为柔之所制,岂唯"无咎、贞吉"而已,所往亦无不利,故曰"利有攸往",义两存也。"得臣无家"者,居上乘柔,处损之极尊。夫刚德"为物所归",故曰"得臣"。"得臣则以天下为一",故曰"无家"。"无家"者,光宅天下,无适一家也。"象曰:大得志"者,刚德不损,"为物所归",故"大得志也"。

益 ䷩ 巽上 震下

益:利有攸往,利涉大川。

疏 正义曰:"益"者,增足之名,损上益下,故谓之益。下已有矣,而上更益之,明圣人利物之无已也。损卦则损下益上,益卦则损上益下,得名皆就下而不据上者,向秀云:"明王之道,志在惠下,故取下谓之损,与下谓之益。"既上行惠下之道,利益万物,动而无违,何往不利,故曰"利有攸往"。以益涉难,理绝险阻,故曰"利涉大川"。

《彖》曰:益,损上益下,民说无疆。注云:震,阳也。巽,阴也。巽非违震者也。处上而巽,不违于下,"损上益下"之谓也。**自上下下,其道大光。利有攸往,中正有庆。**注云:五处中正,"自上下下",故"有庆"也。以中正有庆之德,有攸往也,何适而不利哉!**利涉大川,木道乃行。**注云:木者,以涉大川为常而不溺者也。以益涉难,同乎"木"也。**益动而巽,日进无疆。天施地生,其益无方。**注云:损上益下。**凡益之道,与时偕行。**注云:益之为用,施未足也。满而益之,害之道也。故"凡益之道,与时偕行"也。

疏 正义曰:"益,损上益下,民说无疆"者,此就二体释卦名之义。柔巽在上,刚动在下,上巽不违于下,"损上益下"之义也。既居上者能自损以益下,则下民欢说,无复疆限。益卦所以名益者,正以"损上益下,民说无疆"者也。"自上下下,其道大光。利有攸往,中正有庆"者,此就九五之爻,释"利有攸往,中正有庆"也。五处中正,能"自上下下",则其道光大,为天下之所庆顺也。"以中正有庆之德",故所往无不利焉。益之所以"利有攸往"者,正谓中正有庆故也。"利涉大川,木道乃行"者,此取譬以释"利涉大川"也。木体轻浮,以涉大川为常而不溺也。以益涉难,如木道之涉川。涉川无害,方见益之为利,故云"利涉大川,木道乃行"也。"益动而巽,日进无疆"者,自此已下,广明益义。前则就二体明损上益下以释卦名,以下有动求,上能巽接,是"损上益下"之义。今就二体更明得益之方也。若动而骄盈,则彼损无已。

若动而卑巽，则进益无疆，故曰“益动而巽，日进无疆”。“天施地生，其益无方”者，此就天地广明益之大义也。天施气于地，地受气而化生，亦是“损上益下”义也。其施化之益，无有方所，故曰“天施地生，其益无方”。“凡益之道，与时偕行”者，虽施益无方，不可恒用，当应时行之，故举“凡益”总结之，故曰“凡益之道，与时偕行也”。

《象》曰：风雷，益。君子以见善则迁，有过则改。注云：迁善改过，益莫大焉。

疏正义曰：“风雷，益。君子以见善则迁，有过则改”者，《子夏传》云“雷以动之，风以散之，万物皆盈。”孟僖亦与此同其意。言必须雷动于前，风散于后，然后万物皆益。如二月启蛰之后，风以长物，八月收声之后，风以残物。风之为益，其在雷后，故曰“风雷，益”也。迁谓迁徙慕尚，改谓改更惩止，迁善改过，益莫大焉，故君子求益，以“见善则迁，有过则改”也。六子之中，并有益物，犹取雷风者，何晏云“取其最长可久之义也。”

初九：利用为大作，元吉，无咎。注云：处益之初，居动之始。体夫刚德，以莅其事而之乎巽，以斯大作，必获大功。夫居下非“厚事”之地，在卑非任重之处，大作非小功所济，故“元吉”，乃得“无咎”也。**《象》曰：“元吉，无咎”，下不厚事也。**注云：时可以大作，而下不可以厚事，得其时而无其处，故“元吉”，乃得“无咎”也。

疏正义曰：“利用为大作，元吉，无咎”者，“大作”谓兴作大事也。初九处益之初，居动之始，有兴作大事之端，又体刚能干，应巽不违，有堪建大功之德，故曰“利用为大作”也。然有其才而无其位，得其时而无其处，虽有殊功，人不与也。时人不与，则咎过生焉。故必“元吉”，乃得“无咎”，故曰“元吉，无咎”。“象曰：下不厚事”者，厚事犹大事也。

六二：或益之，十朋之龟，弗克违，永贞吉。王用享于帝，吉。注云：以柔居中，而得其位。处内履中，居益以冲。益自外来，不召自至，不先不违，则朋龟献策，同于损卦六五之位，位不当尊故吉在“永贞”也。帝者，生物之主，兴益之宗，出震而齐巽者也。六二居益之中，体柔当位，而应于巽，享帝之美，在此时也。**《象》曰：“或益之”，自外来也。**

疏正义曰：“或益之，十朋之龟，弗克违，永贞吉。王用享于帝，吉”者，六二体柔居中，当位应巽，是居益而能用谦冲者也。居益用谦，则物"自外来"，朋龟献策，弗能违也。同于损卦六五之位，故曰"或益之十朋之龟，弗克违"也。然位不当尊，故永贞乃吉，故曰"永贞吉"。帝，天也。王用此时，以享祭于帝，明灵降福，故曰"王用享于帝吉"也。"象曰：自外来"者，明益之者从外自来，不召而至也。

六三：益之，用凶事，无咎。有孚，中行，告公用圭。注云：以阴居阳，求益者也。故曰"益之"。益不外来，己自为之，物所不与，故在谦则戮，救凶则免。以阴居阳，处下卦之上，壮之甚也。用救衰危，物所恃也，故"用凶事"，乃得"无咎"也。若能益不为私，志在救难，壮不至亢，不失中行，以此告公，国主所任也；用圭之礼，备此道矣，故曰"有孚，中行，告公用圭"也。公者，臣之极也。凡事足以施天下，则称王，次天下之大者，则称公。六三之才，不足以告王，足以告公，而得用圭也。故曰"中行告公用圭"也。**《象》曰：益"用凶事"，固有之也。**注云：用施凶事，乃得固有之也。

疏正义曰："益之，用凶事，无咎。有孚，中行，告公用圭"者，六三以阴居阳，不能谦退，是求益者也，故曰"益之"。"益不外来，己自为之，物所不与"。若以谦道责之，则理合诛戮。若以救凶原之，则情在可恕。然此六三，"以阴居阳，处下卦之上，壮之甚也"。用此以救衰危，则物之所恃，所以"用凶事"而得免咎，故曰"益之，用凶事，无咎"。若能求益不为私己，志在救难，为壮不至亢极，能适于时，是有信实而得中行，故曰"有孚中行"也。用此"有孚中行"之德，执圭以告于公，公必任之以救衰危之事，故曰"告公用圭"。"象曰：固有之"者，明其为救凶，则不可求益；施之凶事，乃得固有其功也。

注"公者，臣之极也"至"告公用圭也"

疏正义曰：告王者宜以文德燮理，使天下人宁，不当恒以救凶，用志褊狭也。

六四：中行告公从，利用为依迁国。注云：居益之时，处巽之始，体柔当位，在上应下。卑不穷下，高不处亢，位虽不中，用"中行"者也。以斯告公，何有不从？以斯"依迁"，谁有不纳也？**《象》曰："告公从"，以益志也。**注云：志得益也。

疏正义曰："中行告公从，利用为依迁国"者，六四居益之时，处巽之始，体柔当位，在上应下，卑不穷下，高不处亢，位虽不中，用中行者也，故曰"中行"也。以此中行之德，有事以告于公，公必从之，故曰"告公从"也。用此道以依人而迁国者，人无不纳，故曰“利用为依迁国”也。迁国，国之大事，明以中行，虽有大事，而无不利，如“周之东迁晋郑焉。”依之义也。“象曰：以益志”者，既为公所从，其志得益也。

九五：有孚惠心，勿问元吉，有孚惠我德。注云：得位履尊，为益之主者也。为益之大，莫大于信。为惠之大，莫大于心。因民所利而利之焉，惠而不费，惠心者也。信以惠心，尽物之愿，固不待问而“元吉有孚惠我德”也。以诚惠物，物亦应之，故曰“有孚惠我德”也。**《象》曰：“有孚惠心”，勿问之矣。“惠我德”，大得志也。**

疏 正义曰：“有孚惠心，勿问元吉，有孚惠我德”者，九五得位处尊，为益之主，兼弘德义，以益物者也。“为益之大，莫大于信，为惠之大，莫大于心。因民所利而利之焉，惠而不费，惠心者也”。有惠有信，尽物之愿，必获元吉，不待疑问，故曰“有孚惠心，勿问元吉”。我既以信，惠被于物，物亦以信，惠归于我，故曰“有孚，惠我德”也。“象曰：大得志”者，天下皆以信惠归我，则可以得志于天下，故曰“大得志”也。

上九：莫益之，或击之，立心勿恒，凶。注云：处益之极，过盈者也。求益无已，心无恒者也。无厌之求，人弗与也。独唱莫和，是“偏辞也”。人道恶盈，怨者非一，故曰“或击之”也。**《象》曰：“莫益之”，偏辞也。“或击之”，自外来也。**

疏 正义曰：上九处益之极，益之过甚者也。求益无厌，怨者非一，故曰“莫益之，或击之”也。勿犹无也，求益无已，是“立心无恒”者也。无恒之人，必凶咎之所集，故曰“立心勿恒，凶”。“象曰：偏辞”者，此有求而彼不应，是“偏辞也”。“自外来”者，怨者非一，不待召也，故曰“自外来也”。

夬 ䷪ 兑上 乾下

夬：扬于王庭，孚号有厉；告自邑，不利即戎；利有攸往。注云：夬与剥反者也。剥以柔变刚，至于刚几尽。夬以刚决柔，如剥之消刚。刚陨则君子道消，柔消则小人道陨。君子道消，则刚正之德不可得直道而用，刑罚之威不可得坦然而行。“扬于王庭”，其道公也。

疏正义曰：夬，决也。此阴消阳息之卦也。阳长至五，五阳共决一阴，故名为"夬"也。"扬于王庭"者，明行决断之法，夬以刚决柔，施之于人，则是君子决小人也。王庭是百官所在之处，以君子决小人，故可以显然发扬决断之事于王者之庭，示公正而无私隐也，故曰"扬于王庭"也。"孚号有厉"者，号，号令也。行决之法，先须号令。夬以刚决柔，则是用明信之法而宣其号令，如此即柔邪者危，故曰"孚号有厉"也。以刚制断，行令于邑可也。若用刚即戎，尚力取胜，为物所疾，以此用师，必有不利，故曰"告自邑，不利即戎"。虽"不利即戎"，然刚德不长，则柔邪不消。故阳爻宜有所往，夬道乃成，故曰"利有攸往"也。

《彖》曰：夬，决也，刚决柔也。健而说，决而和。注云："健而说"，则"决而和"矣。**"扬于王庭"，柔乘五刚也。**注云：刚德齐长，一柔为逆，众所同诛，而无忌者也。故可"扬于王庭"。**"孚号有厉"，其危乃光也。**注云：刚正明信以宣其令，则柔邪者危，故曰"其危乃光也"。**"告自邑，不利即戎"，所尚乃穷也。**注云：以刚断制，告令可也。"告自邑"，谓行令于邑也。用刚即戎，尚力取胜也。尚力取胜，物所同疾也。**"利有攸往"，刚长乃终也。**注云：刚德愈长，柔邪愈消，故"利有攸往"，道乃成也。

疏正义曰：夬，决也。"刚决柔"者，此就爻释卦名也。"健而说，决而和"者，此就二体之义，明决而能和，乾健而兑说，健则能决，说则能和，故曰"决而和"也。"扬于王庭，柔乘五刚"者，此因一阴而居五阳之上，释行决之法。以刚德齐长，一柔为逆，众所同诛，诛而无忌也，故曰"扬于王庭"。言所以得显然"扬于王庭"者，只谓柔乘五刚也。"孚号有厉，其危乃光也"者，以明信而宣号令，即柔邪者危厉，危厉之理，分明可见，故曰"其危乃光也"。"告自邑，不利即戎，所尚乃穷"者，刚克之道，不可常行。若专用威猛，以此即戎，则便为尚力取胜，即是决而不和，其道穷矣。行决所以唯"告自邑，不利即戎"者，只谓所尚乃穷故也。"利有攸往，刚长乃终"者，终成也，刚长柔消，夬道乃成也。

《象》曰：泽上于天，夬。君子以施禄及下，居德则忌。注云："泽上于天"，夬之象也。"泽上于天"，必来下润，"施禄及下"之义也。夬者，明法而决断之象也。忌禁也。法明断严，不可以慢，故"居德"以明禁也。施而能严，严而能施，健而能说，决而能和，美之道也。

疏正义曰："泽上于天，夬"者，泽性润下，虽复"泽上于天"，决来下润，此事必然，故是"夬"之象也。"君子以施禄及下，居德则忌"者，忌，禁也。"决"有二义，《象》则泽来润下，《彖》则明法决断，所以君子法此夬义。威惠兼施，虽复施禄及下，其在身居德，复须明其禁令，合于健而能说，决而能和，故曰"君子以施禄及下，居德则忌"也。

初九：壮于前趾，往不胜，为咎。注云：居健之初，为决之始，宜审其策，以行其事。壮其前趾，往而不胜，宜其咎也。**《象》曰：不胜而往，咎也。**注云：不胜之理，在往前也。

疏正义曰：初九居夬之初，当须审其筹策，然后乃往。而体健处下，徒欲果决壮健，前进其趾，以此而往，必不克胜，非决之谋，所以"为咎"，故曰"初九，壮于前趾，往不胜，为咎"也。"象曰：不胜而往，咎"者，经称"往不胜。为咎"，象云"不胜而往，咎"翻其文者，盖暴虎冯河，孔子所忌，谬于用壮，必无胜理。孰知不胜，果决而往，所以致于咎过。故注云"不胜之理，在往前"也。

九二：惕号，莫夜有戎，勿恤。注云：居健履中，以斯决事，能审己度而不疑者也。故虽有惕惧号呼，莫夜有戎，不忧不惑，故"勿恤"也。**《象》曰："有戎勿恤"，得中道也。**

疏正义曰："惕号，莫夜有戎，勿恤"者，九二体健居中，能决其事，而无疑惑者也。虽复有人惕惧号呼，语之云暮夜必有戎卒来害己，能审己度，不惑不忧，故"勿恤"也。"象曰：得中道"者，决事而得中道，故不以有戎为忧，故云"得中道"也。

九三：壮于頄，有凶。君子夬夬，独行遇雨，若濡有愠，无咎。注云：頄，面权也，谓上六也。最处体上，故曰"权"也。剥之六三，以应阳为善。夫刚长则君子道兴，阴盛则小人道长。然则处阴长而助阳则善，处刚长而助柔则凶矣。夬为刚长，而三独应上六，助于小人，是以凶也。君子处之，必能弃夫情累，决之不疑，故曰"夬夬"也。若不与众阳为群，而独行殊志，应于小人，则受其困焉。"遇雨若濡"，有恨而无所咎也。**《象》曰："君子夬夬"，终无咎也。**

疏正义曰："壮于頄，有凶"者，頄，面权也，谓上六也。言九三处夬之时，独应上六，助于小人，是以凶也。若剥之六三，处阴长之时而应上，是助阳为善。今九三处刚长之时，独助阴为凶也。"君子夬夬"者，君子之人，若于此时，能弃其情累，不受于应，在于决断而无滞，是"夬夬"也。"独行，遇雨若濡，有愠无咎"者，若不能决断，殊于众阳，应于小人，则受濡湿其衣，自为怨恨，无咎责于人，故曰"有愠无咎"也。"象曰：君子夬夬，终无咎"者，众阳决阴，独与上六相应，是有咎也。若能"夬夬"，决之不疑，则"终无咎"矣。然则象云"无咎"，自释"君子夬夬"，非经之"无咎"也。

九四：臀无肤，其行次且。牵羊悔亡，闻言不信。注云：不刚而进，非己所据，必见侵食，失其所安，故"臀无肤，其行次且"也。羊者，抵狠难移之物，谓五也。五为夬主，非下所侵。若牵于五，则可得"悔亡"而已。刚亢不能纳言，自任所处，闻言不信以斯而行，凶可知矣。**《象》曰："其行次且"，位不当也。"闻言不信"，聪不明也。**注云：同于噬嗑灭耳之"凶"。

疏正义曰："臀无肤，其行次且"者，九四据下三阳，位又不正，下刚而进，必见侵伤，侵伤，则居不得安，若"臀无肤"矣。次且行不前进也。臀之无肤，居既失安，行亦不进，故曰"臀无肤，其行次且"也。"牵羊悔亡，闻言不信"者，羊者，抵狠难移之物，谓五也。居尊当位，为夬之主，下不敢侵。若牵于五，则可得悔亡，故曰"牵羊悔亡"。然四亦是刚阳，各亢所处，虽复闻牵羊之言，不肯信服事于五，故曰"闻言不信也"。"象曰：聪不明"者，聪，听也。良由听之不明，故闻言不信也。

注"同于噬嗑灭耳之凶"

疏正义曰：四既闻言不信，不肯牵系于五，则必被侵克致凶。而经无凶文，《象》称"聪不明"者，与噬嗑上九辞同，彼以不明释凶，知此亦为凶也。

九五：苋陆夬夬，中行无咎。注云：苋陆，草之柔脆者也。决之至易，故曰"夬夬"也。夬之为义，以刚决柔，以君子除小人者也。而五处尊位，最比小人，躬自决者也。以至尊而敌至贱，虽其克胜，未足多也。处中而行，足以免咎而已，未足光也。**《象》曰："中行无咎"，中未光也。**

疏正义曰："苋陆夬夬，中行无咎"者，苋陆，草之柔脆者也。夬之为义，以刚决柔，以君子除小人者也。五处尊位，为夬之主，亲决上六，决之至易也，如决苋草然，故曰"苋陆夬夬"也。但以至尊而敌于至贱，虽其克胜，不足贵也。特以中行之故，才得无咎，故曰"中行无咎"。"象曰：中未光"者，虽复居中而行，以其亲决上六，以尊敌卑，未足以为光大也。

注"苋陆，草之柔脆者"

疏正义曰：《子夏传》云："苋陆，木根，草茎，刚下柔上也。"马融、郑玄、王肃皆云"苋陆，一名商陆"，皆以苋陆为一。黄遇云："苋，人苋也。陆，商陆也。"以苋陆为二。案：注直云"草之柔脆"者，似亦以为一同于子夏等也。

上六：无号，终有凶。注云：处夬之极，小人在上，君子道长，众所共弃，故非号咷所能延也。**《象》曰："无号"之"凶"，终不可长也。**

疏正义曰：上六，居夬之极，以小人而居群阳之上，众共弃也。君子道长，小人必凶。非号咷所能免，故禁其号咷，曰"无号终有凶"也。"象曰：终不可长"者，长，延也。凶危若此，非号咷所能延，故曰"终不可长也"。

姤 ䷫ 乾上 巽下

姤：女壮，勿用取女。

疏正义曰："姤，遇也。"此卦一柔而遇五刚，故名为"姤"。施之于人，则是一女而遇五男，淫壮至甚，故戒之曰"此女壮甚，勿用取此女"也。

《象》曰：姤，遇也。柔遇刚也。注云：施之于人，即女遇男也。一女而遇五男，为壮至甚，故不可取也。**"勿用取女"，不可与长也。天地相遇，品物咸章也。**注云：匹乃功成也。**刚遇中正，天下大行也。**注云：化乃大行也。**姤之时义大矣哉！**注云：凡言义者，不尽于所见，中有意谓者也。

疏正义曰："姤，遇也。柔遇刚"者，此就爻释卦名，以初六一柔而上遇五刚，所以名"遇"，而用释卦辞"女壮，勿用取女"之义也。"勿用取女，不可与长"者，女之为体，婉娩贞顺，方可期之偕老。淫壮若此，不可与之长久，故"勿用取女"。"天地相遇，品物咸章"者，已下广明遇义。卦得遇名，本由一柔与五刚相遇，故遇辞非美，就卦而取，遂言遇不可用，是"勿用取女"也。故孔子更就天地叹美"遇"之为义不可废也。天地若各亢所处，不相交遇，则万品庶物，无由彰显，必须二气相遇，乃得化生，故曰："天地相遇，品物咸章。""天地相遇，品物咸章也。刚遇中正，天下大行"者，庄氏云："一女而遇五男，既不可取，天地匹配，则能成品物。"由是言之，若刚遇中正之柔，男得幽贞之女，则天下人伦之化，乃得大行也。"姤之时义大矣哉"者，上既博美，此又结叹，欲就卦而取义。但是一女而遇五男，不足称美，博论"天地相遇"，乃致"品物咸章"，然后"姤之时义大矣哉"。

注"凡言义者"至"有意谓者也"

疏正义曰：注总为称义发例，故曰"凡言"也。就卦以验名义，只是女遇于男，博寻遇之深旨，乃至道该天地，故云"不尽于所见，中有意谓"者也。

《象》曰：天下有风，姤。后以施命诰四方。

疏正义曰：风行天下，则无物不遇，故为遇象。"后以施命诰四方"者，风行草偃，天之威令，故人君法此，以施教命，诰于四方也。

初六：系于金柅，贞吉。有攸往，见凶。羸豕孚蹢躅。注云：金者，坚刚之物。柅者，制动之主，谓九四也。初六处遇之始，以一柔而承五刚，体夫躁质，得遇而通，散而无主，自纵者也。柔之为物，不可以不牵。臣妾之道，不可以不贞，故必系于正，应乃得"贞吉"也。若不牵于一，而有攸往行，则唯凶是见矣。羸豕，谓牝豕也。群豕之中，豭强而牝弱，故谓之"羸豕"也。孚，犹务躁也。夫阴质而躁恣者，羸豕特甚焉，言以不贞之阴，失其所牵，其为淫丑，若羸豕之孚务蹢躅也。**《象》曰："系于金柅"，柔道牵也。**

疏正义曰："系于金柅，贞吉"者，金者，坚刚之物。柅者，制动之主，谓九四也。初六阴质，若系于正，应以从于四，则贞而吉矣，故曰"系于金柅，贞吉"也。"有攸往，见凶"者，若不牵于一，而有所行往，则唯凶是见矣，故曰"有攸往，见凶"。"羸豕孚蹢躅"者，初六处遇之初，以一柔而承五刚，是不系金柅，有所往者也。不系而往，则如羸豕之务躁而蹢躅然也，故曰："羸豕孚蹢躅"。羸豕谓牝豕也。群豕之中，豭强而牝弱也，故谓牝豕为羸豕。阴质而淫躁，牝豕特甚焉，故取以为喻。"象曰：柔道牵"者，阴柔之道，必须有所牵系也。

注"柅者，制动之主"

疏正义曰：柅之为物，众说不同。王肃之徒皆为织绩之器，妇人所用。唯马云："柅者，在车之下，所以止轮令不动者也。"王注云："柅，制动之主。"盖与马同。

九二：包有鱼，无咎，不利宾。注云：初阴而穷下，故称"鱼"。不正之阴，处遇之始，不能逆近者也。初自乐来应己之厨，非为犯夺，故"无咎"也。擅人之物，以为己惠，义所不为，故"不利宾"也。**《象》曰："包有鱼"，义不及宾也。**

疏正义曰："庖有鱼、无咎"者，初六以阴而处下，故称鱼也。以不正之阴，处遇之始，不能逆于所近，故舍九四之正应，乐充九二之庖厨，故曰"九二、庖有鱼"。初自乐来，为己之厨，非为犯夺，故得"无咎"也。"不利宾者"，夫擅人之物，以为己惠，义所不为，故"不利宾"也。"象曰：义不及宾"者，言有他人之物，于义不可及宾也。

九三：臀无肤，其行次且，厉，无大咎。注云：处下体之极，而二据于初，不为己乘，居不获安，行为其应，不能牵据，以固所处，故曰"臀无肤，其行次且"也。然履得其位，非为妄处，不遇其时，故使危厉。灾非己招，是以"无大咎"也。**《象》曰："其行次且"，行未牵也。**

疏正义曰：阳之所据者，阴也。九三处下体之上，为内卦之主，以乘于二，无阴可据，居不获安，上又无应，不能牵据以固所处，同于夬卦九四之失据，故曰"臀无肤，其行次且"也。然复得其位，非为妄处，特以不遇其时，故致此危厉，灾非已招，故无大咎，故曰"厉无大咎"。"象曰：行未牵"者，未能牵据，故"其行次且"，是"行未牵也"。

九四：包无鱼，起凶。注云：二有其鱼，故失之也。无民而动，失应而作，是以"凶"也。**《象》曰："无鱼"之凶，远民也。**

疏正义曰："庖无鱼"者，二擅其应，故曰"庖无鱼"也。庖之无鱼，则是无民之义也。"起凶"者，起，动也。"无民而动，失应而作，是以凶也。""象曰：远民"者，阴为阳之民，为二所据，故曰"远民"也。

九五：以杞包瓜，含章，有陨自天。注云：杞之为物，生于肥地者也。包瓜为物，系而不食者也。九五履得尊位，而不遇其应，得地而不食，含章而未发，不遇其应，命未流行。然处得其所，体刚居中，志不舍命，不可倾陨，故曰"有陨自天"也。**《象》曰：九五"含章"，中正也。"有陨自天"，志不舍命也。**

疏正义曰："以杞匏瓜"者，杞之为物，生于肥地；匏瓜为物，系而不食，九五处得尊位而不遇，其应是得地而不食，故曰"以杞匏瓜"也。"含章，有陨自天"者，不遇其应，命未流行，无物发起其美，故曰"含章"。然体刚居中，虽复当位，命未流行，而不能改其操，无能倾陨之者，故曰："有陨自天"，盖言唯天能陨之耳。"象曰：中正"者，中正故有美，无应故"含章"而不发。若非九五中正，则无美可含，故举爻位而言"中正"也。"志不舍命"者，虽命未流行，而居尊当位,"志不舍命",故曰"不可倾陨"也。

注"杞之为物,生于肥地者也"

疏正义曰:先儒说杞,亦有不同。马云:"杞,大木也。"《左传》云:"杞梓皮革自楚注,则为杞梓之杞。"《子夏传》曰:"作杞匏瓜。"薛虞记云:"杞,杞柳也。杞性柔刃,宜屈桡,似匏瓜。"又为杞柳之杞。案:王氏云"生于肥地",盖以杞为今之枸杞也。

上九:姤其角,吝,无咎。注云:进之于极,无所复遇,遇角而已,故曰"姤其角"也。进而无遇,独恨而已,不与物争,其道不害,故无凶咎也。**《象》曰:"姤其角",上穷吝也。**

疏正义曰:"姤其角"者,角者,最处体上,上九进之于极,无所复遇,遇角而已,故曰"姤其角"也。"吝无咎"者,角非所安,与无遇等,故独恨而鄙吝也。然不与物争,其道不害,故无凶咎,故曰"无咎"也。"象曰:上穷吝"者,处于上穷,所以遇角而吝也。

萃 ䷬ 兑上 坤下

萃:亨,注云:聚乃通也。**王假有庙。**注云:假,至也,王以聚至有庙也。**利见大人,亨,利贞。**注云:聚得大人,乃得通而利正也。**用大牲,吉。**注云:全乎聚道,"用大牲乃吉"也。聚道不全,而用大牲,神不福也。**利有攸往。**

疏正义曰:"萃",卦名也,又萃聚也,聚集之义也。能招民聚物,使物归而聚己,故名为"萃"也。亨者,通也。拥隔不通,无由得聚,聚之为事,其道必通,故云"萃亨"。"王假有庙"者,假,至也。天下崩离,则民怨神怒,虽复享祀,与无庙同。王至大聚之时,孝德乃昭,始可谓之"有庙"矣,故曰"王假有庙"。"利见大人,亨,利贞"者,聚而无主,不散则乱。唯有大德之人,能弘正道,乃得常通而利正,故曰"利见大人,亨,利贞"也。"用大牲,吉"者,大人为主,聚道乃全,以此而用大牲,神明降福。故曰"用大牲,吉也"。"利有攸往"者,人聚神佑,何往不利?故曰"利有攸往"也。

《彖》曰:萃,聚也。顺以说,刚中而应,故"聚"也。注云:但"顺而说",则邪佞之道也。刚而违于中应,则强亢之德也。何由得聚?顺说而以刚为主,主刚而履中,履中以应,故得聚也。**"王假有庙",致孝享也。**注云:全聚乃得致孝之享也。**“利见大人，亨”，聚以正也。**注云：大人，体中正者也。通众以正，聚乃得全也。**用大牲，吉，利有攸往，顺天命也。**注云：“顺以说”而不损刚，“顺天命”者也。天德刚而不违中，顺天则说，而以刚为主也。**观其所聚，而天地万物之情可见矣。**注云：“方以类聚，物以群分”，情同而后乃聚，气合而后乃群。

疏正义曰：萃，聚者，训，“萃”名也。“顺以说，刚中而应，故聚”者，此就二体及九五之爻释所以能聚也。若全用顺说，则邪佞之道兴；全用刚阳，而违于中应，则强亢之德著，何由得聚？今“顺以说”，而刚为主，则非邪佞也。应不失中，则非偏亢也。如此方能聚物，故曰“顺以说，刚中而应，故聚也”。“王假有庙，致孝享也”者，享，献也。聚道既全，可以至于“有庙”，设祭祀而“致孝享”也。“利见大人，亨，聚以正也”者，释聚所以利见大人，乃得通而利正者，良由大人有中正之德，能以正道通而化之，然后聚道得全，故曰“聚以正也”。“用大牲，吉，利有攸往，顺天命”者，天之为德，刚不违中，今“顺以说”，而以刚为主，是“顺天命”也。动顺天命，可以享于神明，无往不利，所以得用大牲，吉。“利有攸往”者，只为“顺天命”也。“观其所聚，而天地万物之情可见矣”者，此广明萃义而叹美之也。凡物所以得聚者，由情同也。情志若乖，无由得聚，故“观其所聚，则天地万物之情可见矣”。

《象》曰：泽上于地，萃。君子以除戎器，戒不虞。注云：聚而无防，则众生心。

疏正义曰：泽上于地，则水潦聚，故曰“泽上于地，萃”也。除者，治也。人既聚会，不可无防备。故君子于此之时，修治戎器以戒备不虞也。

初六：有孚不终，乃乱乃萃。若号，一握为笑，勿恤，往无咎。注云：有应在四而三承之，心怀嫌疑，故“有孚不终”也。不能守道，以结至好，迷务竞争，故“乃乱乃萃”也。一握者，小之貌也。为笑者，懦劣之貌也。己为正配，三以近宠，若安夫卑退，谦以自牧，则“勿恤”而“往无咎”也。**《象》曰：“乃乱乃萃”，其志乱也。**

疏正义曰：“有孚不终，乃乱乃萃”者，初六有应在四，而三承之，萃聚之时，贵于近合，见三承四，疑四与三，始以中应相信，末以他意相阻，故曰“有孚不终”也。既心怀嫌疑，则情意迷乱，奔驰而行，萃不以礼，故曰“乃乱乃萃”。一握者，小之貌也，自比一握之间，言至小也。为笑者，非严毅之容，言懦劣也。己为正配，三以近宠。若自号比为一握之小，执其谦退之容，不与物争，则不忧于三，往必得合而“无咎”矣，故曰“若号一握为笑，勿恤，往无咎”也。“象曰：其志乱”者，只为疑四与三，故志意迷乱也。

六二：引吉无咎，孚乃利用禴。注云：居萃之时，体柔当位，处坤之中，己独处正，与众相殊，异操而聚，民之多僻，独正者危。未能变体以远于害，故必见引，然后乃“吉”而“无咎”也。禴，殷春祭名也，四时祭之省者也。居聚之时，处于中正，而行以忠信致之。以省薄荐于鬼神也。**《象》曰：“引吉无咎”，中未变也。**

疏正义曰：“引吉无咎”者，萃之为体，贵相从就，聚道乃成。今六二以阴居阴，复在坤体，志于静退，则是守中未变，不欲相从者也。乖众违时则致危害，故须牵引乃得“吉”而“无咎”也，故曰“引吉无咎”。“孚乃利用禴”者，禴，殷春祭之名也，四时之祭最薄者也。虽乖于众，志须牵引。然居中得正，忠信而行，故可以省薄祭于鬼神也，故曰“孚乃利用禴”。“象曰：中未变也”者，释其所以须引乃吉，良由居中未变。

六三：萃如，嗟如，无攸利。往无咎，小吝。注云：履非其位，以比于四，四亦失位。不正相聚，相聚不正，患所生也。干人之应，害所起也，故“萃如嗟如，无攸利”也。上六亦无应而独立，处极而忧危，思援而求朋，巽以待物者也。与其萃于不正，不若之于同志，故可以往而无咎也。二阴相合，犹不若一阴一阳之至，故有“小吝”也。**《象》曰：“往无咎”，上巽也。**

疏正义曰：居萃之时，“履非其位，以比于四，四亦失位。不正相聚，相聚不正，患所生也。干人之应，害所起也”，故曰“萃如，嗟如，无攸利”也。“往无咎，小吝”者，“上六亦无应而独立，处极而忧危，思援而求朋，巽以待物者也。与其萃于不正，不若之于同志，故可往而无咎”。但以上六是阴，己又是阴，以“二阴相合，犹不若一阴一阳之应，故有小吝也”。“象曰：往无咎，上巽也”者，以上体柔巽，以求其朋，故曰可以往而无咎也。

九四：大吉，无咎。注云：履非其位而下据三阴，得其所据，失其所处。处聚之时，不正而据，故必“大吉”，立夫大功，然后“无咎”也。**《象》曰：“大吉无咎”，位不当也。**

疏正义曰：“大吉，无咎”者，以阳处阴，明履非其位，又下据三阴，得其所据，失其所处。处聚之时，不正而据，是其凶也。若以萃之时，立夫大功，获其大吉，乃得无咎，故曰"大吉，无咎"。"象曰：位不当"者，谓以阳居阴也。

九五：萃有位，无咎，匪孚。元永贞，悔亡。注云：处聚之时，最得盛位，故曰"萃有位"也。四专而据，已德不行，自守而已，故曰"无咎匪孚"。夫修仁守正，久必悔消，故曰"元永贞，悔亡"。**《象》曰："萃有位"，志未光也。**

疏正义曰："萃有位，无咎，匪孚。元永贞，悔亡"者，九五处聚之时，最得盛位，故曰"萃有位"也。既得盛位，所以"无咎"。"匪孚"者，良由四专而据，已德化不行，信不孚物，自守而已，故曰"无咎，匪孚"。若能修夫大德，久行其正，则其悔可消，故曰"元永贞，悔亡"。"象曰：志未光也"者，虽有盛位，信德未行，久乃悔亡。今时志意未光大也。

上六：赍咨涕洟，无咎。注云：处聚之时，居于上极，五非所乘，内无应援。处上独立，近远无助，危莫甚焉。赍咨，嗟叹之辞也。若能知危之至，惧祸之深，忧病之甚，至于涕洟，不敢自安，亦无所不害，故得"无咎"也。**《象》曰："赍咨涕洟"，未安上也。**

疏正义曰："赍咨"者，居萃之时，最处上极，五非所乘，内又无应，处上独立，无其援助，危亡之甚，居不获安，故"赍咨"而嗟叹也。若能知有危亡，惧害之深，忧危之甚，至于涕洟滂沱，如此居不获安，方得无所不害，故"无咎"矣。自目出曰涕，自鼻出曰洟。"象曰：未安上"者，未敢安居其上所乘也。

升 ䷭ 坤上 巽下

升：元亨，用见大人，勿恤。注云：巽顺可以升，阳爻不当尊位，无严刚之正，则未免于忧，故用见大人，乃"勿恤"也。**南征吉。**注云：以柔之南，则丽乎大明也。

疏正义曰"升，元亨"者，"升"，卦名也。升者，登上之义，升而得大通，故曰"升，元亨"也。"用见大人，勿恤"者，升者，登也。阳爻不当尊位，无刚严之正，则未免于忧，故用见大德之人，然后乃得无忧恤，故曰"用见大人，勿恤"。"南征吉"者，非直须见大德之人，复宜适明阳之地。若以阴之阴，弥足其闇也。南是明阳之方，故云"南征吉"也。

《象》曰：柔以时升。注云：柔以其时，乃得升也。**巽而顺，刚中而应，是以大亨。**注云：纯柔则不能自升，刚亢则物不从。既以时升，又"巽而顺，刚中而应"，以此而升，故得"大亨"。**"用见大人，勿恤"，有庆也。"南征吉"，志行也。**注云：巽顺以升，至于大明，"志行"之谓也。

疏正义曰："柔以时升"者，"升"之为义，自下升高，故就六五居尊，以释名"升"之意。六五以阴柔乏质，起升贵位，若不得时，则不能升耳，故曰"柔以时升"也。"巽而顺，刚中而应，是以大亨"者，此就二体及九二之爻，释"元亨"之德也。"纯柔则不能自升，刚亢则物所不从"。卦体既巽且顺，爻又刚中而应于五，有此众德，故得"元亨"。"用见大人，勿恤有庆"者，以大通之德，"用见大人"，不忧否塞，必致庆善，故曰"有庆也"。"南征吉，志行"者，之于闇昧，则非其本志。今以柔顺而升大明，其志得行也。

《象》曰：地中生木，升。君子以顺德，积小以高大。

疏正义曰："地中生木，升"者，"地中生木"，始于细微，以至高大，故为升象也。"君子以顺德，积小以高大"者，地中生木，始于毫末，终至合抱。君子象之，以顺行其德，积其小善，以成大名，故系辞云："善不积不足以成名"，是也。

初六：允升，大吉。注云：允，当也。巽卦三爻，皆升者也。虽无其应，处升之初，与九二、九三合志俱升。当升之时，升必大得，是以"大吉"也。**《象》曰："允升大吉"，上合志也。**

疏正义曰："允升，大吉"者，允，当也。巽卦三爻，皆应升上，而二、三有应于五、六，升之不疑。唯初无应于上，恐不得升。当二、三升时，与之俱升，必大得矣，故曰"允升，大吉"也。"象曰：上合志也"者，上谓二、三也，与之合志俱升，乃得"大吉"也。

九二：孚乃利用禴，无咎。注云：与五为应，往必见任。体夫刚德，进不求宠，闲邪存诚，志在大业，故乃利用纳约于神明矣。**《象》曰：九二之孚，有喜也。**

疏正义曰："孚乃利用禴，无咎"者，九二与五为应，往升于五，必见信任，故曰"孚"。二体刚德，而履乎中，进不求宠，志在大业，用心如此，乃可荐其省约于神明而无咎也，故曰“孚乃利用禴，无咎”。“象曰：有喜也”者，上升则为君所任，荐约则为神所享。斯之为喜，不亦宜乎？

九三：升虚邑。注云：履得其位，以阳升阴，以斯而举，莫之违距，故若“升虚邑”也。**《象》曰：“升虚邑”，无所疑也。**注云：往必得也。

疏 正义曰：“升虚邑”者，九三履得其位，升于上六，上六体是阴柔，不距于己，若升空虚之邑也。“象曰：无所疑”者，往必得邑，何所疑乎？

六四：王用亨于岐山，吉，无咎。注云：处升之际，下升而进，可纳而不可距也。距下之进，攘来自专，则殃咎至焉。若能不距而纳，顺物之情，以通庶志，则得“吉”而“无咎”矣。岐山之会，顺事之情，无不纳也。**《象》曰：“王用亨于岐山”，顺事也。**

疏 正义曰：“王用亨于岐山”者，六四处升之际，下体三爻，皆来上升，可纳而不可距，事同文王岐山之会，故曰“王用亨于岐山也”。“吉无咎”者，若能纳而不距，顺物之情，则得吉而无咎，故曰“吉无咎也”。“象曰：顺事”者，顺物之情，而立功立事，故曰“顺事”也。

六五：贞吉，升阶。注云：升得尊位，体柔而应，纳而不距，任而不专，故得“贞吉，升阶”而尊也。**《象》曰：“贞吉，升阶”，大得志也。**

疏 正义曰：“贞吉，升阶”者，六五以柔居尊位，纳于九二，不自专权，故得“贞吉，升阶”。保是尊贵而践阼矣，故曰“贞吉，升阶”也。“象曰：大得志”者，居中而得其“贞吉”，处尊而保其“升阶”，志大得矣，故曰“大得志”也。

上六：冥升，利于不息之贞。注云：处贞之极，进而不息者也。进而不息，故虽冥犹升也。故施于不息之正则可，用于为物之主则丧矣。终于不息，消之道也。**《象》曰：“冥升”在上，消不富也。**注云：劳不可久也。

疏 正义曰：“冥升”者，冥犹昧也。处升之上，进而不已，则是虽冥犹升也，故曰“冥升”。“利于不息之贞”者，若宴升在上，陵物为主，则丧亡斯及；若洁己修身，施于为政，则以不息为美，故曰“利于不息之贞”。“象曰：消不富”者，虽为政不息，交免危咎，然劳不可久，终致消衰，故曰“消不富”也。

困 ䷮ 兑上 坎下

困：亨。注云：穷必通也。处穷而不能自通者，小人也。**贞，大人吉，无咎。**注云：处困而得"无咎"，吉乃免也。**有言不信。**

疏正义曰："困"者，穷厄委顿之名，道穷力竭，不能自济，故名为"困"。亨者，卦德也。小人遭困，则"穷斯滥矣"。君子遇之，则不改其操。君子处困而不失其自通之道，故曰"困，亨"也。"贞，大人吉，无咎"者，处困而能自通，必是履正体大之人，能济于困，然后得吉而"无咎"，故曰"贞，大人吉，无咎"也。"有言不信"者，处困求济，在于正身修德。若巧言饰辞，人所不信，则其道弥穷，故诫之以"有言不信"也。

《彖》曰：困，刚揜也。注云：刚则揜于柔也。**险以说，困而不失其所亨。**注云：处险而不改其说，"困而不失其所亨"也。**其唯君子乎？贞，大人吉，以刚中也。**注云：处困而用刚，不失其中，履正而能体大者也。能正而不能大博，未能说困者也，故曰"贞，大人吉"也。**有言不信，尚口乃穷也。**注云：处困而言，不见信之时也。非行言之时，而欲用言以免，必穷者也。其吉在于"贞、大人"，口何为乎？

疏正义曰："困，刚揜"者，此就二体以释卦名，兑阴卦为柔，坎阳卦为刚，坎在兑下，是"刚见揜于柔也"。刚应升进，今被柔揜，施之于人，其犹君子为小人所蔽以为困穷矣。"险以说，困而不失其所亨"者，此又就二体名训以释亨德也。坎险而兑说，所以困而能亨者，良由君子遇困，安其所遇，虽居险困之世，不失畅说之心，故曰"险以说，困而不失其所亨"也。"其唯君子乎"者，结叹处困能通，非小人之事，唯君子能然也。"贞，大人吉，以刚中"者，此就二五之爻，释"贞，大人"之义。刚则正直，所以为贞，中而不偏，所以能大。若正而不大，未能济困，处困能济，济乃得吉而无咎也，故曰"贞，大人吉，以刚中"也。"有言不信，尚口乃穷也"者，处困求通，在于修德非用言以免困。徒尚口说，更致困穷，故曰"尚口乃穷"也。

《象》曰：泽无水，困。君子以致命遂志。注云：泽无水，则水在泽下，水在泽下，困之象也。处困而屈其志者，小人也。"君子固穷"，道可忘乎？

疏正义曰："泽无水，困"者，谓水在泽下，则泽上枯槁，万物皆困，故曰

"泽无水困"也。"君子以致命遂志"者,君子之人,守道而死,虽遭困厄之世,期于致命丧身,必当遂其高志,不屈挠而移改也,故曰"致命遂志"也。

初六:臀困于株木,入于幽谷,三岁不觌。注云:最处底下,沈滞卑困,居无所安,故曰"臀困于株木"也。欲之其应,二隔其路,居则困于株木,进不获拯,必隐遁者也,故曰:"入于幽谷"也。困之为道,不过数岁者也。以困而藏,困解乃出,故曰"三岁不觌"也。**《象》曰:"入于幽谷",幽不明也。**注云:言幽者,不明之辞也。入于不明,以自藏也。

疏正义曰:"臀困于株木"者,初六处困之时,以阴爻最居穷下,沈滞卑困,居不获安,若臀之困于株木,故曰"臀困于株木"也。"入于幽谷"者,有应在四,而二隔之,居则困株,进不获拯,势必隐遁者也,故曰"入于幽谷也"。"三岁不觌"者,困之为道,不过数岁,困解乃出,故曰"三岁不觌"也。"象曰:幽不明"者,《象》辞唯释幽字,言幽者,正是不明之辞,所以入不明,以自藏而避困也。释株者,杌木谓之株也。

九二:困于酒食,朱绂方来,利用享祀。征凶,无咎。注云:以阳居阴,尚谦者也。居困之时,处得其中。体夫刚质,而用中履谦,应不在一,心无所私,盛莫先焉。夫谦以待物,物之所归;刚以处险,难之所济。履中则不失其宜,无应则心无私恃,以斯处困,物莫不至,不胜丰衍,故曰"困于酒食",美之至矣。坎,北方之卦也。朱绂,南方之物也。处困以斯,能招异方者也,故曰"朱绂方来"也。丰衍盈盛,故"利用享祀"。盈而又进,倾之道也。以此而征,凶谁咎乎?故曰"征凶无咎"。**《象》曰:"困于酒食",中有庆也。**

疏正义曰:"困于酒食"者,九二体刚居阴,处中无应。体刚则健,能济险也。居阴则谦,物所归也。处中则不失其宜,无应则心无私党。处困以斯,物莫不至,不胜丰衍,故曰"困于酒食"也。"朱绂方来,利用享祀"者,绂,祭服也。坎,北方之卦也。朱绂,南方之物。处困用谦,能招异方者也。故曰"朱绂方来"也。举异方者,明物无不至,酒食丰盈,异方归向,祭则受福,故曰"利用享祀"。"征凶,无咎"者,盈而又进,倾败之道,以征必凶,故曰"征凶"。自进致凶,无所怨咎,故曰"无咎"也。"象曰:中有庆"者,言二以中德被物,物之所赖,故曰"有庆"也。

六三:困于石,据于蒺藜,入于其宫,不见其妻,凶。注云:石之为物,坚而不纳者也,谓四也。三以阴居阳,志武者也。四自纳初,不受己者。二非所据，刚非所乘。上比困石，下据蒺藜，无应而入，焉得配偶？在困处斯，凶其宜也。**《象》曰："据于蒺藜"，乘刚也。"入于其宫，不见其妻"，不祥也。**

疏正义曰："困于石，据于蒺藜"者，石之为物，坚刚而不可入也。蒺藜之草，有刺而不可践也。六三以阴居阳，志怀刚武，己又无应，欲上附于四，四自纳于初，不受己者也，故曰"困于石"也。下欲比二，二又刚阳，非己所据，故曰"据于蒺藜"也。"入于其宫，不见其妻，凶"者，无应而入，难得配偶，譬于入宫，不见其妻，处困以斯，凶其宜也，故曰"入于其宫，不见其妻，凶"也。"乘刚"者，明二为蒺藜也。"不祥也"者，祥，善也、吉也。不吉，必有凶也。

九四：来徐徐，困于金车。吝，有终。注云："金车"，谓二也。二刚以载者也，故谓之金车。"徐徐"者，疑惧之辞也。志在于初而隔于二，履不当位，威命不行。弃之则不能，欲往则畏二，故曰"来徐徐，困于金车"也。有应而不能济之，故曰"吝"也。然以阳居阴，履谦之道，量力而处，不与二争，虽不当位，物终与之，故曰"有终"也。**《象》曰："来徐徐"，志在下也。**注云：下谓初也。**虽不当位，有与也。**

疏正义曰："来徐徐，困于金车。吝，有终"者，何氏云："九二以刚德胜，故曰'金车'也。""徐徐"者，疑惧之辞。九四有应于初而碍于九二，故曰"困于金车"。欲弃之，惜其配偶疑惧，而行不敢疾速，故"来徐徐"也。有应而不敢往，可耻可恨，故曰"吝"也。以阳居阴，不失谦道，为物之所与，故曰"有终"也。"象曰：有与"者，位虽不当，执谦之故，物所与也。

九五：劓刖，困于赤绂，乃徐有说，利用祭祀。注云：以阳居阳，任其壮者也。不能以谦致物，物则不附。忿物不附而用其壮猛，行其威刑，异方愈乖，遐迩愈叛。刑之欲以得，乃益所以失也，故曰"劓刖，困于赤绂"也。二以谦得之，五以刚失之，体在中直，能不遂迷困而徐能用其道者也。致物之功，不在于暴，故曰"徐"也。困而后乃徐，徐则有说矣，故曰"困于赤绂，乃徐有说"也。祭祀，所以受福也。履夫尊位，困而能改，不遂其迷以斯祭，祀必得福焉，故曰"利用祭祀"也。**《象》曰："劓刖"，志未得也。"乃徐有说"，以中直也。"利用祭祀"，受福也。**

疏正义曰：九五以阳居阳，用其刚壮，物不归己。见物不归，而用威刑，行其"劓刖"之事。既行其威刑，则"异方愈乖，遐迩愈叛"。兑为西方之卦，赤绂南方之物，故曰"劓刖，困于赤绂"也。此卦九二为以阳居阴，用其谦退，能招异方之物也。此言九五刚猛,不能感异方之物也。若但用其中正之德,招致于物,不在速暴而徐徐,则物归之而有说矣,故曰"乃徐有说"也。居得尊位,困而能反,不执其迷,用其祭祀,则受福也。"象曰:志未得也"者,由物不附己,己德未得,故曰"志未得"也。"乃徐有说,以中直也"者,居中得直,不贪不暴,终得其应,乃宽缓修其道德,则得喜说,故云"乃徐有说,以中直也"。"利用祭祀,受福"者,若能不遂迷志,用其中正,则异方所归,祭则受福,故曰"利用祭祀,受福"也。

上六:困于葛藟,于臲卼,曰动悔、有悔,征吉。注云:居困之极,而乘于刚,下无其应,行则愈绕者也。行则缠绕,居不获安,故曰"困于葛藟于臲卼"也。下句无困,因于上也。处困之极,行无通路,居无所安,困之至也。凡物穷则思变,困则谋通,处至困之地,用谋之时也。"曰"者,思谋之辞也。谋之所行,有隙则获,言将何以通至困乎?"曰动悔",令生有悔,以征则济矣,故曰"动悔有悔,征吉"也。**《象》曰:"困于葛藟",未当也。**注云:所处未当,故致此困也。**"动悔,有悔",吉行也。**

疏正义曰:葛藟,引蔓缠绕之草,臲卼,动摇不安之貌。上六处困之极,极困者也。而乘于刚,下又无应,行则缠绕,居不得安,故曰"困于葛藟于臲卼"也。应亦言"困于臲卼","困"因于上,省文也。"凡物穷则思变,困则谋通,处至困之地",是用谋策之时也。"曰"者,思谋之辞也。谋之所行,有隙则获,言将何以通至困乎?为之谋曰:必须发动其可悔之事,令其有悔可知,然后处困求通,可以行而获吉,故曰"动悔,有悔,征吉"。"象曰:未当也"者,处于困极,而又乘刚,所处不当,故致此困也。"吉行"者,知悔而征,行必获吉也。

井 ䷯ 坎上 巽下

井:改邑不改井,注云:井,以不变为德者也。**无丧无得,**注云:德有常也。**往来井井。**注云:不渝变也。**汔至,亦未繘井,**注云:已来至而未出井也。**羸其瓶,凶。**注云:井道以已出为功也。几至而覆,与未汲同也。

疏正义曰:"井"者,物象之名也。古者穿地取水,以瓶引汲,谓之为井。此卦明君子修德养民,有常不变,终始无改,养物不穷,莫过乎井,故以修德之卦取譬名之"井"焉。"改邑不改井"者,以下明"井"有常德,此明"井"体有常，邑虽迁移而"井体"无改，故云"改邑不改井"也。"无丧无得"者，此明井用有常德，终日引汲，未尝言损；终日泉注，未尝言益，故曰"无丧无得"也。"往来井井"者，此明性常。"井井"，洁静之貌也。往者来者，皆使洁静，不以人有往来，改其洗濯之性，故曰"往来井井"也。"汔至，亦未繘井，羸其瓶，凶"者，此下明井诫，言井功难成也。汔，几也。几，近也。繘，绠也。虽汲水以至井上，然绠出犹未离井口，而钩羸其瓶而覆之也。弃其方成之功，虽有出井之劳，而与未汲不异，喻今人行常德，须善始令终。若有初无终，则必致凶咎，故曰"汔至亦未繘井，羸其瓶，凶"。言"亦"者，不必之辞，言不必有如此不克终者。计获一瓶之水，何足言凶？以喻人之修德不成，又云但取喻人之德行不恒，不能慎终如始，故就人言凶也。

《象》曰：巽乎水而上水，井。注云：音举上之上。**井养而不穷也，"改邑不改井"，乃以刚中也。**注云：以刚处中，故能定居其所而不变也。**"汔至亦未繘井"，未有功也。**注云：井以已成为功。**"羸其瓶"，是以凶也。**

疏正义曰："巽乎水而上水，井"者，此就二体释"井"之名义。此卦坎为水在上，巽为木在下，又巽为入，以木入于水而又上水，井之象也。"井养而不穷"者，叹美井德，愈汲愈生，给养于人，无有穷已也。"改邑不改井，乃以刚中也"者，此释井体有常，由于二五也。二五以刚居中，故能定居其所而不改变也。不释"往来"二德者，无丧无得，"往来井井"，皆由此刚居中，更无他义，故不具举经文也。"汔至亦未繘井，未有功"者，水未及用，则井功未成，其犹人德事被物，亦是功德未就也。"羸其瓶，是以凶"者，汲水未出而覆，喻修德未成而止，所以致凶也。

注"音举上之上"

疏正义曰：嫌读为去声，故音之也。

《象》曰：木上有水，井，君子以劳民劝相。注云："木上有水"，井之象也。上水以养，养而不穷者也。相犹助也。可以劳民劝助，莫若养而不穷也。

疏正义曰："木上有水"，则是上水之象，所以为井。"君子以劳民劝相"者，劳谓劳赉，相犹助也。井之为义，汲养而不穷，君子以劳来之恩，勤恤民隐，劝助百姓，使有成功，则此养而不穷也。

初六：井泥不食，旧井无禽。注云：最在井底，上又无应，沈滞滓秽，故曰"井泥不食"也。井泥而不可食，则是久井不见渫治者也。久井不见渫治，禽所不向，而况人乎？一时所共弃舍也。井者不变之物，居德之地，恒德至贱，物无取也。《象》曰：**“井泥不食”，下也。“旧井无禽”，时舍也。**

疏正义曰：“井泥不食，旧井无禽”者，初六“最处井底，上又无应，沈滞滓秽”，即是井之下泥污，不堪食也，故曰“井泥不食”也。井泥而不可食，即是久井不见渫治，禽所不向，而况人乎？故曰“旧井无禽”也。“象曰：下也”者，以其最在井下，故为井泥也。“时舍也”者，人既非食，禽又不向，即是一时共弃舍也。

注“井者不变之物，居德之地”

疏正义曰：繇辞称“改邑不改井”，故曰“井者，不变之物，居德”者，系辞又云：“井，德之地”，故曰“居德之地”也。注言此者，明井既有不变，即是有恒，既居德地，即是用德也。今居穷下，即是恒德至贱，故物无取也，禽之与人，皆共弃舍也。

九二：井谷射鲋，瓮敝漏。注云：溪谷出水，从上注下，水常射焉。井之为道，以下给上者也。而无应于上，反下与初，故曰“井谷射鲋”。鲋，谓初也。失井之道，水不上出，而反下注，故曰“瓮敝漏”也。夫处上宜下，处下宜上，井已下矣，而复下注，其道不交，则莫之与也。《象》曰：**“井谷射鲋”，无与也。**

疏正义曰：“井谷射鲋”者，井之为德，以下汲上。九二上无其应，反下比初，施之于事，正似谷中之水，下注敝鲋，井而似谷，故曰“井谷射鲋”也。鲋谓初也。子夏传云：“井中虾蟆，呼为鲋鱼也。”“瓮敝漏”者，井而下注，失井之道，有似瓮敝漏水，水漏下流，故曰“瓮敝漏”也。“象曰：无与也”者，井既处下，宜应汲上。今反养下，则不与上交，物莫之与，故曰“无与也”。

九三：井渫不食，为我心恻，可用汲，王明，并受其福。注云：渫，不停污之谓也。处下卦之上，复得其位，而应于上，得井之义也。当井之义而不见食，修己全洁而不见用，故“为我心恻”也。为，犹使也。不下注而应上，故“可用汲”也。王明则见照明，既嘉其行，又钦其用，故曰“王明，并受其福”也。《象》曰：**“井渫不食”，行恻也。**注云：行感于诚，故曰“恻也”。**求“王明”，受福也。**

疏正义曰：“井渫不食”者，渫，治去秽污之名也。井被渫治，则清洁可食。九三处下卦之上，异初六“井泥”之时，得位而有应于上，非“射鲋”之象。

但井以上出为用，犹在下体，未有成功。功既未成，井虽渫治，未食也，故曰“井渫不食”也。“为我心恻”者，为，犹使也。井渫而不见食，犹人修己全洁而不见用，使我心中恻怆，故曰“为我心恻”也。“可用汲，王明，并受其福”者，不同九二下注而不可汲也，有应于上，是可汲也。井之可汲，犹人可用。若不遇明王，则滞其才用。若遭遇贤主，则申其行能。贤主既嘉其行，又钦其用，故曰“可用汲，王明，并受其福”也。

六四：井甃，无咎。注云：得位而无应，自守而不能给上，可以修井之坏，补过而已。**《象》曰：“井甃无咎”，修井也。**

疏正义曰：案：《子夏传》云：“甃亦治也，以砖垒井，修井之坏，谓之为甃。”六四得位而无应，自守而已，不能给上，可以修井崩坏。施之于人，可以修德补过，故曰“井甃无咎”也。“象曰：修井”者，但可修井之坏，未可上给养人也。

九五：井洌寒泉，食。注云：洌，洁也。居中得正，体刚不挠，不食不义，中正高洁，故“井洌寒泉”，然后乃“食”也。**《象》曰：“寒泉”之食，中正也。**

疏正义曰：“井洌寒泉，食”者，余爻不当贵位，但修德以待用。九五为卦之主，择人而用之。洌，洁也。九五居中得正，而体刚直。既体刚直，则不食污秽，必须井洁而寒泉，然后乃食。以言刚正之主，不纳非贤，必须行洁才高，而后乃用，故曰“井洌寒泉，食”也。“象曰：中正”者，若非居中得正，则任用非贤，不能要待寒泉，然后乃食也。必言“寒泉”者，清而冷者，水之本性，遇物然后浊而温，故言寒泉以表洁也。

上九：井收。勿幕，有孚元吉。注云：处井上极，水已出井，井功大成，在此爻矣，故曰“井收”也。群下仰之以济，渊泉由之以通者也。幕犹覆也。不擅其有，不私其利，则物归之，往无穷矣，故曰“勿幕有孚，元吉”也。**《象》曰：“元吉”在上，大成也。**

疏正义曰：收，式胄反，凡物可收成者，则谓之收，如五谷之有收也。上六，处井之极，“水已出井，井功大成”者也，故曰“井收”也。“勿幕有孚，元吉”者，幕，覆也。井功已成，若能不擅其美，不专其利，不自掩覆，与众共之，则为物所归，信能致其大功，而获元吉，故曰“勿幕有孚，元吉”也。“象曰：元吉在上，大成”者，上六所以能获“元吉”者，只为居“井”之上，井功大成者也。

革 ䷰ 兑上 离下

革：巳日乃孚，元亨利贞，悔亡。 注云：夫民可与习常，难与适变；可与乐成，难与虑始。故革之为道，即日不孚，“巳日乃孚”也。孚，然后乃得“元亨利贞，悔亡”也。巳日而不孚，革不当也。悔吝之所生，生乎变动者也。革而当，其悔乃亡也。

疏 正义曰：“革”者，改变之名也。此卦明改制革命，故名“革”也。“巳日乃孚”者，夫民情“可与习常，难与适变，可与乐成，难与虑始”。故革命之初，人未信服，所以“即日不孚，巳日乃孚”也。“元亨利贞，悔亡”者，为革而民信之，然后乃得大通而利正也。悔吝之所生，生乎变动，革之为义，变动者也。革若不当，则悔吝交及，如能大通利贞，则革道当矣。为革而当，乃得亡其悔吝，故曰“元亨，利贞，悔亡”。

《彖》曰：革，水火相息，二女同居，其志不相得，曰“革”。 注云：凡不合，然后乃变生，变之所生，生于不合者也。故取不合之象以为“革”也。“息”者，生变之谓也，火欲上而泽欲下，水火相战，而后生变者也。“二女同居”，而有水火之性，近而不相得也。**“巳日乃孚”，革而信之。文明以说，大亨以正，革而当，其悔乃亡。** 注云：夫所以得革而信者，“文明以说”也。“文明以说”，履正而行，以斯为革，应天顺民，大亨以正者也。革而大亨以正，非当如何？**天地革而四时成，汤武革命，顺乎天而应乎人，革之时大矣哉！**

疏 正义曰：“革，水火相息，二女同居，其志不相得，曰革”者，此就二体释卦名也。水火相息，先就二象明革。息，生也。火本干燥，泽本润湿，燥湿殊性，不可共处。若其共处，必相侵克。既相侵克，其变乃生，变生则本性改矣。水热而成汤，火灭而气冷，是谓“革”也。“二女同居”者，此就人事明“革”也。中、少二女而成一卦，此虽形同而志革也。一男一女，乃相感应，二女虽复同居，其志终不相得。志不相得，则变必生矣，所以为“革”。“巳日乃孚，革而信”者，释“革”之为义，革初未孚，巳日乃信也。“文明以说”者，此举二体上释“革而信”，下释四德也。能用文明之德以说于人，所以革命而为民所信也。“大亨以正”者，民既说文明之德而从之，所以大通而利正也。“革而当，其悔乃亡”者，为革若合于大通而利正，可谓当矣。革而当理，其悔乃亡消也。“天地革而四时成”者，以下广明革义，此先明“天地革”者，天地之道，阴阳升降，温暑凉寒，迭相变革，然后四时之序皆有成也。“汤武革命，顺乎天而应乎人”者，次明人革也。夏桀、殷纣，凶狂无度，天既震怒，人亦叛亡。殷汤、周武，聪明睿智，上顺天命，下应人心，放桀鸣条，诛纣牧野，革其王命，改其恶俗，故曰“汤武革命，顺乎天而应乎人”。计王者相承，改正易服，皆有变革，而独举汤、武者，盖舜、禹禅让，犹或因循，汤、武干戈，极其损益，故取相变甚者，以明人革也。“革之时大矣哉”者，备论革道之广讫，总结叹其大，故曰“大矣哉”也。

《象》曰：泽中有火，革。君子以治明时。注云：历数时会，存乎变也。

疏正义曰：“泽中有火，革”者，火在泽中，二性相违，必相改变，故为革象也。“君子以治历明时”者，天时变改，故须历数，所以君子观兹革象，修治历数，以明天时也。

初九：巩用黄牛之革。注云：在革之始，革道未成，固夫常中，未能应变者也。此可以守成，不可以有为也。巩，固也。黄，中也。牛之革，坚仞不可变也。固之所用常中，坚仞不肯变也。**《象》曰：“巩用黄牛”，不可以有为也。**

疏正义曰：巩，固也。黄，中也。牛革，牛皮也。“革”之为义，变改之名，而名皮为革者，以禽兽之皮，皆可“从革”，故以喻焉。皮虽从革之物，然牛皮坚仞难变。初九在革之始，革道未成，守夫常中，未能应变，施之于事，有似用牛皮以自固，未肯造次以从变者也，故曰“巩用黄牛之革”也。“象曰：不可以有为”者，“有为”谓适时之变，有所云为也。既坚忍自固，可以守常，“不可以有为也”。

六二：巳日乃革之，征吉，无咎。注云：阴之为物，不能先唱，顺从者也。不能自革，革巳乃能从之，故曰“巳日乃革之”也。二与五虽有水火殊体之异，同处厥中，阴阳相应，往必合志不忧咎也，是以征吉而无咎。**《象》曰：“巳日革之”，行有嘉也。**

疏正义曰：“巳日乃革之”者，阴道柔弱，每事顺从，不能自革，革巳日乃能从之，故曰“巳日乃革之”。“征吉，无咎”者，与五相应，“同处厥中，阴阳相应，往必合志，不忧咎也”，故曰“征吉，无咎”。二五虽是相应，而水火殊体，嫌有相克之过。故曰“无咎”。“象曰：行有嘉”者，往应见纳，故行有嘉庆也。

九三：征凶，贞厉。革言三就，有孚。注云：己处火极，上卦三爻，虽体水性，皆“从革”者也。自四至上，从命而变，不敢有违，故曰“革言三就”。其言实诚，故曰“有孚”。“革言三就有孚”而犹征之，凶其宜也。**《象》曰：“革言三就”，又何之矣。**

疏正义曰：“征凶，贞厉。革言三就，有孚”者，九三阳爻刚壮，又居火极，火性炎上，处革之时，欲征之使革。征之非道，则正之危也，故曰“征凶，贞厉”。所以征凶致危者，正以水火相息之物，既处于火极上之三爻，水在火上，皆“从革”者也。“自四至上，从命而变”，不敢有违，则“从革”之言三爻并成就不虚，故曰“革言三就”，其言实诚，故曰“有孚”也。既“革言三就有孚”，“从革”已矣，而犹征之，则凶，所以“征凶”而“厉贞”。“象曰：又何之矣”者，征之本为不从，既“革言三就”，更又何往征伐矣。

九四：悔亡，有孚改命，吉。注云：初九处下卦之下，九四处上卦之下，故能变也。无应，悔也。与水火相比，能变者也，是以“悔亡”。处水火之际，居会变之始，能不固吝，不疑于下，信志改命，不失时愿，是以“吉”也。有孚则见信矣。见信以改命，则物安而无违，故曰“悔亡，有孚改命，吉”也。处上体之下，始宣命也。**《象》曰：“改命”之吉，信志也。**注云：“信志”而行。

疏正义曰：“悔亡，有孚改命，吉”者，九四与初，同处卦下。初九处下卦之下，革道未成，故未能变。九四处上卦之下，所以能变也。无应，悔也，能变，故“悔亡”也。处水火之际，“居会变之始，能不固吝，不疑于下”，信彼改命之志，而能从之，合于时愿，所以得吉，故曰“有孚改命，吉”也。“象曰：信志”者，信下之志而行其命也。

九五：大人虎变，未占有孚。注云：“未占而孚”，合时心也。**《象》曰：“大人虎变”，其文炳也。**

疏正义曰：“大人虎变，未占有孚”者，九五居中处尊，以大人之德为革之主，损益前王，创制立法，有文章之美，焕然可观，有似“虎变”，其文彪炳。则是汤、武革命，顺天应人，不劳占决，信德自著，故曰“大人虎变，未占有孚”也。“象曰：其文炳”者，义取文章炳著也。

上六：君子豹变，小人革面。注云：居变之终，变道已成，君子处之，能成其文。小人乐成，则变面以顺上也。**征凶，居贞吉。**注云：改命创制，变道已成，功成则事损，事损则无为。故居则得正而吉，征则躁扰而凶也。

《象》曰："君子豹变"，其文蔚也。"小人革面"，顺以从君也。

疏正义曰："君子豹变，小人革面"者，上六居革之终，变道已成，君子处之，虽不能同九五革命创制，如虎文之彪炳，然亦润色鸿业，如豹文之蔚缛，故曰"君子豹变"也。"小人革面"者，小人处之，但能变其颜面，容色顺上而已，故曰"小人革面"也。"征凶，居贞吉"者，革道已成，宜安静守正，更有所征则凶，居而守正则吉，故曰"征凶，居贞吉"也。"其文蔚"者，明其不能大变，故文炳而相映蔚也。"顺以从君"者，明其不能润色立制，但顺而从君也。

周易注疏卷第八

鼎 ䷱ 离上 巽下

鼎：元吉，亨。注云：革去故而鼎取新，取新而当其人，易故而法制齐明，吉然后乃亨，故先"元吉"而后"亨"也。鼎者，成变之卦也。革既变矣，则制器立法以成之焉。变而无制，乱可待也。法制应时，然后乃吉；贤愚有别，尊卑有序，然后乃亨，故先"元吉"而后乃"亨"。

疏 正义曰：鼎者，器之名也。自火化之后铸金，而为此器以供亨饪之用，谓之为鼎。亨饪成新，能成新法。然则鼎之为器，且有二义：一有亨饪之用，二有物象之法，故《彖》曰"鼎，象也，明其有法象也"。《杂卦》曰"革去故"而"鼎取新"，明其亨饪有成新之用。此卦明圣人革命，示物法象，唯新其制，有"鼎"之义，"以木巽火"，有"鼎"之象，故名为鼎焉。变故成新，必须当理，故先元吉而后乃亨，故曰"鼎，元吉，亨"也。

《彖》曰：鼎，象也。注云：法象也。**以木巽火，亨饪也。**注云："亨饪"，鼎之用也。**圣人亨，以享上帝，而大亨以养圣贤。**注云：亨者，鼎之所为也。"革去故"而鼎成新，故为亨饪调和之器也。去故取新，圣贤不可失也。饪，孰也。天下莫不用之，而圣人用之，乃上以享上帝，而下以"大亨"养圣贤也。**巽而耳目聪明。**注云：圣贤获养，则己不为而成矣，故"巽而耳目聪明"也。**柔进而上行，得中而应乎刚，是以元亨。**注云：谓五也。有斯二德，故能成新，而获"大亨"也。

疏 正义曰："鼎，象也"者，明鼎有亨饪成新之法象也。"以木巽火，亨饪也"者，此明上下二象有亨饪之用，此就用释卦名也。"圣人亨，以享上帝，而大亨以养圣贤"者，此明鼎用之美。亨饪所须，不出二种，一供祭祀，二当宾客。若祭祀则天神为大，宾客则圣贤为重，故举其重大，则轻小可知。享帝直言“亨”，养人则言“大亨”者，享帝尚质，特牲而已，故直言“亨”。圣贤既多，养须饱饫，故“亨”上加“大”字也。“巽而耳目聪明”者，此明鼎用之益。言圣人既能谦巽大养圣贤，圣贤获养，则忧其事而助于己，明目达聪，不劳己之聪明，则“不为而成矣”。“柔进而上行，得中而应乎刚，是以元亨”者，此就六五释“元吉亨”，以柔进上行，体已获通，得中应刚，所通者大，故能制法成新，而获“大亨”也。

《象》曰：木上有火，鼎。君子以正位凝命。注云：凝者，严整之貌也。鼎者，取新成变者也。“革去故”而鼎成新。“正位”者，明尊卑之序也。“凝命”者，以成教命之严也。

疏正义曰：“木上有火”，即是“以木巽火”，有亨饪之象，所以为鼎也。“君子以正位凝命”者，凝者，严整之貌也。鼎既成新，即须制法。制法之美，莫若上下有序，正尊卑之位，轻而难犯，布严凝之命，故君子象此以“正位凝命”也。

初六：鼎颠趾，利出否，得妾以其子，无咎。注云：凡阳为实而阴为虚，鼎之为物，下实而上虚。而今阴在下，则是为覆鼎也，鼎覆则趾倒矣。否谓不善之物也。取妾以为室主，亦“颠趾”之义也。处鼎之初，将在纳新，施颠以出秽，得妾以为子，故“无咎”也。**《象》曰：“鼎颠趾”，未悖也。**注云：倒以写否，故未悖也。**“利出否”，以从贵也。**注云：弃秽以纳新也。

疏正义曰：“鼎颠趾”，趾，足也。凡阳为实而阴为虚，鼎之为物，下实而上虚。初六居鼎之始，以阴处下，则是下虚，下虚而鼎足倒矣，故曰“鼎颠趾”也。“利出否”者，否者不善之物，鼎之倒趾，失其所利，鼎覆而不失其利，在于写出否秽之物也，故曰“利出否也”。“得妾以其子，无咎”者，妾者侧媵，非正室也。施之于人，正室虽亡，妾犹不得为室主。妾为室主，亦犹鼎之颠趾，而有咎过。妾若有贤子，则母以子贵，以之继室，则得“无咎”，故曰“得妾以其子，无咎”也。“象曰：未悖也”者，倒趾以出否，未为悖逆也。“以从贵”者，旧，秽也。新，贵也。弃秽纳新，所以“从贵”也。然则去妾之贱名而为室主，亦从子贵也。

九二：鼎有实，我仇有疾，不我能即，吉。注云：以阳之质，处鼎之中，有实者也。有实之物，不可复加，益之则溢，反伤其实。“我仇”，谓五也。困于乘刚之疾不能就我，则我不溢，得全其吉也。**《象》曰：“鼎有实”，慎所之也。**

注云：有实之鼎，不可复有所取。才任已极，不可复有所加。**“我仇有疾”，终无尤也。**

疏正义曰：“鼎有实，我仇有疾，不我能即，吉”者，实谓阳也。仇是匹也。即，就也。九二以阳之质，居鼎之中，“有实”者也，故曰“鼎有实”也。有实之物，不可复加也。加之则溢，而伤其实矣。六五我之仇匹，欲来应我，“困于乘刚之疾不能就我，则我不溢”而“全其吉”也，故曰“我仇有疾，不我能即，吉”。“象曰：慎所之”者，之，往也。自此已往，所宜慎之也。“终无尤也”者，五既有乘刚之疾，不能加我，则我“终无尤也”。

九三：鼎耳革，其行塞，雉膏不食。方雨亏悔，终吉。注云：“鼎”之为义，虚中以待物者也。而三处下体之上，以阳居阳，守实无应，无所纳受。耳宜空以待铉，而反全其实塞，故曰“鼎耳革，其行塞”，虽有雉膏，而终不能食也。雨者，阴阳交和，不偏亢者也，虽体阳爻，而统属阴卦。若不全任刚亢，务在和通，“方雨”则悔亏，终则吉也。**《象》曰：“鼎耳革”，失其义也。**

疏正义曰：“鼎耳革，其行塞”者，“鼎”之为义，下实上虚，是空以待物者也。“鼎耳”之用，亦宜空以待铉。今九三处下体之上，当此鼎之耳，宜居空之地，而以阳居阳，是以实处实者也。既实而不虚，则变革鼎耳之常义也。常所纳物受铉之处，今则塞矣，故曰“鼎耳革，其行塞”也。“雉膏不食”者，非直体实不受，又上九不应于己，亦无所纳，虽有其器，而无所用，虽有雉膏，而不能见食也，故曰：“雉膏不食。”“方雨亏悔，终吉”者，“雨者，阴阳交和，不偏亢者也。虽体阳爻，而统属阴卦。若不全任刚亢，务在和通”，方欲为此和通，则悔亏而终获吉，故曰“方雨亏悔，终吉”也。“象曰：失其义也”者，失其虚中纳受之义也。

九四：鼎折足，覆公餗，其形渥，凶。注云：处上体之下而又应初，既承且施，非己所堪，故曰“鼎折足”也。初已“出否”，至四所盛，则已洁矣，故曰“覆公餗”也。渥，沾濡之貌也。既“覆公餗”，体为渥沾，知小谋大，不堪其任，受其至辱，灾及其身，故曰“其形渥，凶”也。**《象》曰：“覆公餗”，信如何也。**注云：不量其力，果致凶灾，信之如何？

疏正义曰：“鼎折足，覆公餗”者，餗，糁也。八珍之膳，鼎之实也。初以“出否”，至四所盛，故当馨洁矣，故以“餗”言之。初处下体之下，九四处上体之下，上有所承而又应初，下有所施，既承且施，非己所堪，故曰“鼎折足”。

鼎足既折,则"覆公餗"也。"渥,沾濡之貌也。既覆公餗",体则渥沾也。施之于人,知小而谋大,力薄而任重,如此必受其至辱,灾及其身也,故曰"其形渥,凶"。"象曰:信如何也"者,言不能治之于未乱,既败之后,乃责之云:不量其力,果致凶灾,灾既及矣,信如之何也?言信有此不可如何之事也。

六五:鼎黄耳金铉,利贞。注云:居中以柔,能以通理,纳乎刚正,故曰"黄耳金铉,利贞"也。耳黄,则能纳刚正以自举也。**《象》曰:"鼎黄耳",中以为实也。**注云:以中为实,所受不妄也。

疏正义曰:"鼎黄耳金铉,利贞"者,黄,中也。金,刚也。铉所以贯鼎而举之也。五为中位,故曰"黄耳"。应在九二,以柔纳刚,故曰"金铉"。所纳刚正,故曰"利贞"也。"象曰:中为实也"者,言六五"以中为实,所受不妄也"。

上九:鼎玉铉,大吉,无不利。注云:处鼎之终,鼎道之成也。居鼎之成,体刚履柔,用劲施铉,以斯处上,高不诫亢,得夫刚柔之节,能举其任者也。应不在一,则应所不举,故曰"大吉,无不利"也。**《象》曰:玉铉在上,刚柔节也。**

疏正义曰:"鼎玉铉"者,玉者,坚刚而有润者也。上九居鼎之终,鼎道之成,体刚处柔,则是用玉铉以自举者也,故曰"鼎玉铉"也。"大吉,无不利"者,应不在一,即靡所不举,故得"大吉"而"无不利"。"象曰:刚柔节"者,以刚履柔,虽复在上,不为乾之"亢龙",故曰"刚柔节"也。

震 ䷲ 震上 震下

震:亨。注云:惧以成,则是以亨。**震来虩虩,笑言哑哑。**注云:震之为义,威至而后乃惧也,故曰"震来虩虩",恐惧之貌也。震者,惊骇怠惰以肃解慢者也,故"震来虩虩,恐致福也。笑言哑哑,后有则也"。**震惊百里,不丧匕鬯。**注云:威震惊乎百里,则是可以不丧匕鬯矣。匕,所以载鼎实;鬯,香酒,奉宗庙之盛也。

疏正义曰:"震:亨"者,震,动也。此象雷之卦,天之威动,故以震为名。震既威动,莫不惊惧,惊惧以威则物皆整齐。由惧而获通,所以震有亨德,故曰"震亨"也。"震来虩虩,笑言哑哑"者,"虩虩",恐惧之貌也。"哑哑",笑语之声也。"震"之为用,天之威怒,所以肃整怠慢,故迅雷风烈,君子为之变容,施之于人事,则是威严之教行于天下也。故震之来也,莫不恐惧,故曰"震来虩虩"也。物既恐惧,不敢为非,保安其福,遂至笑语之盛,故曰"笑言哑哑"也。"震惊百里,不丧匕鬯"者,匕,所以载鼎实;鬯,香酒也。奉宗庙之盛者也。震卦施之于人,又为长子,长子则正体于上,将所传重,出则抚军,守则监国,威震惊于百里,可以奉承宗庙,彝器粢盛,守而不失也,故曰"震惊百里,不丧匕鬯"。

注"威震惊乎百里"至"宗庙之盛也"

疏正义曰:先儒皆云:雷之发声,闻乎百里。故古帝王制国,公侯地方百里,故以象焉。窃谓天之震雷,不应止闻百里,盖以古之启土,百里为极。文王作繇在殷时,明长子威震于一国,故以"百里"言之也。"匕所以载鼎实,鬯香酒"者,陆绩云:"匕者棘匕,桡鼎之器。"先儒皆云:"匕形似毕,但不两岐耳。以棘木为之,长三尺,刊柄与末。"《诗》云"有捄棘匕"是也。用棘者,取其赤心之义。祭祀之礼,先烹牢于镬,既纳诸鼎而加幂焉。将荐乃举幂,而以匕出之,升于俎上,故曰"匕所以载鼎实"也。鬯者,郑玄之义,则为秬黍之酒,其气调畅,故谓之"鬯"。《诗传》则为鬯是香草。案:王度记云:"天子鬯,诸侯熏,大夫兰。"以例而言之,则鬯是草明矣。今特言"匕鬯"者,郑玄云:"人君于祭祀之礼,尚牲荐鬯而已,其余不足观也。"

《彖》曰:震,"亨"。"震来虩虩",恐致福也。"笑言哑哑",后有则也。"震惊百里",惊远而惧迩也。注云:威灵惊乎百里,则惰者惧于近也。**出可以守宗庙社稷,以为祭主也。**注云:明所以堪长子之义也。"不丧匕鬯",则己"出可以守宗庙"。

疏正义曰:"震,亨"者,卦之名德。但举经而不释名德所由者,正明由惧得通,故曰"震亨",更无他义。或本无此二字。"震来虩虩,恐致福也"者,威震之来,初虽恐惧,能因惧自修,所以致福也。"笑言哑哑,后有则也"者,因前恐惧自修,未敢宽逸,致福之后,方有"笑言"。以曾经戒惧,不敢失则,必时然后言,乐然后笑,故曰"笑言哑哑,后有则也"。"震惊百里,惊远而惧迩"者,言威震惊于百里之远,则惰者恐惧于近也。"出可以守宗庙社稷,以为祭主也"者,释"不丧匕鬯"之义也。出,谓君出巡狩等事也。君出,则长子留守宗庙社稷,摄祭主之礼事也。

注"己出"

疏正义曰:"己出"谓君也。

《象》曰：洊雷，震。君子以恐惧修省。

疏正义曰：洊者，重也，因仍也。雷相因仍，乃为威震也。此是重震之卦，故曰“洊雷震”也。“君子以恐惧修省”者，君子恒自战战兢兢，不敢懈惰，今见天之怒，畏雷之威，弥自修身省察己过，故曰“君子以恐惧修省”也。

初九：震来虩虩，后笑言哑哑，吉。注云：体夫刚德，为卦之先，能以恐惧修其德也。**《象》曰：“震来虩虩”，恐致福也。“笑言哑哑”，后有则也。**

疏正义曰：初九刚阳之德，为一卦之先，刚则不闇于几，先则能有前识。故处震惊之始，能以恐惧自修，而获其吉，故曰“震来虩虩，后笑言哑哑，吉”。此爻辞两句，既与卦同，《象》辞释之，又与《彖》不异者，盖卦举威震之功，令物恐惧致福，爻论遇震而惧，修省致福之人，卦则自震言人，爻则据人威震，所说虽殊，其事一也。所以爻卦二辞，本末俱等，其犹屯卦初九，与卦俱称“利建侯”。然卦则泛举屯时，宜其有所封建，爻则“以贵下贱”，则是堪建之人，此震之初九，亦其类也。

六二：震来厉，亿丧贝。跻于九陵，勿逐，七日得。注云：“震”之为义，威骇怠懈，肃整惰慢者也。初干其任而二乘之，“震来”则危，丧其资货，亡其所处矣，故曰“震来厉，亿丧贝”。亿，辞也。贝，资货、粮用之属也。犯逆受戮，无应而行，行无所舍。威严大行，物莫之纳，无粮而走。虽复超越陵险，必困于穷匮，不过七日，故曰“勿逐，七日得”也。**《象》曰：“震来厉”，乘刚也。**

疏正义曰：“震来厉，亿丧贝”者，“亿，辞也。贝，资货粮用之属”。震之为用，本威惰慢者也。初九以刚处下，闻震而惧，恐而致福，即是有德之人。六二以阴贱之体，不能敬于刚阳，尊其有德，而反乘之，是傲尊陵贵，为天所诛。震来则有危亡，丧其资货，故曰“震来厉，亿丧贝”也。“跻于九陵，勿逐，七日得”者，跻，升也。“犯逆受戮，无应而行，行无所舍。威严大行，物莫之纳”。既丧资货，“无粮而走，虽复超越陵险，必困于穷匮，不过七日”，为有司所获矣，故曰“跻于九陵，勿逐，七日得”。“象曰：乘刚也”者，只为乘于刚阳，所以犯逆受戮也。

六三：震苏苏，震行无眚。注云：不当其位，位非所处，故惧“苏苏”也。而无乘刚之逆，故可以惧行而“无眚”也。**《象》曰：“震苏苏”，位不当也。**

疏正义曰："震苏苏，震行无眚"者，苏苏，畏惧不安之貌。六三居不当位，故震惧而"苏苏"然也。虽不当位，而无乘刚之逆，故可以惧行而无灾眚也。故曰"震苏苏，震行无眚"也。"象曰：位不当"者，其犹窃位者，遇威严之世，不能自安也。

注"位非所处，故惧苏苏也。而无乘刚之逆，故可以惧行而无眚"

疏正义曰：验"注"以训震为惧，盖惧不自为惧，由震故惧也。自下爻辞，皆以震言惧也。

九四：震遂泥。注云：处四阴之中，居恐惧之时，为众阴之主，宜勇其身，以安于众。若其震也，遂困难矣。履夫不正不能除恐，使物安己，德未光也。**《象》曰："震遂泥"，未光也。**

疏正义曰："震遂泥"者，九四处四阴之中，"为众阴之主"，当恐惧之时，"宜勇其身，以安于众"。若其自怀震惧，则遂滞溺而困难矣，故曰"震遂泥"也。然四失位违中，则是有罪自惧，遂沈泥者也。"象曰：未光也"者，身既不正，不能除恐，使物安己，是道德未能光大也。

六五：震往来厉，亿无丧，有事。注云：往则无应，来则乘刚，恐而往来，不免于危。夫处震之时，而得尊位，斯乃有事之机也。而惧往来，将丧其事，故曰"亿无丧，有事也"。**《象》曰："震往来厉"，危行也。其事在中，大无丧也。**注云：大则无丧，往来乃危也。

疏正义曰："震往来厉"者，六五"往则无应，来则乘刚，恐而往来，不免于咎"，故曰"震往来厉"也。"亿无丧，有事"者，"夫处震之时，而得尊位，斯乃有事之机"，而惧以往来，"将丧其事"，故戒之曰"亿无丧，有事"也。"象曰：危行也"者，怀惧往来，是致危之行。"其事在中，大无丧也"者，六五居尊，当有其事，在于中位，得建大功。若守中建大，则"无丧有事"。若恐惧往来，则致危无功也。

上六：震索索，视矍矍，征凶。震不于其躬，于其邻，无咎。婚媾有言。注云：处震之极，极震者也。居震之极，求中未得，故惧而"索索"，视而"矍矍"，无所安亲也。已处动极而复征焉，凶其宜也。若恐非已造，彼动故惧，惧邻而戒，合于备预，故"无咎"也。极惧相疑，故虽"婚媾"而"有言"也。**《象》曰："震索索"中未得也。虽凶无咎，畏邻戒也。**

疏正义曰："震索索，视矍矍"者，索索，心不安之貌，矍矍，视不专之容。上六处震之极，极震者也。既居震位，欲求中理以自安而未能得，"故惧而索索，视而矍矍，无所安亲"。"征凶"者，夫"处动惧之极而复征焉，凶其宜也"，故曰"征凶"也。"震不于其躬，于其邻，无咎"者，若恐非己造，彼动故惧，惧邻而戒，合于备豫，则得无咎，故曰"震不于其躬，于其邻，无咎"也。"婚媾有言"者，居极惧之地，虽重婚媾相结，亦不能无相疑之言，故曰"婚媾有言"也。"象曰：中未得也"者，犹言未得中也。"畏邻戒也"者，畏邻之动，惧而自戒，乃得"无咎"。

艮 ䷳ 艮上 艮下

艮：其背，注云：目无患也。**不获其身，**注云：所止在后，故不得其身也。**行其庭，不见其人，**注云：相背故也。**无咎。**注云：凡物对面而不相通，"否"之道也。艮者，止而不相交通之卦也。各止而不相与，何得无咎？唯不相见乃可也。施止于背，不隔物欲，得其所止也。背者，无见之物也。无见则自然静止，静止而无见，则"不获其身"矣。"相背"者，虽近而不相见，故"行其庭，不见其人"也。夫施止不于无见，令物自然而止，而强止之，则奸邪并兴，近而不相得则凶。其得"无咎"，"艮其背，不获其身，行其庭，不见其人"故也。

疏正义曰："艮其背，不获其身，行其庭，不见其人，无咎"者，"艮，止也"，静止之义，此是象山之卦，故以"艮"为名。施之于人，则是止物之情，防其动欲，故谓之止。"艮其背"者，此明施止之所也。施止得所，则其道易成，施止不得其所，则其功难成，故老子曰："不见可欲，使心不乱也。""背者，无见之物也。"夫"无见则自然静止"。夫欲防止之法，宜防其未兆。既兆而止，则伤物情，故施止于无见之所，则不隔物欲，得其所止也。若"施止于面"，则"对面而不相通"，强止其情，则"奸邪并兴"，而有凶咎。止而无见，则所止在后，不与面相对。言有物对面而来，则情欲有私于己。既止在后，则是施止无见。所止无见，何见其身，故"不获其身"。既"不获其身"，则相背矣。相背者，虽近而不相见，故"行其庭，不见其人"。如此乃得"无咎"，故曰"艮其背，不获其身，行其庭，不见其人，无咎"也。又若能止于未兆，则是治之于未萌，若对面不相交通，则是"否"之道也。但止其背，可得"无咎"也。

注"目无患也"

疏正义曰：目者，能见之物，施止于面，则抑割所见，强隔其欲，是目见之所患。今施止于背，则“目无患也”。

《彖》曰：艮，止也。时止则止，时行则行，动静不失其时，其道光明。注云：止道不可常用，必施于不可以行。适于其时，道乃光明也。**艮其止，止其所也。**注云：易背曰止，以明背即止也。施止不可于面，施背乃可也。施止于止，不施止于行，得其所矣，故曰“艮其止，止其所”也。**上下敌应，不相与也。是以不获其身。“行其庭，不见其人，无咎”也。**

疏正义曰：“艮，止也”者，训其名也。“时止则止，时行则行，动静不失其时，其道光明”者，将释施止有所光明，施止有时，凡物之动息，自各有时运。用止之法，不可为常，必须应时行止，然后其道乃得光明也。“艮其止，止其所也”者，此释施止之所也。“艮其止”者，叠经文“艮其背”也。“易背曰止，以明背”者，无见之物，即是可止之所也。既时止即宜止，时行则行，所以施止须是所。“艮”既训止，今言“艮其止”，是止其所止也，故曰“艮其止，止其所”也。“上下适应，不相与也”者，此就六爻皆不相应，释艮卦之名，又释“不获其身”以下之义。凡应者，一阴一阳，二体不敌。今上下之位，虽复相当，而爻皆峙敌，不相交与，故曰“上下敌应，不相与”也。然八纯之卦皆六爻不应，何独于此言之者，谓此卦既止而不加交，又峙而不应，与“止”义相协，故兼此以明之也。是以“不获其身，行其庭，不见其人，无咎也”者，此举经文以结之，明相与而止之，则“无咎”也。

《象》曰：兼山，艮，君子以思，不出其位。注云：各止其所，不侵官也。

疏正义曰：“兼山艮”者，两山义重，谓之“兼山”也，直置一山，已能镇止。今两山重叠，止义弥大，故曰“兼山艮”也。“君子以思，不出其位”者，止之为义，各止其所。故君子于此之时，思虑所及，不出其己位也。

初六：艮其趾，无咎，利永贞。注云：处止之初，行无所之，故止其趾，乃得“无咎”；至静而定，故利永贞。**《象》曰：“艮其趾”，未失正也。**

疏正义曰：“艮其趾，无咎”者，趾，足也，初处体下，故谓之足。居止之初，行无所适，止其足而不行，乃得无咎。故曰“艮其趾，无咎”也。“利永贞”者，静止之初，不可以躁动，故利在“永贞”也。“象曰：未失正也”者，行则有咎，止则不失其正，释所以“利永贞”。

六二：艮其腓，不拯其随，其心不快。注云：随谓趾也。止其腓，故其趾不拯也。腓体躁而处止，而不得拯其随，又不能退听安静，故“其心不快”也。**《象》曰：“不拯其随”，未退听也。**

疏正义曰：“艮其腓，不拯其随”者，腓，肠也，在足之上。腓体或屈或伸，躁动之物，腓动则足随之，故谓足为随。拯，举也，今既施止于腓，腓不得动，则足无由举，故曰“艮其腓，不拯其随”也。“其心不快”者，腓是躁动之物，而强心之，贪进而不得动，则情与质乖也，故曰“其心不快”。此爻明施止不得其所也。“象曰：未退听也”者，听，从也，既不能拯动，又不能静退听从其见止之命，所以“其心不快”矣。

九三：艮其限，列其夤，厉熏心。注云：限，身之中也。三当两象之中，故曰“艮其限”。夤，当中脊之肉也。止加其身，中体而分，故“列其夤”而忧危熏心也。“艮”之为义，各止于其所，上下不相与，至中则列矣。列加其夤，危莫甚焉。危亡之忧，乃熏灼其心也。施止体中，其体分焉。体分两主，大器丧矣。**《象》曰：“艮其限”，危熏心也。**

疏正义曰：“艮其限，列其夤，厉熏心”者，限，身之中，人系带之处，言三当两象之中，故谓之限。施止于限，故曰“艮其限”也。夤，当中脊之肉也。熏，烧灼也。既止加其身之中，则上下不通之义也，是分列其夤。夤既分列，身将丧亡，故忧危之切，熏灼其心矣。然则君臣共治，大体若身，大体不通，则君臣不接，君臣不接，则上下离心，列夤则身亡，离心则国丧，故曰“列其夤，厉熏心”。

注“体分两主，大器丧矣”

疏正义曰：大器谓国与身也。此爻亦明施止不得其所也。

六四：艮其身，无咎。注云：中上称身，履得其位，止求诸身，得其所处，故不陷于咎也。**《象》曰：“艮其身”，止诸躬也。**注云：自止其躬不分全体。

疏正义曰：“艮其身，无咎”者，“中上称身”。六四居止之时，已入上体，履得其位，止求诸身，不陷于咎，故曰“艮其身，无咎”也。求，责也。诸，之也。“象曰：止诸躬也”者，躬犹身也，明能静止其身，不为躁动也。

注“自止其躬不分全体”

疏正义曰：艮卦总其两体以为二身，两体不分，乃谓之全，全乃谓之身。以九三居两体之际，在于身中，未入上体，则是止于下体，不与上交，所以体分裔列。六四已入上体，则非上下不接，故能总止其身不分全体。然则身是总名，而言“中上称身”者何也？盖至中则体分而身丧，入上体则不分而身全。九三施止于分体，故谓之“限”，六四施止于全体，故谓之“身”。非中上独是其身，而中下非身也。

六五：艮其辅，言有序，悔亡。注云：施止于辅，以处于中，故口无择言，能亡其悔也。**《象》曰：“艮其辅”，以中正也。**注云：能用中正，故“言有序”也。

疏正义曰：“艮其辅，言有序，悔亡”者，辅，颊车也，能止于辅颊也。以处其中，故“口无择言”也。言有伦序，能亡其悔，故曰“艮其辅，言有序，悔亡”也。“象曰：以中正”者，位虽不正，以居得其中，故不失其正，故“言有序”也。

上九：敦艮，吉。注云：居止之极，极止者也。敦重在上，不陷非妄，宜其“吉”也。**《象》曰：“敦艮”之吉，以厚终也。**

疏正义曰：“敦艮，吉”者，敦，厚也。上九居艮之极，极止者也。在上能用敦厚以自止，不陷非妄，宜其吉也，故曰“敦艮吉”也。“象曰：以厚终”者，言上九能以敦厚自终，所以获“吉”也。

渐 ䷴ 巽上 艮下

渐：女归吉，利贞。注云：渐者，渐进之卦也。“止而巽”，以斯适进，渐进者也。以止巽为进，故“女归吉”也。进而用正，故“利贞”也。

疏正义曰：“渐”者，不速之名也。凡物有变移，徐而不速，谓之渐也。“女归吉”者，归嫁也。女人生有外成之义，以夫为家，故谓嫁曰“归”也。妇人之嫁，备礼乃动，故渐之所施，吉在女嫁，故曰“女归吉”也。“利贞”者，女归有渐，得礼之正，故曰“利贞”也。

《彖》曰：渐，之进也。注云：之于进也。**“女归吉”也。进得位，往有功也。进以正，可以正邦也。其位，刚得中也。**注云：以渐进得位也。**止而巽动不穷也。**

疏正义曰："渐，之进也"者，释卦名也。渐是徐动之名，不当进退，但卦所名"渐"，是"之于进"也。"女归吉也"者，渐渐而进之，施于人事，是女归之吉也。"进得位，往有功也，进以正，可以正邦也"者，此就九五得位刚中释"利贞"也。言进而得于贵位，是"往而有功"也。以六二适九五，是进而以正。身既得正，"可以正邦"也。"其位刚得中"者，此卦爻皆得位，上言进得位，嫌是兼二、三、四等，故特言"刚得中"，以明得位言，言唯是九五也。"止而巽，动不穷也"者，此就二体广明渐进之美也。止不为暴，巽能用谦，以斯适进，物无违拒，故能渐而动，进不有困穷也。

《象》曰：山上有木，渐，君子以居贤德善俗。注云：贤德以止巽则居，风俗以止巽乃善。

疏正义曰："山上有木，渐"者，木生山上，因山而高，非是从下忽高，故是渐义也。"君子以居贤德善俗"者，夫止而巽者，渐之美也。君子求贤得使居位，化风俗使清善，皆须文德谦下，渐以进之。若以卒暴威刑，物不从矣。

初六：鸿渐于干，小子厉，有言，无咎。注云：鸿，水鸟也。适进之义，始于下而升者也，故以鸿为喻之。六爻皆以进而履之为义焉，始进而位乎穷下，又无其应。若履于干，危不可以安也。始进而未得其位，则困于小子，穷于谤言，故曰"小子厉有言"也。困于小子谗谀之言，未伤君子之义，故曰"无咎"也。**《象》曰："小子"之厉，义无咎也。**

疏正义曰："鸿渐于干"者，鸿，水鸟也。干，水涯也。渐进之道，自下升高，故取譬。鸿飞，自下而上也。初之始进，未得禄位，上无应援，体又穷下，若鸿之进于河之干，不得安宁也，故曰"鸿渐于干"也。"小子厉有言，无咎"者，始进未得显位，易致陵辱，则是危于小子，而被毁于谤言，故曰"小子厉有言"。小人之言，"未伤君子之义"，故曰"无咎"也。"象曰：义无咎"者，备如经释。

六二：鸿渐于盘，饮食衎衎，吉。注云：盘，山石之安者也。进而得位，居中而应，本无禄养，进而得之，其为欢乐，愿莫先焉。**《象》曰："饮食衎衎"，不素饱也。**

疏正义曰："鸿渐于盘，饮食衎衎，吉"者，盘，山石之安者也。衎衎，乐也。六二"进而得位，居中而应"，得可安之地，故曰"鸿渐于盘"。既得可安之地，所以"饮食衎衎"然，乐而获吉福也，故曰"鸿渐于盘，饮食衎衎吉"也。"象曰：不素饱"者，素，故也，故无禄养，今日得之，故"愿莫先焉"。

注"盘，山石之安者也"

疏正义曰：马季长云："山中石盘纡，故称盘也。"鸿是水鸟，非是集于山石陵陆之禽，而爻辞以此言"鸿渐"者，盖渐之为义，渐渐之于高，故取山石陵陆，以应渐高之义，不复系水鸟也。

九三：鸿渐于陆。夫征不复，妇孕不育，凶，利御寇。注云：陆，高之顶也。进而之陆，与四相得，不能复反者也。"夫征不复"，乐于邪配，则妇亦不能执贞矣。非夫而孕，故"不育"也。三本艮体而弃乎群丑，与四相得，遂乃不反，《至使妇孕不育。见利忘义，贪进忘旧，凶之道也。异体合好，顺而相保，物莫能间，故"利御寇"也。**《象》曰："夫征不复"，离群丑也。"妇孕不育"，失其道也。"利用御寇"，顺相保也。**

疏正义曰："鸿渐于陆，夫征不复，妇孕不育，凶"者，陆，高之顶也。九三居下体之上，是进而得高之象，故曰"鸿渐于陆"也。进而之陆，无应于上，与四相比，四亦无应，近而相得。三本是艮体，与初二相同一家，弃其群类，而与四合好，即是夫征而不反复也。夫既乐于邪配，妻亦不能保其贞。非夫而孕，故"不育"也。"见利忘义，贪进忘旧，凶之道也"，故曰"夫征不复，妇孕不育，凶"也。"利御寇"者，异体合好，恐有寇难离间之者，然和比相顺，共相保安，物莫能间，故曰"利用御寇"也。"象曰：离群丑"者，丑，类也。言三与初二，虽有阴阳之殊，同体艮卦，故谓之"群丑"也。"失其道也"者，非夫而孕，孕而不育，失道故也。"顺相保也"者，谓四以阴乘阳，嫌其非顺，然好合相得，和比相安，故曰"顺相保也"。

注"陆，高之顶也"

疏正义曰：《尔雅》云"高平曰陆"，故曰"高之顶"也。

六四：鸿渐于木。或得其桷，无咎。注云：鸟而之木，得其宜也。"或得其桷"，遇安栖也。虽乘于刚，志相得也。**《象》曰："或得其桷"，顺以巽也。**

疏正义曰："鸿渐于木"者，"鸟而之木，得其宜也"。六四进而得位，故曰"鸿渐于木"也。"或得其桷无咎"者，桷，榱也。之木而遇堪为桷之枝，取其易直可安也。六四与二相得，顺而相保，故曰"或得其桷"。既与相得，无乘刚之咎，故曰"无咎"。"象曰：顺以巽也"者，言四虽乘三体，巽而附下，三虽被乘，上顺而相保，所以六四得其安栖，犹"顺以巽也"。

九五:鸿渐于陵。妇三岁不孕,终莫之胜,吉。注云:陵,次陆者也。进得中位,而隔乎三四,不得与其应合,故“妇三岁不孕”也。各履正而居中,三四不能久塞其途者也。不过三岁,必得所愿矣。进以正邦,三年有成,成则道济,故不过三岁也。**《象》曰:“终莫之胜,吉”,得所愿也。**

疏正义曰:“鸿渐于陵”者,陵,次陆者也。九五进于中位,处于尊高,故曰“鸿渐于陵”。“妇三岁不孕”者,有应在二而隔乎三、四,不得与其应合,是二、五情意,徒相感说,而隔碍不交,故曰“妇三岁不孕”也。“终莫之胜,吉”者,然二与五合,各履正而居中,三、四不能久塞其路,终得遂其所怀,故曰“终莫之胜,吉”也。“象曰:得所愿也”者,所愿在于与三合好,既各履中正,无能胜之,故终得其所愿也。

注“进以正邦,三年有成”

疏正义曰:九五居尊得位,故曰“进以正邦”也。三年有成,则三、四不敢塞其路,故曰“不过三岁”也。

上九:鸿渐于陆。其羽可用为仪,吉。注云:进处高洁,不累于位,无物可以屈其心而乱其志。峨峨清远,仪可贵也,故曰“其羽可用为仪,吉”。**《象》曰:“其羽可用为仪,吉”,不可乱也。**

疏正义曰:“鸿渐于陆”者,上九与三皆处卦上,故并称“陆”。上九最居上极,是“进处高洁”,故曰“鸿渐于陆”也。“其羽可用为仪,吉”者,然居无位之地,是“不累于位”者也。处高而能不以位自累,则其羽可用为物之仪表,可贵可法也,故曰“其羽可用为仪,吉也”。必言“羽”者,既以鸿明渐,故用羽表仪也。“象曰:不可乱也”者,“进处高洁,不累于位”,无物可以乱其志也。

归妹 ䷵ 震上 兑下

归妹:征凶,无攸利。注云:妹者,少女之称也。兑为少阴,震为长阳,少阴而乘长阳,说以动,嫁妹之象也。

疏正义曰:归妹者,卦名也。妇人谓嫁曰归,“归妹”犹言嫁妹也。然《易》论归妹得名不同,泰卦六五云:“帝乙归妹。”彼据兄嫁妹谓之“归妹”。此卦名归妹,以妹从娣而嫁,谓之“归妹”。故初九爻辞云“归妹以娣是”也。上咸卦明二少相感,恒卦明二长相承,今此卦以少承长,非是匹敌,明是妹从娣嫁，故谓之归妹焉。古者诸侯一取九女，嫡夫人及左右媵皆以侄娣从，故以此卦当之矣。不言归姪者，女娣是兄弟之行，亦举尊以包之也。"征凶，无攸利"者，归妹之戒也。征谓进有所往也。妹从娣嫁，本非正匹，唯须自守卑退以事元妃。若妄进求宠，则有并后凶咎之败，故曰"征凶，无攸利"。

《彖》曰：归妹，天地之大义也。天地不交，而万物不兴。归妹，人之终始也。注云：阴阳既合，长少又交，"天地之大义"，人伦之终始。**说以动，所归妹也。**注云：少女而与长男交，少女所不乐也。而今"说以动"，所归必妹也。虽与长男交，嫁而系娣，是以"说"也。**"征凶"，位不当也。**注云：履于不正，说动以进，妖邪之道也。**"无攸利"，柔乘刚也。**注云：以征则有不正之凶，以处则有乘刚之逆。

疏正义曰："归妹，天地之大义也。天地不交，而万物不兴"者，此举天地交合，然后万物蕃兴，证美归妹之义。所以未及释卦名，先引证者，以归妹之义，非人情所欲，且违于匹对之理。盖以圣人制礼，令姪娣从其姑娣而充妾媵者，所以广其继嗣，以象天地以少阴少阳、长阴长阳之气共相交接，所以蕃兴万物也。"归妹，人之终始也"者，上既引天地交合为证，此又举人事"归妹"结合其义也。天地以阴阳相合而得生物不已，人伦以长少相交而得继嗣不绝，归妹岂非"天地之大义，人伦之终始"也？"说以动，所归妹也"者，此就二体释归妹之义。少女而与长男交，少女所不乐也。而今"说以动"所归必妹也，虽与长男交，嫁而系于娣，是以说也。系娣所以说者，既系娣为媵，不得别适，若其不以备数，更有动望之忧，故系娣而行合礼，"说以动"也。"征凶，位不当也"者，此因六三、六五乘刚，释"无攸利"之义。夫阳贵而阴贱，以妾媵之贱，进求殊宠，即是以贱陵贵，故无施而利也。

注"以征则"至"有乘刚之逆也"

疏正义曰：《彖》以失位释"征凶"，乘刚释"无攸利"，而注连引言之者，《略例》云："去初、上而论位分，则三、五各在一卦之上，何得不谓之阳？二、四各在一卦之下，何得不谓之阴？然则二、四阴位也，三、五阳位也。"阳应在上，阴应在下，今二、三、四、五，并皆失位，其势自然柔皆乘刚，其犹妾媵求宠，其势自然以贱陵贵，以明柔之乘刚，缘于失正而进也。

《象》曰：泽上有雷，归妹。君子以永终知敝。注云：归妹，相终始之道也，故以"永终知敝"。

疏正义曰："泽上有雷"，"说以动"也。故曰"归妹，君子以永终知敝"者，

"归妹相终始之道也",故君子象此以永长其终,知应有不终之敝故也。

初九:归妹以娣,跛能履,征吉。注云:少女而与长男为耦,非敌之谓,是娣从之义也。妹,少女之称也。少女之行,善莫若娣。夫承嗣以君之子,虽幼而不妄行,少女以娣,虽"跛能履",斯乃恒久之义,吉而相承之道也。以斯而进,吉其宜也。**《象》曰:"归妹以娣",以恒也。"跛能履",吉相承也。**

疏正义曰:"归妹以娣"者,少女谓之妹,从娣而行谓之归。初九以兑适震,非夫妇匹敌,是从娣之义也,故曰"归妹以娣"也。"跛能履"者,妹而继姊为娣,虽非正配,不失常道,譬犹跛人之足然。虽不正,不废能履,故曰"跛能履"也。"征吉"者,少长非偶,为妻而行则凶焉,为娣而行则吉,故曰"征吉"也。"象曰:以恒也"者,妹而为娣,恒久之道也。"吉相承也"者,行得其宜,是相承之吉也。

注"夫承嗣以君之子,虽幼而不妄行"

疏正义曰:此为少女作此例也。言君之子宜为嗣承,以类妃之妹应为娣也。立嗣宜取长,然君之子虽幼而立之,不为妄也。以言行嫁宜匹敌。然妃之妹虽至少,而为娣则可行也。

九二:眇能视,利幽人之贞。注云:虽失其位,而居内处中,眇犹能视,足以保常也。在内履中,而能守其常,故"利幽人之贞"也。**《象》曰"利幽人之贞",未变常也。**

疏正义曰:九二不云归妹者,既在归妹之卦,归妹可知,故略不言也。然九二虽失其位,不废居内处中。以言归妹,虽非正配,不失交合之道,犹如眇目之人,视虽不正,不废能视耳,故曰"眇能视"也。"利幽人之贞"者,居内处中,能守其常,施之于人,是处幽而不失其贞正也。故曰"利幽人之贞也"。"象曰:未变常也"者,贞正者人之常也,九二失位,嫌其变常不贞也,能以履中不偏,故云"未变常"也。

六三:归妹以须,反归以娣。注云:室主犹存,而求进焉。进未值时,故有须也。不可以进,故"反归"待时,"以娣"乃行也。**《象》曰:"归妹以须",未当也。**

疏正义曰:"归妹以须"者,六三在"归妹"之时,处下体之上,有欲求为室主之象,而居不当位,则是室主独存,室主既存,而欲求进,为未值其时也。

未当其时，则宜有待，故曰“归妹以须也”。“反归以娣”者，既而有须，不可以进，宜反归待时，以娣乃行，故曰“反归以娣”。“象曰：未当也”者，未当其时，故宜有待也。

九四：归妹愆期，迟归有时。注云：夫以不正无应而适人也，必须彼道穷尽，无所与交，然后乃可以往，故“愆期迟归”，以待时也。**《象》曰：“愆期”之志，有待而行也。**

疏正义曰：“归妹愆期，迟归有时”者，九四居不得位，又无其应，以斯适人，“必待彼道穷尽，无所与交，然后乃可以往”，故曰“愆期迟归有时”也。“象曰：愆期之志，有待而行也”者，嫁宜及时。今乃过期而迟归者，此嫁者之志，正欲有所待而后乃行也。

六五：帝乙归妹，其君之袂，不如其娣之袂良。月几望，吉。注云：归妹之中，独处贵位，故谓之“帝乙归妹”也。袂，衣袖，所以为礼容者也。“其君之袂”，为帝乙所宠也，即五也。为帝乙所崇饰，故谓之“其君之袂”也。配在九二，兑少震长，以长从少，不若以少从长之为美也，故曰“不若其娣之袂良”也。位在乎中，以贵而行，极阴之盛，以斯适配，虽不若少，往亦必合，故曰“月几望，吉”也。**《象》曰：“帝乙归妹，不如其娣之袂良”也。其位在中，以贵行也。**

疏正义曰：“帝乙归妹”者，六五居归妹之中，“独处贵位”，是帝王之所嫁妹也，故曰“帝乙归妹”。“其君之袂，不如其娣之袂良”者，六五虽处贵位，卦是长阳之卦，若以爻为人，即是妇人之道，故为帝乙之妹。既居长卦，乃是长女之象，其君即五也。袂，衣袖也，所举敛以为礼容，帝王嫁妹，为之崇饰，故曰“其君之袂”也。“配在九二，兑少震长，以长从少”者，也以长从少，虽有其君崇饰之袂，犹不若以少从长之为美，故曰“不如其娣之袂良”也。“月几望吉”者，阴而贵盛，如月之近望，以斯适配，虽不如以少从长，然以贵而行，往必合志，故得吉也，故曰“月几望，吉”也。“帝乙归妹，不如其娣之袂良”者，释其六五虽所居贵位，然长不如少也，言不如少女，而从于长男也。“其位在中，以贵行也”者，释“月几望，吉”也。既以长适少，非归妹之美而得吉者，其位在五之中，以贵盛而行，所往必得合，而获吉也。

上六：女承筐，无实，士刲羊，无血，无攸利。注云：羊谓三也。处卦之穷，仰无所承，下又无应，为女而承命，则筐虚而莫之与。为士而下命，则“刲羊"而"无血"。"刲羊"而"无血",不应所命也。进退莫与,故曰"无攸利"也。

《象》曰:上六"无实",承虚筐也。

疏正义曰:"女承筐,无实,士刲羊,无血,无攸利"者,女之为行,以上有承顺为美;士之为功,以下有应命为贵,上六处卦之穷,仰则无所承受,故为女承筐,则虚而无实。又下无其应,下命则无应之者,故为"士刲羊"则乾而"无血",故曰"女承筐,无实,士刲羊无血"。则进退莫与,故无所利。"象曰:承虚筐"者,筐本盛币,以币为实。今之"无实",正是承捧虚筐,空无所有也。

丰 ䷶ 震上 离下

丰:亨,王假之。注云:大而亨者,王之所至。**勿忧,宜日中。**注云:丰之为义,阐弘微细,通夫隐滞者也,为天下之主,而令微隐者不亨,忧未已也,故至"丰亨",乃得勿忧也。用夫丰亨不忧之德,宜处天中,以偏照者也,故曰"宜日中"也。

疏正义曰:"丰,亨"者,"丰",卦名也,《彖》及《序卦》皆以"大"训"丰"也,然则丰者,多大之名,盈足之义,财多德大,故谓之为丰。德大则无所不容,财多则无所不齐。无所拥碍谓之为"亨",故曰"丰,亨"。"王假之"者,假,至也,丰亨之道,王之所尚,非有王者之德,不能至之,故曰"王假之"也。"勿忧,宜日中"者,勿,无也。王能至于丰亨,乃得无复忧虑,故曰"勿忧也"。用夫丰亨无忧之德,然后可以君临万国,遍照四方,如日中之时,遍照天下,故曰"宜日中"也。

《彖》曰:丰,大也。注云:音阐大之大也。**明以动,故丰。王假之,尚大也。**注云:大者王之所尚,故至之也。**"勿忧,宜日中",宜照天下也。**注云:以勿忧之德,故宜照天下也。**日中则昃,月盈则食,天地盈虚,与时消息,而况于人乎?况于鬼神乎?**注云:丰之为用,困于昃食者也。施于未足则尚丰,施于已盈则方溢,不可以为常,故具陈消息之道者也。

疏正义曰:"丰,大也"者,释卦名,正是弘大之义也。"明以动,故丰"者,此就二体,释卦得名,为丰之意,动而不明,未能光大资明以动,乃能致丰,故曰"明以动故丰"也。"王假之,尚大也"者,丰大之道,王所崇尚,所以王能至之,以能尚大故也。"勿忧,宜日中,宜照天下也"者,日中之时,遍照天下,王无忧虑，德乃光被，同于日中之盛，故曰“勿忧，宜日中，宜照天下也”。“日中则昃，月盈则食，天地盈虚，与时消息，而况于人乎？况于鬼神乎”者，此孔子因丰设戒，以上言王者以丰大之德，照临天下，同于日中。然盛必有衰，自然常理。日中至盛，过中则昃；月满则盈，过盈则食。天之寒暑往来，地之陵谷迁贸，盈则与时而息，虚则与时而消。天地日月，尚不能久，况于人与鬼神，而能长保其盈盛乎？勉令及时修德，仍戒居存虑亡也。此辞先陈天地，后言人、鬼、神者，欲以轻譬重，亦先尊后卑也。而日月先天地者，承上“宜日中”之下，遂言其昃食，因举日月以对之，然后并陈天地，作文之体也。

注“音阐大之大也”

疏正义曰：阐者，弘广之言，凡物之大，其有二种：一者自然之大，一者由人之阐弘使大。“丰”之为义，既阐弘微细，则丰之称大，乃阐大之大，非自然之大，故音之也。

《象》曰：雷电皆至，丰。君子以折狱致刑。注云：文明以动，不失情理也。

疏正义曰：“雷电皆至，丰”者，雷者，天之威动，电者，天之光耀。雷电俱至，则威明备，足以为丰也。“君子以折狱致刑”者，君子法象天威而用刑罚，亦当文明以动，折狱断决也。断决狱讼，须得虚实之情；致用刑罚，必得轻重之中。若动而不明，则淫滥斯及，故君子象于此卦而折狱致刑。

初九：遇其配主，虽旬无咎，往有尚。注云：处丰之初，其配在四，以阳适阳，以明之动，能相光大者也。旬，均也。虽旬无咎，往有尚也。初、四俱阳爻，故曰“均”也。**《象》曰：“虽旬无咎”，过旬灾也。**注云：过均则争，交斯叛也。

疏正义曰：“遇其配主”者，丰者，文明以动，尚乎光大者也。初配在四，俱是阳爻，以阳适阳，以明之动，能相光大者也，故曰“遇其配主”也。“虽旬无咎，往有尚”者，旬，均也，俱是阳爻，谓之为均，非是阴阳相应，嫌其有咎，以其能相光大，故虽均，可以无咎，而往有嘉尚也，故曰“虽均无咎，往有尚”也。“象曰：过旬灾也”者，言势若不均，则相倾夺。既相倾夺，则争竞乃兴，而相违背，灾咎至焉，故曰“过旬灾也”。

注“过均则争，交斯叛也”

疏正义曰：初、四应配，谓之为交，势若不均，则初、四之相交，于斯乖叛矣。

六二:丰其蔀,日中见斗。往得疑疾,有孚发若,吉。注云:蔀,覆暧,鄣光明之物也。处明动之时,不能自丰以光大之德,既处乎内,而又以阴居阴,丰在蔀,幽而无睹者也,故曰"丰其蔀,日中见斗"也。日中者,明之盛也;斗见者,闇之极也。处盛明而丰其蔀,故曰"日中见斗"。不能自发,故往得疑疾。然履中当位,处闇不邪,有孚者也。若,辞也。孚可以发其志,不困于闇,故获吉也。**《象》曰:"有孚发若",信以发志也。**

疏正义曰:"丰其蔀"者,二以阴居阴,阴又处于内,幽闇无所睹见,所丰在于覆蔽,故曰"丰其蔀"也。蔀者,覆暧,障光明之物也。"日中见斗"者,二居离卦之中,如日正中,则至极盛者也。处日中盛明之时,而斗星显见,是二之至闇,使斗星见明者也。处光大之世,而为极闇之行,譬日中而斗星见,故曰"日中见斗"也。二、五俱阴,二已见斗之闇,不能自发,以自求于五,往则得见疑之疾,故曰"往得疑疾"也。然居中履正,处闇不邪,是有信者也。有信以自发其志,不困于闇,故获吉也。故曰"有孚发若,吉"也。"象曰:信以发志"者,虽处幽闇而不为邪,是有信以发其丰大之志,故得吉也。

九三:丰其沛,日中见沬。折其右肱,无咎。注云:沛,幡幔,所以御盛光也。沬,微昧之明也。应在上六,志在乎阴,虽愈乎以阴处阴,亦未足以免于闇也。所丰在沛,日中则见沬之谓也。施明,则见沬而已,施用,则折其右肱,故可以自守而已,未足用也。**《象》曰:丰其沛,不可大事也。**注云:明不足也。**折其右肱,终不可用也。**注云:虽有左在,不足用也。

疏正义曰:"丰其沛,日中见沬"者,沛,幡幔,所以御盛光也。沬,微昧之明也,以九三应在上六,志在乎阴,虽愈于六二以阴处阴,亦未见免于闇也,是所以"丰在沛,日中见沬"。处光大之时,而丰沛见沬,虽愈于丰蔀见斗,然施于大事,终不可用。假如折其右肱,自守而已,乃得无咎,故曰"折其右肱,无咎"。"象曰:不可大事"者,当光大之时,可为大事,明不足,故不可为大事也。"象曰:终不可用"者,凡用事在右肱,右肱既折,虽有左在,终不可用也。

九四:丰其蔀,日中见斗。遇其夷主,吉。注云:以阳居阴,丰其蔀也。得初以发,夷主吉也。**《象》曰:"丰其蔀",位不当也。"日中见斗",幽不明也。"遇其夷主",吉行也。**

疏正义曰:"丰其蔀"者,九四以阳居阴,闇同于六二,故曰"丰其蔀"也。"日中见斗,遇其夷主,吉"者,夷,平也。四应在初,而同是阳爻,能相显发,而得其吉,故曰“遇其夷主,吉”也。言四之与初交相为主者,若宾主之义也。若据初适四,则以四为主,故曰“遇其配主”。自四之初,则以初为主,故曰“遇其夷主”也。二阳体敌,两主均平,故初谓四为“旬”,而四谓初为“夷”也。“象曰:位不当”者,止谓以阳居阴,而位不当,所以丰蔀而闇者也。“幽不明也”者,日中盛则反而见斗,以譬当光大而居阴,是应明而幽闇不明也。“吉行也”者,处于阴位,为闇已甚,更应于阴,无由获吉,犹与阳相遇,故得吉行也。

六五:来章有庆誉,吉。注云:以阴之质,来适尊阳之位,能自光大,章显其德,获庆誉也。**《象》曰:六五之吉,有庆也。**

疏正义曰:六五处丰大之世,以阴柔之质,来适尊阳之位,能自光大,章显其德,而获庆善也。故曰“来章有庆誉,吉”也。“象曰:有庆也”者,言六五以柔处尊,履得其中,故致庆誉也。

上六:丰其屋,蔀其家,窥其户,阒其无人。三岁不觌,凶。注云:屋,藏荫之物,以阴处极而最在外,不履于位,深自幽隐,绝迹深藏者也。既丰其屋,又蔀其家,屋厚家覆,闇之甚也。虽窥其户,阒其无人,弃其所处,而自深藏也。处于明动尚大之,时而深自幽隐,以高其行;大道既济,而犹不见,隐不为贤,更为反道,凶其宜也。三年,丰道之盛。治道未济,隐犹可也;既济而隐,是以治为乱者也。**《象》曰:“丰其屋”,天际翔也。**注云:翳光最甚者也。**“窥其户,阒其无人”,自藏也。**注云:可以出而不出,自藏之谓也,非有为而藏。不出户庭,失时致凶,况自藏乎?凶其宜也。

疏正义曰:屋者,藏荫隐蔽之物也。上六以阴处阴,极以处外,不履于位,是深自幽隐,绝迹深藏也。事同丰厚于屋者也。既丰厚其屋,而又覆鄣其家,屋厚家闇,蔽鄣之甚也。虽窥视其户,而阒寂无人,弃其所处,而自深藏也。处于丰大之世,隐不为贤。治道未济,隐犹可也;三年丰道已成,而犹不见,所以为凶,故曰“丰其屋,蔀其家,窥其户,阒其无人,三岁不觌,凶”。“象曰:天祭翔也”者,如鸟之飞翔于天际,言隐翳之深也。“自藏也”者,言非有为而当自藏,可以出而不出,无事自为隐藏也。

周易注疏卷第九

旅 ䷷ 离上 艮下

旅：小亨，旅贞吉。 注云：不足全夫贞吉之道，唯足以为旅之贞吉，故特重曰“旅，贞吉”也。

疏 正义曰：旅者，客寄之名，羁旅之称，失其本居，而寄他方，谓之为旅。既为羁旅，苟求仅存，虽得自通，非甚光大，故旅之为义，小亨而已，故曰“旅，小亨”。羁旅而获小亨，是旅之正吉，故曰“旅，贞吉”也。

《彖》曰：“旅，小亨”，柔得中乎外，而顺乎刚，止而丽乎明，是以“小亨，旅贞吉”也。 注云：夫物失其主则散，柔乘于刚则乖。既乖且散，物皆羁旅，何由得小亨而吉乎？夫阳为物长，而阴皆顺阳。唯六五乘刚，而复得中乎外，以承于上，阴各顺阳，不为乖逆。止而丽明，动不履妄，虽不及刚得尊位，恢弘大通，足以小亨。令附旅者，不失其正，得其所安也。**旅之时义大矣哉！** 注云：旅者大散，物皆失其所居之时也。咸失其居，物愿所附，岂非知者有为之时？

疏 正义曰：“旅，小亨”者，举经文也。柔得中乎外而顺乎刚，止而丽乎明，是以“小亨”。“旅贞吉”者，此就六五及二体，释旅得亨贞之义，柔处于外，弱而为客之象，若所讬不得其主，得主而不能顺从，则乖逆而离散，何由得自通而贞吉乎？今柔虽处外而得中顺阳，则是得其所讬，而顺从于主。又止而丽明，动不履妄，故能于寄旅之时，得通而正，不失所安也。“旅之时义大矣哉”者，此叹美寄旅之时，物皆失其所居。若能与物为附，使旅者获安，非小才可济，唯大智能然，故曰“旅之时义大矣哉”。

《象》曰：山上有火，旅。君子以明，慎用刑而不留狱。 注云：止以明之，刑戮详也。

疏正义曰："山上有火，旅。君子以明，慎用刑而不留狱"者，火在山上，逐草而行，势不久留，故为旅象。又上下二体，艮止离明，故君子象此，以静止明察，审慎用刑，而不稽留狱讼。

初六：旅琐琐，斯其所取灾。注云：最处下极，寄旅不得所安，而为斯贱之役，所取致灾，志穷且困。**《象》曰："旅琐琐"，志穷灾也。**

疏正义曰："旅琐琐，斯其所取灾"者，琐琐者，细小卑贱之貌也。初六当旅之时，最处下极，是寄旅不得所安，而为斯卑贱之役。然则为斯卑贱劳役，由其处于穷下，故致此灾，故曰"旅琐琐，斯其所取灾"也。"象曰：志穷灾"，志意穷困，自取此灾也。

六二：旅即次，怀其资，得童仆贞。注云：次者，可以安行旅之地也。怀，来也。得位居中，体柔奉上，以此寄旅，必获次舍。怀来资货，得童仆之所正也。旅不可以处盛，故其美尽于童仆之正也。过斯以往，则见害矣。童仆之正，义足而已。**《象》曰："得童仆贞"，终无尤也。**

疏正义曰："旅即次，怀其资，得童仆贞"者，得位居中，体柔承上，以此而为寄旅，必为主君所安，旅得次舍，怀来资货，又得童仆之正，不同初六贱役，故曰"旅即次，怀其资，得童仆贞"。"象曰：终无尤"者，旅不可以处盛，盛则为物所害。今唯正于童仆，则终保无咎也。

九三：旅焚其次，丧其童仆，贞厉。注云：居下体之上，与二相得，以寄旅之身而为施下之道，与萌侵权，主之所疑也，故次焚仆丧，而身危也。**《象》曰："旅焚其次"，亦以伤矣。以旅与下，其义丧也。**

疏正义曰："旅焚其次，丧其童仆，贞厉"者，九三居下体之上，下据于二，上无其应，与二相得，是欲自尊而惠施于下也。以羁旅之身而为惠下之道，是与萌侵权，为主君之所疑也。为主君所疑，则被黜而见害，故焚其次舍，丧其童仆之正而身危也。"象曰：亦以伤矣"者，言失其所安，亦可悲伤也。"其义丧"者，言以旅与下，理是丧亡也。

注"与萌侵权"

疏正义曰：言与得政事之萌，渐侵夺主君之权势，若齐之田氏，故为主所疑也。

九四：旅于处，得其资斧，我心不快。注云：斧所以斫除荆棘，以安其舍者也。虽处上体之下，不先于物，然而不得其位，不获平坦之地，客于所处，不得其次，而得其资斧之地，故其心不快也。**《象》曰："旅于处"，未得位也。"得其资斧"，心未快也。**

疏正义曰："旅于处，得其资斧，我心不快"者，九四处上体之下，不同九三之自尊，然不得其位，犹寄旅之人，求其次舍，不获平坦之所，而得用斧之地。言用斧除荆棘，然后乃处，故曰"旅于处，得其资斧"也。求安处而得资斧之地，所以其心不快也。

六五：射雉一矢，亡。终以誉命。注云：射雉以一矢，而复亡之，明虽有雉，终不可得矣。寄旅而进，虽处于文明之中，居于贵位，此位终不可有也。以其能知祸福之萌，不安其处以乘其下，而上承于上，故终以誉而见命也。**《象》曰："终以誉命"，上逮也。**

疏正义曰："射雉一矢亡，终以誉命"者，羁旅不可以处盛位，六五以羁旅之身，进居贵位，其位终不可保，譬之射雉，唯有一矢，射之而复亡失其矢，其雉终不可得，故曰"射雉一矢亡"也。然处文明之内，能照祸福之几，不乘下以侵权，而承上以自保，故得终以美誉而见爵命，故曰"终以誉命"也。"象曰：上逮"者，逮，及也，以能承及于上，故得"终以誉命"也。

上九：鸟焚其巢，旅人先笑后号咷。丧牛于易，凶。注云：居高危而以为宅，巢之谓也。客旅得上位，故先笑也。以旅而处于上极，众之所嫉也。以不亲之身而当被害之地，必凶之道也，故曰"后号咷"。牛者，稼穑之资。以旅处上，众所同嫉，故"丧牛于易"，不在于难。物莫之与，危而不扶，丧牛于易，终莫之闻。莫之闻，则伤之者至矣。**《象》曰：以旅在上，其义焚也。"丧牛于易"，终莫之闻也。**

疏正义曰："鸟焚其巢，旅人先笑后号咷，丧牛于易，凶"者，最居于上，如鸟之巢，以旅处上，必见倾夺，如鸟巢之被焚，故曰"鸟焚其巢"也。客得上位，所以"先笑"。凶害必至，故"后号咷"。无所同嫉，丧其稼穑之资，理在不难，故曰"丧牛于易"。物莫之与，则伤之者至矣，故曰"凶"也。"象曰：终莫之闻也"者，众所同疾，危而不扶，至于丧牛于易，终无以一言告之，使闻而悟也。

巽 ䷸ 巽上 巽下

巽:小亨。注云:全以巽为德,是以小亨也。上下皆巽,不违其令,命乃行也。故申命行事之时,上下不可以不巽也。**利有攸往,**注云:巽悌以行,物无距也。**利见大人。**注云:大人用之,道愈隆。

疏正义曰:"巽:小亨。利有攸往,利见大人"者,"巽"者,卑顺之名。《说卦》云:"巽,入也。"盖以巽是象风之卦,风行无所不入,故以"入"为训。若施之于人事,能自卑巽者,亦无所不容。然巽之为义,以卑顺为体,以容入为用,故受"巽"名矣。上下皆巽,不为违逆,君唱臣和,教令乃行,故于重巽之卦,以明申命之理。虽上下皆巽,命令可行,然全用卑巽,则所通非大,故曰"小亨"。巽悌以行,物无违距,故曰"利有攸往"。但能用巽者,皆无往不利,然大人用巽,其道愈隆,故曰"利见大人",明上下皆须用巽也。

《彖》曰:重巽以申命。注云:命乃行也。未有不巽而命行也。**刚巽乎中正而志行。**注云:以刚而能用巽,处乎中正,物所与也。**柔皆顺乎刚。**注云:明无违逆,故得小亨。**是以"小亨,利有攸往,利见大人"。**

疏正义曰:"重巽以申命"者,此卦以卑巽为名,以申命为义。故就二体上下皆巽,以明可以申命也。上巽能接于下,下巽能奉于上,上下皆巽,命乃得行,故曰"重巽以申命也"。"刚巽乎中正而志行"者,虽上下皆巽,若命不可从,则物所不与也。故又因二五之爻,刚而能巽,不失其中,所以志意得行,申其命令也。"柔皆顺乎刚"者,刚虽巽为中正,柔若不顺乎刚,何所申其命乎?故又就初、四各处卦下,柔皆顺刚,无有违逆,所以教命得申,成小亨以下之义也。"是以小亨"以下,举经结也。

注"明无违逆,故得小亨"

疏正义曰:案《彖》并举"小亨,利有攸往,利见大人"以结之,明柔皆顺刚之意,不事释"小亨"二字,而注独言"明无违逆,故得小亨"者,褚氏云:"夫献可替否,其道乃弘;柔皆顺刚,非大通之道,所以文王系'小亨'之辞,孔子致'皆顺'之释。"案:王注上下卦之体,皆以巽言之,柔不违刚,正是巽义,故知"皆顺"之言,通释诸辞也。

《象》曰：随风，巽。君子以申命行事。

疏正义曰："随风，巽"者，两风相随，故曰"随风"，风既相随，物无不顺，故曰"随风，巽"。"君子以申命行事"者，风之随至，非是令初，故君子训之以申命行事也。

初六：进退，利武人之贞。注云：处令之初，未能服令者也，故进退也。成命齐邪，莫善武人，故"利武人之贞"以整之。**《象》曰："进退"，志疑也。**注云：巽顺之志，进退疑惧。**"利武人之贞"，志治也。**

疏正义曰："进退，利武人之贞"者，初六，处令之初，法未宣，著体于柔巽，不能自决，心怀进退，未能从令者也。成命齐邪，莫善威武，既未能从令，则宜用武人之正，以整齐之，故曰"进退，利武人之贞"也。"象曰：志疑"者，欲从之，则未明其令；欲不从，则惧罪及己，志意怀疑，所以进退也。"志治也"者，武非行令所宜，而言利武人者，志在使人从治，故曰："利武人"。其犹蒙卦初六《象》曰"利用刑人，以正法也"。

九二：巽在床下，用史巫纷若，吉，无咎。注云：处巽之中，既在下位，而复以阳居阴，卑巽之甚，故曰"巽在床下"也。卑甚失正，则入于咎过矣。能以居中而施至卑于神祇，而不用之于威势，则乃至于纷若之吉，而亡其过矣。故曰"用史巫纷若，吉，无咎"也。**《象》曰："纷若"之"吉"，得中也。**

疏正义曰："巽在床下"者，九二处巽下体，而复以阳居阴，卑巽之甚，故曰"巽在床下"。"用史巫纷若，吉，无咎"者，史谓祝史，巫谓巫觋，并是接事鬼神之人也。纷若者，盛多之貌。卑甚失正，则入于过咎。人有威势，易为行恭；神道无形，多生怠慢。若能用居中之德，行至卑之道，用之于神祇，不行之于威势，则能致之于盛多之吉，而无咎过，故曰"用史巫纷若，吉，无咎"也。"象曰：得中"者，用卑巽于神祇，是行得其中，故能致纷若之吉也。

九三：频巽，吝。注云：频，频蹙，不乐而穷，不得已之谓也。以其刚正而为四所乘，志穷而巽，是以吝也。**《象》曰："频巽"之"吝"，志穷也。**

疏正义曰："频巽，吝"者，频者，频蹙忧戚之容也，九三体刚居正，为四所乘，是志意穷屈，不得申遂也。既处巽时，只得受其屈辱也，频蹙而巽，鄙吝之道，故曰"频巽，吝"也。"象曰：志穷"者，志意穷屈，所以为吝也。

六四:悔亡,田获三品。注云:乘刚,悔也,然得位承五,卑得所奉。虽以柔御刚,而依尊履正,以斯行命,必能获强暴,远不仁者也。获而有益,莫善三品,故曰"悔亡,田获三品"。一曰乾豆,二曰宾客,三曰充君之庖。**《象》曰:"田获三品",有功也。**

疏正义曰:"悔亡,田获三品"者,六四有乘刚之悔,然得位承尊,得其所奉,虽以柔乘刚,而依尊履正,以斯行命,必能有功,取譬田猎,能获而有益,莫善三品,所以得悔亡。故曰"悔亡,田获三品"也。三品者,一曰乾豆,二曰宾客,三曰充君之庖厨也。"象曰:有功"者,田猎有获,以喻行命有功也。

九五:贞吉,悔亡,无不利。无初有终。先庚三日,后庚三日,吉。注云:以阳居阳,损于谦巽。然秉乎中正以宣其令,物莫之违,故曰"贞吉,悔亡,无不利"也。化不以渐,卒以刚直用加于物,故初皆不说也。终于中正,邪道以消,故有终也。申命令谓之庚。夫以正齐物,不可卒也;民迷固久,直不可肆也,故先申三日,令著之后,复申三日,然后诛而无咎怨矣。甲、庚,皆申命之谓也。**《象》曰:九五之"吉",位正中也。**

疏正义曰:九五以阳居阳,违于谦巽,是悔也。然执乎中正,以宣其令,物莫之违,是由贞正获吉,故得悔亡而无不利,故曰"贞吉,悔亡,无不利"也。"无初有终"者,若卒用刚直,化不以渐,物皆不说,故曰"无初"也。终于中正,物服其化,故曰"有终"也。"先庚三日,后庚三日,吉"者,申命令谓之庚,民迷固久,申不可卒,故先申之三日,令著之后,复申之三日,然后诛之,民服其罪,无怨而获吉矣,故曰"先庚三日,后庚三日,吉"也。"象曰:位正中"者,若不以九居五位,则不能以中正齐物,物之不齐,无由致吉,致吉是由九居五位,故举爻位言之。

上九:巽在床下,丧其资斧,贞凶。注云:处巽之极,极巽过甚,故曰:"巽在床下"也。斧所以断者也,过巽失正,丧所以断,故曰"丧其资斧,贞凶"也。**《象》曰"巽在床下",上穷也。"丧其资斧",正乎凶也。**

疏正义曰:"巽在床下"者,上九处巽之极,巽之过甚,故曰"巽在床下"。"丧其资斧"者,斧能斩决,以喻威断也,巽过则不能行威命。命之不行,是丧其所用之斧,故曰"丧其资斧"也。"贞凶"者,失其威断,是正之凶,故曰"贞凶"也。"象曰:上穷"者,处上穷巽,故过在床下也。"正乎凶"者,正理须当威断,而丧之,是"正乎凶"也。

兑 ䷹ 兑上 兑下

兑：亨，利贞。

疏正义曰：兑，说也。《说卦》曰："说万物者莫说乎泽。"以兑是象泽之卦，故以"兑"为名。泽以润生万物，所以万物皆说；施于人事，犹人君以恩惠养民，民无不说也。惠施民说，所以为亨。以说说物，恐陷谄邪，其利在于贞正。故曰"兑，亨利贞"。

《彖》曰：兑，说也。刚中而柔外，说以利贞，注云：说而违刚则谄，刚而违说则暴。刚中而柔外，所以说以利贞也。刚中，故利贞，柔外，故说亨。**是以顺乎天而应乎人。**注云：天刚而不失说者也。**说以先民，民忘其劳；说以犯难，民忘其死。说之大，民劝矣哉！**

疏正义曰："兑，说也"者，训卦名也。"刚中而柔外，说以利贞"者，此就二、五以刚居中，上六、六三以柔处外，释"兑亨利贞"之义也。外虽柔说，而内德刚正，则不畏邪谄。内虽刚正，而外迹柔说，则不忧侵暴。只为刚中而柔外，中外相济，故得说亨而利贞也。"是以顺乎天而应乎人"者，广明说义，合于天人。天为刚德而有柔克，是刚而不失其说也。今说以利贞，是上顺乎天也。人心说于惠泽，能以惠泽说人，是下应乎人也。"说以先民，民忘其劳"，已下叹美说之所致，亦申明应人之法，先以说豫抚民，然后使之从事，则民皆竭力忘其从事之劳，故曰"说以先民，民忘其劳"也。"说以犯难，民忘其死"者，先以说豫劳民，然后使之犯难，则民皆授命，忘其犯难之死，故曰"说以犯难，民忘其死"也。施说于人，所致如此，岂非说义之大，能使民劝勉矣哉！故曰"说之大，民劝矣哉"。

《象》曰：丽泽，兑。君子以朋友讲习。注云：丽，犹连也。施说之盛，莫盛于此。

疏正义曰："丽泽兑"者，丽，犹连也，两泽相连，润说之盛，故曰"丽泽，兑"也。"君子以朋友讲习"者，同门曰朋，同志曰友，朋友聚居，讲习道义，相说之盛，莫过于此也。故君子象之以朋友讲习也。

初九：和兑，吉。注云：居兑之初，应不在一，无所党系，和兑之谓也。说不在谄，履斯而行，未见有疑之者，吉其宜矣。**《象》曰：“和兑”之“吉”，行未疑也。**

疏正义曰：初九居兑之初，应不在一，无所私说，说之和也，说物以和，何往不吉，故曰“和兑，吉”也。“象曰：行未疑”者，说不为谄，履斯而行，未见疑之者也，所以得吉也。

九二：孚兑，吉，悔亡。注云：说不失中，有孚者也。失位而说，孚吉，乃悔亡也。**《象》曰：“孚兑”之“吉”，信志也。**注云：其志信也。

疏正义曰：“孚兑，吉，悔亡”者，九二说不失中，有信者也。说而有信，则吉从之，故曰“孚兑，吉”也。然履失其位，有信而吉，乃得亡悔，故曰“孚兑，吉，悔亡”也。“象曰：信志也”者，失位而得吉，是其志信也。

六三：来兑，凶。注云：以阴柔之质，履非其位，来求说者也。非正而求说，邪佞者也。**《象》曰：“来兑”之“凶”，位不当也。**

疏正义曰：“来兑，凶”者，三为阳位，阴来居之，是进来求说，故言“来兑”；而以不正来说，佞邪之道，故曰：“来兑，凶”也。“象曰：位不当”者，由位不当，所以致凶也。

九四：商兑未宁，介疾有喜。注云：商，商量裁制之谓也。介，隔也。三为佞说，将近至尊。故四以刚德，裁而隔之，匡内制外，是以未宁也。处于几近，闲邪介疾，宜其有喜也。**《象》曰：“九四”之“喜”，有庆也。**

疏正义曰：“商兑未宁”者，商，商量裁制之谓也。夫佞邪之人，国之疾也。三为佞说，将近至尊。故四以刚德，裁而隔之，使三不得进，匡内制外，未遑宁处，故曰“商兑未宁”。居近至尊，防邪隔疾，宜其有喜，故曰“介疾有喜”。“象曰：有庆”者，四能匡内制外，介疾除邪，此之为喜，乃为至尊所善，天下蒙赖，故言“有庆”也。

九五：孚于剥，有厉。注云：比于上六，而与相得，处尊正之位，不说信乎阳，而说信乎阴，“孚于剥”之义也。“剥”之为义，小人道长之谓。**《象》曰：“孚于剥”，位正当也。**注云：以正当之位，信于小人而疏君子，故曰“位正当”也。

疏正义曰："孚于剥，有厉"者，"剥"者，小人道长，消君子之正，故谓小人为剥也。九五，处尊正之位，下无其应，比于上六，与之相得，是说信于小人，故曰"孚于剥"。信而成剥，危之道也，故曰"有厉"。"象曰：位正当"者，以正当之位，宜任君子，而信小人，故以当位责之也。

上六：引兑。注云：以夫阴质，最处说后，静退者也。故必见引，然后乃说也。**《象》曰："上六，引兑"，未光也。**

疏正义曰："引兑"者，上六以阴柔之质，最在兑后，是自静退，不同六三自进求说，必须他人见引，然后乃说，故曰"引兑"也。"象曰：未光也"者，虽免躁求之凶，亦有后时之失，所以经无"吉"文，以其道未光故也。

涣 ䷺ 巽上坎下

涣：亨。王假有庙，利涉大川，利贞。

疏正义曰："涣，亨"者，"涣"，卦名也。《序卦》曰："说而后散之，故受之以涣。"然则"涣"者，散释之名。《杂卦》曰："涣，离也。"此又"涣"是离散之号也。盖"涣"之为义，小人遭难，离散奔迸而逃避也。大德之人，能于此时建功立德，散难释险，故谓之为涣；能释险难，所以为亨：故曰"涣，亨"。"王假有庙"者，王能涣难而亨，可以至于建立宗庙，故曰"王假有庙"也。"利涉大川"者，德洽神人，可济大难，故曰"利涉大川"。"利贞"者，大难既散，宜以正道而柔集之，故曰"利贞"。

《彖》曰："涣，亨"，刚来而不穷，柔得位乎外而上同。注云：二以刚来居内，而不穷于险。四以柔得位乎外，而与上同。内刚而无险困之难，外顺而无违逆之乖，是以亨，利涉大川，利贞也。凡刚得畅而无忌回之累，柔履正而同志乎刚，则皆亨，利涉大川，利贞也。**"王假有庙"，王乃在中也。**注云：王乃在乎涣然之中，故至有庙也。**"利涉大川"，乘木有功也。**注云：乘木即涉难也。木者专所以涉川也。涉难而常用涣道，必有功也。

疏正义曰："涣，亨"者，叠经文，略举名德也。"刚来而不穷，柔得位乎外而上同"者，此就九二刚德居险，六四得位从上，释所以能散释险难而致亨通，乃至"利涉大川、利贞"等也。二以刚德来居险中，而不穷于险，四以柔顺得位于外，而上与五同。内刚无险困之难，外柔无违逆之乖，所以得散释险难而通亨，建立宗庙而祭亨，利涉大川而克济，利以正道而鸠民也。"王假有庙，王乃在中"者，此重明涣时；可以有庙之义。险难未夷，方劳经略；今在涣然之中，故至于有庙也。"利涉大川，乘木有功"者，重明用涣可以济难之事。乘木涉川，必不沈溺；以涣济难，必有成功，故曰"乘木有功"也。

注"凡刚得畅"至"利贞也"

疏正义曰："凡刚得畅而无忌回之累"者，此还言九二居险不穷，是刚得畅遂，刚既得畅，无复畏忌回邪之累也。"柔履正而同志乎刚"者，此还言六四得位履正，同志乎五也。刚德不畅，柔不同刚，何由得亨通而济难，利贞而不邪乎？故言"则皆亨，利涉大川，利贞"也。注于此言"皆"者，凡有二意，一则《彖》虽叠"涣，亨"二字，即以"刚来而不穷，柔得位乎外而上同"释之，下别言"王假有庙，王乃在中，利涉大川，乘木有功"，恐刚来之言，唯释亨德，不通在下；二则先儒有以刚来不穷释亨德，柔得位乎外释利贞，故言"皆"以通之。明刚柔皆释"亨"以下至于"利贞"也。

注"乘木即涉难也。木者专所以涉川也"

疏正义曰：先儒皆以此卦坎下巽上，以为乘木水上，涉川之象，故言乘木有功，王不用象，直取况喻之义，故言此以序之也。

《象》曰：风行水上，涣。先王以享于帝，立庙。

疏正义曰："风行水上，涣"者，风行水上，激动波涛，散释之象，故曰"风行水上，涣"。"先王以享于帝立庙"者，先王以涣然无难之时，享于上帝，以告太平，建立宗庙，以祭祖考，故曰"先王以享于帝，立庙"也。

初六：用拯马壮，吉。注云：涣，散也。处散之初，乖散未甚，故可以游行，得其志而违于难也，不在危剧而后乃逃窜，故曰"用拯马壮，吉"。**《象》曰：初六之"吉"，顺也。**注云：观难而行，不与险争，故曰"顺也"。

疏正义曰：初六处散之初，乖散未甚，可用马以自拯拔，而得壮吉也，故曰"用拯马壮，吉"。"象曰：初六之吉，顺也"者，观难而行，不与险争，故曰"顺也"。

九二：涣奔其机，悔亡。注云：机，承物者也，谓初也。二俱无应，与初相得，而初得散道，离散而奔，得其所安，故"悔亡"也。**《象》曰："涣奔其机"，得愿也。**

疏正义曰："涣奔其机"者，机，承物者也，初承于二，谓初为机，二俱无应，与初相得，而初得远难之道，今二散奔归初，故曰"涣奔其机"也。"悔亡"者，初得散道而二往归之，得其所安，故悔亡也。"象曰：得愿"者，违难奔散，愿得所安；奔初获安，是得其愿也。

六三：涣其躬，无悔。注云：涣之为义，内险而外安者也。散躬志外，不固所守，与刚合志，故得无悔也。**《象》曰："涣其躬"，志在外也。**

疏正义曰："涣其躬，无悔"者，涣之为义，内险外安，六三内不比二，而外应上九，是不固所守，能散其躬，故得无悔。故曰"涣其躬，无悔"。"象曰：志在外"者，释六三所以能涣其躬者，正为身在于内，而应在上九，是志意在外也。

六四：涣其群，元吉。涣有丘，匪夷所思。注云：逾乎险难，得位体巽，与五合志，内掌机密，外宣化命者也，故能散群之险，以光其道。然处于卑顺，不可自专，而为散之任，犹有丘虚匪夷之虑，虽得元吉，所思不可忘也。**《象》曰："涣其群，元吉"，光大也。**

疏正义曰："涣其群"者，六四出在坎上，已逾于险，得位体巽，与五合志，内掌机密，外宣化命者也。能为群物散其险害，故曰"涣其群"也。"元吉，涣有丘，匪夷所思"者，能散群险，则有大功，故曰"元吉"。然处上体之下，不可自专，而得位承尊，忧责复重，虽获元吉，犹宜于散难之中，有丘墟未平之虑，为其所思，故曰"涣有丘，匪夷所思"也。"象曰：光大也"者，能散群险而获元吉，是其道光大也。

九五：涣汗其大号。涣，王居无咎。注云：处尊履正，居巽之中，散汗大号，以荡险阨者也。为涣之主，唯王居之，乃得无咎也。**《象》曰："王居无咎"，正位也。**注云：正位不可以假人。

疏正义曰："涣汗其大号"者，人遇险阨，惊怖而劳，则汗从体出，故以汗喻险阨也；九五处尊履正，在号令之中，能行号令，以散险阨者也，故曰"涣汗其大号"也。"涣，王居无咎"者，为涣之主，名位不可假人，唯王居之，乃得无咎，故曰"涣，王居无咎"。"象曰：正位"者，释"王居无咎"之义，以九五是王之正位，若非王居之，则有咎矣。

上九：涣其血，去逖出，无咎。注云：逖，远也。最远于害，不近侵害，散其忧伤，远出者也。散患于远害之地，谁将咎之哉！**《象》曰："涣其血"，远害也。**

疏正义曰："涣其血，去逖出"者，血，伤也。逖，远也。上九处于卦上，最远于险，不近侵害，是能散其忧伤，去而远出者也。故曰"涣其血，去逖出"也。"无咎"者，散患于远害之地，谁将咎之矣，故曰"无咎"。"象曰：远害"者，释"涣其血"也。是居远害之地故也。

节 ䷻ 坎上 兑下

节：亨，苦节不可贞。

疏正义曰："节"，卦名也。《彖》曰："节以制度。"《杂卦》云："节，止也。"然则节者制度之名。节，止之义，制事有节，其道乃亨，故曰"节，亨"。节须得中，为节过苦，伤于刻薄，物所不堪，不可复正，故曰"苦节不可贞"也。

《彖》曰："节，亨"，刚柔分而刚得中。注云：坎阳而兑阴也。阳上而阴下，刚柔分也。刚柔分而不乱，刚得中而为制主，节之义也。节之大者，莫若刚柔分，男女别也。**"苦节不可贞"，其道穷也。**注云：为节过苦，则物所不能堪也。物不能堪，则不可复正也。**说以行险，当位以节，中正以通。**注云：然后及亨也。无说而行险，过中而为节，则道穷也。**天地节而四时成，节以制度，不伤财，不害民。**

疏正义曰："节，亨，刚柔分而刚得中"者，此就上下二体居二、五刚中，释所以为节得亨之义也。坎刚居上，兑柔处下，是刚柔分也。刚柔分，男女别，节之大义也。二、五以刚居中，为制之主，所以得节，节不违中，所以得亨，故曰"节，亨，刚柔分而刚得中"也。"苦节不可贞，其道穷也"者，为节过苦，不可为正。若以苦节为正，则其道困穷，故曰"苦节不可贞，其道穷"也。"说以行险，当位以节，中正以通"者，上言"苦节不可贞，其道穷"者，正由为节不中，则物所不说，不可复正，其道困穷，故更就二体及四、五当位，重释行节得亨之义，以明苦节之穷也。"行险以说"，则为节得中。"当位以节"，则可以为正。良由中而能正，所以得通，故曰："中正以通"，此其所以为亨也。"天地节而四时成"者，此下就天地与人广明节义。天地以气序为节，使寒暑往来，各以其序，则四时功成之也。王者以制度为节，使用之有道，役之有时，则不伤财，不害民也。

《象》曰：泽上有水，节。君子以制数度，议德行。

疏正义曰："泽上有水，节"者，水在泽中，乃得其节，故曰"泽上有水，节"也。"君子以制数度，议德行"者，数度，谓尊卑礼命之多少。德行，谓人才堪任之优劣。君子象节以制其礼数等差，皆使有度，议人之德行任用，皆使得宜。

初九：不出户庭，无咎。注云：为节之初，将整离散而立制度者也，故明于通塞，虑于险伪，不出户庭，慎密不失，然后事济而无咎也。**《象》曰："不出户庭"，知通塞也。**

疏正义曰："不出户庭，无咎"者，初九处节之初，将立制度，宜其慎密，不出户庭，若不慎而泄，则民情奸险，应之以伪，故慎密不失，然后事济而无咎，故曰"不出户庭，无咎"。"象曰：知通塞"者，识时通塞，所以不出也。

注"为节之初，将整离散"

疏正义曰：《序卦》云："物不可以终离，故受之以节。"此卦承涣之后，初九居节之初，故曰"将整离散而立法度"也。

九二：不出门庭，凶。注云：初已造之，至二宜宣其制矣，而故匿之，失时之极，则遂废矣。故不出门庭，则凶也。**《象》曰："不出门庭，凶"，失时极也。**

疏正义曰："不出门庭"者，初已制法，至二宜宣。若犹匿之，则失时之极，可施之事，则遂废矣。不出门庭，所以致凶，故曰"不出门庭，凶"。"象曰：失时极"者，极，中也。应出不出，失时之中，所以为凶。

六三：不节若，则嗟若，无咎。注云：若，辞也。以阴处阳，以柔乘刚，违节之道，以至哀嗟。自已所致，无所怨咎，故曰"无咎"也。**《象》曰："不节"之"嗟"，又谁"咎"也。**

疏正义曰："不节若，则嗟若，无咎"者，节者，制度之卦，处节之时，位不可失，六三以阴处阳，以柔乘刚，失位骄逆，违节之道，祸将及已，以至哀嗟，故曰"不节苦，则嗟若"也。祸自已致，无所怨咎，故曰"无咎"。"象曰：又谁咎”者，由己不节，自致祸灾，又欲怨咎谁乎？

六四：安节，亨。注云：得位而顺，不改其节，而能亨者也。承上以斯，得其道也。**《象》曰：“安节”之“亨”，承上道也。**

疏正义曰：“安节，亨”者，六四得位，而上顺于五，是得节之道。但能安行此节而不改变，则何往不通，故曰“安节亨”，明六三以失位乘刚，则失节而招咎，六四以得位承阳，故安节而致亨。“象曰：承上道者”，以能承于上，故不失其道也。

九五：甘节，吉。往有尚。注云：当位居中，为节之主不失其中，不伤财、不害民之谓也。为节而不苦，非甘而何？术斯以往，往有尚也。**象曰：“甘节”之“吉”，居位中也。**

疏正义曰：“甘节，吉。往有尚”者，“甘”者，不苦之名也。九五居于尊位，得正履中，能以中正为节之主，则当《象》曰：“节以制度，不伤财，不害民”之谓也。为节而无伤害，则是不苦而甘，所以得吉，故曰“甘节，吉”。以此而行，所往皆有嘉尚，故曰“往有尚”也。“象曰：居位中”者，以居尊位而得中，故致甘节之吉也。

上六：苦节，贞凶，悔亡。注云：过节之中，以致亢极，苦节者也。以斯施人，物所不堪，正之凶也。以斯修身，行在无妄，故得悔亡。**《象》曰：“苦节，贞凶”，其道穷也。**

疏正义曰：“苦节，贞凶，悔亡”者，上六处节之极，过节之中，节不能甘，以至于苦，故曰“苦节”也。为节过苦，物所不堪，不可复正，正之凶也，故曰“贞凶”。若以苦节施人，则是正道之凶。若以苦节修身，则俭约无妄，可得亡悔，故曰“悔亡”也。

中孚 ䷼ 巽上 兑下

中孚：豚鱼吉。利涉大川，利贞。

疏正义曰："中孚，豚鱼吉"者，"中孚"，卦名也。信发于中，谓之中孚。鱼者，虫之幽隐。豚者，兽之微贱。人主内有诚信，则虽微隐之物，信皆及矣。莫不得所而获吉，故曰"豚鱼吉"也。"利涉大川，利贞"者，微隐获吉，显者可知。既有诚信，光被万物，万物得宜，以斯涉难，何往不通？故曰"利涉大川"。信而不正，凶邪之道，故利在贞也。

《彖》曰：中孚，柔在内而刚得中，说而巽，孚，注云：有上四德，然后乃孚。**乃化邦也。**注云：信立而后邦乃化也。柔在内而刚得中，各当其所也。刚得中，则直而正；柔在内，则静而顺；说而以巽，则乖争不作。如此，则物无巧竞，敦实之行著，而笃信发乎其中矣。**"豚鱼吉"，信及豚鱼也。**注云：鱼者，虫之隐者也。豚者，兽之微贱者也。争竞之道不兴，中信之德淳著，则虽微隐之物，信皆及之。**"利涉大川"，乘木舟虚也。**注云：乘木于川舟之虚，则终已无溺也。用中孚以涉难，若乘木舟虚也。**中孚以"利贞"，乃应乎天也。**注云：盛之至也。

疏正义曰："中孚，柔在内而刚得中，说而巽，孚"者，此就三、四阴柔并在两体之内，三、五刚德各处一卦之中，及上下二体说而以巽，释此卦名为"中孚"之义也。柔内刚中，各当其所，说而以巽，乖争不作，所以信发于内，谓之"中孚"，故曰"柔在内而刚得中，说而巽，孚"也。"乃化邦也"者，诚信发于内，则邦国化于外，故曰"乃化邦也"。"豚鱼吉，信及豚鱼也"者，释所以得吉，由信及豚鱼故也。"利涉大川，乘木舟虚"者，释此涉川所以得利，以中信而济难，若乘虚舟以涉川也。"中孚以利贞，乃应乎天也"者，释中孚所以利贞者，夫德刚正而气序不差，是正而信也。今信不失正，乃得应于天，是中孚之盛故须济以利贞也。

《象》曰：泽上有风，中孚。君子以议狱缓死。注云：信发于中，虽过可亮。

疏正义曰："泽上有风，中孚"者，风行泽上，无所不周，其犹信之被物，无所不至，故曰"泽上有风，中孚"。"君子以议狱缓死"者，中信之世，必非故犯过失为辜，情在可恕，故君子以议其过失之狱，缓舍当死之刑也。

初九：虞吉，有它不燕。注云：虞犹专也。为信之始，而应在四，得乎专吉者也，志未能变，系心于一，故“有它不燕”也。**《象》曰：“初九，虞吉”，志未变也。**

疏正义曰：“虞吉，有它不燕”者，虞犹专也。燕，安也。初为信始，应在于四，得其专一之吉，故曰“虞吉”。既系心于一，故更有他求，不能与之共相燕安也，故曰“有它不燕”也。“象曰：志未变”者，所以得专一之吉，以志未改变，不更亲于他也。

九二：鹤鸣在阴，其子和之。我有好爵，吾与尔靡之。注云：处内而居重阴之下，而履不失中，不徇于外，任其真者也。立诚笃至，虽在闇昧，物亦应焉，故曰“鸣鹤在阴，其子和之”也。不私权利，唯德是与，诚之至也，故曰我有好爵，与物散之。**《象》曰：“其子和之”，中心愿也。**

疏正义曰：“鸣鹤在阴，其子和之”者，九二体刚，处于卦内，又在三四重阴之下，而履不失中，是不徇于外，自任其真者也。处于幽昧，而行不失信，则声闻于外，为同类之所应焉。如鹤之鸣于幽远，则为其子所和，故曰“鸣鹤在阴，其子和之”也。“我有好爵，吾与尔靡之”者，靡，散也，又无偏应，是不私权利，唯德是与。若我有好爵，吾愿与尔贤者分散而共之，故曰“我有好爵，吾与尔靡之。”“象曰：中心愿”者，诚信之人，愿与同类相应，得诚信而应之，是中心愿也。

六三：得敌，或鼓或罢，或泣或歌。注云：三居少阴之上，四居长阴之下，对而不相比，敌之谓也。以阴居阳，欲进者也。欲进而阂敌，故或鼓也。四履正而承五，非己所克，故或罢也。不胜而退，惧见侵陵，故或泣而忧悲也。四履乎顺，不与物校，退而不见害，故或歌也。不量其力，进退无恒，惫可知也。**《象》曰：“或鼓或罢”，位不当也。**

疏正义曰：“得敌，或鼓或罢，或泣或歌”者，六三与四，俱是阴爻，相与为类。然三居少阴之桑，四居长阴之下，各自有应对，而不相比，敌之谓也。故曰“得敌欲进”。碍四，恐其害己，故或鼓而攻之，而四履正承尊，非己所胜，故或罢而退败也。不胜而退，惧见侵陵，故或泣而忧悲也。四履于顺，不与物校，退不见害，故或歌而欢乐也，故曰“或鼓或罢，或泣或歌”也。“象曰：位不当”者，所以或鼓或罢，进退无恒者，止为不当其位，妄进故也。

六四：月几望，马匹亡，无咎。注云：居中孚之时，处巽之始，应说之初，居正履顺，以承于五，内毗无首，外宣德化者也。充乎阴德之盛，故曰：“月几望”。“马匹亡”者，弃群类也。若夫居盛德之位，而与物校其竞争，则失其所盛矣，故曰绝类而上，履正承尊，不与三争，乃得无咎也。**《象》曰：“马匹亡”，绝类上也。**注云：类谓三，俱阴爻，故曰“类”也。

疏正义曰：“月几望”者，六四居中孚之时，处巽应说，得位履顺，上承于五，内毗元首，外宣德化，充乎阴德之盛，如月之近望，故曰“月几望”也。“马匹亡，无咎”者，三与己敌，进来攻己，己若与三校战，则失其所盛，故弃三之类，如马之亡匹；上承其五，不与三争，乃得无咎，故曰“马匹亡，无咎”也。“象曰：绝类上”者，绝三之类，不与二争，而上承于五也。

九五：有孚挛如，无咎。注云：“挛如”者，系其信之辞也。处中诚以相交之时，居尊位以为群物之主，信何可舍？故“有孚挛如”，乃得“无咎”也。**《象》曰：“有孚挛如”，位正当也。**

疏正义曰：“有孚挛如，无咎”者，挛如者，相牵系不绝之名也。五在信时，处于尊位，为群物之主，恒须以中诚交物，孚信何可暂舍，故曰“有孚挛如”。系信不绝，乃得无咎，故曰“有孚挛如，无咎”也。“象曰：位正当”者，以其正当尊位，故戒以系信，乃得无咎。若直以阳得正位，而无有系信，则招有咎之嫌也。

上九：翰音登于天，贞凶。注云：翰，高飞也。飞音者，音飞而实不从之谓也。居卦之上，处信之终，信终则衰，忠笃内丧，华美外扬，故曰“翰音登于天”也。翰音登天，正亦灭矣。**《象》曰：“翰音登于天”，何可长也。**

疏正义曰：“翰音登于天，贞凶”者，翰，高飞也。飞音者，音飞而实不从之谓也。上九处信之终，信终则衰也。信衰则诈起，而忠笃内丧，华美外扬，若鸟于翰音登于天，虚声远闻也，故曰“翰音登于天”。虚声无实，正之凶也，故曰“贞凶”。“象曰：何可长也”者，虚声无实，何可久长。

小过 ䷽ 震上 艮下

小过:亨,利贞。可小事,不可大事。飞鸟遗之音,不宜上,宜下,大吉。注云:飞鸟遗其音声,哀以求处,上愈无所适,下则得安。愈上则愈穷,莫若飞鸟也。

疏正义曰:"小过,亨"者,"小过",卦名也。王于大过卦下注云:"音相过之过"。恐人作罪过之义,故以音之。然则"小过"之义,亦与彼同也。过之小事,谓之小过,即"行过乎恭,丧过乎哀"之谓是也。褚氏云:"谓小人之行,小有过差,君子为过厚之行以矫之也,如晏子狐裘之比也。"此因小人有过差,故君子为过厚之行,非即以过差释卦名。《彖》曰"小过,小者过而亨",言因过得亨,明非罪过,故王于大过音之,明虽义兼罪过得名,止在君子为过行也。而周氏等不悟此理,兼以罪过释卦名,失之远矣。过为小事,道乃可通,故曰"小过,亨"也。"利贞"者,矫世励俗,利在归正,故曰"利贞"也。"可小事,不可大事"者,时世。小有过差,唯可矫以小事,不可正以大事,故曰"可小事,不可大事"也。"飞鸟遗之音,不宜上,宜下,大吉"者,借喻以明过厚之行,有吉有凶。飞鸟遗其音声,哀以求处。过上则愈无所适,过下则不失其安,以譬君子处过差之时,为过厚之行,顺而止之则吉,逆而忤鳞则凶,故曰:"飞鸟遗之音,不宜上,宜下,大吉"。顺则执卑守下,逆则犯君陵上,故以臣之逆顺,类鸟之上下也。

注"飞鸟遗其音声,哀以求处"

疏正义曰:"飞鸟遗其音声,哀以求处"者,遗,失也。鸟之失声,必是穷迫,未得安处。《论语》曰:"鸟之将死,其鸣也哀。"故知遗音即哀声也。

《彖》曰:小过,小者过而亨也。注云:小者谓凡诸小事也,过于小事而通者也。**过以"利贞",与时行也。**注云:过而得以利贞,应时宜也。施过于恭俭,利贞者也。**柔得中,是以"小事"吉也;刚失位而不中,是以"不可大事"也。**注云:成大事者,必在刚也。柔而浸大,剥之道也。**有"飞鸟"之象焉。**注云:不宜上,宜下,即飞鸟之象。**"飞鸟遗之音,不宜上,宜下,大吉",上逆而下顺也。**注云:上则乘刚,逆也;下则承阳,顺也。施过于不顺,凶莫大焉;施过于顺,过更变而为吉也。

疏正义曰:"小过,小者过而亨也"者,此释小过之名也。并明小过有亨德之义,过行小事谓之小过,顺时矫俗,虽过而通,故曰"小者过而亨"也。

“过以利贞，与时行也”者，此释利贞之德，由为过行而得利贞。然矫枉过正，应时所宜，不可常也，故曰“与时行”也。“柔得中，是以小事吉也；刚失位而不中，是以不可大事也”者。此就六二、六五以柔居中，九四失位不中，九三得位不中，释“可小事，不可大事”之义。柔顺之人，唯能行小事，柔而得中，是行小中时，故曰“小事吉”也。刚健之人，乃能行大事，失位不中，是行大不中时，故曰“不可大事”也。“有飞鸟之象焉”者，释不取余物为况，唯取“飞鸟”者，以不宜上，宜下，有飞鸟之象故也。“飞鸟遗之音，不宜上，宜下，大吉，上逆而下顺也”者，此就六五乘九四之刚，六二承九三之阳，释所以“不宜上，宜下，大吉”之义也。上则乘刚而逆，下则承阳而顺，故曰“不宜上，宜下，大吉”，以上逆而下顺也。

《象》曰：山上有雷，小过。君子以行过乎恭，丧过乎哀，用过乎俭。

疏正义曰：“象曰：山上有雷，小过。君子以行过乎恭，丧过乎哀，用过乎俭”者，雷之所出，本出于地。今出山上，过其本所，故曰“小过”。小人过差，失在慢易奢侈，故君子矫之，以行过乎恭，丧过乎哀，用过乎俭也。

初六：飞鸟以凶。注云：小过，上逆下顺，而应在上卦，进而之逆，无所错足，飞鸟之凶也。**《象》曰：“飞鸟以凶”，不可如何也？**

疏正义曰：“飞鸟以凶”者，小过之义，上逆下顺，而初应在上卦，进而之逆，同于飞鸟，无所错足，故曰“飞鸟以凶”也。“象曰：不可如何也”者，进而之逆，孰知不可自取凶咎，欲如何乎？

六二：过其祖，遇其妣，不及其君。遇其臣，无咎。注云：过而得之谓之遇，在小过而当位，过而得之之谓也。祖，始也，谓初也。妣者，居内履中而正者也。过初而履二位，故曰“过其祖”而“遇其妣”，过而不至于僭，尽于臣位而已，故曰“不及其君，遇其臣，无咎”。**《象》曰：“不及其君”，臣不可过也。**

疏正义曰：“过其祖，遇其妣，不及其君。遇其臣，无咎”者，过而得之谓之遇，六二在小过而当位，是过而得之也。祖，始也，谓初也。妣者，母之称。六二居内，履中而正，故谓之妣。已过于初，故曰“过其祖”也。履得中正，故曰“遇其妣”也。过不至于僭，尽于臣位而已，故曰“不及其君，遇其臣，无咎”。“象曰：臣不可过”者，臣不可自过其位也。

九三：弗过防之，从或戕之，凶。注云：小过之世，大者不立，故令小者得过也。居下体之上，以阳当位，而不能先过防之，至令小者或过，而复应而从焉。其从之也，则戕之凶至矣。故曰“弗过防之，从或戕之，凶”也。**《象》曰：“从或戕之”，“凶”如何也？**

疏正义曰：“弗过防之”者，小过之世，大者不能立德，故令小者得过，九三居下体之上，以阳当位，不能先过为防，至令小者咸过。上六小人最居高显，而复应而从焉。其从之也，则有残害之凶至矣，故曰“弗过防之”。“从或戕之，凶”者，《春秋传》曰：“在内曰弑，在外曰戕。”然则戕者皆杀害之谓也。言“或”者，不必之辞也。谓为此行者，有幸而免也。“象曰：凶如何”者，从于小人，果致凶祸，将如何乎？言不可如何也。

九四：无咎，弗过遇之，往厉必戒，勿用永贞。注云：虽体阳爻，而不居其位，不为责主，故得无咎也。失位在下不能过者也。以其不能过，故得合于免咎之宜，故曰“弗过遇之”。夫宴安酖毒，不可怀也，处于小过不宁之时，而以阳居阴，不能有所为者也。以此自守，免咎可也；以斯攸往，危之道也。不交于物，物亦弗与，无援之助，故危则必戒而已，无所告救也。沉没怯弱，自守而已，以斯而处于群小之中，未足任者也，故曰“勿用永贞”，言不足用之于永贞。**《象》曰：“弗过遇之”，位不当也。“往厉必戒”，终不可长也。**

疏正义曰：“无咎，弗过遇之，往厉必戒，勿用永贞”者，居小过之世，小人有过差之行，须大德之人，防使无过。今九四虽体阳爻而不居其位，不防之责，责不在己，故得无咎。所以无其咎者，以其失位在下，不能为过厚之行，故得遇于无咎之宜，故曰“无咎，弗过遇之”也。既能无为自守，则无咎，有往则危厉，故曰“往厉”。不交于物，物亦不与，无援之助，故危则必自戒慎而已，无所告救，故曰“必戒”。以斯而处于群小之中，未足委任，不可用之以长行其正也，故曰“勿用永贞”也。“象曰：位不当”者，释所以弗过而遇，得免于咎者，以其位不当故也。“终不可长”者，自身有危，无所告救，岂可任之长，以为正也。

注“夫宴安酖毒，不可怀也”

疏正义曰：此《春秋》狄伐邢，管仲劝齐侯救邢，为此辞，言宴安不救邢，即酖鸟之毒，不可怀而安之也。

六五：密云不雨，自我西郊，公弋取彼在穴。注云：小过者，小者过于大也。六得五位，阴之盛也。故密云不雨，至于西郊也。夫雨者，阴布于上，而阳薄之而不得通，则烝而为雨。今艮止于下而不交焉，故不雨也。是故小畜尚往而亨，则不雨也；小过阳不上交，亦不雨也。虽阴盛于上，未能行其施也。公者，臣之极也，五极阴盛，故称公也。弋，射也。在穴者，隐伏之物也。"小过"者，过小而难未大作，犹在隐伏者也。以阴质治小过，能获小过者也，故曰"公弋取彼在穴"也。除过之道，不在取之，是乃密云未能雨也。**《象》曰："密云不雨"，已上也。**注云：阳已上，故止也。

疏正义曰："密云不雨，自我西郊"者，小过者，小者过于大也。六得五位，是小过于大，阴之盛也。阴盛于上，而艮止之，九三阳止于下，是阴阳不交，虽复至盛，密云至于西郊，而不能为雨也。施之于人，是柔得过而处尊，未能行其恩施，广其风化也，故曰"密云不雨，自我西郊"也。"公弋取彼在穴"者，公者臣之极，五极阴盛，故称公也。小过之时，为过犹小，而虽未大作，犹在隐伏。以小过之才，治小过之失，能获小过在隐伏者，有如公之弋猎，取得在穴隐伏之兽也。故曰"公弋取彼在穴"也。"象曰：已上"者，释所以"密云不雨"也。以艮之阳爻，已止于一卦之上而成止，故不上交而为雨也。

注"除过"至"能雨也"

疏正义曰："除过"至"能雨也"者，雨者，以喻德之惠化也。除过差之道，在于文德，怀之，使其自服，弋而取之，是尚威武，尚威武即"密云不雨"之义也。

上六：弗遇过之，飞鸟离之，凶，是谓灾眚。注云：小人之过，遂至上极，过而不知限，至于亢也。过至于亢，将何所遇？飞而不已，将何所託？灾自己致，复何言哉！**《象》曰："弗遇过之"，已亢也。**

疏正义曰："弗遇过之，飞鸟离之，凶，是谓灾眚"者，上六处小过之极，是小人之过，遂至上极，过而不知限，至于亢者也。过至于亢，无所复遇，故曰"弗遇过之"也。以小人之身，过而弗遇，必遭罗网，其犹飞鸟，飞而无託，必离矰缴，故曰"飞鸟离之，凶"也。过亢离凶，是谓自灾而致眚，复何言哉！故曰"是谓灾眚"也。"象曰：已亢"者，释所以"弗遇过之"，以其已在亢极之地故也。

既济 ䷾ 坎上 离下

既济：亨小，利贞，初吉终乱。

疏正义曰："既济，亨小，利贞，初吉终乱"者，济者，济渡之名，既者，皆尽之称，万事皆济，故以"既济"为名。既万事皆济，若小者不通，则有所未济，故曰"既济，亨小"也。小者尚亨，何况于大？则大小刚柔，各当其位，皆得其所。当此之时，非正不利，故曰"利贞"也。但人皆不能居安思危，慎终如始，故戒以今日。既济之初，虽皆获吉，若不进德修业至于终极，则危乱及之，故曰"初吉终乱"也。

《彖》曰：既济"亨"，小者亨也。注云：既济者，以皆济为义者也。小者不遗，乃为皆济，故举小者，以明既济也。**"利贞"，刚柔正而位当也。**注云：刚柔正而位当，则邪不可以行矣，故唯正乃利贞也。**"初吉"，柔得中也。"终"止则"乱"，其道穷也。**注云：柔得中，则小者亨也。柔不得中，则小者未亨。小者未亨，虽刚得正，则为未既济也。故既济之要，在柔得中也。以既济为安者，道极无进，终唯有乱，故曰："初吉终乱。"终乱不为自乱，由止故乱，故曰"终止则乱"也。

疏正义曰："既济，亨，小者亨也"者，此释卦名德，既济之亨，必小者皆亨也，但举小者，则大者可知，所以为既济也。具足为文，当更有一"小"字，但既叠经文，略足以见，故从省也。"利贞，刚柔正而位当也"者，此就二、三、四、五并皆得正，以释"利贞"也。刚柔皆正，则邪不可行，故唯正乃利贞也。"初吉，柔得中"者，此就六二以柔居中，释"初吉"也。以柔小尚得其中，则刚大之理，皆获其济。物无不济，所以为吉，故曰"初吉"也。终止则乱，其道穷者，此正释戒。若能进修不止，则既济无终。既济终乱，由止故乱。终止而乱，则既济之道穷矣，故曰"终止则乱，其道穷"也。

《象》曰：水在火上，既济。君子以思患而豫防之。注云：存不忘亡，既济不忘未济也。

疏正义曰："水在火上，既济。君子以思患而豫防之"者，水在火上，炊爨之象，饮食以之而成，性命以之而济，故曰"水在火上，既济"也。但既济之道，初吉终乱，故君子思其后患，而豫防之。

初九：曳其轮，濡其尾，无咎。注云：最处既济之初，始济者也。始济未涉于燥，故轮曳而尾濡也。虽未造易，心无顾恋，志弃难者也。其为义也，无所咎也。**《象》曰："曳其轮"，义无咎也。**

疏正义曰："曳其轮，濡其尾，无咎"者，初九处既济之初，体刚居中，是始欲济渡也。始济未涉于燥，故轮曳而尾濡，故云"曳其轮，濡其尾"也。但志在弃难，虽复曳轮濡尾，其义不有咎，故云"无咎"。

六二：妇丧其茀，勿逐，七日得。注云：居中履正，处文明之盛，而应乎五，阴之光盛者也。然居初、三之间，而近不相得，上不承三，下不比初。夫以光盛之阴，处于二阳之间，近而不相得，能无见侵乎？故曰"丧其茀"也。称"妇"者，以明自有夫，而它人侵之也。茀，首饰也。夫以中道执乎贞正，而见侵者，众之所助也。处既济之时，不容邪道者也。时既明峻，众又助之，窃之者逃窜而莫之归矣。量斯势也，不过七日，不须己逐，而自得也。**《象》曰："七日得"，以中道也。**

疏正义曰："妇丧其茀，勿逐，七日得"者，茀者，妇人之首饰也。六二居中履正，处文明之盛，而应乎五，阴之光盛者也，然居初、三之间，而近不相得。夫以光盛之阴，处于二阳之间，近而不相得，能无见侵乎？故曰"妇丧其茀"。称"妇"者，以明自有夫，而他人侵之也。夫以中道执乎贞正，而见侵者，物之所助也。处既济之时，不容邪道者也。时既明峻，众又助之，窃之者逃窜而莫之归矣。量斯势也，不过七日，不须己逐而自得，故曰："勿逐，七日得"。"象曰：以中道"者，释不须追逐而自得者，以执守中道故也。

九三：高宗伐鬼方，三年克之，小人勿用。注云：处既济之时，居文明之终，履得其位，是居衰末而能济者，故"伐鬼方，三年乃克"也。君子处之，故能兴也，小人居之，遂丧邦也。**《象》曰："三年克之"，惫也。**

疏正义曰："高宗伐鬼方，三年克之"者，高宗者，殷王武丁之号也，九三处既济之时，居文明之终，履得其位，是居衰末，而能济者也。高宗伐鬼方，以中兴殷道，事同此爻，故取譬焉。高宗德实文明，而势甚衰惫，不能即胜，三年乃克，故曰"高宗伐鬼方，三年克之"也。"小人勿用"者，势既衰弱，君子处之，能建功立德，故兴而复之，小人居之，日就危乱，必丧邦也，故曰"小人勿用"。"象曰：惫也"者，以衰惫之故，故三年乃克之。

六四：繻有衣袽，终日戒。注云：繻宜曰濡，衣袽，所以塞舟漏也。履得其正，而近不与三、五相得。夫有隙之弃舟，而得济者，有衣袽也。邻于不亲，而得全者，终日戒也。**《象》曰："终日戒"，有所疑也。**

疏正义曰："繻有衣袽，终日戒"者，王注云"繻，宜曰濡，衣袽，所以塞舟漏"者也。六四处既济之时，履得其位，而近不与三五相得，如在舟而漏矣。而舟漏则濡湿，所以得济者，有衣袽也。邻于不亲，而得全者，终日戒也，故曰"繻有衣袽，终日戒"也。"象曰：有所疑"者，释所以"终日戒"，以不与三、五相得，惧其侵克，有所疑故也。

九五：东邻杀牛，不如西邻之禴祭，实受其福。注云：牛，祭之盛者也。禴，祭之薄者也。居既济之时，而处尊位，物皆盛矣，将何为焉？其所务者，祭祀而已。祭祀之盛，莫盛修德，故沼沚之毛，苹蘩之菜，可羞于鬼神，故"黍稷非馨，明德唯馨"，是以"东邻杀牛，不如西邻之禴祭，实受其福"也。**《象》曰：东邻杀牛，不如西邻之时也。**注云：在于合时，不在于丰也。**"实受其福"，吉大来也。**

疏正义曰：牛，祭之盛者也。禴，殷春祭之名，祭之薄者也。九五居既济之时，而处尊位，物既济矣，将何为焉？其所务者，祭祀而已。祭祀之盛，莫盛修德。九五履正居中，动不为妄，修德者也。苟能修德，虽薄可飨。假有东邻不能修德，虽复杀牛至盛，不为鬼神歆飨；不如我西邻禴祭虽薄，能修其德，故神明降福，故曰"东邻杀牛，不如西邻之禴祭，实受其福"也。"象曰：不如西邻之时"者，神明飨德，能修德致敬，合于祭祀之时虽薄降福，故曰时也。"吉大来"者，非唯当身，福流后世。

注"沼沚之毛，苹蘩之菜，可羞于鬼神"

疏正义曰：并略《左传》之文也。

注"在于合时"

疏正义曰：《诗》云"威仪孔时"，言周王庙中，群臣助祭，并皆威仪肃敬，甚得其时。此合时之义，亦当如彼也。

上六：濡其首，厉。注云：处既济之极，既济道穷，则之于未济，之于未济，则首先犯焉。过进不已，则遇于难，故濡其首也。将没不久，危莫先焉。**《象》曰："濡其首，厉"，何可久也？**

疏正义曰："濡其首，厉"者，上六处既济之极，则反于未济。若反于未济，则首先犯焉。若进而不已，必遇于难，故濡其首也。既被濡首，将没不久，危莫先焉，故曰："濡其首，厉"也。"象曰：何可久"者，首既被濡，身将陷没，何可久长者也。

未济 ䷿ 离上 坎下

未济：亨，小狐汔济，濡其尾，无攸利。

疏正义曰："未济，亨"者，"未济"者，未能济渡之名也。未济之时，小才居位，不能建功立德，拔难济险。若能执柔用中，委任贤哲，则未济有可济之理，所以得通，故曰"未济，亨"。"小狐汔济，濡其尾，无攸利"者，汔者，将尽之名。小才不能济难，事同小狐虽难渡水，而无余力，必须水汔，方可涉川。未及登岸，而濡其尾，济不免濡，岂有所利？故曰"小狐汔济，濡其尾，无攸利"也。

《彖》曰："未济，亨"，柔得中也。注云：以柔处中，不违刚也。能纳刚健，故得亨也。**"小狐汔济"，未出中也。**注云：小狐不能涉大川，须汔然后乃能济。处未济之时，必刚健拔难，然后乃能济，汔乃能济，未能出险之中。**"濡其尾，无攸利"，不续终也。**注云：小狐虽能渡而无余力。将济而濡其尾，力竭于斯，不能续终。险难犹未足以济也。济未济者，必有余力也。**虽不当位，刚柔应也。**注云：位不当，故未济。刚柔应，故可济。

疏正义曰："未济，亨，柔得中也"者，此就六五以柔居中，下应九二，释"未济"所以得"亨"，柔而得中，不违刚也。与二相应，纳刚自辅，故于未济之世，终得亨通也。"小狐汔济，未出中也"者，释小狐涉川，所以必须水汔乃济，以其力薄，未能出险之中故也。"濡其尾，无攸利，不续终"者，濡尾力竭，不能相续而终，至于登岸，所以无攸利也。"虽不当位，刚柔应"者，重释未济之义，凡言未者，今日虽未济，复有可济之理。以其不当其位，故实时未济；刚柔皆应，是得相拯，是有可济之理。故称"未济"，不言"不济"也。

《象》曰：火在水上，未济。君子以慎辨物居方。注云：辨物居方，令物各当其所也。

疏正义曰："火在水上未济"者，火在水上，不成烹饪，未能济物。故曰

“火在水上，未济”。“君子以慎辨物居方”者，君子见未济之时，刚柔失正，故用慎为德，辨别众物，各居其方，使皆得安其所，所以济也。

初六：濡其尾，吝。注云：处未济之初，最居险下，不可以济者也。而欲之其应，进则溺身。未济之始，始于既济之上六也。濡其首犹不反，至于濡其尾，不知纪极者也。然以阴处下，非为进亢，遂其志者也。困则能反，故不曰凶。事在已量，而必困乃反，顽亦甚矣，故曰“吝”也。**《象》曰：“濡其尾”，亦不知极也。**

疏 正义曰：“濡其尾，吝”者，初六处未济之初，最居险下，而欲上之其应，进则溺身，如小狐之渡川，濡其尾也。未济之始，始于既济之上六也。既济上六，但云“濡其首”，言始入于难，未没其身。此言“濡其尾”者，进不知极，已没其身也。然以阴处下，非为进亢，遂其志者也。困则能反，故不曰凶。不能豫昭事之几萌，困而后反，顽亦甚矣，故曰“吝”也。“象曰：亦不知极”者，未济之初，始于既济之上六，濡首而不知，遂濡其尾，故曰“不知极”也。

注“不知纪极者”

疏 正义曰：《春秋传》曰“聚敛积实，不知纪极，谓之饕餮”，言无休已也。

九二：曳其轮，贞吉。注云：体刚履中，而应于五，五体阴柔，应与而不自任者也。居未济之时，处险难之中，体刚中之质，而见任与，拯救危难，经纶屯蹇者也。用健拯难，循难在正，而不违中，故“曳其轮，贞吉”也。**《象》曰：“九二”“贞吉”，中以行正也。**注云：位虽不正，中以行正也。

疏 正义曰：“曳其轮，贞吉”者，九二居未济之时，处险难之内，体刚中之质，以应于五。五体阴柔，委任于二，令其济难者也。经纶屯蹇，任重忧深，故曰“曳其轮”。“曳其轮”者，言其劳也。靖难在正，然后得吉，故曰“曳其轮，贞吉”也。“象曰：中以行正”者，释九二失位而称贞吉者，位虽不正，以其居中，故能行正也。

六三：未济，征凶。利涉大川。注云：以阴之质，失位居险，不能自济者也。以不正之身，力不能自济，而求进焉，丧其身也。故曰“征凶”也。二能拯难，而已比之，弃己委二，载二而行，溺可得乎？何忧未济，故曰“利涉大川”。**《象》曰：“未济，征凶”，位不当也。**

疏 正义曰：“未济，征凶”者，六三以阴柔之质，失位居险，不能自济者也。

身既不能自济，而欲自进求济，必丧其身。故曰"未济，征凶"也。"利涉大川"者，二能拯难，而已比之，若能弃己委二，则没溺可免，故曰"利涉大川"。"象曰：位不当"者，以不当其位故有征则凶。

九四：贞吉，悔亡。震用伐鬼方，三年有赏于大国。注云：处未济之时，而出险难之上，居文明之初，体乎刚质，以近至尊。虽履非其位，志在乎正，则吉而悔亡矣。其志得行，靡禁其威，故曰"震用伐鬼方"也。"伐鬼方"者，兴衰之征也。故每至兴衰而取义焉。处文明之初，始出于难，其德未盛，故曰"三年"也。五居尊以柔，体乎文明之盛，不夺物功者也，故以大国赏之也。**《象》曰："贞吉，悔亡"，志行也。**

疏 正义曰：居未济之时，履失其位，所以为悔。但出险难之外，居文明之初，以刚健之质，接近至尊，志行其正，正则贞吉而悔亡，故曰贞吉、悔亡。正志既行，靡禁其威，故震发威怒，用伐鬼方也。然处文明之初，始出于险，其德未盛，不能即胜，故曰"三年"也。五以顺柔文明而居尊位，不夺物功。九四既克而还，必得百里大国之赏，故曰"有赏于大国"也。"象曰：志行"者，释九四失位而得"贞吉悔亡"者也。以其正志得行，而终吉故也。

六五：贞吉，无悔。君子之光，有孚，吉。注云：以柔居尊，处文明之盛，为未济之主，故必正然后乃吉，吉乃得无悔也。夫以柔顺文明之质，居于尊位，付与于能，而不自役，使武以文，御刚以柔，斯诚君子之光也。付物以能，而不疑也，物则竭力，功斯克矣，故曰："有孚，吉。"**《象》曰："君子之光"，其晖吉也。**

疏 正义曰："贞吉，无悔"者，六五以柔居尊，处文明之盛，为未济之主，故必正然后乃吉，吉乃得无悔，故曰"贞吉，无悔"也。"君子之光"者，以柔顺文明之质，居于尊位，有应于二，是能付物以能，而不自役，有君子之光华矣，故曰"君子之光"也。"有孚，吉"者，付物以能而无疑焉，则物竭其诚，功斯克矣，故曰"有孚，吉"也。"象曰：其晖吉"者，言君子之德，光晖著见，然后乃得吉也。

上九：有孚于饮酒，无咎。濡其首，有孚，失是。注云：未济之极，则反于既济。既济之道，所任者当也。所任者当，则可信之无疑，而已逸焉。故曰"有孚于饮酒，无咎"也。以其能信于物，故得逸豫而不忧于事之废。苟不忧于事之废，而耽于乐之甚，则至于失节矣。由于有孚，失于是矣，故曰"濡其首,有孚,失是"也。**《象》曰:"饮酒""濡首",亦不知节也。**

疏正义曰:"有孚于饮酒,无咎"者,上九居未济之极,则反于既济。既济之道,则所任者当也。所任者当,则信之无疑,故得自逸饮酒而已,故曰"有孚于饮酒,无咎"。"濡其首"者,既得自逸饮酒,而不知其节,则濡首之难,还复及之,故曰"濡其首"也。"有孚,失是"者,言所以濡首之难及之者,良由信任得人,不忧事废,故失于是矣。故曰"有孚,失是"也。"象曰:亦不知节"者,释饮酒所以致濡首之难,以其不知止节故也。

周易注疏卷第十

周易系辞上

疏正义曰：谓之"系辞"者，凡有二义，论字取系属之义。圣人系属此辞于爻卦之下，故此篇第六章云："系辞焉以断其吉凶。"第十二章云："系辞焉以尽其言。"是系属其辞于爻卦之下，则上下二篇经辞是也。文取系属之义，故字体从"毄"。又音为系者，取刚系之义。卦之与爻，各有其辞以释其义，则卦之与爻，各有刚系，所以音谓之系也。夫子本作《十翼》，申说上下二篇经文，系辞条贯义理，别自为卷，裒曰系辞。分为上下二篇者，何氏云：上篇明无，故曰"易有太极"，太极即无也。又云"圣人以此洗心，退藏于密"，是其无也。下篇明几，从无入有，故云"知几其神乎"。今谓分为上下，更无异义，有以简编重大，是以分之。或已上篇论易之大理，下篇论易之小理者，事必不通。何则？案上系云："君子出其言善，则千里之外应之。出其言不善，则千里之外违之。"又云："藉用白茅，无咎。"皆人言语小事，及小慎之行，岂为易之大理？又下系云："天地之道，贞观者也。日月之道，贞明者也。"岂复易之小事乎？明以大小分之，义必不可。故知圣人既无其意，若欲强释，理必不通。诸儒所释上篇，所以分段次下，凡有一十二章。周氏云："天尊地卑"为第一章，"圣人设卦观象"为第二章，"彖者言乎象者"为第三章，"精气为物"为第四章，"显诸仁藏诸用"为第五章，"圣人有以见天下之赜"为第六章，"初六藉用白茅"为第七章，"大衍之数"为第八章，"子曰知变化之道"为第九章，"天一地二"为第十章，"是故易有太极"为第十一章，"子曰书不尽言"为第十二章。马季长、荀爽、姚信等又分"白茅"章后，取"负且乘"更为别章，成十三章。案"白茅"已下，历序诸卦，独分"负且乘"以为别章，义无所取也。虞翻分为十一章，合"大衍之数"并"知变化之道"，共为一章，案"大衍"一章，总明揲蓍策数，及十有八变之事，首尾相连。其"知变化之道"已下，别明"知神"及"唯几"之事，全与"大衍"章义不类，何得合为一章？今从先儒以十二章为定。

天尊地卑，乾坤定矣。注云：乾坤其易之门户，先明天尊地卑，以定乾坤之体。**卑高以陈，贵贱位矣。**注云：天尊地卑之义既列，则涉乎万物，贵贱之位明矣。**动静有常，刚柔断矣。**注云：刚动而柔止也。动止得其常体，则刚柔之分著矣。**方以类聚，物以群分，吉凶生矣。**注云：方有类，物有群，则有同有异，有聚有分也。顺其所同，则吉；乖其所趣，则凶，故吉凶生矣。**在天成象，在地成形，变化见矣。**注云：象况日月星辰，形况山川草木也。悬象运转以成昏明，山泽通气而云行雨施，故变化见矣。**是故刚柔相摩，**注云：相切摩也，言阴阳之交感也。**八卦相荡。**注云：相推荡也，言运化之推移。**鼓之以雷霆，润之以风雨。日月运行，一寒一暑。乾道成男，坤道成女。乾知大始，坤作成物。乾以易知，坤以简能。**注云：天地之道，不为而善始，不劳而善成，故曰易简。**易则易知，简则易从。易知则有亲，易从则有功。**注云：顺万物之情，故曰有亲。通天下之志，故曰有功。**有亲则可久，有功则可大。**注云：有易简之德，则能成可久可大之功。**可久则贤人之德，可大则贤人之业。**注云：天地易简，万物各载其形。圣人不为，群方各遂其业。德业既成，则入于形器，故以贤人目其德业。**易简而天下之理得矣。**注云：天下之理，莫不由于易简而各得顺其分位也。天下之理得，而成位乎其中矣。注云：成位至立象也。极易简则能通天下之理，通天下之理，故能成象，并乎天地言其中，则并明天地也。

疏正义曰：此第一章，明天尊地卑，及贵贱之位，刚柔动静寒暑往来，广明乾坤简易之德。圣人法之，能见天下之理。“天尊地卑，乾坤定矣”者，天以刚阳而尊，地以柔阴而卑，则乾坤之体安定矣。乾健与天阳同，坤顺与地阴同，故得乾坤定矣。若天不刚阳，地不柔阴，是乾坤之体不得定也。此经明天地之德也。“卑高以陈，贵贱位矣”者，卑，谓地体卑下；高，谓天体高上。卑高既以陈列，则物之贵贱，得其位矣。若卑不处卑，谓地在上，高不处高，谓天在下。上下既乱，则万物贵贱则不得其位矣。此经明天地之体，此虽明天地之体，亦涉乎万物之形。此“贵贱”总兼万物，不唯天地而已，先云“卑”者，使文尔。案前经云“天尊地卑”，“天地”别陈。此“卑高以陈”，不更别陈。总云“卑高”者，上文详，于此略也。“动静有常，刚柔断矣”者，天阳为动，地阴为静，各有常度，则刚柔断定矣。动而有常则成刚，静而有常则成柔，所以刚柔可断定矣。若动而无常，则刚道不成；静而无常，则柔道不立。是刚柔杂乱，动静无常，则刚柔不可断定也。此经论天地之性也。此虽天地动静，亦总兼万物也。万物禀于阳气多而为动也，禀于阴气多而为静也。“方以类聚，物以群分，吉凶生矣”者，方，谓法术性行，以类共聚，固方者则同聚也。物，谓物色群党，共在一处，而与他物相分别。若顺其所同，则吉也；若乖其所趣，则凶也，故曰“吉凶生矣”。此经虽因天地之性，亦广包万物之情也。“在天成象，在地成形，变化见矣”者，“象”谓悬象，日月星辰也。“形”谓山川草木也。悬象运转而成昏明，山泽通气而云行雨施，故变化是也。“是故刚柔相摩”者，以变化形见，即阳极变为阴，阴极变为阳，阳刚而阴柔，故刚柔共相切摩，更递变化也。“是故刚柔相摩”者，刚则阳爻也。柔则阴爻也。刚柔两体，是阴阳二爻，相杂而成八卦，递相推荡。若十一月一阳生而推去一阴，五月一阴生而推去一阳。虽诸卦递相推移，本从八卦而来，故云“八卦相荡也”。“鼓之以雷霆，润之以风雨，日月运行，一寒一暑”者，重明上经“变化见矣”及“刚柔相摩，八卦相荡”之事。八卦既相推荡，各有功之所用也。又鼓动之以震雷离电，滋润之以巽风坎雨，或离日坎月，运动而行，一节为寒，一节为暑，直云震、巽、离、坎，不云乾、坤、艮、兑者，乾、坤上下备言，艮、兑非鼓动运行之物，故不言之，其实亦一焉。雷电风雨，亦出山泽也。“乾道成男，坤道成女”者，道谓自然而生，故乾得自然而为男，坤得自然而成女。必云成者有故，以乾因阴而得成男，坤因阳而得成女，故云成也。“乾知太始”者，以乾是天阳之气，万物皆始在于气，故云知其大始也。“坤作成物”者，坤是地阴之形，坤能造作以成物也。初始无形，未有营作，故但云知也。已成之物，事可营为，故云作也。“乾以易知”者，易谓易略，无所造为，以此为知，故曰“乾以易知”也。“坤以简能”者，简谓简省凝静，不须繁劳，以此为能，故曰“坤以简能”也。若于物艰难，则不可以知，故以易而得知也。若于事繁劳，则不可能也。必简省而后可能也。“易则易知”者，此覆说上“乾以易知”也。乾德既能说易，若求而行之，则易可知也。“简则易从”者，覆说上“坤以简能”也。于事简省，若求而行之，则易可从也。上“乾以易知，坤以简能”，论乾坤之体性也。“易则易知，简则易从”者，此论乾坤既有此性，人则易可仿效也。“易知则有亲”者，性意易知，心无险难，则相和亲，故云“易知则有亲”也。“易从则有功”者，于事易从，不有繁劳，其功易就，故曰“易从则有功”。此二句，论圣人法此乾坤易简，则有所益也。“有亲则可久”者，物既和亲，无相残害，故可久也。“有功则可大”者，事业有功，则积渐可大。此二句，论人法乾坤，久而益大。“可久则贤人之德”者，使物长久，是贤人之德，能养万物，故云“可久则贤人之德”也。“可大则贤人之业”者，功劳既大，则是贤人事业。行天地之道，总天地之功，唯圣人能。然今云贤人者，圣人则隐迹藏用，事在无境。今云“可久”“可大”，则是离无入有，贤人则事在有境。故“可久”“可大”，以贤人目之也。“易简而天下之理得矣”者，此则赞明圣人能行天地易简之化，则天下万事之理，并得其宜矣。“天下之理得，而成位乎其中矣”者，成位况立象，言圣人极易简之善，则能通天下之理，故能成立卦象于天地之中，言并天地也。

注"乾坤其易"至"之体"

疏正义曰:云"先明天尊地卑,以定乾坤之体"者,易含万象,天地最大。若天尊地卑,各得其所,则乾坤之义得定矣。若天之不尊,降在滞溺;地之不卑,进在刚盛,则乾坤之体,何由定矣?案乾坤是天地之用,非天地之体,今云乾坤之体者,是所用之体,乾以健为体,坤以顺为体,故云"乾坤之体"。

注"天尊地卑"至"明矣"

疏正义曰:"天尊地卑之义既列",解经"卑高以陈"也。云"则涉乎万物贵贱之位明矣",解经"贵贱位矣"。上经既云"天尊地卑",此经又云"贵贱"者,则贵非唯天地,是兼万物之贵贱。

注"方有类"至"生矣"

疏正义曰:云"方有类"者,方,谓法术情性趣舍,故《春秋》云"教子以义方",注云:"方,道也。"是方谓性行法术也。言方虽以类而聚,亦有非类而聚者。若阴之所求者阳,阳之所求者阴,是非类聚也。若以人比禽兽,即是非类,虽男女不同,俱是人例,亦是以类聚也。故云"顺所同则吉,乖所趣则凶"。

注"天地之道"至"易简"

疏正义曰:云"天地之道,不为而善始"者,释经之"乾以易知"。"不劳而善成"者,释经"坤以简能"也。案经乾易坤简,各自别言,而注合云天地者,若以坤对乾,乾为易也,坤为简也。经之所云者是也。若据乾坤相合皆无为,自然养物之始也,是自然成物之终也。是乾亦有简,坤亦有易,故注合而言之也。用使圣人俱行易简,法无为之化。

注"天地易简"至"其德业"

疏正义曰:云"圣人不为,群方各遂其业"者,圣人显仁藏用,唯见生养之功,不见其何以生养,犹若日月见其照临之力,不知何以照临,是圣人用无为以及天下,是圣人不为也。云"德业既成,则入于形器"者,初行德业未成之时,不见其所为,是在于虚无。若德业既成,复被于物,在于有境,是入于形器也。贤人之分,则见其所为,见其成功始末,皆有德之与业,是所有形器,故以贤人目其德业。然则本其虚无玄象谓之圣,据其成功事业谓之贤也。

注"天下之理"至"分位"

疏正义曰:云"天下之理,莫不由于易简而各得顺其分位"者,若能行说易简静,任物自生,则物得其性矣。故《列子》云:"不生而物自生,不化而物自化。"若不行易简,法令兹章,则物失其性也。《老子》云:"水至清则无鱼,人至察则无徒"。又《庄子》云:"马翦剔羁绊,所伤多矣。"是天下之理未得也。

圣人设卦观象，注云：此总言也。**系辞焉而明吉凶，刚柔相推而生变化。**注云：系辞所以明吉凶，刚柔相推所以明变化也。吉凶者，存乎人事也。变化者，存乎运行也。**是故吉凶者，失得之象也。**注云：由有失得，故吉凶生。**悔吝者，忧虞之象也。**注云：失得之微者，足以致忧虞而已，故曰悔吝。**变化者，进退之象也。**注云：往复相推，叠进退也。**刚柔者，昼夜之象也。**注云：昼则阳刚，夜则阴柔，始总言吉凶变化，而下别明悔吝、昼夜者，悔吝则吉凶之类，昼夜亦变化之道，吉凶之类，则同因系辞而明；变化之道，则俱由刚柔而著，故始总言之，下则明失得之轻重，辨变化之小大，故别序其义也。**六爻之动，三极之道也。**注云：三极，三材也。兼三材之道，故能见吉凶，成变化也。**是故君子所居而安者，易之序也。**注云：序，易象之次序。**所乐而玩者，爻之辞也。是故君子居则观其象而玩其辞，动则观其变而玩其占。是以自天佑之，吉无不利。**

疏正义曰：此第二章也。前章言天地成象成形，简易之德，明乾坤之大旨。此章明圣人设卦观象，爻辞吉凶，悔吝之细别。“圣人设卦观象”者，谓圣人设画其卦之时，莫不瞻观物象，法其物象，然后设之，卦象则有吉有凶，故下文云“吉凶者，失得之象也。悔吝者，忧虞之象。变化者，进退之象。刚柔者，昼夜之象”。是施设其卦，有此诸象也。“系辞焉而明吉凶”者，卦象爻象，有吉有凶。若不系辞，其理未显。故系属吉凶之文辞于卦爻之下，而显明此卦爻吉凶也。案吉凶之外，犹有悔吝忧虞，直云而明吉凶者，悔吝忧虞，是凶中之小，别举吉凶，则包之可知也。“刚柔相推而生变化”者，八纯之卦，卦之与爻，其象既定，变化犹少；若刚柔二气相推，阴爻阳爻交变，分为六十四卦，有三百八十四爻，委曲变化，事非一体，是“而生变化”也。系辞而明吉凶，明系辞之意；刚柔相推而生变化，明其推引而生杂卦之意也。“是故吉凶者，失得之象”者，此下四句经，总明诸象不同之事，辞之吉者是得之象；辞之凶者是失之象，故曰“吉凶者，是失得之象也”。初时于事有失有得，积渐成著，乃为吉凶也。然《易》之诸卦及爻不言吉凶者，义有数等。或吉凶据文可知，不须明言吉凶者。若乾“元亨利贞”及“九五，飞龙在天，利见大人”之属，寻文考义，是吉可知，故不须云吉也。若其剥“不利有攸往”，离之九四“突如其来如，焚如，死如，弃如”之属，据其文辞，其凶可见，故不言凶也。亦有爻处吉凶之际，吉凶未定，行善则吉，行恶则凶。是吉凶未定，亦不言吉凶，若乾之九三“君子终日乾乾，夕惕若，厉无咎”，若屯之六二“屯如邅如，乘马班如，匪寇，婚媾，女子贞不字，十年乃字”，是吉凶未定，亦不言吉凶也。又诸称无咎者，若不有善应则有咎，若有善应则无咎，此亦不定言吉凶也。诸称吉凶者，皆嫌其吉凶不明，故言吉凶以正之，若坤之六五“黄裳元吉”，以阴居尊位，嫌其不吉，故言吉以明之。推此余可知也。亦有于事无嫌，吉凶灼然可知，而更明言吉凶者，若剥之初六"剥床以足，蔑贞凶"、六二"剥床以辨，蔑贞凶"者，此皆凶状灼然，而言凶也。或有一卦之内，或一爻之中，得失相形，须言吉凶。若大过九三"栋桡凶"、九四"栋隆吉"，是一卦相形也；屯卦九五"屯其膏，小贞吉，大贞凶"，是一爻相形也。亦有一事相形，终始有异。若讼卦"有孚窒惕，中吉，终凶"之类是也。大略如此。原夫《易》之为书，曲明万象，苟在释辞，明其意，达其理，不可以一爻为例，义有变通也。"悔吝者，忧虞之象"者，经称悔吝者，是得失微小，初时忧念虞度之形象也。以忧虞不已，未是大凶，终致悔吝。悔者，其事已过，意有追悔之也。吝者，当事之时，可轻鄙耻，故云吝也。吝既是小凶，则《易》之为书亦有小吉，则无咎之属善补过是也。此亦小吉，而不言者，下经备陈之也，故于此不言。其余元亨利贞，则是吉象之境，有四德别言，故于此不言也。其以祉有庆有福之属，各于爻卦别言，故不在此而说。且《易》者戒人为恶，故于恶事备言也。"变化者，进退之象也"者，万物之象，皆有阴阳之爻，或从始而上进，或居终而倒退，以其往复相推，或渐变而顿化，故云"进退之象也"。"刚柔者，昼夜之象也"者，昼则阳日照临，万物生而坚刚，是昼之象也。夜则阴润浸被，万物而皆柔弱，是夜之象也。"六爻之动，三极之道也"者，此覆明变化进退之义，言六爻递相推动而生变化，是天地人三才至极之道，以其事兼三才，故能见吉凶而成变化也。"是故君子所居而安者，易之序也"者，以其在上，吉凶显其得失，变化明其进退，以此之故，君子观象知其所处，故可居治之位，而安静居之，是易位之次序也。若居在乾之初九，而安在勿用，若居在乾之九三，而安在乾乾，是以所居而安者，由观易之位次序也。"所乐而玩者，爻之辞也"者，言君子爱乐而习玩者，是六爻之辞也。辞有吉凶悔吝，见善则思齐其事，见恶则惧而自改，所以爱乐而耽玩也。卦之与爻，皆有其辞，但爻有变化，取象既多，以知得失。故君子尤所爱乐，所以特云"爻之辞"也。"是故君子居则观其象而玩其辞"者，以易象则明其善恶，辞则示其吉凶，故君子自居处其身，观看其象，以知身之善恶，而习玩其辞，以晓事之吉凶。"动则观其变而玩其占"者，言君子出行兴动之时，则观其爻之变化，而习玩其占之吉凶。若乾之九四"或跃在渊"，是动则观其变也。《春秋传》云："先王卜征五年。"又云："卜以决疑。"是动玩其占也。"是以自天佑之，吉无不利"者，君子既能奉遵易象，以居处其身，无有凶害，是以从天已下，悉皆佑之，吉无不利。此大有上九爻辞。

注"此总言也"

疏正义曰：此设卦观象，总为下而言，故云"此总言也"。

注"昼则阳刚"至"其义"

疏正义曰：云“始总言吉凶变化”者，谓上文云“系辞焉而明吉凶，刚柔相推而生变化”，是始总言吉凶变化也。云“而下别明悔吝昼夜”者，谓次文云“悔吝者，忧虞之象”，“刚柔者，昼夜之象”，是别明悔吝昼夜也。言“悔吝则吉凶之类”者，案上文系辞而明吉凶，次又别序云：“吉凶者，失得之象。”“悔吝者，忧虞之象。”是吉凶之外，别生悔吝，是悔吝亦吉凶之类。大略总言吉凶，是细别之，吉凶之外，别有悔吝也，故云“悔吝则吉凶之类”。云“昼夜亦变化之道”者，案上文云“刚柔相推而生变化”，次文别云“变化者，进退之象”，“刚柔者，昼夜之象”，变化之外，别云昼夜，总言之则变化昼夜是一，分之则变化昼夜是殊，故云“昼夜亦变化之道”也。云“吉凶之类，则同因系辞而明”者，案上文云“系辞焉而明吉凶”，次文别序云“吉凶”“悔吝”，两事同因上系辞而明之也，故云“吉凶之类，则同因系辞而明”也。云“变化之道，则俱由刚柔而著”者，上文“刚柔相推而生变化”，次文别序云：“变化者，进退之象。刚柔者，昼夜之象。”上文则变化刚柔合为一，次文则别序变化刚柔分为二。合之则同，分之则异，是变化从刚柔而生，故云“变化之道，俱由刚柔而著”也。云“故始总言之”也。上文“系辞焉而明吉凶”，不云悔吝，是总言之也。又上文“刚柔相推而生变化”，不云昼夜，是总变化言之也。云“下则明失得之轻重，辨变化之小大，故别序其义”者，案次文别序云“吉凶者，失得之象”是失得重也；“悔吝者，忧虞之象”，是失得轻也。又次经云“变化者，进退之象”，是变化大也；“刚柔者，昼夜之象”，是变化小也。两事并言，失得别明轻重，变化别明小大，是别序其义。

彖者，言乎象者也。注云：彖总一卦之义也。**爻者，言乎变者也。**注云：爻各言其变也。**吉凶者，言乎其失得也。悔吝者，言乎其小疵也。无咎者，善补过也。是故列贵贱者存乎位，**注云：爻之所处曰位，六位有贵贱也。**齐小大者存乎卦，**注云：卦有小大也，齐犹言辨也，即彖者言乎象也。**辩吉凶者存乎辞，**注云：辞，爻辞也，即“爻者言乎变”也。言象所以明小大，言变所以明吉凶。故小大之义存乎卦，吉凶之状见乎爻。至于悔吝无咎，其例一也。吉凶悔吝小疵无咎，皆主乎变，事有小大，故下历言五者之差也。**忧悔吝者存乎介，**注云：介，纤介也。王弼曰：忧悔吝之时，其介不可慢也。即“悔吝者言乎小疵也”。**震无咎者存乎无悔。**注云：无咎者，善补过也。震，动也。故动而无咎，存乎无悔过也。**是故卦有小大，辞有险易。**注云：其道光明曰大，君子道消曰小；之泰则其辞易，之否则其辞险。**辞也者，各指其所之。《易》与天地准，**注云：作《易》以准天地。**故能弥纶天地之道，仰以观于天文，俯以察于地理，是故知幽明之故。原始反终，故知死生之说。**注云：幽明者，有形无形之象。死生者，终始之数也。

疏正义曰：此第三章也。上章明吉凶悔吝系辞之义，而细意未尽，故此章更委曲说卦爻吉凶之事。是以义理深奥，能弥纶天地之道，仰观俯察，知死生之说。"彖者，言乎象者也"，《彖》谓卦下之辞，言说乎一卦之象也。"爻者，言乎变者也"，谓爻下之辞，言说此爻之象改变也。"吉凶者，言乎其失得也"者，谓爻卦下辞也。著其吉凶者，言论其卦爻失之与得之义也。前章言据其卦爻之象，故云"吉凶者，失得之象"。此章据其卦爻之辞，故云"吉凶者，言乎其失得"也。"悔吝者，言乎其小疵也"者，辞著悔吝者，言说此卦爻有小疵病也。有小疵病，必预有忧虞，故前章云："悔吝者，忧虞之象。"但前章据其象，此章论其辞也。"无咎者，善补过也"者，辞称无咎者，即此卦爻能补其过。若不能补过，则有咎也。案《略例》：无咎有二：一者善能补过，故无咎；二者其祸自己招，无所怨咎。故节之六三："不节之嗟，又谁咎也?"但如此者少，此据多者言之，故云"善补过也"。前章举其大略，故不细言无咎之事，此章备论也。"是故列贵贱者存乎位"者，以爻者言乎变，以此之故，陈列物之贵贱者在存乎六爻之位，皆上贵而下贱也。"齐小大者存乎卦"者，以彖者言乎象，象有小大，故齐辨物之小大者存乎卦也。犹若泰则"小往大来，吉亨"，否则"大往小来"之类是也。"辩吉凶者存乎辞"者，谓辩明卦之与爻之吉凶，存乎卦爻下之言辞是也。"忧悔吝者存乎介"者，介谓纤介，谓小小疵病。能预忧虞悔吝者，存于细小之疵病也。"震无咎者存乎无悔"者，震，动也。动而无咎者，存乎能自悔过也。"是故卦有小大，辞有险易"者，其道光明谓之大，其道消散谓之小。若之适通泰，其辞则说易，若之适否塞，其辞则难险也。"辞也者，各指其所之"者，谓爻卦之辞，各斥其爻卦之之适也。若之适于善，则其辞善。若之适于恶，则其辞恶也。"《易》与天地准"者，自此已上，论卦爻辞理之义；自此已下，广明《易》道之美。言圣人作《易》，与天地相准。谓准拟天地，则乾健以法天，坤顺以法地之类是也。"故能弥纶天地之道"者，以《易》与天地相准，为此之故，圣人用易，能弥纶天地之道，弥谓弥缝补合，纶谓经纶牵引，能补合牵引天地之道，用此易道也。"仰以观于天文，俯以察于地理"者，天有悬象而成文章，故称文也。地有山川原隰，各有条理，故称理也。"是故知幽明之故"者，故谓事也。故以用易道，仰观俯察，知无形之幽，有形之明，义理事故也。"原始反终，故知生死之说"者，言用易理，原穷事物之初始，反复事物之终末，始终吉凶，皆悉包罗，以此之故，知死生之数也。正谓用易道参其逆顺，则祸福可知；用蓍策求其吉凶，则死生可识也。

注"辞，爻辞也"至"之差也"

疏正义曰：云"辞，爻辞也"者，其实卦之与爻，皆有其辞。知是爻辞者，但卦辞变化少，爻辞变化多，此经"辩吉凶者存乎辞"，与"齐小大者存乎卦"，二文相对，上既云卦，故此辞为爻辞也。云“言象所以明小大”者，即“齐小大者存乎卦”是也。云“言变化所以明吉凶”者，则“辩吉凶者存乎辞”是也。云“故小大之义存乎卦”者，覆说“言象所以明小大”也。云“吉凶之状见乎爻”者，覆说“言变所以明吉凶”也。云“悔吝无咎，其例一也”者，谓悔吝无咎，体例与吉凶一也，皆是存乎辞。云“悔吝小疵无咎，皆生乎变”者，谓皆生于爻也。言乎变者，谓皆从爻变而来。云“事有小大”者，大则为吉凶，小则为悔吝无咎也。云“故下历言五者之差”者，谓于吉凶下历次言五者之差别，数五者，谓吉一，凶二，悔三，吝四，无咎五。“然诸儒以为五者，皆数列贵贱者存乎位”，是其一也。“齐小大者存乎卦”，是其二也。“辩吉凶者存乎辞”，是其三也。“忧悔吝者存乎介”，是其四也。“震无咎者存乎无悔”，是其五也。于经数之为便，但于注理则乖，今并存焉，任后贤所释。

精气为物，游魂为变，注云：精气烟熅，聚而成物。聚极则散，而游魂为变也。游魂，言其游散也。**是故知鬼神之情状。**注云：尽聚散之理，则能知变化之道，无幽而不通也。**与天地相似，故不违。**注云：德合天地，故曰相似。**知周乎万物，而道济天下，故不过。**注云：知周万物，则能以道济天下也。**旁行而不流，**注云：应变旁通，而不流淫也。**乐天知命，故不忧。**注云：顺天之化，故曰乐也。**安土敦乎仁，故能爱。**注云：安土敦仁者，万物之情也。物顺其情，则仁功赡矣。**范围天地之化而不过。**注云：范围者，拟范天地，而周备其理也。**曲成万物而不遗。**注云：曲成者，乘变以应物，不系一方者也，则物宜得矣。**通乎昼夜之道而知。**注云：通幽明之故，则无不知也。**故神无方，而易无体。**注云：自此已上，皆言神之所为也。方、体者，皆系于形器者也。神则阴阳不测，易则唯变所适，不可以一方、一体明。**一阴一阳之谓道，**注云：道者何？无之称也，无不通也，无不由也，况之曰道。寂然天体，不可为象，必有之用极，而无之功显，故至乎“神无方，而易无体”，而道可见矣。故穷变以尽神，因神以明道，阴阳虽殊，无一以待之。在阴为无阴，阴以之生；在阳为无阳，阳以之成，故曰“一阴一阳”也。**继之者善也，成之者性也。仁者见之谓之仁，知者见之谓之知，**注云：仁者资道以见其仁，知者资道以见其知，各尽其分。**百姓日用而不知，故君子之道鲜矣。**注云：君子体道以为用也。仁知则滞于所见，百姓则日用而不知。体斯道者，不亦鲜矣？故“常无欲，以观其妙”，始可以语至而言极也。

疏正义曰：此第四章也。上章明卦爻之义，其事类稍尽，但卦爻未明鬼神情状。此章说物之改变而为鬼神，易能通鬼神之变化，故于此章明之。云：“精气为物”者，谓阴阳精灵之气，氤氲积聚而为万物也。“游魂为变”者，物既积聚,极则分散,将散之时,浮游精魂,去离物形,而为改变,则生变为死,成变为败,或未死之间,变为异类也。"是故知鬼神之情状"者,能穷易理,尽生死变化,以此之故,能知鬼神之内外情状也。物既以聚而生,以散而死,皆是鬼神所为,但极聚散之理,则知鬼神之情状也。言圣人以易之理而能然也。"与天地相似,故不违"者,天地能知鬼神,任其变化。圣人亦穷神尽性,能知鬼神,是与天地相似,所为所作,故不违于天地,能与天地合也。"知周乎万物,而道济天下"者,圣人无物不知,是知周于万物。天下皆养,是道济天下也。"故不过"者,所为皆得其宜,不有愆过,使物失分也。"旁行而不流"者,言圣人之德,应变旁行,无不被及,而不有流移淫过。若不应变化,非理而动,则为流淫也。"乐天知命,故不忧"者,顺天施化,是欢乐于天;识物始终,是自知性命。顺天道之常数,知性命之始终,任自然之理,故不忧也。"安土敦乎仁,故能爱"者,言万物之性,皆欲安静于土,敦厚于仁。圣人能行此安土敦仁之化,故能爱养万物也。"范围天地之化而不过"者,范谓模范,围谓周围,言圣人所为所作,模范周围天地之化养,言法则天地以施其化,而不有过失违天地者也。"曲成万物而不遗"者,言圣人随变而应,屈曲委细,成就万物,而不有遗弃细小而不成也。"通乎昼夜之道而知"者,言圣人通晓于昼夜之道,昼则明也,夜则幽也,言通晓于幽明之道,而无事不知也。自此已上,皆神之所为,圣人能极神之幽隐之德也。"故神无方,而易无体"者,神则寂然虚无,阴阳深远,不可求难,是无一方可明也。易则随物改变,应变而往,无一体可定也。"一阴一阳之谓道"者,一谓无也,无阴无阳,乃谓之道。一得为无者,无是虚无,虚无是大虚,不可分别,唯一而已,故以一为无也。若其有境,则彼此相形,有二有不得为一。故在阴之时,而不见为阴之功;在阳之时,而不见为阳之力,自然而有阴阳,自然无所营为,此则道之谓也。故以言之为道,以数言之谓之一,以体言之谓之无,以物得开通谓之道,以微妙不测谓之神,以应机变化谓之易,总而言之,皆虚无之谓也。圣人以人事名之,随其义理,立其称号。"继之者善也"者,道是生物开通,善是顺理养物,故继道之功者,唯善行也。"成之者性也"者,若能成就此道者,是人之本性。若性仁者成就此道为仁性,知者成就此道为知也。故云"仁者见之谓之仁,知者见之谓之知"。是仁之与知,皆资道而得成仁知也。"百姓日用而不知"者,言万方百姓,恒日日赖用此道而得生,而不知道之功力也。言道冥昧不以功为功,故百姓日用而不能知也。"故君子之道鲜矣"者,君子谓圣人也。仁知则各滞于所见,百姓则日用不知,明体道君子,不亦少乎?

注"尽聚散之理"至"不通"

疏正义曰:案下云"神无方",韩氏云自此已上皆言神之所为。则此经"情状"是虚地之神。圣人极虚无之神,如变化之道,幽冥悉通,故能知鬼神之情状。

注"自此已上"至"体明"

疏正义曰：自此已上，皆言神之所为者，谓从"神无方"已上，至"精气为物"已下，经之所云，皆言神所施为。神者，微妙玄通，不可测量，故能知鬼神之情状，与天地相似。知周万物，乐天知命，安土敦仁，范围天地，曲成万物，通乎昼夜，此皆神之功用也。作《易》者因自然之神以垂教，欲使圣人用此神道以被天下，虽是神之所为，亦是圣人所为。云"方体者，皆系于形器"者，方是处所之名，体是形质之称。凡处所形质，非是虚无，皆系著于器物，故云"皆系于形器"也。云"神则阴阳不测"者，即幽微不可测度，不可测，则何有处所？是"神无方"也。云"易则唯变所适"者，既是变易，唯变之适，不有定往，何可有体？是"易无体"也。云"不可以一方一体明"者，解"无方""无体"也。凡"无方""无体"，各有二义：一者神则不见其处所云为，是无方也；二则周游运动，不常在一处，亦是无方也。无体者，一是自然而变，而不知变之所由，是无形体也；二则随变而往，无定在一体，亦是无体也。

注"道者何"至"一阳也"

疏正义曰：云"道者何？无之称"者，此韩氏自问其道而释之也。道是虚无之称，以虚无能开通于物，故称之曰道。云"无不通，无不由"者，若处于有，有则为物碍难，不可当通。道既虚无为体，则不为碍难，故曰"无不通"也。"无不由"者，言万物皆因之而通，由之而有。云"况之曰道"者，比况道路以为称也。"寂然无体，不可为象"者，谓寂然幽静而无体，不可以形象求，是不可为象。至如天覆地载，日照月临，冬寒夏暑，春生秋杀，万物运动，皆由道而然，岂见其所营，知其所为？是"寂然无体，不可为象"也。云"必有之用，极而无之功显"者，犹若风雨是有之所用，当用之时，以无为心，风雨既极之后，万物赖此风雨而得生育，是生育之功，由风雨无心而成。是"有之用极，而无之功显"，是神之发作动用，以生万物，其功成就，乃在于无形。应机变化，虽有功用，本其用之所以，亦在于无也。故至乎"神无方，而《易》无体"，自然无为之道，可显见矣。当其有用之时，道未见也。云"故穷变以尽神"者，神则杳然不测，千变万化。圣人则穷此千变万化，以尽神之妙理，故云穷变化以尽神。云"因神以明道"者，谓尽神之理，唯在虚无，因此虚无之神，以明道之所在，道亦虚无，故云"因神以明道"也。"阴阳虽殊，无一以待之"者，言阴之与阳，虽有两气，恒用虚无之一，以拟待之。言在阳之时，亦以为虚无，无此阳也。在阴之时，亦以为虚无，无此阴也。云"在阴为无阴，阴以之生"者，谓道虽在于阴，而无于阴，言道所生皆无阴也。虽无于阴，阴终由道而生，故言"阴以之生"也。"在阳为无阳，阳以之成"者，谓道虽在阳，阳中必无道也。虽无于阳，阳必由道而成，故言"阳以成之"也。道虽无于阴阳，然亦不离于阴阳，阴阳虽由道成，即阴阳亦非道，故曰“一阴一阳”也。

注“君子体道”至“极也”

疏正义曰：“君子体道以为用”者，谓圣人为君子，体履于至道，法道而施政，则《老子》云“为而不宰，功成不居”是也。云“仁知则滞于所见”者，言仁知虽贤犹有偏，见仁者观道谓道为仁，知者观道谓道为知，不能遍晓，是滞于所见也。是道既以无为用，若以仁以知，则滞所见也。至于百姓，但日用通生之道，又不知通生由道而来，故云“百姓日用而不知”也。云“体斯道者，不亦鲜矣”者，是圣人君子独能悟道，故云“不亦鲜矣”。云“故常无欲以观其妙”者，引《老子·道经》之文，以结成此义。“无欲”谓无心，若能寂然无心无欲，观其道之妙趣，谓不为所为，得道之妙理也。云“始可以语至而言极也”者，若能无欲观此道之妙理，无事无为，如此，可以语说其至理，而言其极趣也。若不如此，不可语至而言极也。

显诸仁，藏诸用，注云：衣被万物，故曰“显诸仁”。日用而不知，故曰“藏诸用”。**鼓万物而不与圣人同忧，**注云：万物由之以化，故曰“鼓万物”也。圣人虽体道以为用，未能全无以为体，故顺通天下，则有经营之迹也。**盛德大业，至矣哉！**注云：夫物之所以通，事之所以理，莫不由乎道也。圣人功用之母，体同乎道，盛德大业，所以能至。**富有之谓大业，**注云：广大悉备，故曰“富有”。**日新之谓盛德。**注云：体化合变，故曰“日新”。**生生之谓易，**注云：阴阳转易，以成化生。**成象之谓乾，**注云：拟乾之象。**效法之谓坤，**注云：效坤之法。**极数知来之谓占，通变之谓事，**注云：物穷则变，变而通之，事之所由生也。**阴阳不测之谓神。**注云：神也者，变化之极，妙万物而为言，不可以形诘者也，故曰“阴阳不测”。尝试论之曰：原夫两仪之运，万物之动，岂有使之然哉！莫不独化于大虚，欻尔而自造矣。造之非我，理自玄应；化之无主，数自冥运，故不知所以然，而况之神。是以明两仪以太极为始，言变化而称极乎神也。夫唯知天之所为者，穷理体化，坐忘遗照。至虚而善应，则以道为称。不思而玄览，则以神为名。盖资道而同乎道，由神而冥于神也。**夫易，广矣大矣，以言乎远则不御；**注云：穷幽极深，无所止也。**以言乎迩则静而正；**注云：则近而当。**以言乎天地之间，则备矣。夫乾，其静也专，其动也直，是以大生焉。**注云：专，专一也。直，刚正也。**夫坤，其静也翕，其动也辟，是以广生焉。**注云：翕，敛也。止则翕敛其气，动则关开以生物也。乾统天首物，为变化之元，通乎形外者也。坤则顺以承阳，功尽于已，用止乎形者也。故乾以专直言乎其材，坤以翕辟言乎其形。**广大配天地，变通配四时，阴阳之义配日月，易简之善配至德。**注云：《易》之所载配此四义。**子曰：“易其至矣乎？夫易，圣人所以崇德而广业也。**注云：穷理入神，其德崇也。兼济万物，其业广也。**知崇礼卑，**注云：知以崇为贵，礼以卑为用。**崇效天，卑法地。**注云：极知之崇，象天高而统物；备礼之用，象地广而载物也。**天地设位，而易行乎其中矣。**注云：天地者，易之门户，而易之为义，兼周万物，故曰"行乎其中矣"。**成性存存，道义之门。**注云：物之存成，由乎道义也。

疏正义曰：此第五章也。上章论神之所为，此章广明易道之大，与神功不异也。"显诸仁"者，言道之为体，显见仁功，衣被万物，是"显诸仁"也。"藏诸用"者，谓潜藏功用，不使物知，是"藏诸用"也。"鼓万物而不与圣人同忧"者，言道之功用，能鼓动万物，使之化育，故云"鼓万物"。圣人化物，不能全无以为体，犹有经营之忧；道则虚无为用，无事无为，不与圣人同用，有经营之忧也。"盛德大业，至矣哉"者，圣人为功用之母，体同于道，万物由之而通，众事以之而理，是圣人极盛之德，广大之业，至极矣哉！于行谓之德，于事谓之业。"富有之谓大业"者，自此已下，覆说"大业""盛德"，因广明易与乾坤，及其占之与事，并明神之体，以广大悉备，万事富有，所以谓之"大业"。"日新之谓盛德"者，圣人以能变通体化，合变其德，日日增新，是德之盛极，故谓之盛德也。"生生之谓易"者，生生，不绝之辞。阴阳变转，后生次于前生，是万物恒生，谓之易也。前后之生，变化改易。生必有死，易主劝戒，奖人为善，故云生不云死也。"成象之谓乾"者，谓画卦成乾之象，拟乾之健，故谓卦为乾也。"效法之谓坤"者，谓画卦效坤之法，拟坤之顺，故谓之坤也。"极数知来之谓占"者，谓穷极蓍策之数，豫知来事，占问吉凶，故云"谓之占"也。"通变之谓事"者，物之穷极，欲使开通，须知其变化，乃得通也。凡天下之事，穷则须变，万事乃生，故云"通变之谓事"。"阴阳不测之谓神"者，天下万物，皆由阴阳，或生或成，本其所由之理，不可测量之谓神也，故云"阴阳不测之谓神"。"夫易广矣，大矣"者，此赞明易理之大，易之变化，极于四远，是广矣，穷于上天，是大矣，故下云"广大配天地"也。"以言乎远则不御"者，御，止也。言乎易之变化，穷极幽深之远，则不有御止也。谓无所止息也。"以言乎迩则静而正"者，迩，近也。言易之变化，在于迩近之处，则宁静而得正。谓变化之道，于其近处，物各静而得正，不烦乱邪僻也。远尚不御，近则不御可知；近既静正，则远亦静正，互文也。"以言乎天地之间，则备矣"者，变通之道，遍满天地之内，是则备矣。"夫乾其静也专，其动也直，是以大生焉"者，上经既论易道资阴阳而成，故此经明乾，复兼明坤也。乾是纯阳，德能普备，无所偏主，唯专一而已。若气不发动，则静而专一，故云"其静也专"。若其运转，则四时不忒，寒暑无差，则而得正，故云"其动也直"。以其动静如此，故能大生焉。"夫坤，其静也翕，其动也辟，是以广生焉"者，此经明坤之德也。坤是阴柔，闭藏翕敛，故"其静也翕"；动则开生万物，故"其动也辟”。以其如此，故能广生于物焉。天体高远，故乾云“大生”；地体广博，故坤云“广生”。对则乾为物始，坤为物生，散则始亦为生，故总云生也。“广大配天地”者，此经申明易之德，以易道广大，配合天地，大以配天，广以配地。“变通配四时”者，四时变通，易理亦能变通，故云“变通配四时”也。“阴阳之义配日月，易简之善配至德”者，案初章论乾坤易简，可久可大，配至极微妙之德也。然《易》初章易为贤人之德，简为贤人之业，今总云“至德”者，对则德业别，散则业由德而来，俱为德也。“子曰：易其至矣乎”者，更美易之至极，是语之别端，故言“子曰”。“夫易，圣人所以崇德而广业”者，言易道至极，圣人用之，增崇其德，广大其业，故云“崇德而广业也”。“知崇礼卑”者，易兼知之与礼，故此明知礼之用。知者通利万物，象天阳无不覆，以崇为贵也。礼者卑敬于物象，地柔而在下，故以卑为用也。“崇效天，卑法地”者，知既崇高，故效天；礼以卑退，故法地也。“天地设位，而易行乎其中矣”者，天地陈设于位，谓知之与礼，而效法天地也。“而易行乎其中矣”者，变易之道，行乎知礼之中。言知礼与易而并行也。若以实象言之，天在上，地在下，是天地设位；天地之间，万物变化，是易行乎天地之中也。“成性存存，道义之门”者，此明易道既在天地之中，能成其万物之性，使物生不失其性，存其万物之存，使物得其存成也。性，谓禀其始也。存，谓保其终也。道，谓开通也。义，谓得其宜也。既能成性存存，则物之开通，物之得宜，从此易而来，故云“道义之门”，谓易与道义为门户也。

注“万物由之以化”至“之迹”

疏正义曰：云“圣人虽体道以为用”者，言圣人不能无忧之事。道则无心无迹，圣人则亦无心有迹，圣人能体附于道，其迹以有为用。云“未能全无以为体”者，道则心迹俱无，是其全无以为体；圣人则无心有迹，是迹有而心无，是不能全无以为体。云“故顺通天下，则有经营之迹”者，言圣人顺通天下之理，内则虽是无心，外则有经营之迹，则有忧也。道则心迹俱无，无忧无患，故云“不与圣人同忧”也。

注“神也者”至“于神矣”

疏正义曰：云“神也者，变化之极”者，言神之施为，自将变化之极以为名也。云“妙万物而为言”者，妙谓微妙也。万物之体，有变象可寻，神则微妙于万物而为言也，谓不可寻求也。云“不可以形诘”者，杳寂不测，无形无体，不可以物之形容所求而穷语也。云“造之非我，理自玄应”者，此言神力也。我，谓宰主之名也。言物之造作，非由我之宰主所为，其造化之理，自然玄空相应，而自然造作也。云“是以明两仪以太极为始”者，言欲明两仪天地之体，必以太极虚无为初始，不知所以然，将何为始也？云“言变化而称极乎神”者，欲言论变化之理，不知涯际，唯“称极乎神”，神则不可知也。云“夫唯知天之所为者，穷理体化，坐忘遗照”者，言若能知天之所造为者，会能穷其物理，体其变化，静坐而忘其事，及遗弃所照之物，任其自然之理，不以他事系心，端然玄寂，如此者，乃能知天之所为也。言天之道亦如此也。“坐忘遗照”之言，事出《庄子·大宗师》篇也。云“至虚而善应，则以道为称”者，此解道之目也。言至极空虚而善应于物，则乃目之为道，故云“则以道为称”。云“不思而玄览，则以神为名”者，谓不可思量而玄远，览见者乃目之为神，故云“则以神为名”也。云“盖资道而同乎道”者，此谓圣人设教，资取乎道，行无为之化，积久而遂同于道，内外皆无也。云“由神而冥于神也”者，言圣人设教，法此神之不测，无体无方，以垂于教，久能积渐，而冥合于神，不可测也。此皆谓圣人初时虽法道法神以为无，体未能全无，但行之不已，遂至全无不测，故云“资道而同于道，由神而冥于神也”。

周易注疏卷第十一

圣人有以见天下之赜，而拟诸其形容，象其物宜，注云：乾刚坤柔，各有其体，故曰“拟诸形容”。**是故谓之象。圣人有以见天下之动，而观其会通，以行其典礼，**注云：典礼，适时之所用。**系辞焉以断其吉凶，是故谓之爻。言天下之至赜而不可恶也。言天下之至动而不可乱也。**注云：《易》之为书，不可远也。恶之则逆于顺，错之则乖于理。**拟之而后言，议之而后动，拟议以成其变化。**注云：拟议以动，则尽变化之道。**“鸣鹤在阴，其子和之；我有好爵，吾与尔靡之。”**注云：鹤鸣则子和，修诚则物应，我有好爵，与物散之，物亦以善应也。明拟议之道，继以斯义者，诚以吉凶失得存乎无所动。同乎道者，道亦得之；同乎失者，失亦违之。莫不以同相顺，以类相应。动之斯来，缓之斯至。鹤鸣于阴，气同则和。出言户庭，千里或应。出言犹然，况其大者乎？千里或应，况其迩者乎？故夫忧悔吝者，存乎纤介；定失得者，慎于枢机。是以君子拟议以动，慎其微也。**子曰：“君子居其室，出其言善，则千里之外应之，况其迩者乎；居其室，出其言不善，则千里之外违之，况其迩者乎。言出乎身，加乎民；行发乎迩，见乎远。言行，君子之枢机。**注云：枢机，制动之主。**枢机之发，荣辱之主也。言行，君子之所以动天地也，可不慎乎？”“同人先号咷而后笑”。子曰：“君子之道，或出或处，或默或语，二人同心，其利断金。”**注云：同人终获后笑者，以有同心之应也。夫所况同者，岂系乎一方哉！君子出处默语，不违其中，则其迹虽异，道同则应。**同心之言，其臭如兰。**

疏正义曰：此第六章也。上章既明易道变化，神理不测，圣人法之，所以配于天地，道义从易而生；此章又明圣人拟议易象，以赞成变化。又明人拟议之事，先慎其身，在于慎言语，同心行，动举措，守谦退，勿骄盈，保静密，勿贪非位，凡有七事。是行之于急者，故引七卦之议，以证成之。“圣人有以见天下之赜”者，赜谓幽深难见，圣人有其神妙，以能见天下深赜之至理也。“而拟诸其形容”者，以此深赜之理，拟度诸物形容也。见此刚理，则拟诸乾之形容；见此柔理，则拟诸坤之形容也。“象其物宜”者，圣人又法象其物之所宜。若象阳物，宜于刚也；若象阴物，宜于柔也，是各象其物之所宜。六十四卦，皆拟诸形容，象其物宜也。若泰卦比拟泰之形容，象其泰之物宜；若否卦则比拟否之形容，象其否之物宜也。举此而言，诸卦可知也。“是故谓之象”者，以是之故，谓之象也，谓六十四卦是也，故前章云卦者言乎象者也。此已上结成卦象之义也。“圣人有以见天下之动”者，谓圣人有其微妙，以见天下万物之动也。“而观其会通，以行其典礼”者，既知万物以此变动，观看其物之会合变通，当此会通之时，以施行其典法礼仪也。“系辞焉以断其吉凶”者，既观其会通而行其典礼，以定爻之通变，而有三百八十四爻。于此爻下系属文辞，以断定其吉凶。若会通典礼得则为吉，若会通典礼失则为凶也。“是故谓之爻”者，以是之故，议此会通之事而为爻也。夫爻者效也，效诸物之通变，故上章云“爻者，言乎变者也”。自此已上，结爻义也。“言天下之至赜，而不可恶也”者，此覆说前文“见天下之赜”，卦象义也。谓圣人于天下至赜之理，必重慎明之，不可鄙贱轻恶也。若鄙贱轻恶，不存意明之，则逆于顺道也。“言天下之至动，而不可乱”者，覆说上圣人“见天下之至动”，爻之义也。谓天下至赜变动之理，论说之时，明不可错乱也。若错乱，则乖违正理也。若以文势上下言之，宜云“至动而不可乱也”。“拟之而后言”者，覆说上“天下之至赜不可恶也”，圣人欲言之时，必拟度之而后言也。“议之而后动”者，覆说上“天下之至动不可乱也”，谓欲动之时，必议论之而后动也。“拟议以成其变化”者，言则先拟也，动则先议也，则能成尽其变化之道也。“鸣鹤在阴”者，上既明拟议而动，若拟议于善，则善来应之；若拟于恶，则恶亦随之。故引鸣鹤在阴，取同类相应以证之。此引中孚九二爻辞也。鸣鹤在幽阴之处，虽在幽阴而鸣，其子则在远而和之，以其同类相感召故也。“我有好爵”者，言我有美好之爵，而在我身。“吾与尔靡之”者，言我虽有好爵，不自独有，吾与汝外物共靡散之。谓我既有好爵，能靡散以施于物，物则有感我之恩，亦来归从于我。是善往则善者来，皆证明拟议之事。我拟议于善以及物，物亦以善而应我也。“子曰君子居其室”者，既引《易》辞，前语已绝，故言“子曰”。“况其迩者乎”者，出其言善远尚应之，则近应可知，故曰“况其迩者乎”。此证明拟议而动之事。言身有善恶，无问远近皆应之也。“言行，君子之枢机”者，枢谓户枢，机谓弩牙。言户枢之转，或明或闇；弩牙之发，或中或否，犹言行之动，从身而发，以及于物，或是或非也。“言行，君子之所以动天地”者，言行虽初在于身，其善恶积而不已，所感动天地，岂可不慎乎？“同人先号咷而后笑”者，证拟议而动，则同类相应。以同人初未和同，故先号咷；后得同类，故后笑也。“子曰君子之道”者，各引《易》之后，其文势已绝，故言“子曰”。“或出或处，或默或语”者，言同类相应，本在于心，不必共同一事。或此物而出，或彼物而处；或此物而默，或彼物而语，出处默语，其时虽异，其感应之事，其意则同，或处应于出，或默应于语。“二人同心，其利断金”者，二人若同齐其心，其纤利能断截于金。金是坚刚之物，能断而截之，盛言利之甚也。此谓二人心行同也。“同心之言，其臭如兰”者，言二人同齐其心，吐发言语，氤氲臭气，香馥如兰也。此谓二人言同也。

“初六：藉用白茅，无咎。”子曰：“苟错诸地而可矣，藉之用茅，何咎之有？慎之至也。夫茅之为物薄，而用可重也。慎斯术也以往，其无所失矣。”“劳谦，君子有终，吉。”子曰：“劳而不伐，有功而不德，厚之至也。语以其功下人者也。德言盛，礼言恭。谦也者，致恭以存其位者也。”“亢龙有悔。”子曰：“贵而无位，高而无民，贤人在下，位而无辅，是以动而有悔也。”“不出户庭，无咎。”子曰：“乱之所生也，则言语以为阶。”君不密则失臣，臣不密则失身，几事不密则害成。是以君子慎密而不出也。子曰：“作《易》者，其知盗乎？言盗亦乘衅而至也。《易》曰：‘负且乘，致寇至。’负也者，小人之事也。乘也者，君子之器也。小人而乘君子之器，盗思夺之矣。上慢下暴，盗思伐之矣。慢藏诲盗，冶容诲淫。《易》曰：‘负且乘，致寇至’，盗之招也。”

疏 正义曰：此第七章也。此章欲求外物来应，必须拟议谨慎，则外物来应之。故引“藉用白茅无咎”之事，以证谨慎之理。此“藉用白茅”，大过初六爻辞也。“子曰：苟错诸地而可矣”者，苟，且也；错，置也。凡荐献之物，且置于地，其理可矣。言今乃谨慎，荐藉此物而用洁白之茅，可置于地。“藉之用茅，何咎之有”者，何愆咎之有，是谨慎之至也。“劳谦君子有终吉”者，欲求外物来应，非唯谨慎，又须谦以下人。故引谦卦九三爻辞以证之也。“子曰：劳而不伐”者，以引卦之后，故言“子曰”。“劳而不伐”者，虽谦退疲劳，而不自伐其善也。“有功而不德，厚之至”者，虽有其功，而不自以为恩德，是笃厚之至极。“语以其功下人”者，言《易》之所言者，语说其谦卦九三，能以其有功卑下于人者也。“德言盛，礼言恭”者，谓德以盛为本，礼以恭为主：德贵盛新，礼尚恭敬，故曰“德言盛，礼言恭”。“谦也者，致恭以存其位”者，言谦退致其恭敬，以存其位者也。言由恭德，保其禄位也。“亢龙有悔”者，上既以谦德保位，此明无谦则有悔。故引乾之上九“亢龙有悔”，证骄亢不谦也。“不出户庭，无咎”者，又明拟议之道，非但谦而不骄，又当谨慎周密，故引节之初九周密之事以明之。“子曰：乱之所生，则言语以为阶”者，阶谓梯也。言乱之所生，则由言语以为乱之阶梯也。“君不密则失臣”者，臣既尽忠，不避危难，为君谋事，君不慎密乃彰露臣之所为，使在下闻之，众共嫉怒，害此臣而杀之，是失臣也。“臣不密则失身”者，言臣之言行，既有亏失，则失身也。“几事不密则害成”者，几谓几微之事，当须密慎，预防祸害。若其不密而漏泄，祸害交起，是害成也。“是以君子慎密而不出”者，于易言之，是身慎密不出户庭，于此义言之，亦谓不妄出言语也。“子曰：作《易》者，其知盗乎”者，此结上不密失身之事，事若不密，人则乘此机危而害之，犹若财之不密，盗则乘此机危而窃之。易者，爱恶相攻，远近相取，盛衰相变，若此爻有衅隙衰弱，则彼爻乘变而夺之。故云：“作《易》者，其知盗乎？”“《易》曰：负且乘，致寇至”者，此又明拟议之道，当量身而行，不可以小处大，以贱贪贵，故引解卦六三以明之也。“负也者，小人之事也”，负者，担负于物，合是小人所为也。“乘也者，君子之器”者，言乘车者，君子之器物。言君子合乘车。今应负之人而乘车，是小人乘君子之器也，则盗窃之人，思欲夺之矣。“上慢下暴，盗思伐之矣”者，小人居上位必骄慢，而在下必暴虐。为政如此，大盗思欲伐之矣。“慢藏诲盗，冶容诲淫”者，若慢藏财物，守掌不谨，则教诲于盗者，使来取此物；女子妖冶其容，身不精悫，是教诲淫者，使来淫己也。以此小人而居贵位，骄矜而不谨慎，而致寇至也。“易曰：‘负且乘，致寇至’，盗之招也”者，又引《易》之所云，是盗之招来也，言自招来于盗。以慎重其事，故首尾皆称“《易》曰”，而载《易》之爻辞也。

大衍之数五十，其用四十有九。注云：王弼曰：演天地之数，所赖者五十也。其用四十有九，则其一不用也。不用而用以之通，非数而数以之成，斯易之太极也。四十有九，数之极也。夫无不可以无明，必因于有，故常于有物之极，而必明其所由之宗也。**分而为二以象两，挂一以象三，揲之以四，以象四时，归奇于扐以象闰。五岁再闰，故再扐而后挂。**注云：奇，况四揲之余，不足复揲者也。分而为二，既揲之余，合挂于一，故曰“再扐而后挂”。凡闰，十九年七闰为一章，五岁再闰者二，故略举其凡也。**天数五。**注云：五，奇也。**地数五。**注云：五，耦也。**五位相得而各有合，**注云：天地之数各五，五数相配，以合成金、木、水、火、土。**天数二十有五，**注云：五奇合为二十五。**地数三十。**注云：五耦合为三十。**凡天地之数五十有五。此所以成变化而行鬼神也。**注云：变化以此成，鬼神以此行。**乾之策二百一十有六，**注云：阳爻六，一爻三十六策，六爻二百一十六策。**坤之策百四十有四，**注云：阴爻六，一爻二十四策，六爻百四十四策。**凡三百有六十，当期之日。二篇之策，万有一千五百二十，当万物之数也。**注云：二篇三百八十四爻，阴阳各半，合万一千五百二十策。**是故四营而成易，**注云：分而为二，以象两，一营也。挂一以象三，二营也。揲之以四，三营也。归奇于扐，四营也。**十有八变而成卦，八卦而小成。引而伸之。**注云：伸之六十四卦。**触类而长之，天下之能事毕矣。显道，**注云：显，明也。**神德行。**注云：由神以成其用。**是故可与酬**

酢,可与佑神矣。注云:可以应对万物之求助,成神化之功也。酬酢,犹应对也。

疏正义曰:此第八章,明占筮之法、揲蓍之体,显天地之数,定乾坤之策,以为六十四卦,而生三百八十四爻。"大衍之数五十,其用四十有九"者,京房云:"五十者,谓十日、十二辰、二十八宿也,凡五十。其一不用者,天之生气,将欲以虚来实,故用四十九焉。"马季长云:"易有太极,谓北辰也。太极生两仪,两仪生日月,日月生四时,四时生五行,五行生十二月,十二月生二十四气。北辰居位不动,其余四十九转运而用也。"荀爽云:"卦各有六爻,六八四十八,加乾、坤二用,凡有五十。乾初九'潜龙勿用',故用四十九也。"郑康成云:"天地之数五十有五,以五行气通。凡五行减五,大衍又减一,故四十九也。"姚信、董遇云:"天地之数五十有五者,其六以象六画之数,故减之而用四十九。"但五十之数,义有多家,各有其说,未知孰是。今案王弼云"演天地之数,所赖者五十",据王弼此说,其意皆与诸儒不同。万物之策,凡有万一千五百二十。其用此策推演天地之数,唯用五十策也。一谓自然所须策者唯用五十,就五十策中,其所用揲蓍者,唯用四十有九。其一不用,以其虚无,非所用也,故不数之。顾欢同王弼此说。故顾欢云:"立此五十数,以数神,神虽非数,因子而显。故虚其一数,以明不可言之义。"只如此意,则别无所以,自然而有此五十也。今依用之。"分而为二以象两"者,五十之内,去其一,余有四十九,合同未分,是象太一也。今以四十九分而为二,以象两仪也。"挂一以象三"者,就两仪之间,于天数之中,分挂其一,而配两仪,以象三才也。"揲之以四,以象四时"者,分揲其蓍,皆以四四为数,以象四时。"归奇于扐以象闰"者,奇谓四揲之余,归此残奇于所扐之策而成数,以法象天道。归残聚余,分而成闰也。"五岁再闰"者,凡前闰后闰,相去大略三十二月,在五岁之中,故五岁再闰。"再扐而后挂"者,既分天地,天于左手,地于右手,乃四四揲天之数,最末之余,归之合于扐挂之一处,是一揲也。又以四四揲地之数,最末之余,又合于前所归之扐而总挂之,是再扐而后挂也。"天数五"者,谓一、三、五、七、九也。"地数五"者,谓二、四、六、八、十也。"五位相得而各有合"者,若天一与地六相得,合为水,地二与天七相得,合为火,天三与地八相得,合为木,地四与天九相得合为金,天五与地十相得,合为土也。"天数二十有五"者,总合五奇之数。"地数三十"者,总合五耦之类也。"凡天地之数五十有五"者,是天地二数相合为五十五,此乃天地阴阳奇耦之数,非是上文演天地之策也。"此所以成变化而行鬼神"者,言此阳奇阴耦之数,成就其变化。言变化以此阴阳而成,故云"成变化"也。而宣行鬼神之用,言鬼神以此阴阳而得宣行,故云"而行鬼神也"。"乾之策二百一十有六"者,以乾老阳,一爻有三十六策,六爻凡有二百一十六策也。乾之少阳,一爻有二十八策,六爻则有一百六十八策,此经据老阳之策也。"坤之策百四十有四"者,坤之老阴,一爻有二十四策,六爻故一百四十有四策也。若坤之少阴,一爻有三十二,六爻则有一百九十二。此经据坤之老阴,故百四十有四也。"凡三百有六十,当期之日"者,举合乾、坤两策,有三百有六十,当期之数。三百六十日,举其大略,不数五日四分日之一也。"二篇之策,万有一千五百二十,当万物之数"者,二篇之爻,总有三百八十四爻,阴阳各半,阳爻一百九十二爻,爻别三十六,总有六千九百一十二也。阴爻亦一百九十二爻,爻别二十四,总有四千六百八也。阴阳总合,万有一千五百二十,当万物之数也。"是故四营而成易"者,营谓经营,谓四度经营蓍策,乃成易之一变也。"十有八变而成卦"者,每一爻有三变,谓初一揲,不五则九,是一变也。第二揲,不四则八,是二变也。第三揲,亦不四则八,是三变也。若三者俱多为老阴,谓初得九,第二、第三俱得八也。若三者俱少为老阳,谓初得五,第二第三,俱得四也。若两少一多为少阴,谓初与二、三之间,或有四或有五而有八也。或有二个四而有一个九,此为两少一多也。其两多一少为少阳者,谓三揲之间,或有一个九,有一个八而有一个四,或有二个八,而有一个五,此为两多一少也。如此三变既毕,乃定一爻。六爻则十有八变,乃始成卦也。"八卦而小成"者,象天地雷风日月山泽,于大象略尽,是易道小成。"引而伸之"者,谓引长八卦而伸尽之,谓引之为六十四卦也。"触类而长之"者,谓触逢事类而增长之,若触刚之事类,以次增长于刚。若触柔之事类,以次增长于柔。"天下之能事毕矣"者,天下万事,皆如此例,各以类增长,则天下所能之事,法象皆尽,故曰"天下之能事毕矣"也。"神德行"者,言易理备尽天下之能事,故可以显明无为之道,而神灵其德行之事。言大虚以养万物为德行,今易道以其神灵助太虚而养物,是神其德行也。"是故可与酬酢"者,酬酢,谓应对报答,言易道如此。若万物有所求为,此易道可与应答,万物有求则报,故曰"可与酬酢也"。"可与佑神矣"者,佑,助也。易道弘大,可与助成神化之功也。

注"演天地之数"至"由之宗也"

疏正义曰:"王弼云:演天地之数,所赖者五十"者,韩氏亲受业于王弼,承王弼之旨,故引王弼云以证成其义。"演天地之数,所赖者五十",谓万物筹,策虽万有一千五百二十,若用之推演天地之数,所赖者唯赖五十,其余不赖也。但赖五十者,自然如此,不知其所以然。云"则其一不用"者,经既云"五十",又云"其用四十九"也。既称其"用",明知五十之内,其一是不用者也。言不用而用以之通者,若全不用,理应不赖。此既当论用,所以并言不用为用。五十者,虽是不用,其有用从不用而来,以不用而得用也。故云"不用而用以之通"。所用者则四十九蓍也。蓍所以堪用者，从造化虚无而生也。若无造化之生，此蓍何由得用也？言"非数而数以之成"者，太一虚无，无形无数，是非可数也。然有形之数，由非数而得成也。即四十九是有形之数，原从非数而来，故将非数之一，总为五十。故云"非数而数以之成也"。言"斯易之太极"者，斯，此也。言此其一不用者，是易之太极之虚无也。无形，即无数也。凡有皆从无而来，故易从太一为始也。言"夫无不可以无明，必因于有"者，言虚无之体，处处皆虚，何可以无说之，明其虚无也。若欲明虚无之理，必因于有物之境，可以无本虚无。犹若春生秋杀之事，于虚无之时，不见生杀之象，是不可以无明也。就有境之中，见其生杀，却推于无，始知无中有生杀之理，是明无必因于有也。言"故常于有物之极，而必明其所由之宗"者，言欲明于无，常须因有物至极之处，而明其所由宗。若易由太，有由于无，变化由于神，皆是所由之宗也。言有且何因如此，皆由于虚无自然而来也。

子曰："知变化之道者，其知神之所为乎？注云：夫变化之道，不为而自然。故知变化者，则知神之所为。**《易》有圣人之道四焉：以言者尚其辞，以动者尚其变，以制器者尚其象，以卜筮者尚其占。"**注云：此四者存乎器象，可得而用也。**是以君子将有为也，将有行也，问焉而以言。其受命也如响，无有远近幽深，遂知来物。非天下之至精，其孰能与于此？参伍以变，错综其数，通其变，遂成天下之文；极其数，遂定天下之象。非天下之至变，其孰能与于此？易无思也，无为也，寂然不动，感而遂通天下之故，非天下之至神，其孰能与于此？**注云：夫非忘象者，则无以制象。非遗数者，无以极数。至精者，无筹策而不可乱。至变者，体一而无不周。至神者，寂然而无不应。斯盖功用之母，象数所由立，故曰非至精至变至神，则不得与于斯也。**夫易，圣人之所以极深而研几也。唯深也，故能通天下之志。唯几也，故能成天下之务。**注云：极未形之理则曰深，适动微之会则曰几。**唯神也，故不疾而速，不行而至。子曰："易有圣人之道四焉"者，此之谓也。**注云：四者由圣道以成，故曰"圣人之道"。

疏正义曰：此第九章也。上章既明大衍之数，极尽蓍策之名数，可与助成神化之功。此又广明易道深远，圣人之道有四，又明易之深远，穷极几神也。"知变化之道者，其知神之所为乎"者，言易既知变化之道理，不为而自然也。则能知神化之所为，言神化亦不为而自然也。"《易》有圣人之道四焉"者，言《易》之为书，有圣人所用之道者凡有四事焉。"以言者尚其辞"者，谓圣人发言而施政教者，贵尚其爻卦之辞，发其言辞，出言而施政教也。"以动者尚其变"者，谓圣人有所兴动营为，故法其阴阳变化。变有吉凶，圣人之动，取吉不取凶也。"以制器者尚其象"者，谓造制形器，法其爻卦之象。若造弧矢，法睽之象，若造杵臼，法小过之象也。"以卜筮者尚其占"者，策是筮之所用，并言卜者，卜虽龟之见兆，亦有阴阳三行变动之状。故卜之与筮，尚其爻卦变动之占也。"是以君子将有为也，将有行也，问焉而以言"者，既易道有四，是以君子将欲有所施为，将欲有所行，往占问其吉凶，而以言命蓍也。"其受命也如响"者，谓蓍受人命，报人吉凶，如响之应声也。"无有远近幽深"者，言易之告人吉凶，无问远之与近，及幽邃深远之处，悉皆告之也。"遂知来物"者，物，事也。然易以万事告人，人因此遂知将来之事也。"非天下之至精，其孰能与于此"者，言易之功深如此，若非天下万事之内，至极精妙，谁能参与于此，与易道同也。此已上论易道功深，告人吉凶，使豫知来事，故以此结之也。"参伍以变"者，参，三也。伍，五也。或三或五，以相参合，以相改变。略举三五，诸数皆然也。"错综其数"者，错谓交错，综谓总聚，交错总聚其阴阳之数也。"通其变"者，由交错总聚，通极其阴阳相变也。"遂成天地之文"者，以其相变，故能遂成就天地之文。若青赤相杂，故称文也。"极其数，遂定天下之象"者，谓穷极其阴阳之数，以定天下万物之象。犹若极二百一十六策，以定乾之老阳之象，穷一百四十四策，以定坤之老阴之象，举此余可知也。"非天下之至变，其孰能与于此"者，言此易之理，若非天下万事至极之变化，谁能与于此者？言皆不能也。此结成易之变化之道，故更言"与于此"也。前经论易理深，故云"非天下之至精"。此经论极数变通，故云"非天下之至变"也。"易无思也，无为也"者，任运自然，不关心虑，是无思也；任运自动，不须营造，是无为也。"寂然不动，感而遂通天下之故"者，既无思无为，故"寂然不动"。有感必应，万事皆通，是"感而遂通天下之故"也。故谓事故，言通天下万事也。"非天下之至神，其孰能与于此"者，言易理神功不测，非天下万事之中，至极神妙，其孰能与于此也。此经明易理神妙不测，故云"非天下之至神"，若非天下之至神，谁能与于此也。"夫易圣人之所以极深而研几也"者，言易道弘大，故圣人用之，所以穷极幽深，而研核几微也。"极深"者，则前经初一节云："君子将有为，将有行，问焉而以言，其受命如响，无有远近幽深"，是极深也。"研几"者，上经次节云"参伍以变，错综其数，通其变，遂成天地之文；极其数，以定天下之象"，是研几也。"唯深也，故能通天下之务"者，圣人用易道以极深，故圣人德深也，故能通天下之志意，即是前经上节"问焉而以言，其受命如响"，"遂知来物"，是通天下之志也。"唯几也，故能成天下之务"者，圣人用易道以研几，故圣人知事之几微，是前经次节"参伍以变，错综其数，通其变，遂成天地之文"是也。几者离无入有，是有初之微。以能知有初之微，则能兴行其事，故能成天下之事务也。"唯神也,故不疾而速,不行而至"者,此覆说上经下节易之神功也。以无思无为,寂然不动,感而遂通,故不须急疾,而事速成;不须行动,而理自至也。案下节云"唯深也"言"通天下之志","唯几也"言"成天下之务"。今"唯神也"直云"不疾而速,不行而至",不言"通天下"者,神则至理微妙,不可测知。无象无功,于天下之事,理绝名言,不可论也。故不云"成天下之功"也。子曰:"易有圣人之道四焉者,此之谓也"者,章首论圣人之道四焉,章中历陈其三事,章末结而成之,故曰"圣人之道四焉"是此之谓也。章首"圣人之道有四"者,韩氏注云"此四者存乎器象,可得而用者",则辞也,变也,象也,占也。是有形之物,形器可知也。若章中所陈则有三事:一是至精,精则唯深也;二是至变,变则唯几也;三是至神,神则微妙无形,是其无也。神既无形,则章中三事,不得配章首四事。韩氏云"四者存乎器象",故知章中三事,不得配章首四事者也。但行此四者,即能致章中三事。故章中历陈三事,下总以"圣人之道四焉"结之也。

注"此四者存乎器象可得而用也"

疏正义曰:"辞"是爻辞,爻辞是器象也。"变"是变化,见其来去,亦是器象也。"象"是形象,"占"是占其形状,并是有体之物。有体则是物之可用,故云"可得而用者也"。

注"夫非忘象"至"与于斯也"

疏正义曰:云"夫非忘象者,则无以制象"者,凡自有形象者,不可以制他物之形象,犹若海不能制山之形象,山不能制海之形象。遗忘己象者,乃能制众物之形象也。"非遗数者,无以极数"者,若以数数物,则不能极其物数。犹若以万而数,则不能苞亿,以一亿而数,则不能苞千亿万亿。遗去数名者,则无所不苞。是非遗去其数,无以极尽于数也。言"至精者,无筹策而不可乱"者,以其心之至精,理在玄通,无不记亿,虽无筹策,而不可乱也。言"至变者,体一而无不周"者,言至极晓达变理者,能体于淳一之理,其变通无不周遍。言虽万类之变,同归于一变也。"斯盖功用之母,象数所由立"者,言至精、至变、至神,三者是物之功用之母。物之功用,象之与数,由此至精、至变、至神所由来,故云"象数所由立"也。言象之所以立有象者,岂由象而来,由太虚自然而有象也;数之所以有数者,岂由数而来,由太虚自然而有数也;是太虚之象,太虚之数,是其至精至变也。由其至精,故能制数;由其至变,故能制象。若非至精、至变、至神,则不得参与妙极之玄理也。

天一,地二;天三,地四;天五,地六;天七,地八;天九,地十。注云:易以极数通神明之德,故明易之道,先举天地之数也。**子曰:"夫易,何为者也?夫易,开物成务,冒天下之道,如斯而已者也。"**注云:冒,覆也。言易通万物之志，成天下之务，其道可以覆冒天下也。**是故圣人以通天下之志，以定天下之业，以断天下之疑。是故蓍之德圆而神，卦之德方以知，**注云：圆者运而不穷，方者止而有分。言蓍以圆象神，卦以方象知也。唯变所适，无数不周，故曰圆。卦列爻分，各有其体，故曰方也。**六爻之义易以贡。**注云：贡，告也。六爻变易，以告吉凶。**圣人以此洗心，**注云：洗濯万物之心。**退藏于密。**注云：言其道深微，万物日用而不能知其原，故曰"退藏于密"，犹藏诸用也。**吉凶与民同患。**注云：表吉凶之象，以同民所忧患之事，故曰"吉凶与民同患也"。**神以知来，知以藏往。**注云：明蓍卦之用，同神知也。蓍定数于始，于卦为来。卦成象于终，于蓍为往。往来之用相成，犹神知也。**其孰能与此哉！古之聪明睿知神武而不杀者夫！**注云：服万物而不以威形也。**是以明于天之道，而察于民之故，是兴神物以前民用。**注云：定吉凶于始也。**圣人以此齐戒，**注云：洗心曰齐，防患曰戒。**以神明其德夫。是故阖户谓之坤。**注云：坤道包物。**辟户谓之乾。**注云：乾道施生。**一阖一辟谓之变，往来不穷谓之通。见乃谓之象。**注云：兆见曰象。**形乃谓之器。**注云：成形曰器。**制而用之谓之法。利用出入，民咸用之谓之神。**

疏正义曰：此第十章也。前章论《易》有圣人之道四焉，以卜筮尚其占。此章明卜筮蓍龟所用，能通神知也。"天一，地二"至"地十"，此言天地阴阳自然奇偶之数也。"子曰夫易何为"者，言易之功用，其体何为，是问其功用之意。"夫易开物成务，冒天下之道，如斯而已"者，此夫子还自释易之体，用之状言易能开通万物之志，成就天下之务，有覆冒天下之道。斯，此也，易之体用如此而已。"是故圣人以通天下之志"者，言易道如此，是故圣人以其易道通达天下之志，极其幽深也。"以定天下之业"者，以此易道定天下之业，由能研几成务，故定天下之业也。"以断天下之疑"者，以此易道决断天下之疑，用其蓍龟占卜，定天下疑危也。"是故蓍之德圆而神，卦之德方以知"者，神以知来，是来无方也；知以藏往，是往有常也。物既有常，犹方之有止；数无恒体，犹圆之不穷。故蓍之变通则无穷，神之象也；卦列爻分有定体，知之象也。知可以识前言往行，神可以逆知将来之事，故蓍以圆象神，卦以方象知也。"六爻之义易以贡"者，贡，告也。六爻有吉凶之义，变易以告人也。"圣人以此洗心"者，圣人以此易之卜筮，洗荡万物之心。万物有疑则卜之，是荡其疑心；行善得吉，行恶遇凶，是荡其恶心也。"退藏于密"者，言易道进则荡除万物之心，退则不知其所以然，万物日用而不知，有功用藏于密也。"吉凶与民同患"者，易道以示人吉凶，民则亦忧患其吉凶，是与民同其所忧患也。凶者民之所忧也，上并言吉凶，此独言同患者，凶虽民之所患，吉亦民之所患也。既得其吉，又患其失。故《老子》云"宠辱若惊"也。"神以知来，知以藏往"者,此明蓍卦德同神知,知来藏往也。蓍定数于始,于卦为来。卦成象于终,于蓍为往。以蓍望卦,则是知卦象将来之事,故言"神以知来"。以卦望蓍,则是聚于蓍象往去之事,故言"知以藏往"也。"其孰能与此哉"者,言谁能同此也,盖是古之聪明睿知神武而不杀者夫。易道深远,以吉凶祸福,威服万物。故古之聪明睿知神武之君,谓伏羲等,用此易道,能威服天下,而不用刑杀而畏服之也。"是以明于天之道"者,言圣人能明天道也。"而察于民之故"者,故,事也。易穷变化而察知民之事也。"是兴神物以前民用"者,谓易道兴起神理事物,豫为法象,以示于人,以前民之所用。定吉凶于前,民乃法之所用,故云"以前民用"也。"圣人以此齐戒"者,圣人以"易"道自齐自戒,谓照了吉凶,齐戒其身。洗心曰齐,防患曰戒。"以神明其德夫"者,言圣人既以易道自齐戒,又以易道神明其已之德化也。"是故阖户谓之坤"者,圣人既用此易道以化天下,此已下又广明易道之大。易从乾坤而来,故更明乾坤也。凡物先藏而后出,故先言坤而后言乾。阖户,谓闭藏。万物若室之闭阖其户,故云"阖户谓之坤"也。"辟户谓之乾"者,辟户,谓吐生万物也;若室之开辟其户,故云"辟户谓之乾"也。"一阖一辟谓之变"者,开闭相循,阴阳递至,或阳变为阴,或开而更闭,或阴变为阳,或闭而还开,是谓之变也。"往来不穷谓之通"者,须往则变来为往,须来则变往为来,随须改变,不有穷已,恒得通流,是"谓之通"也。"见乃谓之象"者,前往来不穷,据其气也。气渐积聚,露见萌兆,乃谓之象,言物体尚微也。"形乃谓之器"者,体质成器,是谓器物。故曰"形乃谓之器",言其著也。"制而用之谓之法"者,言圣人裁制其物而施用之,垂为模范,故云"谓之法"。"利用出入,民咸用之谓之神"者,言圣人以利而用,或出或入,使民咸用之,是圣德微妙,故云"谓之神"。

注"易以极数"至"天地之数也"

疏正义曰:"易以极数通神明之德"者,谓易之为道,先由穷极其数,乃以通神明之德也。"故明易之道,先举天地之数"者,此章欲明神之德,先由天地之数而成,故云"故明易之道,先举天地之数"也。

注"圆者运而不穷"至"故曰方也"

疏正义曰:"圆者运而不穷"者,谓团圆之物,运转无穷已,犹阪上走丸也。蓍亦运动不已,故称圆也。言"方者止而有分"者,方谓处所,既有处所,则是止而有分。且物方者,著地则安,其卦既成,更不移动,亦是止而有分,故卦称方也。

是故易有太极,是生两仪。注云:夫有必始于无,故太极生两仪也。太极者,无称之称,不可得而名,取有之所极,况之太极者也。**两仪生四象,四**

象生八卦。注云：卦以象之。**八卦定吉凶。**注云：八卦既立，则吉凶可定。**吉凶生大业。**注云：既定吉凶，则广大悉备。**是故法象莫大乎天地，变通莫大乎四时，悬象著明莫大乎日月，崇高莫大乎富贵。**注云：位所以一天下之动，而济万物。**备物致用，立成器以为天下利，莫大乎圣人。探赜索隐，钩深致远，以定天下之吉凶，成天下之亹亹者，莫大乎蓍龟。是故天生神物，圣人则之。天地变化，圣人效之。天垂象，见吉凶，圣人象之。河出图，洛出书，圣人则之。易有四象，所以示也。系辞焉，所以告也。定之以吉凶，所以断也。《易》曰："自天佑之，吉无不利。"子曰："佑者，助也。天之所助者，顺也；人之所助者，信也。履信思乎顺，又以尚贤也。是以自天佑之，吉无不利也。"**

疏正义曰：此第十一章也。前章既明蓍卦有神明之用，圣人则而象之，成其神化。此又明易道之大，法于天地，明象日月，能定天下之吉凶，成天下之亹亹也。"是故易有太极，是生两仪"者，太极谓天地未分之前，元气混而为一，即是太初、太一也。故《老子》云："道生一。"即此太极是也。又谓混元既分，即有天地，故曰"太极生两仪"，即《老子》云："一生二"也。不言天地而言两仪者，指其物体，下与四象相对，故曰两仪，谓两体容仪也。"两仪生四象"者，谓金木水火，禀天地而有，故云："两仪生四象"，土则分王四季，又地中之别，故唯云四象也。"四象生八卦"者，若谓震木、离火、兑金、坎水，各主一时，又巽同震木，乾同兑金，加以坤、艮之土为八卦也。"八卦定吉凶"者，八卦既立，爻象变而相推，有吉有凶，故八卦定吉凶也。"吉凶生大业"者，万事各有吉凶，广大悉备，故能王天下大事业也。"是故法象莫大乎天地"者，言天地最大也。"变通莫大乎四时"者，谓四时以变得通，是变中最大也。"悬象著明莫大乎日月"者，谓日月中时，遍照天下，无幽不烛，故云"著明莫大乎日月"也。"崇高莫大乎富贵"者，以王者居九五富贵之位，力能齐一天下之动，而道济万物，是崇高之极，故云"莫大乎富贵"。"备物致用，立成器以为天下利，莫大乎圣人"者，谓备天下之物，招致天下所用，建立成就天下之器，以为天下之利，唯圣人能然，故云"莫大乎圣人也"。"探赜索隐，钩深致远，以定天下之吉凶，成天下之亹亹者，莫大乎蓍龟"者，探，谓窥探求取。赜，谓幽深难见。卜筮则能窥探幽昧之理，故云探赜也。索，谓求索。隐，谓隐藏。卜筮能求索隐藏之处，故云索隐也。物在深处，能钩取之；物在远方，能招致之，卜筮能然，故云"钩深致远"也。以此诸事，正定天下之吉凶，成就天下之亹亹者，唯卜筮能然，故云"莫大乎蓍龟"也。案《释诂》云："亹亹，勉也。"言天下万事，悉动而好生，皆勉勉营为，此蓍龟知其好恶得失，人则弃其得而取其好，背其失而求其得，是成天下之亹亹也。"是故天生神物，圣人则之”者，谓天生蓍龟，圣人法则之以为卜筮也。“天地变化，圣人效之”者，行四时生杀，赏以春夏，刑以秋冬，是圣人效之。“天垂象，见吉凶，圣人象之”者，若璇玑玉衡，以齐七政，是圣人象之也。“河出图，洛出书，圣人则之”者，如郑康成之义，则《春秋纬》云：河以通乾出天苞，洛以流坤吐地符。河龙图发，洛龟书感。《河图》有九篇，《洛书》有六篇。孔安国以为《河图》则八卦是也，《洛书》则九畴是也。辅嗣之义，未知何从。“易有四象，所以示”者，庄氏云：四象，谓六十四卦之中，有实象，有假像，有义象，有用象，为四象也。今于释卦之处，已破之矣。何氏以为四象，谓“天生神物，圣人则之”一也。“天地变化，圣人效之”，二也。“天垂象，见吉凶，圣人象之”，三也。“河出图，洛出书，圣人则之”，四也。今谓此等四事，乃是圣人易外别有其功，非专易内之物，何得称“易有四象”？且又云“易有四象，所以示也”。系辞焉，所以告也。然则象之与辞，相对之物。辞既爻卦之下辞，则象为爻卦之象也。则上两仪生四象，七八九六之谓也。故诸儒有为七八九六，今则从以为义。“系辞焉，所以告”者，系辞于象卦下，所以告其得失也。“定之以吉凶，所以断”者，谓于系辞之中，定其行事吉凶，所以断其行事得失。“《易》曰：自天佑之，吉无不利”者，言人于此易之四象所以示，系辞所以告，吉凶告所断而行之，行则鬼神无不佑助，无所不利，故引《易》之大有上九爻辞以证之。“子曰：佑者助也”者，上既引《易》文，下又释其易理，故云“子曰：佑者助也”。“天之所助者，顺也；人之所助者，信也。履信思乎顺”者，人之所助，唯在于信，此上九能履践于信也；天之所助，唯在于顺，此上九恒思于顺；既有信思顺，又能尊尚贤人，是以从天已下，皆佑助之，而得其吉，无所不利也。

子曰：“书不尽言，言不尽意。”然则圣人之意，其不可见乎？子曰：圣人立象以尽意，设卦以尽情伪，系辞焉以尽其言，变而通之以尽利，注云：极变通之数，则尽利也。故曰：“易穷则变，变则通，通则久。”**鼓之舞之以尽神。乾坤其易之缊邪？**注云：缊渊奥也。**乾坤成列，而易立乎其中矣。乾坤毁，则无以见易。易不可见，则乾坤或几乎息矣。是故形而上者谓之道，形而下者谓之器。化而裁之谓之变，**注云：因而制其会通，适变之道也。**推而行之谓之通。**注云：乘变而往者，无不通也。**举而错之天下之民，谓之事业。**注云：事业所以济物，故举而错之于民。**是故夫象，圣人有以见天下之赜，而拟诸其形容，象其物宜，是故谓之象。圣人有以见天下之动，而观其会通，以行其典礼，系辞焉以断其吉凶，是故谓之爻。极天下之赜者存乎卦，鼓天下之动者存乎辞。**注云：辞，爻辞也。爻以鼓动，效天下之动也。**化而裁之存乎变，推而行之存乎通，神而明之存乎其人。**注云：体神而明之，不假于象，故存乎其人。**默而成之，不言而信，存乎德行。**注云：德行，贤人之德行也。顺足于内，故默而成之也。体与理会，故不言而信也。

疏正义曰：子曰：此第十二章也。此章言立象尽意，系辞尽言。易之兴废，存乎其人事也。“书不尽言，言不尽意。然则圣人之意，其不可见乎”者，此一节夫子自发其问，谓圣人之意难见也。所以难见者，书所以记言，言有烦碎，或楚夏不同，有言无字，虽欲书录，不可尽竭于其言，故云“书不尽言”也。“言不尽意”者，意有深邃委曲，非言可写，是言不尽意也。圣人之意，意又深远。若言之不能尽圣人之意，书之又不能尽圣人之言，是圣人之意，其不可见也。故云：“然则圣人之意，其不可见乎？”疑而问之，故称“乎”也。“子曰圣人立象以尽意”已下，至“几乎息矣”，此一节是夫子还自释圣人之意，有可见之理也。“圣人立象以尽意”者，虽言不尽意，立象可以尽之也。“设卦以尽情伪”者，非唯立象以尽圣人之意，又设卦以尽百姓之情伪也。“系辞焉以尽其言”者，虽书不尽言，系辞可以尽其言也。“变而通之以尽利”者，变，谓化而裁之，通，谓推而行之，故能尽物之利也。“鼓之舞之以尽神”者，此一句总结立象尽意，系辞尽言之美。圣人立象以尽其意，系辞则尽其言，可以说化百姓之心，百姓之心自然乐顺，若鼓舞然，而天下从之，非尽神，其孰能与于此？故曰“鼓之舞之以尽神也”。“乾坤其易之缊邪”者，上明尽言尽意，皆由于易道，此明易之所立，本乎乾坤。若乾坤不存，则易道无由兴起，故乾坤是易道之所缊积之根源也。是与易川府奥藏。故云“乾坤其易之缊邪”。“乾坤成列，而易立乎其中矣”者，夫易者，阴阳变化之谓。阴阳变化，立爻以效之，皆从乾坤而来。故乾生三男，坤生三女，而为八卦，变而相重，而有六十四卦，三百八十四爻，本之根源，从乾坤而来。故乾坤既成列位，而易道变化建立乎乾坤之中矣。“乾坤毁，则无以见易”者，易既从乾坤而来，乾坤若缺毁，则易道损坏，故云“无以见易”也。“易不可见，则乾坤或几乎息矣”，若易道毁坏，不可见其变化之理，则乾坤亦坏，或其近乎止息矣。几，近也。犹若树之枝乾生乎根株，根株毁，则枝条不茂。若枝干已枯死，其根株虽未全死，仅有微生，将死不久。根株譬乾坤也，易譬枝干也。故云：“易不可见，则乾坤或几乎息矣”。“是故形而上者谓之道，形而下者谓之器”者，道是无体之名，形是有质之称。凡有从无而生，形由道而立，是先道而后形，是道在形之上，形在道之下。故自形外已上者谓之道也，自形内而下者谓之器也。形虽处道器两畔之际，形在器，不在道也。既有形质，可为器用，故云“形而下者谓之器”也。“化而裁之谓之变”者，阴阳变化而相裁节之，谓之变也。是得以理之变也。犹若阳气之化不可久长，而裁节之以阴雨也，是得理之变也。阴阳之化，自然相裁，圣人亦法此而裁节也。“推而行之谓之通”者，因推此以可变而施行之，谓之通也。犹若亢阳之后变为阴雨，因阴雨而行之，物得开通，圣人亦当然也。“举而错之天下之民，谓之事业”者，谓举此理以为变化，而错置于天下之民。凡民得以营为事业，故云“谓之事业”也。此乃自然以变化错置于民也，圣人亦当法此错置变化于万民，使成其事业也。凡系辞之说，皆说易道，以为圣人德化，欲使圣人法易道以化成天下，是故易与圣人，恒相将也。以作易者，本为立教故也，非是空说易道，不关人事也。“是故夫象圣人有以见天下之赜”至“是故谓之爻”者，于第六章已具其文，今于此更复言者何也？为下云“极天下之赜存乎卦，鼓天下之动存乎辞”，为此故更引其文也。且已下又云“存乎变”“存乎通”“存乎其人”，广陈所存之事，所以须重论也。“极天下之赜存乎卦”者，言穷极天下深赜之处存乎卦，言观卦以知赜也。“鼓天下之动存乎辞”者，鼓，谓发扬天下之动。动有得失，存乎爻卦之辞，谓观辞以知得失也。“化而裁之存乎变”者，谓覆说上文“化而裁之谓之变”也。“推而行之存乎通”者，覆说上文“推而行之谓之通”也。“神而明之存乎其人”者，言人能神此易道而显明之者，存在于其人。若其人圣，则能神而明之；若其人愚，则不能神而明之；故存于其人，不在易象也。“默而成之，不言而信，存乎德行”者，若能顺理足于内，默然而成就之，闇与理会，不须言而自信也。“存乎德行”者，若有德行，则得默而成就之，不言而信也。若无德行则不能然。此言德行，据贤人之德行也。前经“神而明之，存乎其人”，谓圣人也。

周易注疏卷第十二

周易系辞下

疏 正义曰：此篇章数，诸儒不同，刘瓛为十二章，以对上系十二章也。周氏、庄氏并为九章，今从九章为说也。第一起“八卦成列”至“非曰义”，第二起“古者包牺”至“盖取诸夬”，第三起“易者象也”至“德之盛”，第四起“困于石”至“勿恒凶”，第五起“乾坤其易之门”至“失得之报”，第六起“《易》之兴”至“巽以行权”，第七起“《易》之为书”至“思过半矣”，第八起“二与四”至“谓易之道”，第九起“夫乾天下”至“其辞屈”。

八卦成列，象在其中矣。注云：备天下之象也。**因而重之，爻在其中矣。**注云：夫八卦备天下之理，而未极其变，故因而重之以象其动用，拟诸形容以明治乱之宜，观其所应以著适时之功，则爻卦之义，所存各异，故爻在其中矣。**刚柔相推，变在其中矣。系辞焉而命之，动在其中矣。**注云：刚柔相推，况八卦相荡，或否或泰，系辞焉而断其吉凶，况之六爻，动以适时者也。立卦之义，则见于《彖》、《象》，适时之功，见存之爻辞。王氏之例详矣。**吉凶悔吝者，生乎动者也。**注云：有变动而后有吉凶。**刚柔者，立本者也。变通者，趣时者也。**注云：立本况卦，趣时况爻。**吉凶者，贞胜者也。**注云：贞者，正也，一也。夫有动则未免乎累，殉吉则未离乎凶。尽会通之变，而不累于吉凶者，其唯贞者乎？《老子》曰：“王侯得一，以为天下贞。”万变虽殊，可以执一御也。**天地之道，贞观者也。**注云：明夫天地万物，莫不保其贞，以全其用也。**日月之道，贞明者也。天下之动，贞夫一者也。夫乾，确然示人易矣。夫坤，隤然示人简矣。**注云：确，刚貌也。隤，柔貌也。乾坤皆恒一其德，物由以成，故简易也。**爻也者，效此者也。象也者，像此者也。爻象动乎内，**注云：兆数见于卦也。**吉凶见乎外，**注云：失得验于事也。**功业见乎变，**注云：功业由变以兴，故见乎变也。**圣人之情见乎辞。**注云：辞也者，各指其所之，故曰情也。**天地之大德曰生，**注云：施生而不为，故能常生，故曰大德也。**圣**

人之大宝曰位。注云：夫无用则无所宝，有用则有所宝也。无用而常足者，莫妙乎道，有用而弘道者，莫大乎位，故曰"圣人之大宝曰位"。**何以守位？曰仁。何以聚人？曰财。**注云：财所以资物生也。**理财正辞，禁民为非曰义。**

疏正义曰：此第一章。覆释上系第二章象爻刚柔吉凶悔吝之事，更具而详之。"八卦成列，象在其中矣"者，言八卦各成列位，万物之象，在其八卦之中也。"因而重之，爻在其中矣"者，谓因此八卦之象，而更重之，万物之爻，在其所重之中矣。然象亦有爻，爻亦有象，所以象独在卦，爻独在重者，卦则爻少而象多，重则爻多而象少，故在卦举象，在重论爻也。"刚柔相推，变在其中矣"者，则上系第二章云"刚柔相推而生变化"，是变化之道，在刚柔相推之中。刚柔即阴阳也。论其气即谓之阴阳，语其体即谓之刚柔也。"系辞焉而命之，动在其中矣"者，谓系辞于爻卦之下，而呼命其卦爻得失吉凶，则适时变动好恶，故在其系辞之中矣。"吉凶悔吝者，生乎动者也"者，上既云动在系辞之中，动则有吉凶悔吝，所以悔吝生在乎无所动之中也。"刚柔者，立本者也"，言刚柔之象，立在其卦之根本者也。言卦之根本，皆由刚柔阴阳往来。"变通者，趣时者也"，其刚柔之气，所以改变会通，趣向于时也。若乾之初九，趣向勿用之时，乾之上九，趣向亢极之时。是诸爻之变，皆臻趣于时也。其刚柔立本者，若刚定体为乾，若柔定体为坤，阳卦两阴而一阳，阴卦两阳而一阴，是立其卦本而不易也。则上"八卦成列，象在其中矣"是也。卦既与爻为本，又是总主其时，故《略例》云"卦者，时也；变通者，趣时者也"。则上"因而重之，爻在其中矣"是也。卦既总主一时，爻则就一时之中，各趣其所宜之时，故《略例》云"爻者，趣时者也"。"吉凶者，贞胜者也"者，贞，正也。言吉之与凶，皆由所动不能守一而生吉凶，唯守一贞正，而能克胜此吉凶。谓但能贞正，则免此吉凶之累也。"天地之道，贞观者也"者，谓天覆地载之道，以贞正得一，故其功可为物之所观也。"日月之道，贞明者也"，言日月照临之道，以贞正得一而为明也。若天覆地载，不以贞正而有二心，则天不能普覆，地不能兼载，则不可以观。由贞乃得观见也。日月照临，若不以贞正，有二之心，则照不普及，不为明也，故以贞而为明也。"天下之动，贞夫一者也"，言天地日月之外，天下万事之动，皆正乎纯一也。若得于纯一，则所动遂其性；若失于纯一，则所动乖其理。是天下之动，得正在一也。"夫乾，确然示人易矣"者，此明天之得一之道，刚质确然，示人以和易，由其得一无为，物由以生，是示人易也。"夫坤，隤然示人简矣"者，此明地之得一，以其得一，故坤隤然而柔，自然无为，以成万物，是示人简矣。若乾不得一，或有隤然，则不能示人易矣。若坤不隤然，或有确然，则不能示人简矣。"爻也者，效此者也”，此释爻之名也。言爻者，效此物之变动也。“象也者，像此者”也。言象此物之形状也。“爻象动乎内”者，言爻之与象，发动于卦之内也。“吉凶见乎外”者，其爻象吉凶见于卦外，在事物之上也。“功业见乎变”者，言功劳事业，由变乃兴，故功业见于变也。“圣人之情见乎辞”者，辞则言其圣人所用之情，故观其辞而知其情也。是圣人之情，见乎爻象之辞也。若乾之初九，其辞云：“潜龙勿用。”则圣人勿用之情见于初九爻辞也。他皆依此。“天地之大德曰生”者，自此已下，欲明圣人同天地之德，广生万物之意也。言天地之盛德，在乎无常生，故言曰生。若不常生，则德之不大。以其常生万物，故云大德也。“圣人之大宝曰位”者，言圣人大可宝爱者在于位耳，位是有用之地，宝是有用之物。若以居盛位，能广用无疆，故称大宝也。“何以守位曰仁”者，言圣人何以保守其位，必信仁爱，故言“曰仁”也。“何以聚人曰财”者，言何以聚集人众，必须财物，故言“曰财”也。“理财正辞，禁民为非曰义”者，言圣人治理其财，用之有节，正定号令之辞，出之以理，禁约其民为非僻之事，勿使行恶，是谓之义。义，宜也。言以此行之，而得其宜也。

注“夫八卦”至“其中矣”

疏正义曰：“夫八卦备天下理”者，前注云“备天下之象”，据其体；此云“备天下之理”，据其用也。言八卦大略有八，以备天下大象大理，大者既备，则小者亦备矣。直是不变之备，未是变之备也，故云“未极其变，故因而重之，以象其动用”也。云“则爻卦之义，所存各异”者，谓爻之所存，存乎已变之义，“因而重之，爻在其中”是也。卦之所存，存于未变之义，“八卦成列，象在其中”是也。

注“刚柔”至“例详矣”

疏正义曰：云“立卦之义，则见于《彖》、《象》”者，《彖》、《象》，谓卦下之辞，说其卦之义也。“适时之功，则存于爻辞”者，卦者时也，六爻在一卦之中，各以适当时之所宜以立功也。欲知适时之功用，观于爻辞也。云“王氏之例详矣”者，案《略例·论彖》云：“《彖》者何也？统论一卦之体，明其所由之主者也。夫众不能治众，治众者，至寡者也。论卦体皆以一为主，是卦之大略也。”又《论爻》云：“爻者何也？言乎其变者也。变者何也？情伪之所为也。夫情伪之动，非数之所求也。故合散屈伸，与体相乖。形躁好静，质柔爱刚。体与情反，质与愿违。是故情伪相感，远近相追，爱恶相攻，屈伸相推。见情者获，直往则违。此是爻之大略也。”其义既广，不能备载，是王氏之例详矣。

注“贞者，正也”至“执一御也”

疏正义曰：“贞者，正也，一也”者，言贞之为训，训正训一，正者体倾邪，一者情无差二，寂然无虑，任运而行者也。凡吉凶者，由动而来，若守贞静寂，何吉何凶之有？是贞正能胜其吉凶也。云“夫有动则未能免乎累”者，寂然不动，则无所可累。若动有营求，则耻累将来，故云动则未免于累也。云“殉吉则未离乎凶”者，殉，求也。若不求其吉，无虑无思，凶祸何因而至？由其求吉，有所贪欲，则凶亦将来，故云殉吉未离乎凶也。云“尽会通之变，而不累于吉凶者，其唯贞者乎”，言若能穷尽万物会通改变之理，而不系累于吉凶之事者，唯贞一者乃能然也。犹若少必有老，老必有死，能知此理，是尽会通之变。既知老必将死，是运之自然，何须忧累于死，是不累乎吉凶。唯守贞一，任其自然，故云“其唯贞者乎”。云“《老子》曰，王侯得一，以为天下贞”者，王侯若不得一，二三其德，则不能治正天下。若得纯粹无二无邪，则能为天下贞也。谓可以贞正天下也。云“万变虽殊，可以执一御也”者，犹若寒变为暑，暑变为寒，少变为壮，壮变为老，老变为死，祸变为福，盛变为衰，变改不同，是万变殊也。其变虽异，皆自然而有，若能知其自然，不造不为，无喜无戚，而乘御于此，是可以执一御也。

古者包牺氏之王天下也，仰则观象于天，俯则观法于地，观鸟兽之文，与地之宜，注云：圣人之作《易》，无大不极，无微不究。大则取象天地，细则观鸟兽之文，与地之宜也。**近取诸身，远取诸物，于是始作八卦，以通神明之德，以类万物之情。作结绳而为罔罟，以佃以渔，盖取诸离。**注云：离，丽也。罔罟之用，必审物之所丽也。鱼丽于水，兽丽于山也。

疏正义曰：此第二章。明圣人法自然之理而作《易》，象《易》以制器而利天下。此一章其义既广，今各随文释之。“自此”至“取诸离”。此一节明包牺法天地造作八卦，法离卦而为罔罟也。云“仰则观象于天，俯则观法于地”者，言取象大也。“观鸟兽之文，与地之宜”者，言取象细也。大之与细，则无所不包也。“地之宜”者，若《周礼》五土，动物植物各有所宜是也。“近取诸身”者，若耳目鼻口之属是也。“远取诸物”者，若雷风山泽之类是也。举远近则万事在其中矣。“于是始作八卦，以通神明之德”者，言万事云为，皆是神明之德。若不作八卦，此神明之德，闭塞幽隐。既作八卦，则而象之，是通达神明之德也。“以类万物之情”者，若不作《易》，物情难知。今作八卦以类象万物之情，皆可见也。“作结绳而为罔罟，以佃以渔”者，用此罟罔，或陆畋以罗鸟兽，或水泽以罔鱼鳖也。“盖取诸离”者，离，丽也。丽谓附著也。言罔罟之用，必审知鸟兽鱼无所附著之处。故称离卦之名，为罔罟也。案诸儒象卦制器，皆取卦之爻象之体，今韩氏之意，直取卦名，因以制器。案上系云“以制器者，尚其象”，则取象不取名也。韩氏乃取名不取象，于义未善矣。今既遵韩氏之学，且依此释之也。

包牺氏没，神农氏作，斫木为耜，揉木为耒，耒耨之利，以教天下，盖取诸益。注云：制器致丰，以益万物。**日中为市，致天下之民，聚天下之货，交易而退，各得其所，盖取诸噬嗑。**注云：噬嗑，合也。市人之所聚，异方之所合，设法以合物，噬嗑之义也。

疏正义曰：此一节明神农取卦造器之义。一者制耒耜，取于益卦，以利益民也。二者日中为市，聚合天下之货，设法以合物，取于噬嗑，象物噬啮，乃得通也。包牺者，案《帝王世纪》云：大皞帝包牺氏，风姓也。母曰华胥，燧人之世，有大人迹出于雷泽，华胥履之而生包牺。长于成纪，蛇身人首，有圣德，取牺牲以充包厨，故号曰"包牺氏"。后世音谬，故或谓之伏羲，或谓之虙牺，一号皇雄氏，在位一百一十年。包牺氏没，女娲氏代立为女皇，亦风姓也。女娲氏没，次有大庭氏、柏黄氏、中央氏、栗陆氏、骊连氏、赫胥氏、尊卢氏、混沌氏、皞英氏、有巢氏、朱襄氏、葛天氏、阴康氏、无怀氏，凡十五世，皆习包牺氏之号也。神农者，案《帝王世纪》云：炎帝神农氏，姜姓也。母曰任己，有蟜氏女，名曰女登。为少典正妃，游华山之阳，有神龙首感女登于尚羊，生炎帝，人身牛首，长于姜水，有圣德，继无怀之后，本起烈山，或称烈山氏，在位一百二十年而崩。纳奔水氏，女曰听谈，生帝临魁，次帝承，次帝明，次帝直，次帝厘，次帝哀，次帝榆罔，凡八代及轩辕氏也。

神农氏没，黄帝、尧、舜氏作，通其变，使民不倦；注云：通物之变，故乐其器用，不解倦也。**神而化之，使民宜之。易穷则变，变则通，通则久。**注云：通变则无穷，故可久也。**是以自天佑之，吉无不利。**

疏正义曰：此一节明神农氏没后，乃至黄帝、尧、舜，通其《易》之变理，于是广制器物。此节与下制器物为引绪之势，为下起文。"黄帝、尧、舜氏作"者，案：《世纪》云：黄帝有熊氏，少典之子，姬姓也。母曰附宝，其先即炎帝母家有蟜氏之女。附宝见大电光绕北斗枢星，照于郊野，感附宝，孕二十四月而生黄帝于寿丘。长于姬水，龙颜有圣德，战蚩尤于涿鹿，擒之。在位一百年崩。子青阳代立，是为少皞。少皞帝名挚，字青阳，姬姓也。母曰女节，黄帝时，大星如斗，下临华渚，女节梦接意感，生少皞，在位八十四年而崩。颛顼高阳氏，黄帝之孙，昌意之子。母曰昌仆，蜀山氏之女，为昌意正妃，谓之女枢。瑶光之星，贯月如虹，感女枢于幽房之宫，生颛顼于弱水，在位七十八年而崩。少皞之孙，蟜极之子代立，是为帝喾。帝喾高辛氏，姬姓也。其母不见。生而神异，自言其名，在位七十年而崩。子帝挚立，在位九年。挚立不肖而崩，弟放勋代立，是为帝尧。帝尧陶唐氏，伊祈姓，母曰庆都，生而神异，常有黄云覆其上。为帝喾妃，出以观河，遇赤龙，晻然阴风而感庆都，孕十四月而生尧于丹陵，即位九十八年而崩。帝舜代立。帝舜姚姓，其先出自颛顼。颛顼生穷蝉，穷蝉生敬康，敬康生句芒，句芒生蟜牛，蟜牛生瞽瞍，瞍之妻握登，见大虹，意感而生舜于姚墟，故姓姚氏。此历序三皇之后至尧舜之前所为君也。此既云黄帝即云尧舜者，略举五帝之终始，则少皞、颛顼、帝喾在其间也。"通其变，使民不倦"者，事久不变，则民倦而变。今皇帝、尧、舜之等，以其事久或穷，故开通其变，量时制器，使民用之日新，不有懈倦也。"神而化之，使民宜之"者，言所以"通其变"者，欲使神理微妙而变化之，使民各得其宜。若黄帝已上，衣鸟兽之皮，其后人多兽少，事或穷乏。故以丝麻布帛而制衣裳，是神而变化，使民得宜也。"易穷则变，变则通，通则久"者，此覆说上文"通则变"之事，所以"通其变"者，言易道若穷，则须随时改变。所以须变者，变则开通得久长，故云"通则久"也。"是以自天佑之，吉无不利"者，此明若能通变，则无所不利，故引《易》文，证结变通之善，上系引此文者，证明人事之信顺，此乃明易道之变通，俱得天之佑，故各引其文也。

黄帝、尧、舜垂衣裳而天下治，盖取诸乾、坤。注云：垂衣裳以辨贵贱，乾尊坤卑之义也。

疏正义曰：自此已下，凡有九事，皆黄帝、尧、舜取易卦以制象，此于九事之第一也。所以连云尧、舜者，谓此九事黄帝制其初，尧舜成其末，事相连接，共有九事之功，故连云"黄帝尧舜"也。案皇甫谧《帝王世纪》载此九事，皆为黄帝之功。若如所论，则尧舜无事，《易·系》何须连云"尧舜"？则皇甫之言，未可用也。"垂衣裳"者，以前衣皮，其制短小，今衣丝麻布帛所作衣裳，其制长大，故云"垂衣裳"也。"取诸乾坤"者，衣裳辨贵贱，乾坤则上下殊体，故云"取诸乾坤"也。

刳木为舟，剡木为楫。舟楫之利，以济不通，致远以利天下，盖取诸涣。注云：涣者，乘理以散通也。

疏正义曰："此九事之第二也。舟必用大木，刳凿其中，故云"刳木也"。"剡木为楫"者，楫必须纤长，理当剡削，故曰"剡木"也。"取诸涣"者，涣，散也。涣卦之义，取乘理以散动也。舟楫以乘水以载运，故取诸涣也。

服牛乘马，引重致远，以利天下，盖取诸随。注云：随，随宜也。服牛乘马，随物所之，各得其宜也。

疏正义曰：此九事之第三也。随者谓随时之所宜也，今服用其牛，乘驾其马，服牛以引重，乘马以致远，是以人之所用，各得其宜，故取诸“随”也。

重门击柝，以待暴客，盖取诸豫。注云：取其豫备。

疏正义曰：此九事之第四也。豫者取其豫有防备，韩氏以此九事，皆以卦名而为义者。特以此象文，取备豫之义，其事相合。故其余八事，皆以卦名解义，量为此也。

断木为杵，掘地为臼，臼杵之利，万民以济，盖取诸小过。注云：以小用而济物也。

疏正义曰：此九事之第五也。杵须短木，故断木为杵；臼须凿地，故掘地为臼。取诸小过，以小事之用过而济物，杵臼亦小事，过越而用以利民，故取诸小过也。

弦木为弧，剡木为矢，弧矢之利，以威天下，盖取诸睽。注云：睽，乖也。物乖则争兴，弧矢之用，所以威乖争也。

疏正义曰：此九事之第六也。案《尔雅》：“弧，木弓也。”故云“弦木为弧”。“取诸睽”者，睽谓乖离，弧矢所以服此乖离之人，故取诸睽也。案弧、矢、杵、臼、服牛、乘马、舟、楫皆云之“利”，此皆器物益人，故称“利”也。重门击柝，非如舟楫杵臼，故不云“利”也。变称“以御暴客”，是以利也。垂衣裳不言利者，此亦随便立称，故云“天下治”，治亦利也。此皆义便而言，不可以一例取也。

上古穴居而野处，后世圣人易之以宫室，上栋下宇，以待风雨，盖取大壮。注云：宫室壮大于穴居，故制为宫室，取诸大壮也。

疏正义曰：此九事之第七也。已前不云“上古”，已下三事，或言“上古”，或言“古”，与上不同者，已前未造此器之前，更无余物之用，非是后物以替前物，故不云“上古”也。此已下三事皆是未造此物之前，已更别有所用，今将后用而代前用，欲明前用所有，故本之云“上古”及“古”者，案未有衣裳之前，则衣鸟兽之皮，亦是已前有用，不云“上古”者，虽云古者衣皮，必不专衣皮也，或衣草衣木，事无定体，故不得称上古衣皮也。若此穴居野处，及结绳以治，唯专一事，故可称上古，由后物代之也。“取诸大壮”者，以造制宫室，壮大于穴居野处，故取大壮之名也。

古之葬者厚衣之以薪，葬之中野，不封不树，丧期无数，后世圣人易之以棺椁，盖取诸大过。注云：取其过厚。

疏正义曰：此九事之第八也。不云“上古”，直云“古之葬者”，若极远者，则云“上古”，其次远者，则直云“古”。则厚衣之以薪，葬之中野，犹在穴居结绳之后，故直云“古”也。“不封不树”者，不积土为坟，是不封也。不种树以标其处，是不树也。“丧期无数”者，哀除则止，无日月限数也。“后世圣人易之以棺椁”者，若《礼记》云“有虞氏瓦棺”，未必用木为棺也。则《礼记》又云“殷人之棺椁”，以前云椁，无文也。“取诸大过”者，送终追远，欲其甚大过厚，故取诸大过也。案《书》称尧崩，百姓如丧考妣，三载四海遏密八音，则丧期无数，在尧已前，而棺椁自殷已后，则夏已前，棺椁未具也。所以其文参差，前后不齐者，但此文举大略，明前后相代之义，不必确在一时故九事上从黄帝，下称尧舜，连延不绝，更相增修也。

上古结绳而治，后世圣人易之以书契，百官以治，万民以察，盖取诸夬。注云：夬，决也。书契所以决断万事也。

疏正义曰：此明九事之终也。夬者，决也。造立书契，所以决断万事，故取诸夬也。“结绳”者，郑康成注云：“事大大结其绳，事小小结其绳。”义或然也。

是故易者，象也。象也者，像也。彖者，材也。注云：材，才德也。彖言成卦之材，以统卦义也。**爻也者，效天下之动者也。是故吉凶生而悔吝著也。阳卦多阴，阴卦多阳，其故何也？阳卦奇，阴卦耦。**注云：夫少者，多之所宗；一者，众之所归。阳卦二阴，故奇为之君；阴卦二阳，故耦为之主。**其德行何也？**注云：辨阴阳二卦之德行也。**阳一君而二民，君子之道也。阴二君而一民，小人之道也。**注云：阳，君道也。阴，臣道也。君以无为统众，无为则一也。臣以有事代终，有事则二也。故阳爻画奇，以明君道必一；阴爻画两，以明臣体必二，斯则阴阳之数，君臣之辨也。以一为君，君之德也。二居君位，非其道也。故阳卦曰“君子之道”，阴卦曰“小人之道”也。**《易》曰：“憧憧往来，朋从尔思。”**注云：天下之动，必归乎一，思以求朋，未能一也。一以感物，不思而至。**子曰：“天下何思何虑？天下同归而殊途，一致而百虑，**

天下何思何虑？注云：夫少则得，多则惑。途虽殊，其归则同；虑虽百，其致不二。苟识其要，不在博求；一以贯之，不虑而尽矣。**日往则月来，月往则日来，日月相推而明生焉。寒往则暑来，暑往则寒来，寒暑相推而岁成焉。往者屈也，来者信也，屈信相感而利生焉。尺蠖之屈，以求信也。龙蛇之蛰，以存身也。精义入神，以致用也。**注云：精义，物理之微者也。神寂然不动，感而遂通，故能乘天下之微，会而通其用也。**利用安身，以崇德也。**注云：利用之道，由安其身而后动也。精义由于入神，以致其用；利用由于安身，以崇其德。理必由乎其宗，事各本乎其根。归根则宁，天下之理得也。若役其思虑，以求动用，忘其安身，以殉功美，则伪弥多而理愈失，名弥美而累愈彰矣。**过此以往，未之或知也。穷神知化，德之盛也。"**

疏正义曰：此第三章。明阴阳二卦之体，及日月相推而成岁，圣人用之，安身崇德，德之盛也。"是故易者象也"者，但前章皆取象以制器，以是之故，易卦者，写万物之形象，故云"易者象也"。"象也者，像也"者，谓卦为万物象者，法像万物，犹若乾卦之象，法像于天也。"彖者，材也"者，谓卦下彖辞者，论此卦之材德也。"爻也者，效天下之动"者，谓每卦六爻，皆仿效天下之物而发动也。"吉凶生而悔吝著"者，动有得失，故吉凶生也。动有细小疵病，故悔吝著也。"阳卦多阴，阴卦多阳，其故何也"者，此夫子将释阴阳二卦不同之意，故先发其问，云"其故何也"。"阳卦多"阴，谓震、坎、艮一阳而二阴也；"阴卦多阳"，谓巽、离、兑一阴而二阳也。"阳卦奇，阴卦耦"者，阳卦则以奇为君，故一阳而二阴，阳为君，阴为臣也。阴卦则以耦为君，故二阳而一阴，阴为君，阳为臣也。故注云"阳卦二阴，故奇为之君；阴卦二阳，故耦为之主"。"其德行何也"者，前释阴阳之体，未知阴阳德行之故。故夫子将释德行，先自问之，故云"其德行何也"。"阳一君而二民，君子之道"者，夫君以无为统众，无为者，为每事因循，委任臣下，不司其事，故称一也。臣则有事代终，各司其职，有职则有对，故称二也。今阳爻以一为君，以二为民，得其尊卑相正之道，故为君子之道者也。"阴二君而一民，小人之道"者，阴卦则以二为君，是失其正，以一为臣，乖反于理，上下失序，故称小人之道也。"易曰：憧憧往来，朋从尔思"者，此明不能无心感物，使物来应，乃憧憧然役用思虑，或来或往，然后朋从尔之所思。若能虚寂，以纯一感物，则不须憧憧往来，朋自归也。此一之为道，得为可尚，结成前文阳爻以一为君，是君子之道也。注云"天下之动，必归乎一。思以求朋，未能一也。一以感物，不思而至"矣。"子曰：天下何思何虑"者，言得一之道，心既寂静，何假思虑也。"天下同归而殊途"者，言天下万事，终则同归于一，但初时殊异其途路也。"一致而百虑"者，所致虽一，虑必有百。言虑虽百种，必归于一致也；途虽殊异，亦同归于至真也。言多则不如少，动则不如寂，则天下之事，何须思也？何须虑也？“日往则月来”至“相推而岁成”者，此言不须忧虑，任运往来，自然明生，自然岁成也。“往者屈也，来者信也”者，此覆明上日往则月来，寒往则暑来，自然相感而生利之事也。往是去藏，故为屈也；来是施用，故为信也。一屈一信，递相感动而利生，则上云“明生”、“岁成”是“利生”也。“尺蠖之屈，以求信”者，覆明上往来相感，屈信相须。尺蠖之虫，初行必屈者，欲求在后之信也。言信必须屈，屈以求信，是相须也。“龙蛇之蛰，以存身”者，言静以求动也。蛟蛇初蛰，是静也；以此存身，是后动也。言动必因静也。静而得动，亦动静相须也。“精义入神，以致用”者，亦言先静而后动。此言人事之用，言圣人用精粹微妙之义，入于神化，寂然不动，乃能致其所用。“精义入神”，是先静也；“以致用”，是后动也。是动因静而来也。“利用安身，以崇德也”者，此亦言人事也。言欲利己之用，先须安静其身，不须役其思虑，可以增崇其德。言“利用安身”，是静也；言“崇德”，是动也。此亦先静而后动，动亦由静而来也。“过此以往，未之或知也”者，言精义入神以致用，利用安身以崇德，此二者皆人理之极。过此二者以往，则微妙不可知，故云“未之或知”也。“穷神知化，德之盛”者，此言过此二者以往之事。若能过此以往，则穷极微妙之神，晓知变化之道，乃是圣人德之盛极也。

注“阳，君道”至“小人之道也”

疏正义曰：“阳，君道”者，阳是虚无为体，纯一不二，君德亦然，故云“阳，君道也”。“阴，臣道”者，阴是形器，各有质分，不能纯一，臣职亦然，故云“阴，臣道也”。案经云“民”而注云“臣”者，臣则民也。经中对君，故称民，注意解阴，故称臣也。

注“利用之道”至“愈彰矣”

疏正义曰：云“利用之道，皆安其身而后动”者，言欲利益所用，先须自安其身。身既得安，然后举动，德乃尊崇。若不先安身，身有患害，何能利益所用以崇德也。云“精义由于入神，以致其用”者，言精粹微妙之义由入神寂然不动，乃能致其用。云“利用由于安身，以崇德”者，言欲利益所用，先须自安其身，乃可以增崇其德也。

《易》曰：“困于石，据于蒺藜，入于其宫，不见其妻，凶。”子曰：“非所困而困焉，名必辱。非所据而据焉，身必危。既辱且危，死期将至，妻其可得见耶？”

疏正义曰：此第四章，凡有九节。已上章先利用安身，可以崇德，若身自危辱，何崇德之有？故此章第一节引困之六三危辱之事以证之也。困之六三，履非其地，欲上干于四，四自应初，不纳于己，是困于九四之石也。三又乘二，二是刚阳，非己所乘，是下向据于九二之蒺藜也。六三又无应，是入其宫，不见其妻，死期将至，所以凶也。“子曰：非所困而困焉”者，夫子既引《易》文，又释其义，故云“不曰”。“非所困”，谓九四。若六三不往犯之，非六三之所困，而六三强往干之而取困焉。“名必辱”者，以向上而进取，故以声名言之，云“名必辱”也。“非所据而据焉”者，谓九二也。若六三能卑下九二，则九三不为其害，是非所据也。今六三强往陵之，是非所据而据焉。“身必危”者，下向安身之处，故以身言之，云“身必危”也。

《易》曰：“公用射隼于高墉之上，获之，无不利。”子曰：“隼者，禽也。弓矢者，器也。射之者，人也。君子藏器于身，待时而动，何不利之有。动而不括，是以出而有获。语成器而动者也。”注云：括，结也。君子待时而动，则无结阂之患也。

疏正义曰：以前章先须安身可以崇德，故此第二节论明先藏器于身，待时而动，而有利也。故引《解》之上六以证之。三不应上，又以阴居阳，此上六处解之极，欲除其悖乱，而去其三也。故公用射此六三之隼于下体高墉之上，云自上攻下，合于顺道，故获之无不利也。“子曰：隼者，禽也”者，既引《易》文于上，下以解之，故言“子曰”也。“君子藏器于身，待时而动，何不利”者，犹若射人持弓矢于身，此君子若包藏其器于身，待时而动，何不利之有？似此射隼之人也。“动而不括”者，言射隼之人，既持弓矢，待隼可射之动而射之，则不括结而有碍也。犹若君子藏善道于身，待可动之时而兴动，亦不滞碍而括结也。“语成器而后动”者，谓易之所说此者，语论有见成之器，而后兴动也。

子曰：“小人不耻不仁，不畏不义，不见利不劝，不威不惩。小惩而大诫，此小人之福也。《易》曰：‘履校灭趾，无咎。’此之谓也。

疏正义曰：此章第三节也。明小人之道，不能恒善，若因惩诫而得福也，此亦证前章安身之事。故引《易·噬嗑》初九以证之。以初九居无位之地，是受刑者以处卦初，其过未深，故屦校灭趾而无咎也。

善不积，不足以成名；恶不积，不足以灭身。小人以小善为无益而弗为也，以小恶为无伤而弗去也。故恶积而不可掩，罪大而不可解。《易》曰：‘何校灭耳，凶。’”

疏正义曰:此章第四节也。明恶人为恶之极以致凶也。此结成前章不能安身之事,故引噬嗑上九之义以证之。上九处断狱之终,是罪之深极者。故有何校灭耳之凶。案第一、第二节皆先引《易》文于上,其后乃释之。此第三已下,皆先豫张卦义于上,然后引《易》于下以结之,体例不同者,盖夫子随义而言不为例也。

子曰:"危者,安其位者也。亡者,保其存者也。乱者,有其治者也。是故君子安而不忘危,存而不忘亡,治而不忘乱,是以身安而国家可保也。《易》曰:'其亡其亡,系于苞桑。'"

疏正义曰:此第五节。已上章有安身之事,故此节恒须谨慎,可以安身,故引否之九五以证之。"危者,安其位者也",言所以今有倾危者,由往前安乐于其位,自以为安,不有畏慎,故致今日危也。"亡者,保其存"者,所以今日灭亡者,由往前保有其存,恒以为存,不有忧惧,故今致灭亡也。"乱者,有其治"者,所以今有祸乱者,由往前自恃有其治理也,谓恒以为治,不有忧虑,故今致祸乱也。是故君子今虽复安,心恒不忘倾危之事;国之虽存,心恒不忘灭亡之事;政之虽治,心恒不忘祸乱之事。"其亡其亡,其系于苞桑"者,言心恒畏慎:其将灭亡!其将灭亡!乃系于苞桑之固也。

子曰:"德薄而位尊,知小而谋大,力小而任重,鲜不及矣。《易》曰:'鼎折足,覆公餗,其形渥,凶。'言不胜其任也。"

疏正义曰:此第六节。言不能安其身,知小谋大而遇祸,故引《易·鼎》卦九四以证之。"鼎折足,覆公餗,其形渥,凶"者,处上体之下,而又应初,既承巳施,非己所堪,故有折足之凶。既覆败其美道,灾及其形,以致渥凶也。言不胜其任者。此夫子之言,引《易》后以此结之,其文少,故不云"子曰"也。

子曰:"知几其神乎?君子上交不谄,下交不渎,其知几乎?注云:形而上者况之道,形而下者况之器。于道不冥而有求焉,未离乎谄也。于器不绝而有交焉,未免乎渎也。能无谄、渎,穷理者乎?**几者,动之微。吉之先见者也。**注云:几者去无入有,理而无形,不可以名寻,不可以形睹者也。唯神也不疾而速,感而遂通,故能朗然玄昭,鉴于未形也。合抱之木,起于毫末。吉凶之彰,始于微兆,故为吉之先见也。**君子见几而作,不俟终日。《易》曰:'介于石,不终日,贞吉。'介如石焉,宁用终日,断可识矣。**注云:定之于始,故不待终日也。**君子知微知彰,知柔知刚,万夫之望。"**注云:此知几其神乎?

疏正义曰：此第七节。前章云精义入神，故此章明知几入神之事，故引豫之六二以证之。云“《易》曰：介于石，不终日，贞吉”、“知几其神乎”者，神道微妙，寂然不测。人若能豫知事之几微，则能与其神道合会也。“君子上交不谄，下交不渎”者，上谓道也，下谓器也。若圣人知几穷理，冥于道，绝于器，故能上交不谄、下交不渎。若于道不冥而有求焉，未能离于谄也；于器不绝而有交焉，未能免于渎也。能无谄、渎、知几穷理者乎？“几者，动之微。吉之先见者也”者，此释“几”之义也。几，微也。是已动之微，动谓心动、事动。初动之时，其理未著，唯纤微而已。若其已著之后，则心事显露，不得为几。若未动之前，又寂然顿无，兼亦不得称几也。几是离无入有，在有无之际，故云“动之微”也。若事著之后乃成为吉，此几在吉之先，豫前已见，故云“吉之先见者也”。此直云吉不云凶者，凡豫前知几，皆向吉而背凶，违凶而就吉，无复有凶，故特云吉也。诸本或有凶字者，其定本则无也。“君子见几而作，不俟终日”者，言君子既见事之几微，则须动作而应之，不得待终其日。言赴几之速也。“《易》曰：介于石，不终日，贞吉”者，此豫之六二辞也。得位居中，故守介如石，见几则动，不待终其一日也。“介如石焉，宁用终日，断可识矣”者，此夫子解释此爻之时，既守志耿介，如石不动，才见几微，即知祸福，何用终竟其日，当时则断可识矣。“君子知微知彰”者，初见是几，是知其微；既见其几，逆知事之祸福，是知其彰著也。“知柔知刚”者，刚柔是变化之道，既知初时之柔，则逆知在后之刚，言凡物之体，从柔以至刚，凡事之理，从微以至彰，知几之人，既知其始，又知其末，是合于神道，故为万夫所瞻望也。万夫举大略而言。若知几合神，则为天下之主，何直只云万夫而已，此知几其神乎者也。

子曰：“颜氏之子，其殆庶几乎？有不善，未尝不知，知之未尝复行也。注云：在理则昧，造形而悟，颜子之分也。失之于几，故有不善。得之于二，不远而复，故知之未尝复行也。**《易》曰：‘不远复，无祇悔，元吉。’**注云：吉凶者，失得之象也。得一者于理不尽，未至成形，故得不远而复，舍凶之吉，免夫祇悔，而终获元吉。祇，大也。

疏正义曰：此第八节。上节明其知几是圣人之德，此节论贤人唯庶于几，虽未能知几，故引颜氏之子以明之也。“其殆庶几乎”者，言圣人知几，颜子亚圣，未能知几，但殆近庶慕而已，故云“其殆庶几乎”，又以“殆”为辞。“有不善，未尝不知”者，若知几之人，本无不善。以颜子未能知几，故有不善。不近于几之人，既有不善，不能自知于恶。此颜子以其近几，若有不善，未尝不自知也。“知之未尝复行”者，以颜子通几，既知不善之事，见过则改，未尝复更行之，但颜子于几理闇昧，故有不善之事，于形器显著，乃自觉悟，所有不善，未尝复行。“易曰：‘不远复，无祇悔，元吉’”者，以去几既近，寻能改悔，故引复卦初九以明之也。以复卦初九既在卦初，则能复于阳道，是速而不远，则能复也。所以无大悔而有元吉也。

天地絪缊，万物化醇，男女构精，万物化生。《易》曰：‘三人行，则损一人；一人行，则得其友。’言致一也。”注云：致一而后化成也。**子曰：“君子安其身而后动，易其心而后语，定其交而后求。君子修此三者，故全也。危以动，则民不与也。惧以语，则民不应也。无交而求，则民不与也。莫之与，则伤之者至矣。《易》曰：‘莫益之，或击之，立心勿恒，凶。’”**注云：夫虚己存诚，则众之所不迕也。躁以有求，则物之所不与也。

疏正义曰：此第九节也。以前章利用安身以崇德也，安身之道在于得一，若己能得一，则可以安身。故此节明得一之事也。“天地絪缊，万物化醇”者，絪缊，相附著之义。言天地无心，自然得一，唯二气絪缊，共相和会，万物感之变化而精醇也。天地若有心为二，则不能使万物化醇也。“男女构精，万物化生”者，构，合也。言男女阴阳相感，任其自然，得一之性，故合其精则万物化生也。若男女无自然之性，而各怀差二，则万物不化生也。“易曰：‘三人行，则损一人；一人行，则得其友”者，此损卦六三辞也。言六三若更与二人同往承上，则上所不纳，是三人俱行，并六三不相纳，是则损一人也。若六三独行，则上所容受，故云“一人行，则得其友”。此言无不如寡，三不及一也。言“致一也”者，此夫子释此爻之意，谓此爻所论，致其醇一也。故一人独行，乃得其友也。“子曰：君子安其身而后动”者，此明致一之道，致一者，在身之谓。若己之为得，则万事得；若己之为失，则万事失也。欲行于天下，先在其身之一，故先须安静其身而后动，和易其心而后语，先以心选定其交而后求。若其不然，则伤之者至矣。“易曰：‘莫益之，或击之，立心勿恒，凶’”者，此益之上九爻辞，在无位高亢，独唱无和，是“莫益之”也。众怒难犯，是“或击之”也。勿，无也。由己建立其心，无能有恒，故凶危也。《易》之此言，若虚己存诚，则众之所与；躁以有求，则物之所不与也。

子曰：“乾坤，其易之门邪？”乾，阳物也。坤，阴物也。阴阳合德而刚柔有体，以体天地之撰，注云：撰，数也。**以通神明之德。其称名也，杂而不越。**注云：备物极变，故其名杂也。各得其序，不相逾越，况爻繇之辞也。**于稽其类，其衰世之意邪？**注云：有忧患而后作《易》，世衰则失得弥彰，爻繇之辞，所以明失得，故知衰世之意邪，稽，犹考也。**夫易彰往而察来，而微显阐幽。**

注云：易无往不彰，无来不察，而微以之显，幽以之阐。阐，明也。**开而当名，辨物正言，断辞则备矣。**注云：开释爻卦，使各当其名也。理类辨明，故曰"断辞"也。**其称名也小，其取类也大。**注云：托象以明义，因小以喻大。**其旨远，其辞文，其言曲而中。**注云：变化无恒，不可为典要，故其言曲而中也。**其事肆而隐。**注云：事显而理微也。**因贰以济民行，以明失得之报。**注云：贰则失得也，因失得以通济民行，故明失得之报也。"失得之报"者，得其会则吉，乖其理则凶。

疏正义曰：此第五章也。前章明安身崇德之道，在于知几得一也。此明《易》之体用，辞理远大，可以济民之行，以明失得之报也。"子曰：乾坤，其易之门邪"者，易之变化，从乾坤而起，犹人之兴动，从门而出，故乾坤是易之门邪。"乾，阳物也。坤，阴物也。阴阳合德而刚柔有体"者，若阴阳不合，则刚柔之体无从而生。以阴阳相合，乃生万物，或刚或柔，各有其体。阳多为刚，阴多为柔也。"以体天地之撰"者，撰，数也。天地之内，万物之象，非刚则柔，或以刚柔体象天地之数也。"以通神明之德"者，万物变化，或生或成，是神明之德。《易》则象其变化之理，是其《易》能通达神明之德也。"其称名也杂而不越"者，《易》之其称万物之名，万事论说，故辞理杂碎，各有伦叙，而不相乖越。《易》之爻辞，多载细小之物，若"见豕负途"之属，是杂碎也。辞虽杂碎，各依爻卦所宜而言之，是不相逾越也。"于稽其类，其衰世之意邪"者，稽，考也。类，谓事类。然考校《易》辞事类，多有悔之忧虞，故云变乱之世所陈情意也。若盛德之时，物皆遂性，人悉欢娱，无累于吉凶，不忧于祸害。今《易》所论，则有"亢龙有悔"，或称"龙战于野"，或称"箕子明夷"，或称"不如西邻之禴祭"，此皆论战争盛衰之理，故云"衰世之意"也。凡云"邪"者，是疑而不定之辞也。"夫易彰往而察来"者，往事必载，是彰往也。来事豫占，是察来也。"而微显阐幽"者，阐，明也。谓微而之显，幽而阐明也。言《易》之所说，论其初微之事，以至其终末显著也；论其初时幽闇，以至终末阐明也。皆从微以至显，从幽以至明。观其《易》辞，是微而幽闇也；演其义理，则显见著明也。以体言之，则云"微显"也；以理言之，则云"阐幽"，其义一也，但以体以理，故别言之。"开而当名"者，谓开释爻卦之义，使各当所象之名，若乾卦当龙，坤卦当马也。"辨物正言"者，谓辨天下之物，各以类正定言之。若辨健物，正言其龙；若辨顺物，正言其马，是辨物正言也。"断辞则备矣"者，言开而当名，及辨物正言，凡此二事，决断于爻卦之辞，则备具矣。"其称名也小"者，言《易》辞所称物名多细小，若"见豕负途""噬腊肉"之属，是其辞碎小也。"其取类也大"者，言虽是小物，而比喻大事，是所取义类而广大也。"其旨远"者，近道此事，远明彼事，是其旨意深。若"龙战于野"，近言龙战，乃远明阴阳斗争、圣人变革，是其旨远也。“其辞文”者，不直言所论之事，乃以义理明之，是其辞文饰也。若“黄裳元吉”，不直言得中居职，乃云黄裳，是其辞文也。“其言曲而中”者，变化无恒，不可为体例，其言随物屈曲，而各中其理也。“其事肆而隐”者，其《易》之所载之事，其辞放肆显露，而所论义理深而幽隐也。“因贰以济民行”者，贰，二也，谓吉凶二理。言易因自然吉凶二理，以济民之行也，欲令趋吉而避凶，行善而不行恶也。“以明失得之报”者，言易明人行失之与得所报应也。失则报之以凶，得则报之以吉，是明失得之报也。

《易》之兴也，其于中古乎？作《易》者，其有忧患乎？注云：无忧患则不为而足也。**是故履，德之基也。**注云：基，所蹈也。**谦，德之柄也。复，德之本也。**注云：夫动本于静，语始于默，复者，各反其所始，故为德之本也。**恒，德之固也。**注云：固，不倾移也。**损，德之修也。益，德之裕也。**注云：能益物者，其德宽大也。**困，德之辨也。**注云：困而益明。**井，德之地也。**注云：所处不移，象居得其所也。**巽，德之制也。**注云：巽，所以申命明制也。**履，和而至。**注云：和而不至，从物者也。和而能至，故可履也。**谦，尊而光。复，小而辨于物。**注云：微而辨之，不远复也。**恒，杂而不厌。**注云：杂而不厌，是以能恒。**损，先难而后易。**注云：刻损以修身，故先难也。身修而无患，故后易也。**益，长裕而不设。**注云：有所兴为，以益于物，故曰长裕。因物兴务，不虚设也。**因，穷而通。**注云：处穷而不屈其道也。**井，居其所而迁。**注云：改邑不改井，井所居不移，而能迁其施也。**巽，称而隐。**注云：称扬命令，而百姓不知其由也。**履以和行。谦以制礼。复以自知。**注云：求诸己也。**恒以一德。**注云：以一为德也。**损以远害。**注云：止于修身，故可以远害而已。**益以兴利。困以寡怨。**注云：困而不滥，无怨于物。**井以辩义。**注云：施而无私，义之方也。**巽以行权。**注云：权反经而合道，必合乎巽顺，而后可以行权也。

疏正义曰：此第六章。明所以作《易》，为其忧患故。作《易》既有忧患，须修德以避患，故明九卦为德之所用也。“其于中古乎”者，谓《易》之爻卦之辞，起于中古。若《易》之爻卦之象，则在上古伏羲之时，但其时理尚质素，圣道凝寂，直观其象，足以垂教矣。但中古之时，事渐浇浮，非象可以为教，又须系以文辞，示其变动吉凶，故爻卦之辞，起于中古。则《连山》起于神农，《归藏》起于黄帝，周《易》起于文王及周公也。此之所论，谓《周易》也。“作《易》者其有忧患乎”者，若无忧患，何思何虑，不须营作。今既作《易》，故知有忧患也。身既患忧，须垂法以示于后，以防忧患之事，故系之以文辞，明其失得与吉凶也。其作《易》忧患，已于初卷详之也。“是故履，德之基也”者，以为忧患，行德为本也。六十四卦悉为修德防患之事，但于此九卦，最是修德之甚，故特举以言焉，以防忧患之事。故履卦为德之初基。故为德之时，先须履践其礼，敬事于上，故履为德之初基也。“谦，德之柄也”者，言为德之时，以谦为用，若行德不用谦，则德不施用，是谦为德之柄，犹斧刃以柯柄为用也。“复，德之本”者，言为德之时，先从静默而来，复是静默，故为德之根本也。“恒，德之固也”者，言为德之时，恒能执守，始终不变，则德之坚固，故为德之固也。“损，德之修”者，行德之时，恒自降损，则其德自益而增新，故云“损，德之修”也。谦者，论其退下于人；损者，能自减损于己，故谦、损别言也。“益，德之裕”者，裕，宽大也。能以利益于物，则德更宽大也。“困，德之辨也”者，若遭困之时，守操不移，德乃可分辨也。“井，德之地也”者，改邑不改井，井是所居之常处，能守处不移，是德之地也。言德亦不移动也。“巽，德之制也”者，巽申明号令，以示法制。故能与德为制度也。自此已上，明九卦各与德为用也。“履，和而至”者，自此已下，明九卦之德也。言履卦与物和谐，而守其能至，故可履践也。“谦，尊而光”者，以能谦卑，故其德益尊而光明也。“复，小而辨于物”者，言复卦于初细微小之时，即能辨于物之吉凶，不远速复也。“恒，杂而不厌”者，言恒卦虽与物杂碎并居，而常执守其操，不被物之不正也。“损，先难而后易”者，先自减损，是先难也。后乃无患，是后易也。“益，长裕而不设”者，益是增益于物，能长养宽裕于物，皆因物性自然而长养，不空虚妄设其法而无益也。“因，穷而通”者，言困卦于困穷之时，而能守节，使道通行而不屈也。“井，居其所而迁”者，言井卦居得其所，恒住不移，而能迁其润泽，施惠于外也。“巽，称而隐”者，言巽称扬号令，而不自彰伐而幽隐也。自此已上，辨九卦性德也。“履以和行”者，自此已下，论九卦各有施用而有利益也。言履者以礼敬事于人，是调和性行也。“谦以制礼”者，性能谦顺，可以裁制于礼。“复以自知”者，既能返复求身，则自知得失也。“恒以一德”者，恒能终始不移，是纯一其德也。“损以远害”者，自降损修身，无物害己，故远害也。“益以兴利”者，既能益物，物亦益己，故兴利也。“困以寡怨”者，遇困，守节不移，不怨天，不尤人，是无怨于物，故寡怨也。“井以辩义”者，井能施而无私，则是义之方所，故辨明于义也。“巽以行权”者，巽顺以。既能顺时合宜，故可以权行也。若不顺时制变，不可以行权也。

《易》之为书也不可远，注云：拟议而动，不可远也。**为道也屡迁，变动不居，周流六虚，**注云：六虚，六位也。**上下无常，刚柔相易，不可为典要。**注云：不可立定准也。**唯变所适。**注云：变动贵于适时，趣舍存乎会也。**其出入以度，外内使知惧，**注云：明出入之度，使物之外内之戒也。出入尤行藏，外内尤隐显。遁以远时为吉，丰以幽隐致凶，渐以高显为美，明夷以处昧利贞，此外内之戒也。**又明于忧患与故。**注云：故，事故也。**无有师保，如临父母。**注云：安而不忘危，存而不忘亡。终日乾乾，不可以怠也。**初率其辞而揆其方，既有典常。**注云：能循其辞以度其义，原其初以要其终，则唯变所适，是其常典也。明其变者，存其要也，故曰“苟非其人，道不虚行”。**苟非其人，道不虚行。《易》之为书也，原始要终，以为质也。**注云：质，体也。卦兼终始之义也。**六爻相杂，唯其时物也。**注云：爻各存乎其时。物，事也。**其初难知，其上易知，本末也。初辞拟之，卒成之终。**注云：夫事始于微而后至于著。初者，数之始，拟议其端，故难知也。上者，卦之终，事皆成著，故易知也。**若夫杂物撰德，辩是与非，则非其中爻不备。噫，亦要存亡吉凶，则居可知矣。知者观其彖辞，则思过半矣。**注云：夫彖者，举立象之统，论中爻之义，约以存博，简以兼众，杂物撰德，而一以贯之。形之所宗者道，众之所归者一。其事弥繁，则愈滞乎形；其理弥约，则转近乎道。彖之为义，存乎一也。一之为用，同乎道矣。形而上者，可以观道，过半之益，不亦宜乎。

疏正义曰：此第七章。明《易》书体用也。“不可远”者，言《易》书之体，皆仿法阴阳，拟议而动，不可远离阴阳物象而妄为也。“其为道也屡迁”者，屡，数也。言易之为道，皆法象阴阳，数数迁改，若乾之初九则“潜龙”，九二则“见龙”，是屡迁也。“变动不居”者，言阴阳六爻，更互变动，不恒居一体也。若一阳生为复，二阳生为临之属是也。“周流六虚”者，言阴阳周遍，流动在六位之虚。六位言“虚”者，位本无体，因爻始见，故称“虚”也。“上下无常”者，初居一位，又居二位，是上无常定也。既穷上位之极，又下来居于初，是上下无常定也。若九月剥卦，一阳上极也，十一月，一阳下来归初也。“刚柔相易，不可为典要”者，言阴阳六爻，两相交易，或以阴易阳，或以阳易阴，或在初位相易，在二位相易，六位错综上下，所易皆不同，是不可为典常要会也。“唯变所适”者，言刚柔相易之时，既无定准，唯随应变之时所之适也。“其出入以度”者，出入尤行藏也。言行藏各有其度，不可违失于时，故韩氏云丰以幽隐致凶，明夷以处昧利贞，是出入有度也。“外内使知惧”者，外内尤隐显，言欲隐显之人，使知畏惧于易也。若不应隐而隐，不应显而显，必有凶咎，使知畏惧凶咎而不为也。“又明于忧患与故”者，故，事故也。非但使人隐显知惧，又使人明晓于忧患并与万事也。“无有师保，如临父母”者，言使人畏惧此易，归行善道，不须有师保教训，恒常恭敬，如父母临之，故云“如临父母也”。“初率其辞而揆其方”者，率，循也。揆，度也。方，义也。言人君若能初始依循其《易》之文辞，而揆度其易之义理，则能知易有典常也，故云“既有典常”。易虽千变万化，不可为典要，然循其辞，度其义，原寻其初，要结其终，皆唯变所适，是其常典也。言唯变是常，既以变为常，其就变之中，刚之与柔相易，仍不常也。故上云"不可为典要"也。"苟非其人，道不虚行"者，言若圣人，则能循其文辞，揆其义理，知其典常，是易道得行也；若苟非通圣之人，则不晓达易之道理，则易之道不虚空得行也。言有人则易道行，若无人则易道不行，无人而行，是虚行也。必不如此，故云"道不虚行"也。"易之为书也，原始要终，以为质也"者，此已下亦明《易》辞体用，寻其辞，则吉凶可以知也。"原始要终，以为质"者，质，体也。言《易》之为书，原穷其事之初始，乾"初九，潜龙勿用"，是原始也；又要会其事之终末，若"上九亢龙有悔"，是要终也。言《易》以原始要终，以为体质也，此"潜龙"、"亢龙"，是一卦之始终也。诸卦亦然，若大畜初畜而后通，皆是也。亦有一爻之中原始要终也。故坤卦之初六"履霜，坚冰至"，履霜，是原始也；"坚冰至"，是要终也。"六爻相杂，唯其时物也"者，物，事也。一卦之中，六爻交相杂错，唯各会其时，唯各主其事。若屯卦初九"盘桓利居贞"，是居贞之时，有居贞之事。六二，"屯如邅如"，是乘阳屯邅之时，是有屯邅之事也。略举一爻，余爻仿此也。"其初难知"者，谓卦之初始，起于微细，始拟议其端绪，事未显著，故难知也。"其上易知"者，其上谓卦之上爻，事已终极，成败已见，故易知也。上云其上，则其初宜云下也。初既言初，则上应称末，互文也。以《易经》爻辞言初言上，故此从经文也。"本末也"者，其初难知是本也，其上易知，是末也。以事本，故难知；以事末，故易知，故云"本末也"。"初辞拟之"者，覆释"其初难知"也。以初时以辞拟议其始，故难知也。"卒成之终"者，覆释"其上易知"也。言上是事之卒了，而成就终竟，故易知也。"若夫杂物撰德，辨是与非，则非其中爻不备"者，言杂聚天下之物，撰数众人之德，辨定是之与非，则非其中之一爻，不能备具也。谓一卦之内，而有六爻，各主其物，各数其德，欲辨定此六爻之是非，则总归于中爻，言中爻统摄一卦之义多也。若非中爻，则各守一爻，不能尽统卦义，以中爻居一无偏，故能统卦义也。尤乾之九二"见龙在田，利见大人"，九五"飞龙在天，利见大人"，是总摄乾卦之义也。乾是阳长，是行利见大人之时。二之与五，统摄乾德。又坤之六二云"直方大"，摄坤卦地道之义。六五"黄裳元吉"，亦统摄"坤"之臣道之义也。"噫，亦要存亡吉凶，则居可知矣"者，噫者，发声之辞。卦爻虽众，意义必在其中爻，噫乎发叹，要定或此卦存之与亡、吉之与凶，但观其中爻，则居然可知矣。谓平居自知，不须营为也。"知者观其彖辞，则思过半矣"者，彖辞，谓文王卦下之辞。言聪明知达之士，观此卦下彖辞，则能思虑有益以过半矣。

注"夫彖者"至"不亦宜乎"

疏正义曰："夫彖者，举立象之统"者，谓文王卦下彖辞，举明立此卦象之纲统也。云:“论中爻之义”者,言彖辞论量此卦中爻义意也。“举立象之统”者,若屯卦彖云“利贞”,夫子释云:“动于险中,大亨”。贞者,是举立象之统也。论“中爻之义”者,若蒙卦云“蒙,亨”、“初筮告”,注云:“能为初筮,其唯二乎?”是彖云“初筮”,其在九二,是论中爻之义也。云“约以存博,简以兼众”者,唯举中爻,是约是简;存备六爻之义,是存博兼众也。云“杂物撰德,而一以贯之”者,一卦六爻,杂聚诸物,撰数诸德,而用一道以贯穿之,一谓中爻也。以其居中,于上于下,无有偏二,故称一也。“其事弥繁,则愈滞乎无形”者,愈,益也。滞,谓陷滞也。若事务弥更繁多,则转益滞陷于形体,言处处妨碍也。云“其理弥约,则转近乎道”者,若理能简约则转,转附近于道,道以约少,无为之称,故少则近于道也。

二与四同功,注云:同阴功也。**而异位,**注云:有内外也。**其善不同,二多誉,**注云:二处中和,故多誉也。**四多惧,近也。**注云:位逼于君,故多惧也。**柔之为道,不利远者,其要无咎,其用柔中也。**注云:四之多惧,以近君也,柔之为道,须援而济,故有不利远者。二之能无咎,柔而处中也。**三与五同功,**注云:同阳功也。**而异位,**注云:有贵贱也。**三多凶,五多功,贵贱之等也。其柔危,其刚胜邪?**注云:三、五阳位,柔非其位,处之则危,居以刚健,胜其任也。夫所贵刚者,闲邪存诚,动而不违其节者也。所贵柔者,含弘居中,顺而不失其贞者也。若刚以犯物,则非刚之道;柔以卑佞,则非柔之义也。

疏正义曰:此第八章也。明诸卦二、三、四、五爻之功用,又明三才之道,并明《易》兴之时,总赞明易道之大也,各随文释之。“柔之为道,不利远”者,此覆释上“四多惧”之意。凡阴柔为道,当须亲附于人以得济。今乃远其亲援,而欲上逼于君,所以多惧。其不宜利于疏远也。“其要无咎,其用柔中”者,覆释上“二多誉”也。言二所多誉者,言二所以要会,无罪咎而多誉也。所以然者,以其用柔而居中也。“贵贱之等,其柔危,其刚胜邪”者,此释“三与五同功”之义,五为贵,三为贱,是贵贱之等也。此并阳位,若阴柔处之则倾危,阳刚处之则克胜其任,故云“其柔危,其刚胜”也。诸本“三多凶五多功”之下,皆有注,今定本无也。三居下卦之极,故多凶。五居中处尊,故多功也。

《易》之为书也,广大悉备,有天道焉,有人道焉,有地道焉,兼三材而两之,故六。六者非它也,三材之道也。注云:《说卦》备矣。**道有变动,故曰爻,爻有等,故曰物。**注云:等,类也。乾,阳物也。坤,阴物也。爻有阴阳之类，而后有刚柔之用，故曰"爻有等，故曰物"。**物相杂，故曰文。**注云：刚柔交错，玄黄错杂。**文不当，故吉凶生焉。**

疏正义曰：此节明三材之义，六爻相杂之理也。"六者非他，三材之道也"者，言六爻所效法者，非更别有他义，唯三材之道也。"道有变动，故曰爻"者，言三材之道，既有变化而移动，故重画以象之，而曰爻也。"爻有等，故曰物"者，物，类也。言爻有阴阳贵贱等级，以象万物之类，故谓之物也。"物相杂，故曰文"者，言万物递相错杂，若玄黄相间，故谓之文也。"文不当，故吉凶生焉"者，若相与聚居，间杂成文，不相妨害，则吉凶不生也。由文之不当，相与聚居，不当于理，故吉凶生也。

《易》之兴也，其当殷之末世、周之盛德邪？当文王与纣之事邪？注云：文王以盛德蒙难而能亨其道，故称文王之德，以明易之道也。**是故其辞危。**注云：文王与纣之事，危其辞也。**危者使平，易者使倾。**注云：易，慢易也。**其道甚大，百物不废。惧以终始，其要无咎。此之谓易之道也。**注云：夫文不当而吉凶生，则保其存者亡，不忘亡者存，有其治者乱，不忘危者安，惧以终始，归于无咎，安危之所由，爻象之大体也。

疏正义曰：此一节明《易》之兴起在纣之末世，故其辞者，忧其倾危也。以当纣世忧畏灭亡，故作《易》辞，多述忧危之事，亦以垂法于后，使保身危惧，避其患难也。周氏云："谓当纣时，不敢指斥纣恶，故其辞微危而不正也。"今案康伯之注云："文王与纣之事，危其辞也。"则似周释为得也。案下覆云："危者使平"，则似危谓忧危，是非既未可明，所以两存其释也。"危者使平"者，既有倾厄，以蒙大难，文王有天下，是危者使平也。"易者使倾"者，若其慢易，不循易道者，则使之倾覆，若纣为凶恶，以至诛灭也。"其道甚大，百物不废"者，言易道功用甚大，百种之物，赖之不有休废也。"惧以终始"者，言恒能忧惧于终始，能于始思终，于终思始也。"其要无咎"者，若能始终皆惧，要会归于无咎也。"此之谓易之道"者，言易之为道，若能终始之惧，则无凶咎，此谓易之所用之道，其大体如此也。

夫乾，天下之至健也，德行恒易以知险。夫坤，天下之至顺也，德行恒简以知阻。能说诸心，能研诸侯之虑，注云：诸侯，物主有为者也。能说万物之心，能精为者之务。**定天下之吉凶，成天下之亹亹者。是故变化云为，吉事有祥。象事知器，占事知来。**注云："夫变化云为"者，行其吉事，则获嘉祥之应；观其象事，则知制器之方；玩其占事，则睹方来之验也。**天地设位，圣人**

成能。注云：圣人乘天地之正，万物各成其能。**人谋鬼谋，百姓与能。**注云：人谋，况议于众以定失得也；鬼谋，况寄卜筮以考吉凶也。不役思虑，而失得自明；不劳探讨，而吉凶自著。类万物之情，通幽深之故，故百姓与能，乐推而不厌也。**八卦以象告，**注云：以象告人。**爻彖以情言。**注云：辞有险易，而各得其情也。**刚柔杂居，而吉凶可见矣。变动以利言，**注云：变而通之，以尽利也。**吉凶以情迁。**注云：吉凶无定，唯人所动。情顺乘理以之吉，情逆违道以蹈凶，故曰"吉凶以情迁"也。**是故爱恶相攻而吉凶生，**注云：泯然同顺，何吉何凶？爱恶相攻，然后逆顺者殊，故吉凶生。**远近相取而悔吝生，**注云：相取，尤相资也。远近之爻，互相资取，而后有悔吝也。**情伪相感而利害生。**注云：情以感物则得利，伪以感物则致害也。**凡易之情，近而不相得则凶。**注云：近，况比爻也。易之情，刚柔相摩，变动相适者也。近而不相得，必有乖违之患。或有相违而无患者，得其应也；相顺而皆凶者，乖于时也。存事以考之，则义可见矣。**或害之，悔且吝。**注云：夫无对于物而后尽全顺之道，岂可有欲害之者乎？虽能免济，必有悔吝也。或，欲害之辞也。**将叛者其辞惭，中心疑者其辞枝。吉人之辞寡，躁人之辞多。诬善之人其辞游，失其守者其辞屈。**

疏正义曰：此第九章。自此已下终篇末，总明易道之美，兼明易道爱恶相攻，情伪相感，吉凶悔吝由此而生，人情不等，制辞各异也。"德行恒易以知险"者，谓乾之德行，恒易略，不有艰难，以此之故，能知险之所兴。若不有易略，则为险也，故行易以知险也。"德行恒简以知阻"者，言坤之德行，恒为简静，不有烦乱，以此之故，知阻之所兴也。若不简则为阻难，故行简静，以知阻也。大难曰险，乾以刚健，故知其大难；小难曰阻，坤以柔顺，故知其小难。知大难曰险者，案坎卦《彖》云："天险不可升，地险山川丘陵"。言险不云阻，故知险为大难，险既为大，明阻为小也。"能说诸心"者，万物之心，皆患险阻。今以阻险逆告于人，则万物之心，无不喜说，故曰"能说诸心"也。"能研诸侯之虑"者，研，精也。诸侯既有为于万物，育养万物，使令得所，易既能说诸物之心，则能精妙诸侯之虑。谓诸侯以此易之道，思虑诸物，转益精粹，故云"研诸侯之虑"也。"定天下之吉凶"者，言易道备载诸物得失，依之则吉，逆之则凶，是易能定天下之吉凶也。"成天下之亹亹"者，亹亹，勉也。天下有所营为，皆勉勉不息。若依此易道，则所为得成，故云"成天下之亹亹"也。"是故变化云为"者，易既备含诸事以是之故，物之或以渐变改，或顿从化易，或口之所云，或身之所为也。"吉事有祥"者，若行吉事则有嘉祥之应也。"象事知器"者，观其所象之事，则知作器物之方也。"占事知来"者，言卜占之事，则知未来之验也。言易之为道，有此诸德也。"天地设位"

者，言圣人乘天地之正，设贵贱之位也。“圣人成能”者，圣人因天地所生之性，各成其能，令皆得所也。“人谋鬼谋，百姓与能”者，谓圣人欲举事之时，先与人众谋图以定得失，又卜筮于鬼神以考其吉凶，是与鬼为谋也。圣人既先与人谋鬼神谋，不烦思虑与探讨，自然能类万物之情，能通幽深之理，是其能也，则天下百姓，亲与能人，乐推为王也。自此已上，论易道之大，圣人法之而行。自此已下，又明卦爻刚柔变动情伪相感之事也。“刚柔杂居，而吉凶可见矣”者，刚柔二爻相杂而居，得理则吉，失理则凶，故吉凶可见也。“变动以利言”者，若不变不动，则于物有损有害；今变而动之，使利益于物，是变动以利而言说也。“吉凶以情迁”者，迁，谓迁移。凡得吉者，由情迁移于善也。所得凶者，由情迁于恶也。“是故爱恶相攻而吉凶生”者，若泯然无心，事无得失，何吉凶之有，由有所贪爱，有所憎恶，两相攻击，或爱攻于恶，或恶攻于爱，或两相攻击，事有得失，故吉凶生也。“远近相取而悔吝生”者，远谓两卦上下相应之类，近谓比爻共聚，叠相资取，取之不以理，故悔吝生也。“情伪相感而利害生”者，情，谓实情；伪，谓虚伪。虚实相感，若以情实相感则利生，若以虚伪相感则害生也。“凡易之情，近而不相得则凶”者，近，谓两爻相近而不相得，以各无外应，则致凶咎；若各有应，虽近不相得，不必皆凶也。“或害之，悔且吝”者，言若能弘通，不偏对于物，尽竭顺道，物岂害之？今既有心于物，情意二三，其外物则或欲害之，则有凶祸。假令自能免济，犹有悔及吝也。故云“或害之，悔且吝”也。“将叛者其辞惭”者，此已下说人情不同，其辞各异。将欲违叛己者，貌虽相亲，辞不以实，故其辞惭也。“中心疑者其辞枝”者，枝，谓树枝也。中心于事疑惑，则其心不定，其辞分散若闲枝也。“吉人之辞寡”者，以其吉善辞直，故辞寡也。“躁人之辞多”者，以其烦躁，故其辞多也。“诬善之人其辞游”者，游，谓浮游。诬罔善人，其辞虚漫，故言其辞游也。“失其守者其辞屈”者，居不值时，失其所守之志，故其辞屈桡不能申也。凡此辞者，皆论《易经》之中有此六种之辞，谓作《易》之人，述此六人之意，各准望其意而制其辞也。

周易注疏卷第十三

周易说卦

疏正义曰:《说卦》者,陈说八卦之德业变化及法象所为也。孔子以伏羲画八卦,后重为六十四卦,八卦为六十四卦之本。前系辞中略明八卦小成,引而伸之,触类而长之,天下之能事毕矣。又曰:"八卦成列,象在其中矣。因而重之,爻在其中矣。"又云:"古者包牺氏之王天下也,仰则观象于天,俯则观法于地,观鸟兽之文与地之宜,近取诸身,远取诸物,于是始作八卦,以通神明之德,以类万物之情。"然引而伸之,重三成六之意,犹自未明;仰观俯察,近身远物之象,亦为未见。故孔子于此,更备说重卦之由,及八卦所为之象,故谓之《说卦》焉。先儒以孔子《十翼》之次,乾坤《文言》在二系之后,《说卦》之前。以《彖》、《象》附上下二经为六卷,则上系第七,下系第八,《文言》第九,《说卦》第十。辅嗣之《文言》分附乾、坤二卦,故《说卦》为第九。

昔者圣人之作《易》也,幽赞于神明而生蓍,注云:幽,深也。赞,明也。蓍受命如向,不知所以然而然也。**参天两地而倚数,**注云:参,奇也。两,耦也。七、九阳数,六、八阴数。**观变于阴阳而立卦。**注云:卦,象也。蓍,数也。卦则雷风相薄,山泽通气,拟象阴阳变化之体;蓍则错综天地参两之数,蓍极数以定象,卦备象以尽数,故蓍曰"参天两地而倚数",卦曰"观变于阴阳"也。**发挥于刚柔而生爻,**注云:刚柔发散,变动相和。**和顺于道德而理于义,穷理尽性,以至于命。**注云:命者,生之极,穷理则尽其极也。

疏正义曰:"昔者圣人"至"以至于命",此一节将明圣人引伸因重之意,故先叙圣人本制蓍数卦爻,备明天道人事妙极之理。据今而称上世,谓之昔者也。聪明睿知,谓之圣人。此圣人即伏羲也,不言伏羲而云圣人者,明以圣知而制作也。且下系已云"包牺氏之王天下也,于是始作八卦",今言"作《易》",言是伏羲,非文王等。凡言"作"者,皆本其事之所由,故云"昔者圣人之作《易》也”。圣人作《易》，其作如何？以此圣知深明神明之道，而生用蓍求卦之法，故曰“幽赞于神明而生蓍也”。“参天两地而倚数”者，倚，立也。既用蓍求卦，其揲蓍所得，取奇数于天，取耦数于地，而立七、八、九、六之数，故曰“参天两地而倚数也”。“观变于阴阳而立卦”者，言其作《易》圣人，本观察变化之道，象于天地阴阳而立乾坤等卦，故曰“观变于阴阳而立卦”也。“发挥于刚柔而生爻”者，既观象立卦，又就卦发动挥散，于刚柔两画而生变动之爻，故曰“发挥于刚柔而生爻”也。“和顺于道德而理于义，穷理尽性，以至于命”者，蓍数既生，爻卦又立，《易》道周备，无理不尽。圣人用之，上以和协顺成圣人之道德，下以治理断人伦之正义。又能穷极万物深妙之理，究尽生灵所禀之性，物理既穷，生性又尽，至于一期所赋之命，莫不穷其短长，定其吉凶，故曰“和顺于道德而理于义，穷理尽性以至于命”也。

注“幽深也”至“然也”

疏正义曰：幽者，隐而难见，故训为深也。赞者，佐而助成，而令微者得著，故训为明也。“蓍受命如向，不知所以然而然”者，释圣人所以深明神明之道，便能生用蓍之意，以神道与用蓍相协之故也。神之为道，阴阳不测，妙而无方，生成变化，不知所以然而然者也。蓍则受人命令，告人吉凶，应人如向，亦不知所以然而然，与神道为一，故系辞云“蓍之德员而神”，其受命如向，亦系辞文也。

注“参，奇也”至“八阴数”

疏正义曰：先儒马融、王肃等解此，皆依系辞云：“天数五，地数五，五位相得而各有合”，以为五位相合，以阴从阳。天得三合，谓一、三与五也；地得两合，谓二与四也。郑玄亦云天地之数备于十，乃三之以天，两之以地，而倚托大演之数五十也。必三之以天，两之以地者，天三覆，地二载，欲极于数，庶得吉凶之审也。其意皆以系辞所云“大演之数五十，其用四十有九”，明用蓍之数。下云天数五，地数五，五位相得而各有合，天地之数五十有五，以为大演即天地之数。又此上言“幽赞于神明而生蓍”，便云“参天两地而倚数”，验文准义，故知如此。韩康伯注系辞云“大演之数五十”，用王辅嗣意。云《易》之所赖者五十，其用四十有九，则其一不用也。不用而用以之通，非数而数以之成。用与不用，本末合数，故五十也。以大衍五十，非即天地之数，故不用马融、郑玄等说。然此倚数生数，在生蓍之后、立卦之前，明用蓍得数而布以为卦，故以七、八、九、六当之。七、九为奇，天数也；六、八为耦，地数也，故取奇于天，取耦于地，而立七、八、九、六之数也。何以参两为目奇耦者？盖古之奇耦，亦以三两言之。且以两是耦数之始，三是奇数之初故也。不以一目奇者，张氏云以三中含两，有一以包两之义，明天有包地之德，阳有包阴之道，故天举其多，地言其少也。

注"卦象也"至"阴阳"

疏正义曰:"卦则雷风相薄,山泽通气,拟象阴阳变化之体"者,此言六十四卦,非小成之八卦也。伏羲初画八卦,以震象雷,以巽象风,以艮象山,以兑象泽。八卦未重,则雷风各异,山泽不通,于阴阳变化之理,未为周备,故此下云"八卦相错,数往者顺,知来者逆",注云"八卦相错,变化理备,于往则顺而知之,于来则逆而数之"是也。知非八卦者,先儒皆以系辞论用蓍之法,云:"四营而成易,十有八变而成卦"者,谓用蓍三扐而布一爻,则十有八变为六爻也。然则用蓍在六爻之后,非三画之时。盖伏羲之初,直仰观俯察,用阴阳两爻而画八卦,后因而重之为六十四卦,然后天地变化,人事吉凶,莫不周备,缊在爻卦之中矣。文王又于爻卦之下,系之以辞,明其爻卦之中吉凶之义。蓍是数也,《传》称物生而后有象,象而后有滋,滋而后有数,然则数从象生,故可用数求象,于是幽赞于神明而生蓍,用蓍之法求取卦爻以定吉凶,系辞曰"天生神物,圣人则之,无有远近幽深,遂知来物"是也。系辞言伏羲作《易》之初,不假用蓍成卦,故直言仰观俯察,此则论其既重之后,端策布爻,故先言生蓍,后言立卦。非是圣人幽赞元在观变之前。

注"命者"至"其极也"

疏正义曰:命者,人所禀受,有其定分,从生至终,有长短之极,故曰"命者,生之极"也。此所赋命乃自然之至理,故"穷理则尽其极"也。

昔者圣人之作《易》也,将以顺性命之理,是以立天之道曰阴与阳,立地之道曰柔与刚,注云:在天成象,在地成形。阴阳者,言其气;刚柔者,言其形,变化始于气象而后成形。万物资始乎天,成形乎地,故天曰阴阳,地曰柔刚也。或有在形而言阴阳者,本其始也;在气而言柔刚者,要其终也。**立人之道曰仁与义。兼三才而两之,故易六画而成卦。分阴分阳,叠用柔刚,故易六位而成章,**注云:设六爻以效三才之动,故六画而成卦也。六位,爻所处之位也。二、四为阴,三、五为阳,故曰"分阴分阳";六爻升降,或柔或刚,故曰"叠用柔刚"也。

疏正义曰:此一节就爻位明重卦之意。八卦小成,但有三画。于三才之道,阴阳未备,所以重三为六,然后周尽,故云"昔者圣人之画卦作《易》也"。"将以顺性命之理"者,本意将此易卦,以顺从天地生成万物性命之理也。其天地生成万物之理,须在阴阳必备。是以造化辟设之时,其立天之道,有二种之气,曰成物之阴与施生之阳也。其立地之道,有二种之形,曰顺承之柔与特载之刚也。天地既立,人生其间。立人之道,有二种之性,曰爱惠之仁与断刮之义也。既备三才之道,而皆两之,作《易》本顺此道理,须六画成卦,故作《易》者，因而重之，使六画而成卦也。六画所处，有其六位，分二、四为阴位，三、五为阳位，叠用六、八之柔爻，七、九之刚爻而来居之，故作《易》者分布六位而成爻卦之文章也。

注“或有在形”至“要其终也”

疏正义曰：“在形而言阴阳”者，即坤象辞云“履霜坚冰，阴始凝”是也。“在气而言柔刚”者，即《尚书》云“高明柔克”及《左传》云“天为刚德”是也。

注“二、四为阴，三、五为阳”

疏正义曰：王辅嗣以为初、上无阴阳定位，此注用王之说也。

天地定位，山泽通气，雷风相薄，水火不相射，八卦相错，数往者顺，知来者逆，注云：易八卦相错变化，理备于往则顺而知之，于来则逆而数之。**是故易逆数也。**注云：作《易》以逆睹来事，以前民用。

疏正义曰：此一节就卦象明重卦之意，易以乾、坤象天地，艮、兑象山泽，震、巽象雷风，坎、离象水火。若使天地不交，水火异处，则庶类无生成之用，品物无变化之理，所以因而重之，令八卦相错，则天地人事莫不备矣。故云天地定位而合德，山泽异体而通气，雷风各动而相薄，水火不相入而相资。既八卦之用变化如此，故圣人重卦，令八卦相错，乾、坤、震、巽、坎、离、艮、兑，莫不交互而相重，以象天地雷风水火山泽莫不交错，则易之爻卦，与天地等，成性命之理、吉凶之数，既往之事，将来之几，备在爻卦之中矣。故易之为用，人欲数知既往之事者，易则顺后而知之；人欲数知将来之事者，易则逆前而数之，是故圣人用此易道，以逆数知来事也。

注“作《易》”至“民用”

疏正义曰：易虽备知来往之事，莫不假像知之，故圣人作《易》以逆睹来事也。“以前民用”者，易占事在其民用之前，此系辞文，引之以证逆数来事也。

雷以动之，风以散之。雨以润之，日以烜之。艮以止之，兑以说之。乾以君之，坤以藏之。

疏正义曰：此一节总明八卦养物之功。烜，乾也。上四举象，下四举卦者，王肃云：“互相备也。明雷风与震巽同用，乾坤与天地通功也。”

帝出乎震，齐乎巽，相见乎离，致役乎坤，说言乎兑，战乎乾，劳乎坎，成言乎艮。万物出乎震，震，东方也。齐乎巽，巽，东南也。齐也者，言万物之

洁齐也。离也者，明也，万物皆相见，南方之卦也，圣人南面而听天下，向明而治，盖取诸此也。坤也者，地也，万物皆致养焉，故曰致役乎坤。兑，正秋也，万物之所说也，故曰说言乎兑。战乎乾，乾，西北之卦也，言阴阳相薄也。坎者，水也，正北方之卦也，劳卦也，万物之所归也，故曰劳乎坎。艮，东北之卦也，万物之所成终而所成始也，故曰成言乎艮。

疏 正义曰：康伯于此无注，然益卦六二"王用亨于帝，吉"，王辅嗣注云："帝者，生物之主，兴益之宗，出震而齐巽者也。"王之注意，正引此文，则辅嗣之意，以此帝为天帝也。帝若出万物，则在乎震；洁齐万物，则在乎巽；令万物相见，则在乎离；致役以养万物，则在乎坤；说万物而可言者，则在乎兑；阴阳相战，则在乎乾；受纳万物勤劳，则在乎坎；能成万物而可定，则在乎艮也。"万物出乎震，震，东方"者。解上帝出乎震，以震是东方之卦，斗柄指东为春，春时万物出生也。"齐乎巽，巽，东南也，齐也者，言万物之洁齐也"者，解上"齐乎巽"，以巽是东南之卦，斗柄指东南之时，万物皆洁齐也。"离也者，明也，万物皆相见，南方之卦也，圣人南面而听天下，向明而治，盖取诸此也"者，解上"相见乎离"，因明圣人法离之事。以离为象日之卦，故为明也。日出而万物皆相见也，又位在南方，故圣人法南面而听天下，向明而治也。故云"盖取诸此也"。"坤也者，地也，万物皆致养焉，故曰致役乎坤"者，解上"致役乎坤"。以坤是象地之卦，地能生养万物，是有其劳役，故云"致役乎坤"。郑云："坤不言方者，所言地之养物不专一也。""兑，正秋也，万物之所说也，故曰说言乎兑"者，解上"说言乎兑"。以兑是象泽之卦，说万物者，莫说乎泽，又位是西方之卦，斗柄指西，是正秋八月也。立秋而万物皆说成也。"战乎乾，乾，西北之卦也，言阴阳相薄也"者，解上"战乎乾"。以乾是西北方之卦，西北是阴地，乾是纯阳而居之，是阴阳相薄之象也，故曰"战乎乾"。"坎者，水也，正北方之卦也，劳卦也，万物之所归也，故曰劳乎坎"者，解上"劳乎坎"。以坎是象水之卦，水行不舍昼夜，所以为劳卦。又是正北方之卦，斗柄指北，于时为冬，冬时万物闭藏，纳受为劳，是坎为劳卦也。"艮，东北之卦也，万物之所成终而所成始也，故曰成言乎艮"者，解上"成言乎艮"也。以艮是东北方之卦也。东北在寅丑之间，丑为前岁之末，寅为后岁之初，则是万物之所成终而所成始也。

神也者，妙万物而为言者也。注云：于此言神者，明八卦运动、变化、推移，莫有使之然者，神则无物妙万物而为言者。明雷疾风行，火炎水润，莫不自然相与为变化，故能万物既成也。**动万物者，莫疾乎雷。桡万物者，莫疾乎风。燥万物者，莫熯乎火。说万物者，莫说乎泽。润万物者，莫润乎水。**

终万物始万物者，莫盛乎艮。故水火相逮，雷风不相悖，山泽通气，然后能变化，既成万物也。

疏正义曰：此一节别明八卦生成之用。八卦运动，万物变化，应时不失，无所不成，莫有使之然者，而求其真宰，无有远近，了无晦迹，不知所以然而然，况之曰神也。然则神也者，非物妙万物而为言者，神既范围天地，故此之下不复别言乾坤，直举六子以明神之功用。故曰鼓动万物者，莫疾乎震，震象雷也。桡散万物者，莫疾乎巽，巽象风也。乾燥万物者，莫熯乎离，离象火也。光说万物者，莫说乎兑，兑象泽也。润湿万物者，莫润乎坎，坎象水也。终万物始万物者，莫盛乎艮，艮东北方之卦也。故水火虽不相入而相逮，及雷风虽相薄而不相悖逆，山泽虽相悬而能通气，然后能行变化而尽成万物也。艮不言山，独举卦名者，动桡燥润之功，是雷风水火，至于终始万物，于山义为微，故言艮而不言山也。上章言"水火不相入"，此言"水火相逮"者，既不相入，又不相及，则无成物之功，明性虽不相入而气相逮及也。上言"雷风相薄"，此言"不相悖"者，二象俱动，动若相薄，而相悖逆则相伤害，亦无成物之功，明虽相薄而不相逆也。

乾，健也。坤，顺也。震，动也。巽，入也。坎，陷也。离，丽也。艮，止也。兑，说也。

疏正义曰：此一节说八卦名训。乾象天，体运转不息，故为健也。"坤，顺也"，坤象地，地顺承于天，故为顺也。"震，动也"，震象雷，雷奋动万物，故为动也。"巽，入也"，巽象风，风行无所不入，故为入也。"坎，陷也"，坎象水，水处险陷，故为陷也。"离，丽也"，离象火，火必著于物，故为丽也。"艮，止也"，艮象山，山体静止，故为止也。"兑，说也"，兑象泽，泽润万物，故为说也。

乾为马，坤为牛，震为龙，巽为鸡，坎为豕，离为雉，艮为狗，兑为羊。

疏正义曰：此一节说八卦畜兽之象，略明远取诸物也。乾象天，天行健，故为马也。"坤为牛"，坤象地，任重而顺，故为牛也。"震为龙"，震，动象，龙，动物，故为龙也。"巽为鸡"，巽主号令，鸡能知时，故为鸡也。"坎为豕"，坎主水渎，豕处污湿，故为豕也。"离为雉"，离为文明，雉有文章，故为雉也。"艮为狗"，艮为静止，狗能善守，禁止外人，故为狗也。"兑为羊"，兑，说也。王廙云：羊者，顺之畜，故为羊也。

乾为首,坤为腹,震为足,巽为股,坎为耳,离为目,艮为手,兑为口。

疏正义曰:此一节说八卦人身之象,略明近取诸身也。乾尊而在上,故为首也。"坤为腹",坤能包藏含容,故为腹也。"震为足",足能动用,故为足也。"巽为股",股随于足,则巽顺之谓,故为股也。"坎为耳",坎北方之卦,主听,故为耳也。"离为目",南方之卦,主视,故为目也。"艮为手",艮既为止,手亦能止持其物,故为手也。"兑为口",兑,西方之卦,主言语,故为口也。

乾,天也,故称乎父。坤,地也,故称乎母。震一索而得男,故谓之长男。巽一索而得女,故谓之长女。坎再索而得男,故谓之中男。离再索而得女,故谓之中女。艮三索而得男,故谓之少男。兑三索而得女,故谓之少女。

疏正义曰:此一节说乾坤六子,明父子之道。王氏云:"索,求也。以乾坤为父母而求其子也。"得父气者为男,得母气者为女。坤初求得乾气为震,故曰长男。坤二求得乾气为坎,故曰中男。坤三求得乾气为艮,故曰少男。乾初求得坤气为巽,故曰长女。乾二求得坤气为离,故曰中女。乾三求得坤气为兑,故曰少女。

乾为天,为圜,为君,为父,为玉,为金,为寒,为冰,为大赤,为良马,为老马,为瘠马,为驳马,为木果。

疏正义曰:此下历就八卦广明卦象者也。此一节广明乾象。乾既为天,天动运转,故为圜也。为君为父,取其尊道而为万物之始也。为玉为金,取其刚之清明也。为寒为冰,取其西北寒冰之地也。为大赤,取其盛阳之色也。为良马,取其行健之善也。为老马,取其行健之久也。为瘠马,取其行健之甚。瘠马,骨多也。为驳马,言此马有牙如倨,能食虎豹。《尔雅》云:"倨牙,食虎豹。"此之谓也。王廙云:"驳马能食虎豹,取其至健也。"为木果,取其果实著木,有似星之著天也。

坤为地,为母,为布,为釜,为吝啬,为均,为子,母牛,为大舆,为文,为众,为柄。其于地也为黑。

疏正义曰:此一节广明坤象。坤既为地,地受任生育,故谓之为母也。为布,取其地广载也。为釜,取其化生成熟也。为吝啬,取其地生物不转移也。为均，取其地道平均也。为子、母牛，取其多蕃育而顺之也。为大舆，取其能载万物也。为文，取其万物之色杂也。为众，取其地载物非一也。为柄，取其生物之本也。其于地也为黑，取其极阴之色也。

震为雷，为龙，为玄黄，为旉，为大途，为长子，为决躁，为苍筤竹，为萑苇。其于马也为善鸣，为馵足，为作足，为的颡。其于稼也为反生。其究为健，为蕃鲜。

疏正义曰：此一节广明震象。为玄黄，取其相杂而成苍色也。为旉，取其春时气至，草木皆吐，旉布而生也。为大途，取其万物之所生也。为长子，如上文释，震为长子也。为决躁，取其刚动也。为苍筤竹，竹初生之时色苍筤，取其春生之美也。为萑苇，萑苇，竹之类也。其于马也为善鸣，取其象雷声之远闻也。为馵足，马后足白为馵，取其动而见也。为作足，取其动而行健也。为的颡，白额为的颡，亦取动而见也。其于稼也为反生，取其始生戴甲而出也。其究为健，究，极也。极于震动，则为健也。为蕃鲜，鲜，明也，取其春时草木蕃育而鲜明。

巽为木，为风，为长女，为绳直，为工，为白，为长，为高，为进退，为不果，为臭。其于人也为寡发，为广颡，为多白眼，为近利市三倍，其究为躁卦。

疏正义曰：此一节广明巽象。巽为木，木可以輮曲直，即巽顺之谓也。为风，取其阳在上摇木也。为长女，如上释，巽为长女也。为绳直，取其号令齐物，如绳之直木也。为工，亦正取绳直之类，为白，取其风吹去尘，故洁白也。为长，取其风行之远也。为高，取其风性高远，又木生而上也。为进退，取其风之性前却，其物进退之义也。为不果，取其风性前却，不能果敢决断，亦皆进退之义也。为臭，王肃作"为香臭"也，取其风所发也，又取下风之远闻。其于人也为寡发，寡，少也。风落树之华叶，则在树者稀疏，如人之少发，亦类于此，故为寡发也。为广颡，额阔为广颡，发寡少之义，故为广颡也。为多白眼，取躁人之眼，其色多白也。为近利，取其躁人之情，多近于利也。市三倍，取其木生蕃盛，于市则三倍之宜利也。其究为躁卦，究，极也。取其风之近极于躁急也。

坎为水，为沟渎，为隐伏，为矫輮，为弓轮。其于人也，为加忧，为心病，为耳痛，为血卦，为赤。其于马也，为美脊，为亟心，为下首，为薄蹄，为曳。其于舆也，为多眚，为通，为月，为盗。其于木也，为坚多心。

疏正义曰：此一节广明坎象。坎为水，取其北方之行也。为沟渎，取其水行，无所不通也。为隐伏，取其水藏地中也。为矫輮，取其使曲者直为矫，使直者曲为輮。水流曲直，故为矫輮也。为弓轮，弓者，激矢。取如水激射也。轮者，运行如水行也。其于人也为加忧，取其忧险难也。为心病，忧其险难，故心病也。为耳痛，坎为劳卦也，又北方主听，听劳则耳痛也。为血卦，取其人之有血，尤地有水也。为赤，亦取血之色。其于马也为美脊，取其阳在中也。为亟心，亟，急也。取其中坚内动也。为下首，取其水流向下也。为薄蹄，取其水流迫地而行也。为曳，取其水磨地而行也。其于舆也为多眚，取其表里有阴，力弱不能重载，常忧灾眚也。为通，取其行有孔穴也。为月，取其月是水之精也。为盗，取水行潜窃如盗贼也。其于木也为坚多心，取刚在内也。

离为火，为日，为电，为中女，为甲胄，为戈兵。其于人也，为大腹。为乾卦，为鳖，为蟹，为蠃，为蚌，为龟，其于木也，为科上槁。

疏正义曰：此一节广明离象。离为火，取南方之行也。为日，取其日是火精也。为电，取其有明似火之类也。为中女，如上释，离为中女也。为甲胄，取其刚在外也。为戈兵，取其刚在于外，以刚自捍也。其于人也为大腹，取其怀阴气也。为乾卦，取其日所烜也。为鳖，为蟹，为蠃，为蚌，为龟，皆取刚在外也。其于木也为科上槁，科，空也。阴在内为空，木既空中者，上必枯槁也。

艮为山，为径路，为小石，为门阙，为果蓏，为阍寺，为指，为狗，为鼠，为黔喙之属。其于木也，为坚多节。

疏正义曰：此一节广明艮象。艮为山，取阴在下为止，阳在于上为高，故艮象山也。为径路，取其山虽高有涧道也。为小石，取其艮为山，又为阳卦之小者，故为小石也。为门阙，取其有径路，又崇高也。为果蓏，木实为果，草实为蓏，取其出于山谷之中也。为阍寺，取其禁止人也。为指，取其执止物也。为狗为鼠，取其皆止人家也。为黔喙之属，取其山居之兽也。其于木也为坚多节，取其山之所生，其坚劲故多节也。

兑为泽，为少女，为巫，为口舌，为毁折，为附决。其于地也为刚卤，为妾，为羊。

疏正义曰:此一节广明兑象。兑为泽,取其阴卦之小,地类卑也。为少女,如上释,兑为少女也。为巫,取其口舌之官也。为口舌,取西方于五事为言,取口舌为言语之具也。为毁折,为附决。兑西方之卦,又兑主秋也。取秋物成熟,槁秆旱之属则毁折也,果蓏之属则附决也。其于地也为刚卤,取水泽所停,则咸卤也。为妾,取少女从姊为娣也。为羊,如上释,取其羊性顺也。

《周易·序卦》第十

疏正义曰:《序卦》者,文王既繇六十四卦,分为上下二篇。其先后之次,其理不见,故孔子就上下二经,各序其相次之义,故谓之《序卦》焉。其周氏就《序卦》以六门往摄,第一天道门,第二人事门,第三相因门,第四相反门,第五相须门,第六相病门。如乾之次坤、泰之次否等,是天道运数门也。如讼必有师,师必有比等,是人事门也。如因小畜生履,因履故通等,是相因门也。如遁极反壮,动竟归止等,是相反门也。如大有须谦,蒙稚待养等,是相须也。如贲尽致剥,进极致伤等,是相病门也。韩康伯云:“序卦之所明,非易之缊也。盖因卦之次,讬象以明义。”不取深缊之义,故云“非易之缊”,故以取其人理也。今验六十四卦,二二相耦,非覆即变。覆者,表里视之,遂成两卦,屯、蒙、需、讼、师、比之类是也。变者,反复唯成一卦,则变以对之,乾、坤、坎、离、大过、颐、中孚、小过之类是也。且圣人本定先后,若元用孔子《序卦》之意,则不应非覆即变,然则康伯所云“因卦之次,讬象以明义”,盖不虚矣。故不用周氏之义。

有天地,然后万物生焉。盈天地之间者唯万物,故受之以屯。屯者,盈也。屯者,物之始生也。注云:屯,刚柔始交,故为物之始生也。

疏正义曰:王肃云:“屯,刚柔始交而难生,故为物始生也。”卢氏云:“物之始生故屯难。”皆以物之始生释屯难之义。案上言“屯者,盈也。”释屯次乾、坤,其言已毕。更言“屯者,物之始生”者,开说下“物,生必蒙”,直取始生之意,非重释屯之名也。故韩康伯直引刚柔始交,以释物之始生也。

物生必蒙,故受之以蒙。蒙者,蒙也。物之稚也。物稚不可不养也,故受之以需。需者,饮食之道也。饮食必有讼,故受之以讼。注云:夫有生则有资,有资则争兴也。**讼必有众起,故受之以师。师者,众也。众必有所比,故受之以比。**注云:众起而不比,则争无由息;必相亲比,而后得宁也。**比者,比也。比必有所畜,故受之以小畜。**注云:此非大通之道,则各有所畜以相济也。由比而畜,故曰"小畜"而不能大也。**物畜然后有礼,故受之以履。**注云:履者,礼也。礼所以适用也。故既畜则宜用,有用则须礼也。**履而泰然后安,故受之以泰,泰者,通也。物不可以终通,故受之以否。物不可以终否,故受之以同人。**注云:否则思通,人人同志,故可出门同人,不谋而合。**与人同者,物必归焉,故受之以大有。有大者,不可以盈,故受之以谦。有大而能谦必豫,故受之以豫。豫必有随,**注云:顺以动者,众之所随。

疏正义曰:郑玄云:"喜乐而出,人则随从。孟子曰:吾君不游,吾何以休?吾君不豫,吾何以助?此之谓也。"王肃云:"欢豫,人必有随。"随者,皆以为人君喜乐欢豫,则以为人所随。案豫卦《彖》云:"豫刚应而志行,顺以动豫。豫顺以动,故天地如之,而况建侯行师乎?天地以顺动,故日月不过,而四时不忒。圣人以顺动,则刑罚清而民服。"即此上云"有大而能谦必豫,故受之以豫",其意以圣人顺动能谦,为物所说,所以为豫。人既说豫,自然随之,则谦顺在君,说豫在人也。若以人君喜乐游豫,人则随之,纣作靡靡之乐,长夜之饮,何为天下离叛乎?故韩康伯云:"顺以动者,众之所随。"在于人君取致豫之义,然后为物所随,所以非斥先儒也。

故受之以随。以喜随人者,必有事,故受之以蛊。蛊者,事也。有事而后可大,注云:可大之业,由事而生。**故受之以临。临者,大也。物大然后可观,故受之以观。可观而后有所合,故受之以噬嗑。**注云:可观则异方合会也。**嗑者,合也。物不可以苟合而已,故受之以贲。贲者,饰也。**注云:物相合则须饰,以修外也。**致饰然后亨则尽矣,故受之以剥。**注云:极饰则实丧也。**剥者,剥也。物不可以终尽剥,穷上反下,故受之以复。复则不妄矣,故受之以无妄。有无妄然后可畜,故受之以大畜。物畜然后可养,故受之以颐。颐者,养也。不养则不可动,故受之以大过。**注云:不养则不可动,养过则厚。

疏正义曰:郑玄云:"以养贤者宜过于厚。"王辅嗣注此卦云:"音相过之过。"韩氏云:"养过则厚。"与郑玄、辅嗣义同。唯王肃云:"过莫大于不养。"则以为过失之过。案此《序卦》以大过次颐也。明所过在养。子雍以为过在不养,违经反义,莫此之尤。而周氏等不悟其非,兼以过失释大过之名,已具论之于经也。

物不可以终过,故受之以坎。坎者,陷也。注云:过而不已,则陷没也。**陷必有所丽,故受之以离。离者,丽也。**注云:物穷则变,极陷则反所丽也。

有天地然后有万物，有万物然后有男女，有男女然后有夫妇，有夫妇然后有父子，有父子然后有君臣，有君臣然后有上下，有上下然后礼义有所错。注云：言咸卦之义也。凡《序卦》所明，非易之缊也，盖因卦之次，讬以明义。咸柔上而刚下，感应以相与。夫妇之象，莫美乎斯。人伦之道，莫大乎夫妇。故夫子殷勤深述其义，以崇人伦之始，而不系之于离也。先儒以乾至离为上经，天道也；咸至未济为下经，人事也。夫易六画成卦，三材必备，错综天人以效变化，岂有天道人事偏于上下哉？斯盖守文而不求义，失之远矣。

疏 正义曰：韩于此一节注破先儒上经明天道，下经明人事，于咸卦之初已论之矣。

夫妇之道不可以不久也，故受之以恒。恒者，久也。物不可以久居其所，故受之以遯。遯者，退也。注云：夫妇之道，以恒为贵。而物之所居，不可以恒，宜与世升降，有时而遯也。**物不可以终遯，**注云：遯，君子以远小人。遯而后亨，何可终邪？则小人遂陵，君子日消也。**故受之以大壮。**注云：阳盛阴消，君子道胜。**物不可以终壮，故受之以晋。**注云：晋以柔而进也。**晋者，进也。**注云：虽以柔而进，要是进也。**进必有所伤，故受之以明夷。**注云：日中则昃，月盈则食。**夷者，伤也。伤于外者，必反于家，故受之以家人。**注云：伤于外，必反修诸内。**家道穷必乖，**注云：室家至亲，过在失节。故家人之义，唯严与敬。乐胜则流，礼胜则离。家人尚严其敝，必乖也。**故受之以睽。睽者，乖也。乖必有难，故受之以蹇。蹇者，难也。物不可以终难，故受之以解，解者，缓也。缓必有所失，故受之以损。损而不已必益，故受之以益。益而不已必决，**注云：益而不已，则盈，故必决也。**故受之以夬。夬者，决也。决必有遇，**注云：以正决邪，必有嘉遇也。**故受之以姤，姤者，遇也。物相遇而后聚，故受之以萃。萃者，聚也。聚而上者谓之升，故受之以升。升而不已必困，故受之以困。困乎上者必反下，故受之以井。井道不可不革，**注云：井久则浊秽，宜革易其故。**故受之以革。革物者莫若鼎，故受之以鼎。**注云：革去故，鼎取新。既以去故，则宜制器立法以治新也。鼎所以和齐生物，成新之器也，故取象焉。**主器者莫若长子，故受之以震。震者，动也。物不可以终动，止之，故受之以艮。艮者，止也。物不可以终止，故受之以渐。渐者，进也。进必有所归，故受之以归妹。得其所归者必大，故受之以丰。丰者，大也。穷大者必失其居，故受之以旅。旅而无所容，故受之以巽。**注云：旅而无所容，以巽则得出入也。**巽者，入也。入而后说之，故受之以兑。兑者，说也。说而后散之，故受之以涣。**注云：说不可偏系，故宜散也。**涣者，离也。**注云：涣者发畅而无所壅滞则殊趣，各肆而不反则遂乖离也。**物不可以终离，故受之以节。**注云：夫事有其节，则物之所同守而不散越也。**节而信之，故受之以中孚。**注云：孚，信也，既已有节，则宜信以守之。**有其信者必行之，故受之以小过。**注云：守其信者，则失贞而不谅之道，而以信为过，故曰小过也。**有过物者必济，**注云：行过乎恭，礼过乎俭，可以矫世厉俗，有所济也。**故受之以既济。物不可穷也，故受之以未济。终焉。**注云：有为而能济者，以已穷物者也。物穷则乖，功极则乱，其可济乎？故受之以未济也。

《周易·杂卦》第十一

注云:《杂卦》者,杂糅众卦,错综其义,或以同相类,或以异相明也。

疏 正义曰:上《序卦》依文王上下而次序之,此《杂卦》孔子更以意错杂而对辨其次第,不与《序卦》同。故韩康伯云:"杂卦者,杂糅众卦,错综其义,或以同相类,或以异相明也。"虞氏云:"《杂卦》者,杂六十四卦以为义,其于《序卦》之外别言也。"此者圣人之兴,因时而作,随其时宜,不必皆相因袭,当有损益之意也。故归藏名卦之次,亦多异于时。王道踳驳,圣人之意,或欲错综以济之,故次《序卦》以其杂也。

乾刚坤柔,比乐师忧。注云:亲比则乐,动众则忧。**临观之义,或与或求。**注云:以我临物,故曰"与";物来观我,故曰"求"。**屯见而不失其居。**注云:屯利建侯,君子经纶之时。虽见而盘桓,利贞不失其居也。**蒙杂而著。**注云:杂而未知所定也。求发其蒙,则终得所定。著,定也。**震,起也。艮,止也。损、益,盛衰之始也。**注云:极损则益,极益则损。**大畜,时也。**注云:因时而畜,故能大也。**无妄,灾也。**注云:无妄之世,妄则灾也。**萃聚而升不来也。**注云:来,还也。方在上升,故不还也。**谦轻而豫怠也。**注云:谦者不自重大。**噬嗑,食也。贲,无色也。**注云:饰贵合众,无定色也。**兑见而巽伏也。**注云:兑贵显说,巽贵卑退。**随,无故也。蛊,则饬也。**注云:随时之宜,不系于故也。随则有事,受之以蛊。饬,整治也。蛊所以整治其事也。**剥,烂也。**注云:物熟则剥落也。**复,反也。晋,昼也。明夷,诛也。**注云:诛,伤也。**井通而困相遇也。**注云:井,物所通用而不吝也。困,安于所遇而不滥也。**咸,速也。**注云:物之相应,莫速乎咸。**恒,久也。涣,离也。节,止也。解,缓也。蹇,难也。睽,外也。**注云:相疏外也。**家人,内也。否,泰,反其类也。大壮则止,遁则退也。**注云:大正则小人止。小人亨则君子退也。**大有,众也。同人,亲也。革,去故也。鼎,取新也。小过,过也。中孚,信也。丰,多故也。**注云:高者惧危,满者戒盈。丰大者多忧故也。**亲寡,旅也。**注云:亲寡故寄旅也。**离上而坎下也。**注云:火炎上,水润下。**小畜,寡也。**注云:不足以兼济也。**履,不处也。**注云:王弼云:履卦阳爻,皆以不处其位为吉也。**需，不进也。**注云：畏骇而止也。**讼，不亲也。大过，颠也。**注云：本末弱也。**姤，遇也，柔遇刚也。渐，女归待男行也。**注云：女从男也。**颐，养正也。既济，定也。归妹，女之终也。**注云：女终于出嫁也。**未济，男之穷也。**注云：刚柔失位，其道未济，故曰穷也。**夬，决也，刚决柔也，君子道长，小人道忧也。**